Günter Hoppe

Liebe, das Thema
unseres Lebens,
das immer mitspielt

Günter Hoppe

Liebe, das Thema unseres Lebens, das immer mitspielt

Vorträge und weitere Texte

Ausgewählt & herausgegeben
von Rita Horstmann

edition 2022

Der Psychologe Günter Hoppe (geboren 1925 in Berlin, gestorben 2017 in Bad Honnef-Aegidienberg) war 33 Jahre lang Mitarbeiter der Evangelischen Beratungsstelle für Erziehungs-, Ehe- und Lebensfragen in Düsseldorf, davon 24 Jahre deren Leiter. Die themenzentrierte Interaktion (TZI) nach Ruth Cohn lernte er kennen, sobald R. Cohn ihre Methode in Europa bekannt machte. Günter Hoppe praktizierte und vermittelte die TZI mit großem Engagement. Seine intensive Beratungstätigkeit hat er auch viele Jahre lang im Ruhestand weitergeführt. Sein öffentliches Wirken umfasste u.a. Vorträge und Beiträge für mehrere Zeitschriften.

Umschlag-Illustration: Das Bild auf dem Bucheinband hat Günter Hoppe gemalt (vermutlich in den 1980er Jahren); es hing in seinem Büro.

© 2022

Günter Hoppe

Liebe, das Thema unseres Lebens, das immer mitspielt.
Vorträge und weitere Texte

Ausgewählt und herausgegeben
von Rita Horstmann

Texterfassungen: Ruth Jentsch
Satz & Gestaltung: Peter Bürger, www.friedensbilder.de
Herstellung & Verlag: BoD – Books on Demand, Norderstedt
ISBN: 978-3-7568-3880-6

Inhalt

Vorwort der Herausgeberin   11

**Zur Arbeit der Evangelischen Beratungsstelle
für Erziehungs-, Ehe- und Lebensfragen Düsseldorf**

I.
EVANGELIUM UND LEBENSBERATUNG
Zum 25-jährigen Bestehen der Beratungsstelle Düsseldorf,
Oktober 1976   17

II.
GESUNDHEIT UND INNERER FRIEDE
25 Jahre Arbeit im Haus am Kaiser-Friedrich-Ring
Düsseldorf, 2. November 1983   45

III.
EMANZIPATION ALS ÜBERWINDUNG DER NS-DIKTATUR
Ein Rückblick auf die Ev. Lebensberatung 1958 – 1990.
Jahresarbeitsbericht 1990, 14. August 1991   67

IV.
DIE ZEIT DES WACHSTUMS – EVANGELISCHE BERATUNGSSTELLE
DÜSSELDORF (1967 – 1990)
Veröffentlicht in der Festschrift zu 50 Jahren Evangelische
Beratungsstelle „Leben in der Beratungsgesellschaft",
Düsseldorf 2001   78

V.
„DER HÖRT JA DIE GANZE ZEIT NUR ZU!"
Beratung ohne Ratschläge – ein Widerspruch?
Veröffentlicht in der Festschrift zu 50 Jahren Evangelische
Beratungsstelle „Leben in der Beratungsgesellschaft",
Düsseldorf 2001   84

Zur Themenzentrierten Interaktion (TZI)

VI.
ZUR POLITISCHEN BEDEUTUNG DER TZI
Veröffentlicht in „Gruppendynamik" 4/1994   93

VII.
MISCH DICH EIN! GREIF EIN! – EIN DRITTES
POSTULAT FÜR DIE TZI?
Veröffentlicht in „Themenzentrierte Interaktion" 2/1993   107

VIII.
THEMENZENTRIERTE INTERAKTION (TZI)
UND GRUPPENPSYCHOTHERAPIE
Angefragt für die Zeitschrift „Psychotherapie im Dialog",
2000   121

IX.
LIEBE, DAS THEMA UNSERES LEBENS, DAS IMMER MITSPIELT
TZI aus der Sicht eines evangelischen Ehe- und
Lebensberaters – veröffentlicht in
„Themenzentrierte Interaktion" 1/2002   130

Tschernobyl

X.
KÖNNEN WIR CHRISTEN NACH DEN ERFAHRUNGEN VON
TSCHERNOBYL DIE WEITERE NUTZUNG DER KERNENERGIE
FÜR FRIEDLICHE ZWECKE MITVERANTWORTEN?
Vortrag bei der Sondersynode des Kirchenkreises
Düsseldorf-Ost, 21. März 1987   143

XI.
NEUES BEWUSSTSEIN NACH TSCHERNOBYL
Vortrag bei der Kreissynode Gladbach, 11. Juli 1987   154

XII.
ERFAHRUNGEN UND GEDANKEN ZUR POLITISCHEN
DIMENSION DER EVANGELISCHEN LEBENSBERATUNG
Vortrag auf der Konferenz der Beratungsstellen der
Ev. Kirche im Rheinland, Düsseldorf, 29. April 1988   170

Zu weiteren politischen Fragen

XIII.
ZUR IDEOLOGIE DER STÄRKE
Vortrag vor dem Christlichen Friedensforum Düsseldorf,
5. März 1985   197

XIV.
HITLER IN UNS?
Vortrag bei einer Tagung der Ev. Akademie im Rheinland
Mülheim/Ruhr, 16.04.1989   208

XV.
AUF DEM WEG ZU EINER INTOLERANTEN,
AUSGRENZENDEN GESELLSCHAFT?
Vortrag für den Diakonietag der Kirchenkreise Birkenfeld
und St. Wendel am 6. November 1989   227

XVI.
NEUE POLITISCHE MENSCHEN IN SICHT
Vortrag bei der Tagung der Ev. Akademie Mülheim/Ruhr
zum Thema: „Werde, der/die du bist: Ein politischer
Mensch. Aber wie?" am 2. November 1989   241

XVII.
SEELISCHE URSACHEN DES RECHTSEXTREMISMUS
Impulsreferat zum Thema „Rechtsextremismus" der
gleichnamigen Tagung des Landesinstituts für Schule
und Weiterbildung in Soest, 16.-18.02.1990   253

Sexualität

XVIII.
SEXUALITÄT UND AGGRESSIVITÄT
Vortrag bei einer Tagung der Evangelischen Akademie
Mülheim/Ruhr für homosexuell und heterosexuell
lebende Menschen,
12. Mai 1984   263

XIX.
ZUM UMGANG MIT DER SEXUALITÄT UND DER GEWALT
AUS PSYCHOLOGISCHER SICHT
Vortrag in der Evangelischen Akademie Mülheim/Ruhr,
6. Mai 1994   292

XX.
UNSERE SEELEN WOLLEN SICH
IN GERECHTEN BEZIEHUNGEN ENTFALTEN
Schwerpunkt Erotik und Sexualität.
Teilweise veröffentlicht in: „Themenzentrierte
Interaktion" 2/2006   304

**Liebe, das Thema unseres Lebens,
das immer mitspielt**

XXI.
BEKEHRUNG DES MENSCHEN ZUM MENSCHEN
Vortrag zum Rathausnachmittag in Düsseldorf
am 23. November 1977   323

XXII.
„HEIRATEN IST GUT – NICHT HEIRATEN IST BESSER"
Vortrag bei einer Veranstaltung des
Thomas-Forums in Düsseldorf,
1. Juni 1981   343

XXIII.
„WENN IHR NICHT UMKEHRT UND
WIE DIE KINDER WERDET ..."
Vortrag anlässlich des 25jährigen Ordinationsjubiläums
von Friedgard Haarbeck in Oberhausen,
21.02.1991   351

XXIV.
DIE ENTFALTUNG UNSERER SEELEN
UND DAS EVANGELIUM
Vortrag zu 40 Jahren Telefonseelsorge in Düsseldorf,
10.01.1999   360

XXV.
UNSER KAMPF MIT DEM BEZIEHUNGSTOD
UND DIE ZUKUNFT DER LIEBE
Abschied von der Beratungsstelle – Vortrag
in der Evangelischen Stadtakademie Düsseldorf,
14.12.1990   367

———

Dank der Herausgeberin   388

Dr. Günter Hoppe – Diplom-Psychologe,
geb. 25.12.1925 – gest. 30.09. 2017
(Foto aus dem Nachlass, aufgenommen etwa im Jahr 2000)

Vorwort der Herausgeberin

Im Nachlass von Günter Hoppe gab es einen Ordner mit der Aufschrift: Meine Öffentlichkeit. Er hatte die Manuskripte seiner Vorträge aus vier Jahrzehnten darin aufbewahrt. An einige erinnerte ich mich – ich hatte sie damals gehört –, andere kannte ich nicht. Je mehr ich darin las, desto mehr wuchs meine Leselust und mein Erstaunen darüber, wie sehr die Themen, die angesprochenen Probleme und die Bearbeitung durch den Autor auch heute ihre Relevanz haben.

Bei der weiteren Durchsicht seines Nachlasses fand ich dann noch andere Texte, auch Veröffentlichungen in verschiedenen Zeitschriften, die ich ebenso wert fand, auch heute wahrgenommen zu werden. Das meiste davon ist nun hier versammelt.

Günter Hoppe gehört zur Generation der Männer in Deutschland, die schon vor ihrem Schulabschluss Soldaten werden mussten. Für den damals 17 Jährigen begann das im Jahr 1943. Bei Kriegsende erlebte er als 19 Jähriger in der Gefangenschaft in England eine tiefe Erschütterung durch die Konfrontation mit den Gräueln des NS-Systems.

Die dann einsetzende Neuorientierung war für ihn von dem Ziel geprägt, die Wahrheit suchen zu wollen. Das führte ihn zu seinem Studienfach Psychologie. Hier sah er seinen Weg, der Wahrheit über den Menschen und seine Welt näher zu kommen.

Er schloss sein Studium ab mit der Promotion. Seine Dissertation hat den Titel: „Der Wille zur Vollkommenheit und die Dekadenz – Eine psychologische Untersuchung unter Anleitung von Kierkegaard und Nietzsche".

Schon hier wird die psychologisch/philosophisch/theologische Ausrichtung allen Nachdenkens bei Günter Hoppe deutlich. Sie wird LeserInnen seiner Texte immer wieder beggnen. Er geht den Fragen unseres Lebens auf den Grund, bleibt nie an der Oberfläche stehen und öffnet so seinem jeweiligen Gegenüber oft überraschende Zugänge zum Verständnis seiner selbst und unserer Welt.

Günter Hoppes berufliche Tätigkeit hatte ihren Ort in der Evangelischen Beratungsstelle Düsseldorf, den Großteil der Zeit als deren Leiter. Dort hat er in mehr als 30 Jahren unzählige Gespräche geführt mit Einzelnen, Paaren und zunehmend auch in Gruppen. Dazu war ihm die TZI (Themenzentrierte Interaktion nach Ruth C. Cohn) ein wichtiges Hilfsmittel. Er lernte sie kennen, sobald Ruth Cohn sie in Europa bekannt machte, und praktizierte und lehrte sie mit großem Engagement. Mit der TZI bekommen Leitende einer Gruppe (Arbeits-, Lern- oder Austauschgruppe) wirksame Unterstützung dazu, eine lebendige, offene Kommunikation zu gestalten. Zugrunde liegt die Erkenntnis, dass eine befriedigende Begegnung in einer Gruppe nur gelingen kann, wenn die einzelnen Teilnehmenden, die Gruppe und das jeweilige Thema gleichwertig Beachtung finden.

Ein wichtiges Datum für die inhaltliche Arbeit auch im Team der Beratungsstelle war die Katastrophe von Tschernobyl, die Texte dazu bilden ein eigenes Kapitel in diesem Buch.

Günter Hoppe hat seine Beratungstätigkeit nicht beendet mit dem Ende seiner Dienstzeit in der Beratungsstelle (im Dezember 1990), er führte sie in privater Praxis weiter. Sein Engagement bei Tagungen – meist mit politischen Themen – und mit Vorträgen wurde eher intensiver in den Jahren des Ruhestandes. Und bis in sein letztes Lebensjahr hat er entscheidend mitgewirkt in den tiefenpsychologisch orientierten TZI-Seminaren in der Ev. Stadtakademie Düsseldorf, die er unter der Überschrift „Wachstum der Persönlichkeit und des Glaubens" Mitte der 70er Jahre – damals in der Beratungsstelle – ins Leben gerufen hat. Von Anfang an gehörte die gemeinsame Ausdeutung von Träumen der Teilnehmenden – manchmal auch von Märchen – zu jedem Treffen. Vier Jahrzehnte lang hat er diese Gruppe – mit wechselnden Teilnehmenden – geleitet. Dass diese Seminare auch heute weiter existieren, wird ihn freuen.

Günter Hoppe hat Wahrheiten und Weisheiten der Bibel geliebt und darin gelebt. Das wurde für mich noch einmal deutlich, als ich – etwa zwei Jahre nach Günters Tod – in seiner Ausgabe der „Bibel in gerechter Sprache" blätterte und viele unterstrichene Sätze im Psalm 119 fand. Die habe ich zusammengestellt zu „Günters Psalm":

Gast bin ich auf der Erde,
belebe mich durch deine Gerechtigkeit,
lass deine Freundlichkeit über mich kommen.
Es packt mich heiße Wut auf die, die Unrecht tun,
auf die Überheblichen, sie sollen scheitern,
weil sie mich verlogen in die Irre führen.
Deshalb hasse ich jeden verlogenen Pfad.
Deine Ordnungen, mein Gott, sind mir Musik in einer Welt,
in der ich nur Gast bin.
Ich versuche von ganzem Herzen, dich milde zu stimmen.
Bevor ich gebeugt wurde, ging ich in die Irre.
Gut war es für mich, dass ich gebeugt wurde,
du hast mich gebeugt mit Wahrhaftigkeit.
Deine Barmherzigkeit komme über mich, dass ich lebe.
Belebe mich mit deiner Freundlichkeit.
Verständiger als alle meine Lehrer bin ich geworden,
denn was dich bezeugt, prägt mein Nachdenken.
Ich öffne meinen Mund weit, ich schnappe nach Luft,
so sehr sehne ich mich nach deinen Geboten.
Alle deine Gebote sind wahr.
Längst weiß ich aus allem, was von dir zeugt,
dass du es auf Dauer angelegt hast.
Das Wesen deines Wortes ist Wahrheit,
vor deinen Worten bebt mein Herz.
Mein Inneres beachtet deine Verpflichtungen,
es liebt sie sehr.
Siebenmal am Tag juble ich dir zu.

Großen Frieden haben, die deine Weisung lieben,
nichts bringt sie zu Fall.
Ich sehne mich nach deiner befreienden Hilfe, Lebendiger.
Meine Kehle lebe auf und juble dir zu!

Ja, Günter Hoppe hat dem Lebendigen zugejubelt, ganz deutlich in den letzten Monaten seines Lebens. Da hat er – beim Spaziergang auf der Straße, in den Gängen des Krankenhauses, in dem er seine Frau besuchte, im Foyer der Stadtakademie und auch bis in die letzten Wochen seines Lebens hinein auf seinem Krankenlager mit kräftiger wohlklingender Stimme „Halleluja" gesungen, in Tönen, die tief aus seinem Innern aufstiegen – und in heiterer Gestimmtheit.

Im Juni 2022
Rita Horstmann

Rita Horstmann (geb. 1941) war Gemeindepfarrerin in Kaarst. Sie hat Günter Hoppe zu Anfang ihrer Tätigkeit dort kennengelernt als den Leiter eines Fortbildungskurses, in dem die TZI (themenzentrierte Interaktion nach Ruth Cohn) gelehrt wurde. Es folgten viele weitere TZI-Kurse, die ihre Arbeit in der Gemeinde wesentlich beeinflussten. In den letzten Lebensjahren von Günter Hoppe hat sie ihn als seine Mitarbeiterin unterstützt bei seinen TZI-Seminaren in der Evangelischen Stadtakademie Düsseldorf und ihn begleitet in seiner Krankheitszeit bis zu seinem Tod. – Sein Nachlass ist bei ihr aufgehoben.

Zur Arbeit der Evangelischen Beratungsstelle für Erziehungs-, Ehe- und Lebensfragen Düsseldorf

Evangelische Beratungsstelle
Kaiser-Friedrich-Ring 27/28, Düsseldorf-Oberkassel

I.
Evangelium und Lebensberatung

Vortrag zum 25 jährigen Bestehen
der Beratungsstelle Düsseldorf,
Oktober 1976

Liebe Freunde, liebe Gäste!
Ich freue mich, dass Sie zu unserem 25. Geburtstag gekommen sind.

25 Jahre: das ist ein Vierteljahrhundert, eine Zeitgröße, die ins Gewicht fällt. Auch bei gesellschaftlichen Gebilden, die nach Jahrhunderten rechnen, wie Kirche, Stadt und Staat. Und auch bei Ihnen, den hier anwesenden Repräsentanten. Die christliche Kirche z.B. – und ich verstehe darunter den Prozess der Verkündigung des Evangeliums, der nun seit 19 Jahrhunderten läuft. Rechnen wir diese lange Zeit einmal um in Vierteljahrhunderte, dann sind das 78. Achtundsiebzig Vierteljahrhunderte. Die Zahl 78 ist auch für eine Einzelperson, die nur sich selbst repräsentiert, noch überschaubar. Denn vergleichsweise: 78 Jahre wird heute in der BRD im Durchschnitt eine Frau alt. Ein Vierteljahrhundert im Leben der Kirche entspricht also einem Lebensjahr im Leben einer Durchschnittsfrau. Und ein Jahr im Leben eines Menschen, das ist schon etwas. Das möchte keiner missen, der gern auf dieser Erde lebt.

Seit einem Vierteljahrhundert wird also hier in der Ev. Kirche im Rheinland institutionelle Lebensberatung betrieben. Denn die Düsseldorfer Ev. Beratungsstelle war in diesem Bereich die erste und sie hat für das evangelische Rheinland immer eine besondere Bedeutung gehabt. So war sie bis zum Jahre 1966 mit der Landeskirchlichen Hauptstelle für Familien- und Lebensfragen durch meinen verehrten Vorgänger Guido Groeger in Personalunion verbunden. Ich freue mich, dass Guido Groeger heute hier ist.

Kirche, Stadt und Staat. Das sind drei gesellschaftliche Größen, die unsere Arbeit der Lebensberatung geistig und finanziell mittragen. Finanziert zu ziemlich gleichen Teilen. Die Anteile der geistigen Trägerschaft sind schwerer festzustellen. Ich werde später darauf zu sprechen kommen.

Ich danke diesen Trägern an dieser Stelle und denen, die sie heute hier vertreten. Und ich möchte meinen Dank ein wenig abstatten – nicht indem ich einen umfassenden Rechenschaftsbericht über die vergangenen 25 Jahre vorlege. Sondern bescheidener: Indem ich versuche, Ihnen Eindrücke von unserer Arbeit zu vermitteln und Raum zu geben für eine Besinnung auf geistige Hintergründe unseres Tuns.

Zunächst möchte ich das Geburtstagskind in Umrissen vorstellen.

Die *Evangelische Beratungsstelle für Erziehungs-, Ehe- und Lebensfragen in Düsseldorf,* das sind heute 43 Mitarbeiter in den beiden Häusern Kaiser-Friedrich-Ring 27 und 28 in Düsseldorf-Oberkassel (→Bild S. 16) und in einer 4-Zimmer-Wohnung in der Carl Severingstr. 10 in Düsseldorf-Garath (→Bild S. 40).

43 Mitarbeiter: Davon 27 Berater: 12 Psychologen, 4 Psychotherapeuten, 3 Eheberater, 2 Ärzte, 2 Sozialarbeiter, 2 Juristen und 2 Ausbildungskandidaten. Zehn davon sind ganztägig tätig, die übrigen teilzeitbeschäftigt (mit einer Arbeitskraft, die etwa 6 ganztägig Tätigen entspricht). 43 Mitarbeiter: Davon sind 9 Sekretärinnen, 3 ganztägig tätig, die übrigen 6 teilzeitbeschäftigt (mit einer Arbeitskraft, die 3 ganztägig Tätigen entspricht). Also von der Arbeitskraft her: 16 Berater und 6 Sekretärinnen. Oder umgerechnet etwa 5 Teams (mit je 3 Ganztags-Beratern). Hinzu kommen 1 Hausmeisterehepaar und 4 Putzkräfte. (→Bilder S. 31 und S. 37)

Die Evangelische Beratungsstelle: Das waren im letzten Berichtsjahr 1975: 2.231 Ratsuchende und 18.291 Beratungsstunden. Das waren von 1951-1976 etwa 25.000 verschiedene Personen, die Rat suchten. Die Evangelische Beratungsstelle: Das sind außerdem über 100 Lehrer, Pfarrer, Ärzte, Psychologen, Sozialarbeiter und andere soziale Multiplikatoren, für die wir Ausbildungskurse organisieren und z.T. selbst durchführen. Ausbildungskurse für eine menschlichere Form der Gruppenleitung, die die Gruppenteilnehmer nicht nur als Informationsempfänger, sondern als kreative Interaktionspartner zum Zuge kommen lässt. Mit dieser Arbeit wirken wir prophylaktisch in die Zukunft hinein. Alle genannten Personengruppen: Kirche, Stadt und Land, die Mitarbeiter, die Ratsuchenden und die sozialen Multiplikatoren, sie bestimmen unsere Arbeit mit und sie definieren das Geburtstagskind.

Ich möchte unsere Aufmerksamkeit zunächst auf die größte Gruppe von Personen lenken, die uns definieren: auf *die Ratsuchenden*. Und ich möchte dies wieder mit Dank tun. Ich bin dankbar gestimmt, weil ich mich von den Ratsuchenden beschenkt weiß. Schenken und danken gehören ja zusammen. Die Ratsuchenden schenken uns, den Beratern, ein sehr wertvolles Gut. Sie schenken uns Vertrauen. Vertrauen nicht in äußeren Dingen, die ersetzbar sind, sondern in inneren persönlichen Angelegenheiten. Und es gibt kein größeres Geschenk als dieses persönliche Vertrauen, das uns wiederum verpflichtet zu Behutsamkeit und Verschwiegenheit.

In dem ersten Vierteljahrhundert unserer Tätigkeit sind es nun schätzungsweise 25.000 verschiedene Personen gewesen, die uns ihr persönliches Vertrauen geschenkt und mit uns für ihr Leben Rat gesucht haben. Das sind etwa 4% der Einwohner Düsseldorfs, eine schon bemerkenswert hohe Zahl. Doch auch diese große Zahl sagt nicht genug aus, wenn wir nicht noch genauer erkennen, wer da und was da gezählt wird. Was das heißt: ein Ratsuchender sein. Welches personale Gewicht das hat, wenn ein Mensch sein Innerstes offenbart. Wer selbst in der Situation des Ratsuchenden ist oder gewesen ist, der versteht dies leichter. Denn er hat möglicherweise mit der eigenen Person erfahren, was ein Ratsuchender einmal so ausgedrückt hat: „Ich bin als Mensch mit meinen Schwierigkeiten und mit meinen Fähigkeiten noch nie im Leben so wichtig genommen worden wie hier."

Ratsuchender-Sein hat ein ganz anderes Gewicht als etwa vergleichsweise Museumsbesucher-Sein. 25.000 Museumsbesucher und 25.000 Ratsuchende sind – was das personale Gewicht dieses Seins anbelangt – nur schwer vergleichbar. Ratsuchende bringen verschiedene Kräfte in die Beratung ein, die ihnen dieses sehr große personale Gewicht geben. Vier davon möchte ich nennen:

1. den Leidensdruck
2. den Anspruch, ernst genommen und ohne Abwehr gehört zu werden
3. Vertrauen und Widerstand im Verhältnis zum Berater
4. Heilungskräfte.

Ich möchte zu jedem der vier Punkte hier einige Sätze sagen:

1. *Zum Leidensdruck*:
Seelisches Leiden ist oft mit Angst verbunden oder mit Traurigkeit. Beides vermindert die Lebensfreude und die Fähigkeit, der Umwelt befriedigend zu begegnen, zu lieben und zu arbeiten. Das Gefühl: „Ich bin dem Leben nicht gewachsen" nimmt zu, das Selbstwertbewusstsein nimmt ab. Die Umwelt antwortet darauf über kurz oder lang negativ. Das Leiden wird dadurch in einem Teufelskreis verstärkt. Der Ratsuchende und seine nächsten Angehörigen geraten unter einen immer stärker werdenden Leidensdruck, der sie schließlich zur Beratung führt.

2. *Zum Anspruch, ernst genommen und*
ohne Abwehr gehört zu werden:
Seelisches Leiden wird gern überspielt und verdrängt. Vom Leidenden selbst und auch von seinen Angehörigen. Es ist so, als ob seelisches Leiden in unserem alltäglichen Leben einen angemessenen Platz nicht finden könnte. Oft wird versucht, ihm mit barscher Härte zu begegnen oder aber auch mit dem Gegenteil, mit verwöhnender Weichheit. Aber weder das eine noch das andere führt weiter. Weder das barsche: „Nun reiß Dich gefälligst zusammen" noch das weiche: „Ach Du Armer, Du solltest Dich schonen". Der Leidende bleibt in seinem Teufelskreis. Seelisches

Leiden will ernst genommen werden. Durch genaues Wahrnehmen und Hinhören. Auch wenn dies Angst macht. Und es macht Angst, wenn man seelischem Leiden menschlich begegnet. Diese Angst nicht zu verdrängen, sondern auszuhalten, das ist bereits das erste Stück therapeutischer Arbeit. Eine solche diagnostische und therapeutische Disziplin kann außerhalb der fachkundigen Beratungs- und Behandlungssituation kaum aufgebracht werden.

3. *Zu Vertrauen und Widerstand*:
Ratsuchende bringen Vertrauen mit, aber auch Misstrauen. Das Misstrauen zeigt sich als Widerstand. Wir können uns diesen Widerstand verständlich machen: Seelisches Leiden ist das Ergebnis einer Geschichte. In diese Geschichte gehen verschiedene schädliche Druckkräfte der Umwelt ein und Ketten von Entscheidungen des Leidensträgers. Um einige häufige Schadkräfte der personalen Umwelt – meist handelt es sich dabei um die Familie – zu nennen: der Entzug von Liebe, die Unterdrückung von Vitalkräften wie *Aggressivität*, *Sexualität*, *Zärtlichkeit* und *Selbstständigkeit*. Der Leidensträger selbst fällt Entscheidungen im Verhältnis zu diesen ihn selbst verneinenden Kräften, Entscheidungen, die ihn aber nicht befreien. Entweder nimmt er die Selbstverneinung gefügig an oder er begehrt trotzig dagegen auf. Trotz ist in diesem Fall besser als Gefügigkeit. Er ist die Verneinung der Selbstverneinung. Aber er ist eben nicht reine Bejahung und führt durch seine Starrheit oft ins soziale Abseits. Das Ergebnis dieser Geschichte ist schließlich ein nicht mehr erträgliches seelisches Leiden, das nun seinerseits einen nicht mehr erträglichen Druck ausübt – den schon genannten Leidensdruck. Der ratsuchende Leidensträger steht gewöhnlich unter einem doppelten Druck: Unter dem Druck der krankmachenden Kräfte, die das Leiden aufrechterhalten wollen, und unter dem Druck des Leidens, der die Heilungskräfte zu mobilisieren beginnt. Der Berater sieht sich in der Regel eingeschaltet in einen noch unentschiedenen Konflikt zwischen lebensverneinenden und lebensbejahenden Kräften. Und er kann sich in diesen Kampf nicht mit der äußeren Mächtigkeit des besserwissenden Fachmanns ein-

schalten wie z.B. mit guten Ratschlägen oder Erfolgsrezepten. Jede äußere Machtposition ist zunächst für den ratsuchenden Leidensträger verdächtig, denn sein Leiden hat ja einen seiner Ursprünge im Missbrauch von äußeren Machtpositionen. Diese Seite des Widerstandes nötigt den Berater weg von überlegener Machtausübung hin zu einer partnerschaftlichen Vertrauensbeziehung, die eine fruchtbare Zusammenarbeit und eine Entfaltung der Heilungskräfte ermöglicht.

4. *Zu den Heilungskräften*:
Ratsuchende tragen ihre Heilungskräfte in sich. Es sind sowohl seelische Kraftreserven, die blockiert worden sind, als auch geistige Steuerungsfähigkeiten, die noch nicht entwickelt und geübt worden sind. Durch die Beratung wird die Entfaltung dieser Kräfte ermöglicht. Und wie die Entstehung seelischen Leidens eine Geschichte ist, so ist seine Bewältigung mit Hilfe von Beratung wiederum eine Geschichte. Auch sie braucht Zeit – und Geduld. Beratung ist eine Zeit gemeinsamen Suchens. Gemeinsam, das heißt: Ratsuchende und Berater suchen. Gesucht wird Rat, das heißt: neue Entscheidungsmöglichkeiten und Entscheidungen, die aus Einengung und Angst, aus Bedrückungen und Traurigkeit herausführen. Die wesentliche Kraft, die die Heilung vorantreibt, ist die Kraft des Suchens selbst, die den passiven Leidensträger zum aktiven Ratsuchenden macht.

Ich möchte mich nun dem Beitrag zuwenden, den *die Berater* zur Definition von Beratung leisten.

In der Regel sind Berater zu einem akademischen Grundberuf ausgebildet worden und haben dadurch notwendige theoretische Kenntnisse über das Mensch-Sein erworben. Mensch-Sein ist aber sehr komplex und hat verschiedene Aspekte, die von mehreren Disziplinen erforscht und gelehrt werden. Die für unsere Arbeit wichtigsten anthropologischen Aspekte sind:

- der psychologische
- der soziologische
- der medizinische
- der pädagogische

- der juristische
- der theologische.

Alle diese Aspekte können für Diagnose, Beratung und Therapie seelischen Leidens Bedeutung gewinnen. Dies macht eine intensive Zusammenarbeit der Lebensberater notwendig: das Teamwork. Berater verschiedener Disziplinen setzen sich zu einer Arbeitsgruppe zusammen, dem Team, das sich zu regelmäßigen Besprechungen trifft. Diese Teambesprechungen haben zwei Aufgaben:

1. Die Zusammenschau der vom Fach her verschiedenen Aspekte einer problematischen Lebenssituation.
2. Die Bearbeitung von blinden Flecken, die den Berater hindern, in der Ratsuche mit dem Ratsuchenden zusammen vorwärts zu kommen.

Teambesprechungen fordern von den Beratern eine immer erneute Lernbereitschaft, um den eigenen Wahrnehmungsaspekt zu ergänzen und zu verbessern.

Die theoretische Grundausbildung ist ein Teil der zur Lebensberatung notwendigen Voraussetzungen, die Bereitschaft zu dauerndem Dazulernen ein zweiter. Das Weiterlernen geschieht einmal – wie beschrieben – durch die Praxis mit den Ratsuchenden und durch den Austausch im Team der Berater, zum anderen durch zusätzliche Ausbildungskurse. Unsere Berater haben sich von Anfang an besonders um tiefenpsychologische Zusatzausbildung bemüht, in den letzten Jahren auch in den speziellen Ausformungen der Gestalttherapie und der Transaktionalen Analyse. Gesprächspsychotherapie und Verhaltenstherapie kommen hinzu.

Von besonderem Einfluss auf unsere Beratung sind heute jedoch gruppendynamische, familiendynamische und kommunikationstherapeutische Einsichten und Methoden. Ich möchte darauf im Folgenden zu sprechen kommen.

Wir alle machen unsere ersten sozialen Lebenserfahrungen in Kleingruppen – in der Regel in einer Familie. Unsere Persönlichkeit wird hier gebildet und über unser Wohlbefinden oder Missbefinden entschieden. Die Gruppendynamik belehrt uns über die Kräfte, die in einer Gruppe wirksam sind, z.b. über Führung, Kommunikation, Normen, Rollen, Klima. Und sie schärft den Blick dafür, was in der Dynamik einer Gruppe krankmachend ist und wo Änderungen in diesem Kräftefeld notwendig sind, damit das Wohlbefinden aller Gruppenmitglieder und ihre seelische Gesundheit verbessert wird. Wir wissen z.b. von schädlichen Auswirkungen einer autoritären, aber auch einer permissiven Führung, den schädlichen Auswirkungen einer dysfunktionalen Kommunikation, von überfordernden, aber auch von unterfordernden Normen, von zu starren oder zu unbestimmten Rollen und den schädlichen Auswirkungen eines feindseligen Klimas.

Unsere besondere Aufmerksamkeit gilt der Kommunikation. Im Jahr 1972 haben wir damit begonnen, Lebensberatung als Kommunikationsverbesserung aufzufassen. Entscheidend dafür waren verschiedene Erfahrungen und Einsichten. Zum Beispiel das Aneinandervorbeireden von Ehepartnern, die uns gemeinsam in einer Krise aufsuchten. Sie bemühten sich verzweifelt um Verständigung, erreichten aber das Gegenteil, weil jeder Recht behalten wollte und dem anderen Vorhaltungen machte. Wir lernten die Einteilung der Kommunikationsstile nach Virginia Satir kennen und fanden sie bei uns und den Ratsuchenden wieder. Virginia Satir unterscheidet vier dysfunktionale Kommunikationsstile:

1. *Unterwürfigkeit* (Beschwichtigungen):
„Nur Du und Deine Äußerungen sind wichtig. Ich und meine Äußerungen, die sind ganz unwichtig."
2. *Überheblichkeit* (Anklagen):
„Nur ich und meine Äußerungen sind wichtig. Du und Deine Äußerungen sind völlig unwichtig."
3. *Dozieren* (Rationalisieren):
„Hauptsache Sprüche machen. Was ich und du wollen, ist ganz unwichtig."
4. *Ausweichen* (Ablenken):
„Weder die Sache ist wichtig, noch ich und du. Wir wollen

sehen, dass wir an allem, was uns wesentlich angeht, vorbeikommen."

Und wir sahen, wie schwer es war, so miteinander zu reden, dass sowohl die beteiligten Personen partnerschaftlich zum Zuge kamen als auch die zur Verhandlung stehende Sache gut bearbeitet wurde.

Kommunikation, die so verfährt, wird von Virginia Satir funktional genannt und ist selten. Wir haben gelernt, dysfunktionale Kommunikation durch funktionale Kommunikation zu ersetzen. Und wir haben erfahren, dass seelische Störungen wie z.B. Ängste und Leistungsstörungen bei Kindern oder sexuelle Störungen bei Erwachsenen verschwinden, wenn eine funktionale Kommunikation zwischen den nächsten Angehörigen erreicht worden ist. Der Weg dahin ist oft schwierig und gelingt nicht immer. Wenn der Abwehrgürtel der Fassaden-Kommunikation zu stark ist und den personalen Kern eines Menschen bis in die Tiefe hinein verbarrikadiert, scheitert unsere Arbeit.

Ich möchte das Gesagte noch etwas verdeutlichen. Und zwar am *Beispiel der leeren Ehe*:

Funktionale Kommunikation ist lebensnotwendig. Wir können statt funktionaler Kommunikation auch sagen: Vertrauens-Kommunikation oder intime Kommunikation. Das will besagen: Jeder Mensch braucht mindestens eine Vertrauensperson oder einen Intimus, dem er sich ehrlich anvertrauen kann, wo er echt sein kann – so wie er wirklich ist, wo er sich nicht zu verstellen braucht. Dieser Intimus ist von allerhöchstem Wert. Denn er definiert und identifiziert einen Menschen in vorletzter Instanz. Es ist gut, wenn dieser Intimus im Ehepartner zu finden ist. Aber leider ist das in vielen Fällen nicht so. Es gibt Partner, die sich nicht mehr ertragen könnten, wenn sie in solcher personalen Echtheit oder Nacktheit voreinander erscheinen würden, und die deswegen nur in der Fassadenschicht miteinander leben können. Einer solchen Beziehung fehlt der personale Kern des Zusammenlebens. Es ist eine leere Ehe. Die Beteiligten leben in ihrer Ehe im Grunde personal beziehungslos als ein Exemplar männlichen und ein Exemplar weiblichen Geschlechts nebeneinander her. Auch ihre sexuellen Beziehungen haben diesen unpersönlichen Fassadencharakter. Sie sind eine gelegentlich wiederkehrende notwendige Lebensfunktion, ein Ritual, eine Leistung, ein Zeitvertreib oder ein Täuschungsmanöver – aber keine intime Begegnung zweier Personen. Eine solche Ehe kann in aller Naivität – ohne dass einer der beiden etwas nachdrücklich vermisst – unauffällig bis zum Tode gelebt werden. Oft allerdings wird doch etwas vermisst. Man weiß nur nicht recht, was. Dieses unbestimmte Leiden an der Unpersönlichkeit der Beziehung und der fehlenden Vertrauenskommunikation setzt ein Suchen in Gang, das im Grunde aus ist auf die Annahme, Entfaltung und Erkenntnis der eigenen Person und des Intimpartners – aber auch ganz woanders enden kann, z.B. im Alkohol. Es ist gut, wenn solche Menschen als Ratsuchende zu uns kommen und hier auf Berater treffen, die mit ihnen auf die Suche gehen. Die dies auch können, weil sie durch eigene Selbsterfahrung zu personaler und funktionaler Kommunikation befähigt sind.

Nun zum Beitrag der *sozialen Multiplikatoren*:

Funktionale Kommunikation steigert Wohlbefinden und Lebensfreude, u.a. auch die Lern- und Arbeitsfreude. Es gibt kaum einen gesellschaftlichen Bereich, in dem Steigerungen solcher Art nicht wünschenswert wären. Mehr Wohlbefinden und Freude kann man überall gebrauchen. Nicht nur in Ehe und Familie. Auch in der Öffentlichkeit. Insbesondere in Schulen. Aber auch in kirchlichen Gemeinden und in Betrieben. Eine Reihe von verantwortungs-bewussten Lehrern und Pfarrern, denen nicht nur daran liegt, dass ihre Schüler und Konfirmanden Stoff lernen, sondern dass sie sich auch wohl fühlen und gerne zusammen sind, haben sich auf die Suche gemacht, um Methoden kennenzulernen, die das ermöglichen. Ein großer Teil unserer Berater hat selbst die gruppendynamische Methode der TZI gelernt, die sich für das Erreichen dieser Ziele besonders eignet. Diese Methodik vermitteln wir jetzt Lehrern und Pfarrern und anderen interessierten sozialen Multiplikatoren. Dies ist für uns eine prophylaktische Arbeit, die die seelische Gesundheit in unserer Gesellschaft erhalten und verbessern soll. Die Ev. Beratungsstelle

Düsseldorf war immer auch im Bereich der psychohygienischen Prophylaxe tätig. Im ersten Jahrzehnt spielten dabei Vorträge über Lebensfragen eine übergeordnete Rolle, im zweiten Jahrzehnt waren es Seminare, und heute im dritten Jahrzehnt sind es Ausbildungskurse in TZI-Gruppendynamik. Denn wir meinen, dass sie dem heutigen Stand der personalen Aufklärung über Lebensfragen in unserer Bevölkerung am ehesten angemessen sind. Vorträge wie in den Anfangsjahren sind heute kaum mehr nötig, nachdem in den Massenmedien und in zahlreichen Bildungsstätten hier ein breites Angebot an Informationen gemacht wird. Als Lebensberater sind wir gewohnt, in kritischen Bereichen zu arbeiten – und wir tun das gerne. Kritisch ist heute nicht mehr die Information über Lebensfragen, sondern ihre Umsetzung in die alltägliche Wirklichkeit. Durch die Ausbildungskurse in TZI-Gruppendynamik wird nicht nur informiert, sondern neues Verhalten im Sinne einer funktionalen Kommunikation eingeübt.

Die Nachfragen sind hier wie im gesamten Beratungsbereich sehr groß. Wir haben überall längere Wartezeiten und auch die TZI-Kurse sind schnell ausgebucht. Wir freuen uns, dass diese Arbeit nicht allein auf unseren Schultern ruht, sondern dass wir hier vertrauensvoll mit einer Reihe von entsprechend ausgebildeten Dozenten im Rahmen des Werkstatt-Instituts für Lebendiges Lernen (WILL) im Rheinland zusammenarbeiten können.

Ich habe in diesem ersten Abschnitt meines Vortrages versucht, Ihnen einen Eindruck von unserer Arbeit zu vermitteln, indem ich Ihnen ein wenig die Personen-Gruppen mit ihren Bedürfnissen und Fähigkeiten vorgestellt habe, die uns aktuell definieren. Ich möchte im folgenden Abschnitt auf das Evangelium und andere geistige Kräfte zu sprechen kommen, die unsere Arbeit bestimmen.

Zunächst zum *Evangelium*:
Jedermann in unserem Kulturkreis weiß, dass das Evangelium die frohe Botschaft ist von der Liebe Gottes zu den Men-

schen. Jedermann könnte dies jedenfalls wissen. Es ist kein Geheimnis, sondern es wird offen überall und von Amts wegen in Schulen und Kirchen regelmäßig mitgeteilt. Mit dieser Mitteilung gibt es ganz offenkundig jedoch zahlreiche Schwierigkeiten und ich halte es für wichtig, dass diese Schwierigkeiten genau analysiert und nicht überspielt oder in anderer Weise vermieden werden. Psychotherapeuten und Lebensberater wissen das ja aus ihrer Arbeit genau: Das Entscheidende ist nicht die sachlich richtige Information, sondern die Arbeit am Widerstand gegen die Aufnahme dieser Information und am Widerstand gegen die praktischen Auswirkungen dieser Information. Ich nehme einmal ein einfaches Beispiel zum Vergleich: Jedermann weiß, dass Rauchen gesundheitsschädlich ist oder jedermann könnte das wissen. Es ist mittlerweile kein Geheimnis mehr. Es ist allgemein bekannt. Trotzdem wird fast im gleichen Umfang weiter geraucht, so als gäbe es diese Informationen nicht. Sie werden nicht aufgenommen. Sie werden abgewehrt. Oder aber die Informationen werden aufgenommen, aber sie haben keine Auswirkungen. Die Auswirkungen werden abgewehrt: Es werden keine Konsequenzen gezogen. Das Bedürfnis zu rauchen und die dahinter liegenden unbefriedigten Bedürfnisse sind stärker.

Die Sache mit dem Evangelium ist nun ungleich viel schwieriger: Dass Rauchen schädlich ist, das kann bewiesen werden, sogar augenfällig durch Filmdokumentationen. Dass Gott die Menschen liebt, lässt sich nicht auf diese Art beweisen. Denn die Existenz Gottes oder die Existenz von Göttern lässt sich nicht augenfällig für jedermann dokumentieren. Möglicherweise ließe sich heute dokumentieren, dass Liebe das oberste Lebensprinzip ist. Wir haben darüber viele neue Informationen. Aber es ist nicht schwer, mit Gegeninformationen aufzuwarten, die sagen, Macht oder Leistung oder Geld seien das oberste Lebensprinzip. Wir sehen: der Widerstand gegen die Aufnahme des Evangeliums und gegen seine Auswirkungen hat von Natur aus sehr viel mehr Kraft als der Widerstand gegen augenfällig beweisbare Informationen. Im Neuen Testament wird die Auffassung vertreten, dass der Mensch von Natur aus – der natürliche Mensch (psychikós anthropos) – nicht in der Lage ist, die Liebe Gottes zu erkennen. Die Liebe Gottes ist für ihn unglaublich.

Paulus sagt im Römerbrief (11.32): „Gott hat alle (Menschen) eingeschlossen in den Unglauben". In die apeitheia. Das heißt: In die Widerspenstigkeit, in das Nicht-Sehen und Nicht-Hören, in geistige Blindheit und Taubheit, in den Ungehorsam. Paulus hat darüber hinaus eine theologische Glaubenstheorie entwickelt: Die Erkenntnis Gottes ist nur möglich durch den Geist Gottes. Er schreibt im 1. Korinther-Brief (2.11-14):

> „Denn welcher Mensch weiß, was im Menschen ist, als der Geist des Menschen, der in ihm ist. Also auch weiß niemand, was in Gott ist, als der Geist Gottes. Wir haben empfangen den Geist aus Gott, dass wir wissen können, was uns von Gott gegeben ist. Und wir reden das mit Worten, die der heilige Geist lehrt. Der natürliche Mensch (psychikós anthropos) vernimmt nichts vom Geist Gottes – er kann es nicht erkennen."

Dieser Text macht ganz deutlich, dass die Verkündigung des Evangeliums scheitern muss am Widerstand des natürlichen Menschen, wenn nicht vom Geist Gottes her etwas an diesem Widerstand geschieht. Nun möchte ich mich vor allem einer Orthodoxie enthalten, die zu wissen meint, wie der Geist Gottes zu arbeiten habe und wie er nicht zu arbeiten habe. Mir ist nur einiges sicher: dass der Geist Gottes größer ist als der Geist der Menschen, dass er mehr Möglichkeiten hat als menschlicher Geist, dass er sich von uns keine Vorschriften machen lässt, dass er einfallsreich, überraschend und zärtlich ist, dass ihm Künste und Wissenschaften untertan sind und dass er weht, wo er will. Sicher ist auch, dass der Geist Gottes ein tätiger Geist ist, der ununterbrochen und überall am Werk ist. Und sicher tun wir gut daran, Vorurteile zu überprüfen, die den Geist Gottes in irgendeine Enge und Einseitigkeit festschreiben wollen.

Wir sollten uns dabei nochmals vergegenwärtigen, dass das Evangelium einen allgemeinen Teil hat. Der heißt: Liebe ist das oberste Lebensprinzip. Auf die Liebe kommt alles an. Es ist nicht so, dass das auf der Hand liegt und für jedermann greifbar ist.

Wir Menschen, die wir von Natur aus dem Tode und der Angst verfallen sind, müssen in solcher Entfremdung auch diese Wahrheit erst suchen und finden. Und hier gibt es daher eine Freiheit, einen Spielraum, innerhalb dessen jeder Einzelne seinen obersten Wert ganz anders setzen kann. Er kann z.B. sagen, mein oberster Wert ist nicht die Macht der Liebe, sondern die Macht der Intelligenz, die Macht der Stärke, die Macht des Geldes usw. Das Evangelium dagegen sagt: Der oberste Wert ist die Liebe. Es sagt dies in verschiedenen Formulierungen, wie z.B.:

„Gott ist Liebe" (1. Joh 4.8)
„Nun aber bleibt Glaube, Hoffnung, Liebe, diese drei; aber die Liebe ist die größte unter ihnen" (1. Kor 13.13)
Und in der berühmten goldenen Regel: „Du sollst Deinen Nächsten lieben wie Dich selbst" (Mt 22.39)
In der reziproken Formulierung Mt 7.12 : „Was ihr wollt, dass euch die Leute tun sollen, das tut ihr ihnen auch. Das ist das Gesetz und die Propheten".

Diese reziproke Formulierung ist besonders interessant, weil sie zugleich eine Anweisung zum Suchen enthält. Sie besagt: Forsche doch einmal in Dir, gehe in dich und mache dir klar, was du von deinem Nächsten wirklich haben möchtest, dann wirst du auch erkennen, was er von dir haben will. Nämlich Liebe.

Trotz dieser sehr einfachen Anweisung ist der Weg in der Praxis nicht leicht. Es gibt dabei mindestens drei Widerstandsbarrieren:

1. Mein Hochmut verbietet mir anzuerkennen, dass ich von meinem Nächsten Liebe brauche. (Anerkennung meiner Abhängigkeit)
2. Mein Hochmut verbietet mir, anzuerkennen, dass der andere als Person gleichwertig ist. Dies behindert mich, Partnerschaft und Solidarität zu üben.
3. Meine Angst hindert mich, das zu geben, was ich bekommen möchte. Der natürliche Mensch in mir will lieber haben als geben. Dass Geben seliger ist als Nehmen, muss ihm erst offenbart werden. Nicht als Spruch, sondern als Praxis.

Das Team der Beratungsstelle am Eingang zum Haus 27

Liebe ist kein Gesetz, das mit Zwang eingetrieben werden kann. Weder können andere mich zur Liebe zwingen, noch kann ich mich selber zwingen. Liebe gibt es nur in Freiheit. Liebe ist eine Kraft, die gesucht werden muss.

Liebe ist ein Geschenk.

„Die Liebe ist des Gesetzes Erfüllung." (Röm 13.10).

„Sie ist die Hauptsumme des Gebotes." (1. Tim 1.5).

Aber sie ist in keinem Fall eine zwingende Forderung. Die Liebe ist nach Gottes Willen der Höchstwert des menschlichen und göttlichen, des personalen Lebens. Sie ist aber kein mechanischer Soll-Wert, den man durch einen geistigen Klimmzug am Gesetz erzwingen kann, sondern ein personaler Suchwert, zu dem personale Begegnungen gehören, in denen Ängste und Widerstände in Freiheit überwunden werden. Und dies lebenslang. Wer sucht, ist unterwegs. Suchen braucht Zeit. Suchen ist eine Geschichte. Sie schließt Irrwege ein. Sie braucht Geduld.

Ratsuchende in Lebensfragen sind immer auf der Suche nach der Liebe. Die Hauptsumme des Rates ist die Liebe. Aber unsere Arbeit liegt nicht in der Bekanntmachung dieser Hauptsumme – dann wären wir schnell fertig – sondern im Mitsuchen, im Teilnehmen an schwierigen Teilen und kritischen Punkten des Suchweges, in der Bearbeitung von Ängsten und Widerständen, in vielen kleinen Schritten. Liebe ist eine gesund und lebendig machende Kraft. Dichter wissen das und Wissenschaftler, Verliebte und Heilige. Aber meines Wissens gibt es noch keine geschlossene Dokumentation über die Heilkraft der Liebe. Das wäre in der Tat eine dankenswerte Aufgabe einer kirchlichen Hochschule mit einem interdisziplinären Forscherteam. Und ein wichtiges Stück Verkündigung. Und zu dieser Arbeit würde auch gehören die Bearbeitung des Widerstandes, die diese Dokumentation erfahren wird. Es ist völlig klar, dass eine solche Aufgabe nicht von Theologen allein bewältigt werden könnte. Theologen werden an der Hochschule ausgebildet als Bibelphilologen und nicht als Fachleute für Liebe. Das liegt auch an Luther. Jedenfalls im evangelischen Bereich. Luther hat in erster Linie auf den Glauben abgestellt, nicht auf die Liebe. Unter dem Druck des unerfüllbaren Gesetzes fand er die Befreiung durch die Rechtfertigung im Glauben. Da ist von entscheidender Wichtigkeit die Stelle im Römerbrief 3.21:

„So halten wir nun dafür, dass der Mensch gerecht werde ohne des Gesetzes Werke, allein durch den Glauben." – Sola fide.

Der Glaube allerdings ist Glaube an die vergebende und versöhnende Liebe Gottes. Die vorherrschende personale Zielrichtung dabei ist Gott, nicht die menschliche Person, weder das Selbst noch der Nächste. Diese vertikale Dimension des Evangeliums, die Gottesdimension ist und bleibt in den folgenden Jahrhunderten die herrschende Dimension, entsprechend der herrschenden feudalen Gesellschaftsordnung. Der Mensch an der Basis ist ohnmächtiger und unmündiger Empfänger der Mitteilung von Gesetz und Gnade Gottes. Der Mensch ist Sünder. Alles Gute kommt direkt von oben. Und zwar durch die Predigt. Und hier hat Luther nun offenkundig an einer wichtigen Stelle des Neuen Testaments falsch übersetzt und damit das autoritäre System verstärkt. Er übersetzt Röm 10.17:

„So kommt der Glaube aus der Predigt, das Predigen aber durch das Wort Gottes."

Im griechischen Text steht hier aber, dass der Glaube ex akoès kommt, aus dem Hören oder aus dem Gehörten. Es gibt einige neusprachliche Übersetzungen, die das berücksichtigen, wie z.B. die englische King James Version von 1611. Dort heißt es „faith cometh by hearing", oder die deutsche Übersetzung von Bruns (1960): „Der Glaube erwächst aus dem Hören." Oder nochmals die englische Revised Standard Version von 1901: „Faith come from what is heard". Oder die französische Übersetzung: „La foie vient de ce qu' on entend."

Es wird bei diesen Übersetzungen einmal abgestellt auf das Hören selbst als einer Tätigkeit des Empfängers des Evangeliums, zum anderen auf den Inhalt des Hörens. Der Schwerpunkt liegt aber in beiden Fällen beim Empfänger, nicht beim Sender des Evangeliums. Wenn die Sache so steht, ist es für das Gelingen der Verkündigung notwendig, den Menschen mit seinen Hörbereitschaften und Hörwiderständen ernster zu nehmen und mehr in seelsorgerlichen Einzel- und Gruppengesprächen zu arbeiten. Und das geschieht auch in zunehmendem Maße. Dies setzt allerdings einen geistigen und sozialen Entwicklungsstand der Gesellschaft voraus, den wir erst seit kurzem haben. Der Soziologe Dietrich von Oppen hat 1960 diesen Entwicklungsstand in seinem bemerkenswerten Buch unter der Überschrift „Das personale Zeitalter" beschrieben. Das Evangelium von der Liebe als der allgemeinen Grundmacht des personalen Daseins hat zwei spezielle Teile, der eine bezieht sich auf Gott und die Gottesliebe, der andere auf die Menschen und ihre Liebe untereinander. Ich habe das erste die vertikale Dimension des Evangeliums genannt und nenne die zweite die horizontale Dimension. In einem voll entwickelten Liebes-Bewusstsein stehen beide Dimensionen gleichwertig nebeneinander, wie es Jesus sagt (Mt 22.37-40):

„Du sollst lieben Gott, deinen Herrn, von ganzem Herzen, von ganzer Seele und von ganzem Gemüte." Dies ist das vornehmste und größte Gebot. Das andere aber ist ihm gleich: „Du sollst deinen Nächsten lieben wie dich selbst." In diesen zwei Geboten hängt das ganze Gesetz und die Propheten.

Ein volles Liebes-Bewusstsein ist selten. Es würde voraussetzen, dass ein Mensch voll und ganz in der Liebe existiert. Im Durchschnitt sind wir nicht in dieser göttlichen Fülle, sondern mehr oder weniger verstrickt in den Todeskräften unseres Lebens und haben daher immer nur ein fragmentarisches Liebes-Bewusstsein.

Das Fragmentarische kann sich darin zeigen, dass wir primär die Gottesliebe im Sinn haben und über die bloße Mitmenschlichkeit den Kopf schütteln. Dann sind wir die Transzendenz-Christen.

Das Fragmentarische kann sich darin zeigen, dass wir primär die Menschenliebe im Sinn haben und von Gott nichts wissen. Dann sind wir die Mitmenschlichkeits-Christen.

Das Fragmentarische kann sich darin zeigen, dass das Liebes-Bewusstsein mehr eine Form von Theorie oder Lehre ist, und weniger eine Form von Praxis und Existenz. Dann sind wir die Ideologen.

Das Fragmentarische kann sich darin zeigen, dass aus der Liebe das personale Moment der Freiheit ausgeblendet wird.

Dann wird das Evangelium zum Gesetz, kein Geschenk, sondern Pflichterfüllung. Dann sind wir die Gesetzlichen.

Überall ist menschlicher Widerstand gegen ein volles göttliches Liebes-Bewusstsein. Überall ist Angst. Und diese ist ernst zu nehmen. Sie ist eine Tatsache. Das Ernst-Nehmen des Widerstandes gegen die göttliche Fülle bei mir selbst und bei anderen beinhaltet auch Bescheidenheit, beinhaltet die Einsicht, dass das Stück der Liebe, das mir persönlich offenbart ist, Fragment ist und nicht das Ganze. Der Anspruch des Fragmentarischen, das Ganze zu sein, wird allerdings immer wieder erhoben. Immer wieder gibt es Gruppen, die sagen, wir haben das volle Evangelium. Was ihr davon gehört habt, ist nichts. Ihr liegt falsch. Werdet wie wir. Diese selbstgerechte Art der Selbstdarstellung solcher Gruppen macht allerdings deutlich genug, dass auch hier das Evangelium nur fragmentarisch verstanden worden ist. Denn wo Selbstgerechtigkeit ist, fehlt es an Liebe. Und wir erkennen bei einer solchen Haltung eine wichtige Aufforderung, die in dieser fragmentarischen Verfassung liegt: sich zu ergänzen und voneinander zu lernen – zu lieben. Bescheidenheit ist realitätsgerecht.

Mir selbst fällt das heute auch nicht gerade leicht, unsere evangelische Lebensberatung auf einen bescheidenen Platz im Raum der Kirche, die das Evangelium verkündet, zu beschränken. Weil ich denke, was wir tun, ist doch eine Menge, ein wichtiger Teil der Verkündigung des Evangeliums. Wir sind mit unserer Arbeit dabei, die Liebe der Menschen zu sich selbst und zueinander zu suchen und zu mehren. Und dies in personaler Freiheit. Wir sind damit anzusiedeln in der horizontalen Dimension der Verkündigung. Wir sind Mitmenschlichkeits-Christen. Wir können keine leere Ideologie verkaufen, sondern wir müssen in unserer Praxis Erfolge erzielen und unsere Effektivität wissenschaftlich kontrollieren. Wir können auch keine selbstgerechte Gesetzlichkeit pflegen, denn dann kämen keine Menschen zu uns und würden ihr Inneres öffnen. Denn ein Mensch öffnet sich nur in Freiheit und nicht vor einer Instanz, die fordert und verurteilt.

Unsere schwache Stelle ist zweifellos das Gottesbewusstsein.

Über Gott wird in der Lebensberatung mit Worten selten gesprochen. Ich denke aber: Gott kann geschehen in der Art, wie wir in der Beratung miteinander umgehen.

Dennoch: wir sehen uns durchaus in Ergänzung zu den Theologen oder können das tun. Zu denen, die Gott verkündigen und ein entwickeltes Gottesbewusstsein haben. Aber wie überall gibt es auch unter ihnen Unterschiede. Ich persönlich fühle mich am meisten denen verbunden, die wie wir Praxis betreiben und keine leere Ideologie, die sich wie wir von der Gesetzlichkeit weg bewegen hin zur personalen Freiheit. Diese Theologen kennzeichnen ein neues Zeitalter, das personale.

Damit komme ich zum letzten Punkt meiner Betrachtung: *Die geistigen Kräfte des personalen Zeitalters*.

Das geistige Leben in Westdeutschland hat nach 1945 einen großen Aufschwung erfahren. Die nationalsozialistische Diktatur war zu Ende und damit eine tiefgreifende Vergewaltigung des Geistes. Es gab ein großes Aufatmen und einen schwungvollen Neubeginn unter der Devise Freiheit. Dieser geistige Wandel hat sich niedergeschlagen im Grundgesetz der BRD vom 23. Mai 1949, das uns auf der Rechtsebene zu einem der fortschrittlichsten Staaten des neuen personalen Zeitalters macht. Und vieles davon ist uns in den 27 Jahren des Bestehens der Republik selbstverständlich geworden – was es aber geschichtlich gesehen gar nicht ist. Die durch das Grundgesetz geschützten personalen Werte sind in einem langen geistigen und politischen Kampf errungen worden und sie werden auch weiter erkämpft werden müssen. Es heißt im Grundgesetz u.a.:

„Die Würde des Menschen ist unantastbar. Jeder hat das Recht auf die freie Entfaltung seiner Persönlichkeit, soweit er nicht die Rechte anderer verletzt. Die Freiheit der Person ist unverletzlich. Männer und Frauen sind gleichberechtigt. Die Freiheit des Glaubens, des Gewissens und die Freiheit des religiösen und weltanschaulichen Bekenntnisses sind unverletzlich. Jeder hat das Recht, seine Meinung in Wort, Schrift und Bild frei zu äußern und zu verbreiten. Kunst und Wissenschaft, Forschung und Lehre sind frei."

Das Team der Beratungsstelle auf der Gartentreppe

Diese Zitate zeigen deutlich die Freiheit der Person als Schwerpunkt-Wert unserer heutigen politischen Rechtsordnung. Es ist fast ein Rausch der Freiheit, der aus diesen Formulierungen spricht, und der in krassem Gegensatz steht zu vielen vorausgehenden Jahrtausenden geistiger, sozialer und politischer Tyrannei, die als solche heute erst deutlich wird aus dem Kontrast heraus. Diese neue Freiheit ist ein großes Geschenk, das in seinem ganzen Umfang so schnell von uns überhaupt nicht erfasst und verwirklicht werden kann, weil wir unsere lange Sklavengeschichte nicht einfach abwerfen können, sondern sie in der Tiefe unserer Seele und in den überkommenen sozialen Rollen weiter mit uns herumtragen. Nur langsam, Schritt für Schritt, setzen sich im Denken und in der gesellschaftlichen Wirklichkeit nachhaltige Veränderungen durch.

Dies wird z.B. deutlich an der Verwirklichung der im Grundgesetz von 1949 beschlossenen Gleichberechtigung von Mann und Frau im Bereich von Ehe und Familie. Noch bis zum Jahr 1959 gab es den sogenannten Stichentscheid des Vaters. Es ging dabei um die Ausübung der elterlichen Gewalt.

Das steht im BGB § 1627:

„Die Eltern haben die elterliche Gewalt in eigener Verantwortung und in gegenseitigem Einvernehmen zum Wohle des Kindes auszuüben. Bei Meinungsverschiedenheiten müssen sie versuchen sich zu einigen."

Nun, was war aber, wenn sie sich nicht einigen konnten? Das entschied der Folgende § 1628 so: „Können sich die Eltern nicht einigen, so entscheidet der Vater."

Erst zehn Jahre nach dem Grundgesetz-Beschluss von 1949 am 29.07.1959 wurde dies vom Bundesverfassungsgericht als grundgesetzwidrig festgestellt und aufgehoben. Also: Es war viele Jahre hindurch auch klugen, juristisch klar denkenden Köpfen dieser Widerspruch nicht ins Bewusstsein getreten, weil die alten patriarchalischen Rollenvorstellungen uns einfach mit Blindheit geschlagen haben und weil die alten gesellschaftlichen Kräfte in uns und um uns gegen die Aufhebung dieser Blindheit waren. Und das geht so weiter:

Erst seit dem 01.07.1976 ist es möglich, dass Frauen nach der

Eheschließung nicht mehr den Namen ihrer Männer annehmen müssen (und die Männer ihren Namen ihren Frauen geben müssen), sondern dass die Eheleute mehrere Wahlmöglichkeiten haben. Wenn Herr Müller Frau Schulze heiratet, kann das Paar sich jetzt wiederfinden als

1. Herr und Frau Müller
2. Frau und Herr Schulze
3. Herr Müller und Frau Schulze-Müller
4. Frau Schulze und Herr Müller-Schulze.

Und das ist also schon eine ganze Menge. Vier Möglichkeiten. Aber eins können die Partner nicht, wenn sie heiraten, einfach Herr Müller und Frau Schulze bleiben. Der Gesetzgeber nötigt die Eheschließenden an irgendeinem Punkt zur Veränderung ihrer bisherigen Identität durch Nötigung zur Namensänderung. Die volle Gleichberechtigung eines Mannes mit seiner Frau ist auf diese Weise noch nicht erreicht. Dies bleibt dem weiteren Bewusstwerdungsprozess vorbehalten.

Wenn schon auf der Rechtsebene die Durchsetzung der Gleichberechtigung so schwierig ist, weil klares Denken durch historisch bedingte Voreingenommenheit behindert wird, wieviel mehr im Bereich der gesellschaftlichen Praxis, wo Tag für Tag um privilegierte Positionen hart gekämpft wird, und wo von einer Chancengleichheit von Männern und Frauen noch lange nicht geredet werden kann.

Wir sehen an diesem Beispiel: Der Erwerb der personalen Freiheit, die durch das Grundgesetz grundsätzlich zugesichert ist, ist im Bereich der Einzelrechte und in der konkreten gesellschaftlichen Wirklichkeit ein langsamer Prozess. Ein langsamer Prozess, der sich dialektisch zwischen These und Antithese, Position und Gegenposition vollzieht. Ich hoffe mit meinen Freunden, dass die Gesamtbewegung im Sinne der zunehmenden Verwirklichung des Grundgesetzes progressiv bleibt und dass das personale Zeitalter in der BRD mehr und mehr Gestalt gewinnt.

Ich hoffe dies auch als Mensch im Lichte des Evangeliums, denn ich höre, dass Gott seine Menschen zur Freiheit beruft, zu Söhnen und Töchtern seines Geistes und nicht zu programmierten Sklaven oder Robotern. Niemand kann zur Liebe oder zum Guten gezwungen werden. Das göttliche Liebesleben vollzieht sich in Freiheit. Das Gute oder die Liebe ist zu suchen und zu finden in einem lebenslangen Prozess des Werdens.

Ich habe vorhin das Grundgesetz des Evangeliums in der Ihnen allen bekannten missverständlichen Übersetzung Luthers zitiert, die mit „du sollst" beginnt. Dieses „du sollst" löst im hörenden Menschen fast immer Missmut aus: „Ich soll schon wieder etwas machen. Mach ich nicht schon genug?" Es führt zu Unbehagen und Widerstand, der durch die Vorstellung von Zwang hervorgerufen wird und Gott im Lichte eines lieblosen Zwingherrn erscheinen lässt. Aber das kann ja wohl nicht wahr sein. Schon im Alten Testament handelt es sich nicht um einen zwingenden Befehl, sondern um eine Verheißung. Gott sagt damit: Ich, Gott, will dafür sorgen, dass Du, Mensch, ein göttlicher Liebhaber wirst, wenn Du das willst. Halte Dich mal an mich, vertrau mal in dieser Sache mir. Denn ich verleihe ja die Sohnschaft oder Tochterschaft. Du kannst sie beantragen. (Falls Du in Verwaltungskategorien denkst.) Oder Du kannst sie Dir wünschen und ich werde sie Dir schenken. (Wenn Du wie ein Kind denkst.)

Bibelphilologisch steht da auch weder im hebräischen noch im griechischen Urtext *lieben* im Imperativ, der Befehlsform, sondern im Futur, der Zukunftsform, die die Nichtvollendung dokumentiert. Im griechischen Text heißt es da: „agapéseis" – „du wirst lieben". So möchte ich denn das Grundgesetz des Evangeliums hier nochmals und unmissverständlich formulieren: Es heißt dann:

Du wirst Gott Deinen Herrn lieben
aus Deinem ganzen Herzen,
in Deiner ganzen Seele,
und in Deinem ganzen Denken.
Du wirst Deinen Nächsten lieben wie Dich selbst.
An diesen zwei Zielsetzungen
hängt das ganze Leben.

Ich sehe unsere Lebensberatung beheimatet im personalen Zeitalter, begründet im Grundgesetz unseres Staates und begründet im göttlichen Zielgesetz des Evangeliums. In einer staatlichen oder kirchlichen Diktatur hätte Lebensberatung keinen Platz. Denn hier würde das Leben des Einzelnen bis in den privaten Bereich hinein durch Vorschriften reguliert. Und Leben im Sinne der personalen Entscheidungsfreiheit gäbe es gar nicht. Also auch keine Lebensberatung. Wo aber Freiheit ein wichtiger Teil des Lebens ist, da entfaltet sich auch das Leben zu einem weiten Raum von Möglichkeiten. Da gibt es eine anerkannte Vielfalt von Zielen und Bewertungen, von Wegen, Umwegen und Irrwegen. Und da gibt es notwendigerweise auch Lebensberatung.

Es ist keine Frage, dass diese bunte Freiheit auch Angst macht. (Schon diese vier Wahlmöglichkeiten von Namenswahl bei der Eheschließung lösen hier und da einen leichten Angstanfall mit der dazugehörigen Wut aus.) So beglückend die Freiheit ist, wenn wir Menschen in ihr eine vertiefte Liebe finden, so beunglückend ist sie auf der anderen Seite, wenn wir uns in ihr mit dem Hass verbinden. Aber das tun wir ja nicht, wenn wir wirkliche Entscheidungsfreiheit haben und wählen können zwischen Lieben oder Hassen. Ich bin sicher: niemand hier in diesem Saal wird den Hass wählen, sondern alle werden die Liebe wählen. Es ist aber bemerkenswert, dass wir den anderen da draußen gerne unterstellen, dass sie in Freiheit allzu leicht das Hassen wählen. Oder dass sie ihre Freiheit zum Bösen missbrauchen. Wenn jemand das Böse wählt und nicht das Gute, wenn jemand das Hassen wählt und nicht das Lieben, dann tut er das in den allermeisten Fällen nicht in Freiheit, sondern in Unfreiheit, nicht in Verantwortung, sondern in Unverantwortung, nicht sehend, sondern blind, nicht hörend, sondern taub.

Freiheit, und das heißt auch Verantwortung, ist weitaus häufiger verschwistert mit der Liebe als mit dem Hass. Darum ist der Ruf: Zurück zum zwingenden Gesetz, zurück zur guten alten Ordnung, zurück zur Unfreiheit, zurück zur strengen Strafe, der jedes Mal zu hören ist, wenn in der Gesellschaft ein Schub von Angst vor der Freiheit geschieht, so unangemessen.

Wir evangelischen Lebensberater haben dieses Rufen in den letzten Jahren besonders aufmerksam gehört in zwei Bereichen, die unsere Arbeit näher betreffen. Das eine ist der Bereich des neuen Scheidungsrechtes. Und hier ist der geistige und gesetzgeberische Entscheidungsprozess ja nur vorläufig abgeschlossen. Der andere Bereich ist der des Schwangerschaftsabbruches. Und hier sind wir immer noch mitten im geistigen Prozess, weil die Öffentlichkeit zu weit in den Intimbereich der in erster Linie betroffenen Frauen und ihrer Partner eingreift. Ich begrüße mit meinen Freunden und Kollegen die Tendenz des Rückzuges der staatlichen und kirchlichen Jurisdiktion aus dem privaten Entscheidungsbereich. Naturgemäß sind an der gesellschaftlichen Verantwortungsspitze bei diesem Rückzug die Konservativen langsamer als die Progressiven. Und das ist ja auch gut so, dass es hier eine Dialektik gibt. Denn eine zu schnelle Geschwindigkeit dieses Rückzuges würde in einem Teil der Bevölkerung zu viele neue Ängste wecken.

Der zunehmenden Verminderung öffentlicher Richtlinien für die private Lebensführung entspricht die zunehmende Bemündigung des Einzelnen im personalen Zeitalter. Die öffentlichen Verantwortungsträger ziehen sich jedoch aus diesem bisherigen öffentlichen Regulationsbereich nicht spurlos und gleichgültig zurück, sondern sie siedeln hier Lebensberatungsstellen an. In ihnen wird jedem einzelnen Bürger die Möglichkeit gegeben, seine persönliche Richtlinie, seinen Weg zu finden, wenn er in Unklarheit und Unsicherheit über sich und sein Leben gerät. Dieser je persönliche Weg ist lebendige Geschichte, meine oder deine Lebensgeschichte. Eine statische Moral kann über sie nicht zu Gericht zu sitzen und zu gültigen Urteilen kommen. Ein Schwangerschaftsabbruch oder eine Ehescheidung sind lebensgeschichtliche Entscheidungen, die eine persönliche Vorgeschichte und Nachgeschichte haben, an die ein moralisches Groburteil mit seinem Allgemeingültigkeits-Anspruch nicht heranreicht. Solche Entscheidungen liegen im persönlichen Feinbereich jedes Menschen. Sie sind intim. Die Öffentlichkeit hat darin nichts zu suchen. Auch nicht die Nachbarschaft. Es sei denn, die Nächsten könnten soviel erlösende Liebe übertragen, dass die werdende Mutter sich ihr Kind von Herzen wünschen kann oder dass Eheleute in ihren verödeten intimen Beziehungen neu erblühen. Und da möge ein jeder, der ein Nächster sein will, überlegen, ob er das kann und wieviel er kann. Verurteilen ist leicht, erlösen ist schwer. Der erste Schritt zur Erlösung ist der, dass ich mich kaltherziger und verständnisloser Verurteilungen enthalte und Verstehen suche.

Die Öffentlichkeit ist in den vergangenen 25 Jahren durchaus verständnisvoller und toleranter geworden. Wir hoffen, dass diese Entwicklung im Sinne einer Reifung weitergeht, dass es z.B. bald der Vergangenheit angehört, dass die Ehescheidungen von Pfarrern von Amts wegen zusätzlich einer besonders harten Beurteilung unterworfen werden. Diese besonders harte Beurteilung ist keineswegs besonders christlich oder menschlich, sondern lediglich besonders, oder besonders unmenschlich und unchristlich. Auch Pfarrer sind in erster Linie Menschen und verdienen eine menschliche Wahrnehmung ihres Lebens. Eine versteinernde moralische Beurteilung ihres Lebens zieht notwendigerweise die Versteinerung der Gemeinde nach sich. Und wer will das denn eigentlich? Wir bekommen ja als Gemeinde auf diesem Wege ein ganz anderes Bild von Gott – nämlich ein unbarmherziges – als durch die verbale Verkündigung, die einen barmherzigen Gott darstellt. Eine doppelte Botschaft also, die uns Angst macht. Ich bitte hier bei dieser Gelegenheit dringend die Verantwortlichen um eine Neubesinnung dieses Punktes.

Ich komme zum Schluss.

Wir betreiben Lebensberatung und führen mit ihr uns und unsere Ratsuchenden ein Stück des Weges zur Liebe. Dies in Freiheit, die der Liebe im personalen Zeitalter gemäß ist, das begonnen hat mit der Botschaft Jesu von der Berufung des Menschen zur Freiheit. Mag unsere Kraft auch schwach sein im Verhältnis zu vielen gegenläufigen Kräften, die von Liebe und Freiheit wegführen in uns und um uns, so erfahren wir uns doch in dieser Arbeit getragen und getrieben von einer tiefen Sehnsucht. Mit ihr sind wir auf der Suche nach Liebe, mit ihr sind wir auf der

Suche nach Gott. In uns allen ist diese Sehnsucht mehr oder weniger aktiv, mehr oder weniger verschüttet.

> Wer Rat sucht, sucht Liebe –
> Wer Liebe sucht, sucht Gott –
> Wer sucht, geht durch Angst hindurch –
> und findet sich in Freiheit.

In diesem Sinne haben wir 25 Jahre gearbeitet, in diesem Sinne werden wir weiterarbeiten.
Ich danke allen, die uns dabei begleitet und gefördert haben. Und allen, die das in Zukunft weiter tun werden.
Ich danke Ihnen, die Sie heute bei mir und bei meinen Worten waren. – Danke.

Günter Hoppe mit dem Team der Außenstelle Düsseldorf-Garath

II.
Gesundheit und innerer Friede

25 Jahre Arbeit im Haus am Kaiser-Friedrich-Ring,
Düsseldorf, 02.11.1983

Meine Damen und Herren!

Die Evangelische Beratungsstelle arbeitet heute 25 Jahre in diesem Haus. Meine Mitarbeiter und ich haben vor einigen Monaten miteinander überlegt, ob wir diesen Tag still vorübergehen lassen oder uns in irgendeiner Weise in der Öffentlichkeit bemerkbar machen sollten. Wir haben uns für das Letztere entschieden. So kam es auch zur Erarbeitung dieses Vortrages. In ihm versuche ich erneut, eine Ortsbestimmung unserer Beratungsarbeit zu geben. Dabei war es mir zunächst wichtig, in einem kurzen Rückblick die vergangenen 25 Jahre von 1958 – 1983 in Erinnerung zu rufen. Dazu habe ich für jedes Jahr mindestens ein Ereignis ausgewählt und alle auf eine Reihe gebracht, die wir jetzt als erstes wie einen Film vor uns ablaufen lassen können:

1. Die Jahre 1958 - 1983:
Eine Kette von Ereignissen:

1958 Im öffentlichen Dienst der BRD wird die 45-Stunden-Woche eingeführt.
Johannes XXIII. wird Papst.
Die „Halbstarken" werden von der Rock'n'Roll-Welle ergriffen (Bill Haley).
1959 Das Godesberger Programm der SPD wird verabschiedet.
Lübke wird Präsident.
Niemöller prangert den Krieg an.
„Die Brücke", ein Film für den Frieden, von Bernhard Wicki, wird aufgeführt.

1960 Das explosive Wirtschaftswachstum führt zur Anwerbung von Gastarbeitern.
Die Antibaby-Pille kommt in den USA auf den Markt.
1961 Die ersten Menschen bewegen sich im Weltraum (Gagarin, UDSSR / Shepard, USA).
In Berlin wird die Mauer gebaut.
1962 Die „Beatles" treten auf.
1963 „Die Pille" in der BRD
Paul VI. wird Papst. Das Volk nennt ihn später wegen seiner Stellungnahme zur Pille „Pillen-Paul".
Präsident Kennedy wird ermordet.
1964 Das Jahr der Miniröcke.
„Das Schweigen", ein Film von Ingmar Bergman, wird aufgeführt.
1965 „Mary Poppins", ein vitales Musical, bewegt die Gemüter.
Die USA greifen in den Vietnam-Krieg ein.
Das Zweite Vatikanische Konzil wird beendet.
1966 Der Vatikan hebt den Index der verbotenen Bücher auf.
1967 Der Schah bereist die BRD. Es kommt zu Unruhen.
Die APO (Außerparlamentarische Opposition) formiert sich.
1968 Die Kaufhausbrandstiftung (Baader, Ensslin u.a.) trennt den Terrorismus von der APO.
Die Bürgerrechtsbewegung in den USA: Martin Luther King wird ermordet.
Der Prager Frühling wird beendet: Die UDSSR und andere besetzen die CSSR.
1969 Mondlandung: „Wir" landen auf dem Mond.
Brandt wird Bundeskanzler.
In den USA erreichen die Vietnam-Proteste einen Höhepunkt.
Die USA beginnen, sich aus Vietnam zurückzuziehen.
1970 Brandt in Warschau.
1971 Friedensnobelpreis für Brandt.
1972 Ostverträge werden unterzeichnet.
Der Kern der RAF wird festgenommen (Baader, Ensslin, Meinhof, Meins, Raspe).
Die 20ten Olympischen Spiele finden in München statt.
1973 Endlich Waffenruhe in Vietnam

1974 Brandt tritt zurück, Schmidt wird Bundeskanzler.
Nixon tritt zurück, Ford wird Präsident.
Der Hungerstreik von Holger Meins endet tödlich.
Kammergerichts-Präsident von Drenkmann wird in Berlin ermordet.
1975 Peter Lorenz wird entführt und die deutsche Botschaft in Stockholm überfallen.
„Szenen einer Ehe", ein Ingmar Bergman-Film, erregt Aufsehen.
KSZE-Schlussakte von Helsinki wird verabschiedet.
1976 Ulrike Meinhof begeht Selbstmord.
Der Chemie-Skandal von Seveso.
Carter wird Präsident.
1977 Buback, Ponto, Schleyer werden ermordet.
1978 Johannes Paul II wird Papst.
Aldo Moro wird ermordet.
1979 Die Islamische Revolution: Khomeini kehrt in den Iran zurück.
1980 Reagan wir Präsident.
Schmidt und Genscher bilden zum dritten Mal die Regierung der BRD.
1981 übernimmt die CDU die Regierung in West-Berlin.
Die Friedensbewegung führt ihre erste große Demonstration in Bonn durch.
1982 übernimmt die CDU/FDP Koalition die Regierung der BRD.
Führende Mitglieder der RAF werden festgenommen (Mohnhaupt, Schulz, Klar).
1983 Die Grünen ziehen in den Bundestag ein.
Die Friedenswoche schließt mit einer großen Kundgebung im Bonner Hofgarten.

2. Veränderungen in den Lebensgewohnheiten und Verhaltensweisen

Die knappe Linie dieser öffentlichen Ereignisse muss ergänzt werden durch Veränderungen in den Lebensgewohnheiten und

Verhaltensweisen unserer Gesellschaft, wie wir sie dem Statistischen Jahrbuch entnehmen können. Auch hier nur eine kurze und fragmentarische Skizze:

a) Die Scheidungsbereitschaft der Ehepartner nimmt zu.
1958 werden 43.000 Ehen geschieden,
1982 110.000, also beinah dreimal so viele.

b) Die Zahl der Geburten ist rückläufig.
1958 waren es   904.000
1982   621.000
Von 1961-1967 gab es sogar einen Gipfel von jährlich über 1 Million Geburten.

c) Wir motorisieren uns.
1958 waren 7,8 Mio. Kraftfahrzeuge zugelassen
1982 schon 28,5 Mio.

d) Wir entwickeln uns zu Fernsehern.
1958 gab es 2,1 Mio. Zulassungen
1982 schon 21,8 Mio.

e) Wir werden ein gebildetes Volk (Bildungsexplosion).
1959/60 gab es 155.000 Studenten an Hochschulen,
1981/82 – 1.121.000.
Das ist mehr als das siebenfache.
1959 werden 16.500 Bücher verlegt,
1981 schon 59.000.

f) Dabei vermehren sich die Studenten im Bereich Psychologie (und deren Fachbücher) noch einmal um fast das Doppelte.
1959/60 gab es   1.472 Stud. Psych.,
1981/82   19.000
Das sind etwa dreizehnmal so viele.

3. Einschlägige rechtliche Veränderungen

Diese Skizze kann ergänzt werden durch eine Skizze einschlägiger rechtlicher Veränderungen:
1958 wird die Zugewinngemeinschaft als gesetzlicher ehelicher Güterstand eingeführt.
1969 wird das Zuchthaus abgeschafft, Ehebruch und Homosexualität unter Erwachsenen werden nicht mehr bestraft.
1970 wird die Stellung der nicht-ehelichen Kinder verbessert.
1971 kommt das Bundesausbildungsförderungsgesetz (BAFÖG).
1973 wird der Bildungsgesamtplan verabschiedet.
1975 wird das Volljährigkeitsalter auf 18 Jahre herabgesetzt.
1976 ist der Schwangerschaftsabbruch (§ 218) strafrechtlich neu geregelt.
1977 wird das Ehe- und Familienrecht reformiert:
Die Hausfrauenehe wird abgeschafft.
Als Ehename kann der Name des Mannes oder der Frau gewählt werden.
Eine Ehe wird ohne Schuldfeststellung nach dem Zerrüttungsprinzip geschieden. Im Scheidungsfall wird die Rente gesplittet.
1980 tritt das Recht der elterlichen Sorge an die Stelle des Rechts der elterlichen Gewalt.

4. Geistige Bewegungen

Schließlich habe ich in der Zeitschrift „Psyche" die Buchbesprechungen der vergangenen 25 Jahre durchgesehen und dadurch folgende z.T. aufeinanderfolgende, z.T. ineinander verschränkte geistige Bewegungen festgestellt:

a) protestierende Jugend: Das zieht sich durch von den „Halbstarken" der 1950er Jahre über die Studentenbewegung der 1960er Jahre, den Terrorismus der 1970er Jahre und die Friedensbewegung der 80er Jahre.
b) Aufklärung

c) Popularisierung der Psychoanalyse
d) Antiautoritäre Erziehung und Wachstum der Persönlichkeit
e) Psychotherapeutische Erforschung der Schizophrenie
f) Politische Bildung
g) Drogenbewegung
h) Gruppenbewegung und Kommunikations-Therapie
i) Frauenbewegung
j) Psychotherapeutische Erforschung von Ehe und Familie
k) Kritik der Pädagogik
l) Religiöse Erneuerung.

Was alle diese geistigen Bewegungen verbindet, ist die zunehmende Bewusstseinserweiterung über das Mensch-Sein. Das hat dazu geführt, dass die heutige Jugend ein wacheres Selbst-Bewusstsein hat.

Nach diesem geschichtlichen Vorspann möchte ich mich dem Thema Gesundheit und innerer Friede zuwenden. Auch das wird nicht mehr sein als eine Skizze.

5. Krise und Umkehr

Gesundheit und Frieden sind zwei Bereiche, die uns zur Zeit sehr in Anspruch nehmen.

Die Sicherung von Gesundheit und Frieden werden immer kostspieliger. Auch das ist ein Grund, über das Thema nachzudenken.

Nehmen wir zunächst den Begriff Gesundheit.

Wir haben hier einen engeren Begriff und einen weiteren.

Der engere wird in der Hauptsache von Ärzten und Krankenkassen verwendet. Hier bedeutet die Abwesenheit von Krankheit Gesundheit.

Der weitere Begriff findet sich in der Präambel der WHO (Weltgesundheitsorganisation) vom 22.07.1946. Danach ist Gesundheit „der Zustand des uneingeschränkten körperlichen, geistigen und sozialen Wohlergehens und nicht nur des Nichtvorhandenseins von Krankheiten und Gebrechen".

Der Gegenbegriff dieses weitgehenden Gesundheitsbegriffes ist auf einer anderen Ebene zu finden als auf der körperlichen. Er umfasst das ganze Mensch-Sein und bezieht die persönliche, gesellschaftliche, seelische und geistige Ebene mit ein. Politisch und gesellschaftlich könnte man als Gegenbegriff die Worte Unterdrückung und Ausbeutung benutzen, auf der inneren Erlebnisebene das Wort Unzufriedenheit. Und das hat mit fehlendem Frieden zu tun.

Das Gesundheitsprojekt der WHO ist anspruchsvoll und erweitert den Kreis der zuständigen Experten weit über die Ärzte hinaus auf Psychologen, Sozialarbeiter, Theologen, Juristen, Politiker, Ökologen, Philosophen, Soziologen, Architekten, Pädagogen und sicher noch viele andere.

Im Bereich unserer Lebensberatung wurde das von Anfang an berücksichtigt: Die Berater arbeiten in Teams zusammen, in denen verschiedene Berufsrichtungen vertreten sind. Es kommt aber ein noch ganz anderer Stand von Experten hinzu. Das sind die betroffenen „Laien" selbst, ohne deren verantwortliche Mitarbeit keine Beratung laufen kann. Sie sind die eigentlichen Experten für ihre Person, denn sie erfahren sich unmittelbar in ihrem Erleben und sie sind die eigentlichen Steuerleute ihrer Person. Sie allein können für sich neue Einsichten gewinnen und neue Entscheidungen treffen. In denkbar einfacher Weise hat das Ruth Cohn in ihren Grundregeln der TZI formuliert:
a) „Jeder ist sein eigener Präsident" (Chairman / Chairperson),
b) „Störungen haben Vorrang."
Der innere Präsident übernimmt auch die Verantwortung für die Störungen in seinem Bereich und für deren Bearbeitung. Das hört sich schon recht gesund und erwachsen an. Aber viele Menschen sind natürlich nicht von vornherein so, sondern werden es erst im Laufe ihres Reifungs- und Nachreifungsweges. Und wenn sie in der Phase einer Lebenskrise als Ratsuchende zu uns kommen, besteht ein wesentlicher Teil unserer gemeinsamen Arbeit in der Befähigung, Eigenverantwortung zu übernehmen. Von 1971-1973 haben die Mitarbeiter dieses Hauses zusammen die TZI als Gruppenmethode für den Bereich der Lebensbera-

tung gelernt. Und 1974 wurde in diesem Raum das Werkstatt-Institut für Lebendiges Lernen im Rheinland gegründet. TZI ist die vielfach verwendbare Grundmethode des Lebendigen Lernens. Durch sie wird mehr Eigenverantwortung der an einer Gruppe Beteiligten angestrebt und mehr Partnerschaft ermöglicht. Natürlich geht das nicht ohne offene und versteckte Widerstände, etwa in der Form von infantilen Anti-Partnerschafts-Spielen, wie sie die Transaktionale Analyse am klarsten auf den Begriff gebracht hat.

Über Partnerschaft wurde vor 25 Jahren viel geredet, besonders von autoritären Männern, die dagegen waren. Besonders auch von einigen Theologen, die es lächerlich fanden, von einer Partnerschaft mit Gott zu sprechen.

Partnerschaft war eine Frucht des Zusammenbruchs von 1945. Die männliche Kriegswelt war mehr als fragwürdig geworden und die Fundamente des friedlichen Wiederaufbaus wurden von Frauen geschaffen. Es schien so, als sei das Patriarchat nach zwei törichten Weltkriegen endgültig am Ende. Aber es schien nur so. Der Übergang vom Patriarchat zur Partnerschaft erwies sich im Leben als weitaus schwieriger und langwieriger als der Weg des Denkens: Gedacht war es leicht, getan war es schwer. Mit den Schwierigkeiten dieses Übergangs haben wir hier im Hause viel zu tun. Dieser Übergang ist eine gesellschaftliche Krise, die sich wahrscheinlich über Generationen hinzieht. Viele Ehe- und Familienkrisen werden auf dem Hintergrund dieser größeren Gesellschaftskrise transparenter und akzeptabler.

Wir sind eine Krisenberatungsstelle. Krisen entstehen am Übergang von einer Lebensphase zu anderen oder gesellschaftlich von einer Epoche zur anderen. Es gibt Anzeichen, die dafür sprechen, dass hinter dem epochalen Übergang von Patriarchat zu Partnerschaft ein noch größerer spiritueller Übergang angenommen werden kann. Er wird gekennzeichnet durch Begriffe wie: New Age, Spirituelles Zeitalter, Wassermann-Zeitalter, alternative Lebensformen und Esoterische Wissenschaften.

Auf dem Hintergrund dieser sich anbahnenden spirituellen Revolution erscheint auch ein neuer Friedensbegriff, der sich eng an die Spiritualität der jesuanischen Bergpredigt anschließen kann. Man findet diesen Anschluss erwähnt in Maren-Grisebachs *„Philosophie der Grünen"* von 1982 (auf S. 87). Und schon im Titel ganz deutlich in dem verbreiteten Buch von Franz Alt *„Frieden ist möglich. Die Politik der Bergpredigt"* 1983.

Wer im System der alten Realpolitik verwurzelt ist, muss die Ausführungen von Franz Alt für unrealistisch halten. So der Politologe Manfred Hättich in seiner Antwort an Franz Alt unter dem Titel *„Weltfrieden durch Friedfertigkeit?"* (1983). Unrealistisch sind die Ausführungen von Franz Alt jedoch nicht für den, der auf den Boden einer neuen spirituellen Realität und ihrer andersartigen Bewusstwerdung gelangt ist. Das ist jedoch nicht das herrschende Realitätsbewusstsein, sondern ein noch unterdrücktes Bewusstsein, das sich aus einer von vielen erahnten und ersehnten Hintergrunds-Realität speist und dadurch wächst. Aber es bleibt utopisches Bewusstsein, solange es die politischen Entscheidungen nicht spürbar beeinflusst und bestimmt.

Das herrschende Bewusstsein dagegen ist verhärtet und kann zu dem neuen Bewusstsein nur durch Umkehr gelangen.

Das ist nun meine Annahme oder Hypothese: Gesundheit und innerer Friede sind identisch. Der äußere Friede kann ohne inneren Frieden nicht erreicht werden. Zum inneren Frieden gehört die Umkehr. Im Zentrum ist das ein religiöses Problem. Das Religiöse allerdings ist nichts Absonderliches, sondern das Allernatürlichste, das ein unverbildetes Kind am schnellsten begreift. Ich zitiere dazu folgendes aus der von Jores herausgegebenen *Praktischen Psychosomatik* (1976). Es steht im Kapitel: Psychogenes Erbrechen S. 165 f: „Vor einigen Jahren wurde um die Zulassung zu Jugendfreiheit ab 6 Jahren eines Films sehr gestritten; dafür sprach sein biblisches Thema, dagegen einige grausame Szenen. Die Entscheidung wurde empirisch herbeigeführt. Testvorführungen vor 6-8 und 10-12jährigen freiwilligen Schülern ergaben ein leicht objektivierbares Ergebnis: nach den Vorführungen fanden sich in fast jeder Stuhlreihe ein bis mehrere Häufchen Erbrochenes. Denselben Film haben Millionen von Erwachsenen gesehen. Viele mögen bei den grausamen Szenen Ekel, Empörung, Angst oder Wut gespürt haben (Vereinzelte sogar sexuelle Erregung), aber falls je Erbrechen vorkam, war es so extrem selten, dass es der Geschichtsschreibung entging."

Wie oft überschreiten wir eigentlich unsere natürliche Ekelschranke, ohne es zu merken und also ohne umzukehren?

Wenn Umkehr eine Bedingung des Friedens ist, ohne die es nicht geht, so sollten wir uns mit ihr befassen. Das ist nicht schwer. Wir haben dafür ein Kulturdokument ersten Ranges, die archetypische Geschichte vom verlorenen Sohn, die Jesus erzählt hat. Hanna Wolff, Theologin und Psychotherapeutin, sagt von dieser Geschichte, dass es möglich sei, aus ihr allein das ganze Evangelium zu verstehen. Ich will hier nur die erste Hälfte vorlesen, Lukas 15, 11-24 (Übersetzung Albrecht):

Ein Mann hatte zwei Söhne. Der jüngste sprach zu seinem Vater: „Vater, gib mir das Erbteil, das mir zukommt." Da teilte der Vater das Vermögen unter sie. Bald darauf nahm der jüngste Sohn all sein Gut zusammen und zog in ein fernes Land. Dort brachte er sein Vermögen in einem liederlichen Leben durch. Als er alles ausgegeben hatte, entstand in jenem Lande eine schwere Hungersnot. Da fing er an zu darben. Er ging hin und trat in Dienst bei einem Bürger jenes Landes. Der schickte ihn auf seine Felder, um die Schweine zu hüten. Da hätte er sich gern sattgegessen an den Schoten, die die Schweine fraßen; doch niemand gab sie ihm. Da kam er zur Besinnung und sprach: „Wieviel Tagelöhner meines Vaters haben Brot im Überfluss, und ich muss hier verhungern! Ich will mich aufmachen und zu meinem Vater gehen und zu ihm sagen: ‚Vater, ich habe gesündigt gegen den Himmel und wider dich; ich bin nicht mehr wert, dein Sohn zu heißen; behandle mich wie einen deiner Tagelöhner'." Er machte sich nun auf den Weg zu seinem Vater. Als er noch weit entfernt war, sah ihn schon sein Vater kommen, und voll Mitleid eilte er ihm entgegen, fiel ihm um den Hals und küsste ihn. Da sprach der Sohn zu ihm: „Vater, ich habe gesündigt gegen den Himmel und wider dich; ich bin nicht mehr wert, dein Sohn zu heißen." Doch der Vater befahl seinen Knechten: „Holt schnell ein Festgewand – das allerbeste – und legt's ihm an; steckt einen Ring an seine Hand und zieht ihm Schuhe an die Füße! Dann holt das Mastkalb her und schlachtet es: lasst uns ein Festmahl halten und fröhlich sein! Denn dieser mein Sohn war tot und ist wieder lebendig geworden, er war verloren und ist wiedergefunden worden." Und sie begannen ein Freudenmahl.

Diese Geschichte wird bei jedem von uns etwas anderes auslösen, und ich will mich hier nicht als Ausleger betätigen. Aber ich möchte mitteilen, was sie bei mir ausgelöst hat, als ich ihr bei der Vorbereitung auf diesen Vortrag wiederbegegnet bin.

Meine Erinnerung ging zurück zum Mai 1945, dem Tag der Kapitulation. Ich war Soldat auf einer von uns besetzten englischen Kanalinsel. Zum ersten Mal gab es für mich einen Gottesdienst in der bis dahin unbemerkt gebliebenen Kirche. Sie war überfüllt. Mir und vielen anderen wurde da etwas Erschreckendes bewusst: Wir hatten uns geirrt. Eine Woche später waren wir als Gefangene in England. In einer Soldatenzeitung war zu lesen: Hitler war ein psychisch kranker Mann. Neues Erschrecken: Wie war es möglich, dass ein anscheinend gesundes Volk einem Verrückten gefolgt war? Zwei Wochen später sahen wir einen Film, der die Massenmorde in den KZ's dokumentierte. Drittes Erschrecken. Dieser Führer war nicht nur verrückt, er war auch kriminell. Welche Kräfte waren da eigentlich am Werke, die mir und anderen das bis dahin verschleiert hatten? Dieses dreifache Erschrecken war der Anfang einer Umkehr. Sie hat mich dazu geführt, Psychologie zu studieren und in den Dienst der Kirche zu treten. Der Tiefpunkt in England aber war eine dumpfe Verzweiflung.

Dieser schreckliche zweite Weltkrieg mit seinen über 50 Millionen Toten, seinen körperlich Verletzten und Verstümmelten und seelisch Gequälten, mit seinen kriminellen Massenmorden und dem fürchterlichen atomaren Schlussakt von Hiroshima und Nagasaki schien nicht nur Einzelne, sondern ganze Völker zur Umkehr zu zwingen. Weit stärker als nach dem ersten Weltkrieg kam eine Nie-wieder-Krieg-Stimmung auf. Aber diese Umkehr hat nicht tief genug gegriffen. Heute ist unsere politische Situation verfahrener als je zuvor. Von unserer eigentlichen Realität, nach der wir uns sehnen, einer Menschheit in Liebe, sind wir so weit entfernt wie noch nie. Die Möglichkeit eines menschlichen Selbstmordes rückt immer näher.

Können wir heute unter dem Druck dieser großen menschheitlichen Gefahr mit einer weltweiten kollektiven Umkehr rechnen, die tiefer greift und weiter führt als die von 1945? Man kann darauf hoffen. Man kann daran zweifeln. Die sich anbahnende spirituelle Revolution mit ihrem neuen Bewusstsein lässt hoffen, die tradierte Trägheit des menschlichen Herzens lässt zweifeln.

Auf der großen Bonner Friedens-Versammlung am 22.10.1983 sagte der Erfurter Propst Heino Falcke, dass es gar nicht darum gehe, den dritten Weltkrieg zu vermeiden, sondern ihn zu beenden. Wir führen ihn bereits. Denn wir vernichten in grandioser Weise unsere lebendige Umwelt, und wir lassen in jedem Jahr so viele Menschen an Hunger sterben (40-50 Millionen) wie im fast 6-jährigen zweiten Weltkrieg umgekommen sind, und gleichzeitig zerstören die Industrievölker ihre körperliche Gesundheit nachhaltig durch übermäßigen Konsum von Nahrungsmitteln, Alkohol, Tabak und Medikamenten. Dies aber lässt sich sehen auf dem Boden eines darunterliegenden Leidens an der Sinnlosigkeit solchen Lebens und auf dem Boden einer darunter liegenden Depression.

Von der Gesundheit, wie sie der WHO vorschwebt, sind wir weit entfernt. Solche Sichtweise wird von vielen Fachleuten vertreten. Ein aktuelles Zeugnis dafür ist das neue Buch von Konrad Lorenz: *„Der Abbau des Menschlichen"*, dessen „ganz kurzes Vorwort" ich zum Ende dieses Abschnitts vorlesen will:

„Zur Zeit sind die Zukunftsaussichten der Menschheit außerordentlich trübe. Sehr wahrscheinlich wird sie durch Kernwaffen schnell, aber durchaus nicht schmerzlos Selbstmord begehen. Auch wenn das nicht geschieht, droht ihr ein langsamer Tod durch die Vergiftung und sonstige Vernichtung der Umwelt, in der und von der sie lebt. Selbst wenn sie ihrem blinden und unglaublich dummen Tun rechtzeitig Einhalt gebieten sollte, droht ihr ein allmählicher Abbau aller jener Eigenschaften und Leistungen, die ihr Menschtum ausmachen. Viele Denker haben dies gesehen, und viele Bücher enthalten die Erkenntnis, dass Umweltvernichtung und „Dekadenz" der Kultur Hand in Hand gehen. Nur wenige aber betrachten den Abbau des Menschlichen als eine Krankheit, nur wenige suchen, wie Aldous Huxley das tat, nach Krankheitsursachen und möglichen Gegenmaßnahmen. Das vorliegende Buch soll dieser Suche dienen."

6. Männlichkeit und Weiblichkeit im Ungleichgewicht

Vor einiger Zeit habe ich einen Seminarabend über Gott und atomare Kriegsführung mitgemacht. Ich war erschrocken, weil eine männliche Partei dabei in Führung ging, die sich auf die Vision einer vielleicht viele tausend Jahre andauernden Verödung der Erde einließ. Die Frauen waren verängstigt, aber sie wagten ihre Angst in Anbetracht so grandiosen Wahrnehmens aus überzeitlicher Perspektive nicht zu bekennen.

Diese Kommunikationsstörung zwischen den Geschlechtern ist typisch. Wir Männer heben mit solchen imposanten und grandiosen Ideen ab von der Mutter Erde – und die Frauen halten uns nicht auf. Zur Zeit lernen wir Berater bei Frau Scheufele-Osenberg das Atmen. Dabei erfahren wir, dass Männer zu wenig ausatmen. Sie laufen immer mit etwas geweiteten Rippen, etwas zu groß und aufgeblasen, herum. Frauen dagegen haben es schwer mit dem Einatmen. Sie kriegen ihre Rippen nicht auseinander und sind daher immer ein wenig zu klein und unerfüllt. Hier dokumentiert sich schon rein physisch ein patriarchalisches Ungleichgewicht der Geschlechter, das auf beiden Seiten und in der Beziehung zueinander krankmachend ist.

Wir arbeiten als Lebensberater an der Verbesserung der Beziehungs-Gesundheit. Das betrifft vor allem zwei Beziehungen: Die Beziehung des Menschen zu sich selbst und die Beziehung zu seinem nächsten Liebespartner, meist einer Person des anderen Geschlechts. In beiden Beziehungen stoßen wir immer wieder auf das Ungleichgewicht von Männlichkeit und Weiblichkeit. Schon die alten Chinesen arbeiteten am Gleichgewicht dieser Kräfte mit den Bildern Yin und Yang. Yin entspricht dem Weiblichen, Yang dem Männlichen. Darüber ist in den letzten Jahren viel publiziert worden, z.B. das Buch von Christopher Markert ‚*Yin Yang. Polarität und Harmonie in unserem Leben*'. 1983.

Am deutlichsten wird die Störung des Gleichgewichts oder der Partnerschaft von Männlichkeit und Weiblichkeit in der Eheberatung. Wir können hier zwei Grundformen der Beziehungsstörung unterscheiden: Die leere Ehe und die Kampfehe.

In der *leeren Ehe* liegt zwischen den beiden Partnern eine zu große Entfernung. Sie können sich nicht mehr verständigen Sie haben sich entfremdet. Sie leben nebeneinander her und sprechen nur noch das Nötigste oder Gleichgültiges. Sie vermeiden jede tiefergehende Kommunikation, „weil das doch nichts bringt", höchstens Streit, der sie dann noch weiter voneinander entfernt. Jede Möglichkeit, eine wirkliche Begegnung zu vermeiden, wird in Anspruch genommen.

In der *Kampfehe* gibt es zwischen den Partnern ständig Streit. Dieser ist im Ergebnis fruchtlos, aber er wird immer wieder gesucht, und im gewöhnlichen Fall ist er für Außenstehende strapaziöser als für die Beteiligten. Nur die letzten Eskalationsgrade werden auch für die Partner so gefährlich, dass Hilfe von außen gesucht wird.

Die leere Ehe ist ein fauler Friede, die Kampfehe ein sinnloser Dauer-Krieg.

Was hier auf der kleinsten Bühne des Ehealltags abläuft, geschieht in ähnlicher Weise auf der inneren Bühne des einzelnen Menschen und auf der größeren politischen Bühne zwischen Völkern und Machtblöcken. Wir wollen fruchtbare Partnerschaft verwirklichen, denn sie würde die eigene Person und die des Partners optimal entfalten. Aber infantile und autoritäre Fixierungen in unserer Seele führen zu unfruchtbaren und zerstörenden Anti-Partnerschafts-Spielen, die diese Entfaltung blockieren.

Eric Berne hat das in seinem berühmt gewordenen Buch „*Spiele der Erwachsenen*" beschrieben. Es erschien 1967 in deutscher Sprache.

Einer meiner ersten Fälle 1958 war das Ehepaar A. Sie führten eine Kampfehe. Der Kampf war durch eine strenge Frömmigkeit besonders hart. Über ein Jahr haben wir miteinander um eine Lösung gerungen. Es war vergeblich. Es musste vergeblich sein. Denn:

a) Alle Beteiligten hatten nicht klar genug durchschaut, was da eigentlich gespielt wurde.

Alle Beteiligten, das heißt die Ratsuchenden und wir, die Berater. Unsere Bewusstheit war noch nicht so weit entwickelt. Das Buch von Berne war ja auch noch nicht erschienen.

Alle Beteiligten, das heißt auch unsere Gesellschaft und ihre durchschnittliche Bewusstheit, die 1958 noch weit stärker als heute in einem infantil-autoritären Schlummer gefangen war. Dieser ist zwar noch nicht aufgehoben, aber doch stellenweise und streckenweise unterbrochen. Und zwar durch einen dauernden Kampf um ein neues Bewusstsein, zu dem Psychotherapie und Lebensberatung viel beigetragen haben: Patienten, Therapeuten, Ratsuchende und Berater.

b) Alle Beteiligten waren nicht entschieden genug bereit, die destruktiven Spiele zu beenden. Destruktive Spiele haben Vorteile. Sie bringen Gewinne. Sie strukturieren die Zeit. Langeweile kommt nicht auf. Man ist immer in Alarmbereitschaft. Man spürt seine Existenz, indem man sich über den anderen aufregt. Man gewinnt eine Identität, indem man sich über den anderen erhebt: als besserwissender *Eltern-Ich*-Spieler, oder indem man kleingemacht wird: als dummer *Kind-Ich*-Spieler. Die Grundstimmung einer solchen Beziehung ist gekennzeichnet von Ärger, Aggressivität, Triumpf und Niederlage. Und vor allem: die Bindung der Spieler aneinander ist sehr hoch. Sie sind „übertreu".

Berne unterscheidet drei Steigerungsstufen der destruktiven Spiele. Von der dritten sagt er: „Ein Spiel dritten Grades hat endgültigen Charakter: Es endet im Operationsraum, im Gerichtssaal oder in der Leichenhalle." (Eric Berne: Spiele der Erwachsenen, 1967, S. 83)

Die Eskalation der destruktiven Spiele ist im emotionalen Bereich eine negative Ekstase. Negativ, weil sie mit einer Vernichtung endet. Im Laufe der Zeit wurde mir immer deutlicher, dass diese negative Ekstase in Kampfehen an die Stelle der positiven Ekstase sexueller Schöpfungsfreude tritt. Und diese ersetzt.

7. Vorstoß in das Wesentliche

Auf die Frage, wie man aus solchen negativen Spielen herauskommen kann, hat Berne lapidar geantwortet: Indem man sie beendet.

Aber das ist leichter gesagt als getan. Man braucht dazu eine gehörige Portion Entschiedenheit. Und die Hoffnung auf bessere, konstruktive Spiele. Das Ehepaar A verfügte über beides nicht. Ich auch nicht. Und auch in meiner Umgebung wurde das Spiel: ‚Ich bin besser als Du' mit mehr oder weniger Leidenschaft und mehr oder weniger verdeckt gern gespielt. Wir befanden uns und befinden uns ja noch immer in einer Leistungsgesellschaft von Rivalen. Aber das ist kein ewiges Schicksal, sondern das Produkt eines neurotischen Wiederholungszwanges, oder anders ausgedrückt: einer von Generation zu Generation weiterwirkenden Konditionierungs-Maschine. Maschinen, die unbewusst unter dem Druck solcher Zwänge und Konditionierungen leben, haben sich als Menschen noch gar nicht entdeckt. Sie sind als Menschen noch nicht geboren oder sie sind noch tot. Ich erinnere an die Rede des Vaters im Gleichnis vom verlorenen Sohn. Er sagte: „Dieser mein Sohn war tot und ist wieder lebendig geworden." Der unter Zwängen oder Konditionierungen stehende Mensch ist der noch nicht umgekehrte Mensch. Umkehr ist Umkehr zum Leben. Umkehr ist nichts Künstliches, sondern das jederzeit Natürliche, nämlich Umkehr zum eigentlichen Wesen. Sie kann jeden Augenblick vollzogen werden. Immer dann, wenn wir dabei sind, uns ins Unwesentliche zu verlieren – und das geschieht oft genug – leuchtet gleichsam eine rote Warnlampe auf mit dem Text: „Mensch werde wesentlich". Es ist möglich, dass wir das übersehen oder überhören unter dem Vordergrundgetöse und Blendwerk dieser vergänglichen Welt. Aber in der konzentrativen Stille der Meditation wird die überschrittene Todesgrenze jederzeit offenbar. Oder in der sensitiven Begegnung der wahrhaft Liebenden. Darum heißt es auch, dass der Mensch mit dem Tod zusammenleben muss, um zu leben oder wesentlich zu bleiben oder zu werden.

Es gibt einen wunderbaren Satz in der Weisheit Salomos, der mich oft bewegt. Er heißt in Luthers Übersetzung: „Gott hat den Tod nicht gemacht und hat nicht Lust am Verderben der Lebendigen, sondern er hat alles geschaffen, dass es im Wesen sein sollte." (Weish. 1,13.14)

Der innere Frieden, den wir suchen, ist die Übereinstimmung mit unserem Wesen. Das Wesen ist das Unsterbliche in uns oder das Göttliche oder der innere Gott. Diese Tatsache der inneren Göttlichkeit wird im veräußerlichten Christentum verständlicherweise übersehen und überspielt oder sogar verfolgt. Soweit ich sehe, erscheint sie im Neuen Testament auch nur an einer einzigen Stelle, nämlich im Johannes-Evangelium im zehnten Kapitel. Da gibt es eine dramatische Auseinandersetzung zwischen den Juden und Jesus. Sie wollen ihn steinigen. Und dann geht es weiter:

> Jesus antwortet ihnen: „Viele gute Werke habe ich euch erzeigt von meinem Vater; um welches Werk unter ihnen steiniget ihr mich?"
> Die Juden antworteten ihm und sprachen: „Um des guten Werks willen steinigen wir dich nicht, sondern um der Gotteslästerung willen und dass du ein Mensch bist und machst dich selbst zu Gott."
> Jesus antwortete ihnen: „Steht nicht geschrieben in eurem Gesetz: ‚Ich habe gesagt: Ihr seid Götter'? So er die Götter nennt, zu welchen das Wort Gottes geschah – und die Schrift kann doch nicht gebrochen werden, – sprecht ihr denn zu dem, den der Vater geheiligt und in die Welt gesandt hat: ‚Du lästerst Gott' darum dass ich sage: Ich bin Gottes Sohn?" (Joh. 10.32-36 nach Luther)

Der Mensch will von seiner eigenen Göttlichkeit nichts wissen. Er liebt seine Sterblichkeit und seine Sklaverei. Darin gipfelt seine Entfremdung, dass er den Christus-Geist, der sich anschickt, seine Göttlichkeit bewusst zu machen, erschlagen will.

Warum ist das eigentlich so? Und kann es nicht anders sein oder anders werden? Dazu denke ich: Ja, es kann. Und wir sind schon auf dem Wege. Wir werden mit dem Sterben der Natur und dem Sterben der Menschheit konfrontiert und haben einen allgemeinen Anlass zur Umkehr. Wir haben aber auch in den vergangenen Jahrzehnten einen ganz erheblichen Bewusstwerdungsschub erlebt durch Konfrontation in der politischen Öffentlichkeit und in Ehen und Familien, durch Masseninformationen und politische Bildung, durch psychologische Bildung und Selbsterfahrung. Die junge Generation ist wacher geworden. Sie könnte sich besser als jede frühere vom alten Adam trennen. Aber noch ist nichts entschieden. Es gibt keinen Zwang zur Umkehr. Jede Umkehr ist eine freie Tat. Jede Umkehr ist Kampf. Dieser Kampf braucht Mut und geistige Waffen, um die Risiken des Verlustes in Chancen des Gewinnens zu verwandeln.

Aber wir alle sind zum Kämpfen dieser Art berufen. Nicht zum materiellen Töten. Das ist das alte Missverständnis des Mörders Kain, der seinen Bruder Abel tötet und dem Gott sagt: „Du aber herrsche über die Sünde".

Viele Menschen leiden an offenen oder versteckten Depressionen, weil sie sich von ihrer Berufung zum geistigen Helden abschneiden, und manche Männer verfallen darauf, in der Nachfolge von alten Vorbildern zu Helden militärischen oder kriminellen Tötens zu werden. Was letztlich nicht befriedigen kann, zumal militärisches Töten, je mehr es sich mit Massenvernichtungsmitteln befreundet, desto mehr kriminell wird und nicht einmal mehr das heldische Niveau eines Kammerjägers erreicht. Geistiges Heldentum im Kampf gegen das Töten ist gefragt. Gegen das Töten der Liebe, der Freiheit, der Lebendigkeit, der Sexualität, der Erotik, der Sensitivität, des beseelten Leibes, der Gerechtigkeit usw.

Weiter: *Jede Umkehr ist Arbeit.*

Wir werden nicht arbeitslos werden. Auch wenn Produktion

und Verwaltung mehr und mehr von Robotern und Computern übernommen werden. Der Erwerb des Wesens, der unsterblichen Seele ist nicht nur ein Heldenkampf, sondern auch eine Arbeit, die Ausdauer, Geschick, Kreativität und Freude des Forschens provoziert. Wir werden in der kommenden Gesellschaft vieles lassen, was wir heute noch selbstverständlich tun, und vieles tun, was wir bis heute unterlassen haben.

Als grundlegendes Beispiel dafür möchte ich unseren Wissenschafts-Betrieb nennen. Die Wissenschaft, die wir bisher betrieben haben und noch betreiben, ist männliche Herrschafts-Wissenschaft. Sie hat unter anderem dazu geführt, dass wir auf dem Mond gelandet sind und eine atomare Superrüstung aufgebaut haben. In seinem Buch „*Wendezeit*" hat Fritjof Capra, ein bekannter Physiker und Heisenberg-Schüler, einer breiten Öffentlichkeit dargelegt, wie die Voraussetzungen für diesen „Siegeszug der Wissenschaft" gelegt worden sind: durch die Vertreibung der Seele aus dem Körper. Namen von Geistesgrößen der beginnenden Neuzeit werden in diesem Zusammenhang genannt. Unter ihnen Descartes. Dieser Philosoph ist mir schon während meines Studiums unangenehm aufgefallen. Ich wurde nämlich über ihn geprüft, hatte mich aber auf Kierkegaard vorbereitet. Der Prüfer, ein Mann mit dem Vornamen Siegfried, wollte von Kierkegaard überhaupt nichts wissen. Er hatte ihn nicht gelesen und deswegen auch nicht verstanden. Lapidar erklärte er: „Wenn ich ein Buch nicht verstehe, klappe ich es zu." Dagegen empfahl er den großen Cartesius (1596-1650) mit den Worten: „Das war ein Mann. Das war ein Offizier". Recht hatte er damit, der Prüfer Siegfried. Aber diese einseitige Männlichkeit hat uns in eine fundamental verfahrene Lage gebracht. Cartesius hatte auf objektivierendes Denken gesetzt. Und sogar seine Identität als Person durch dieses Denken festgemacht: „Ich denke, also bin ich" („Cogito ergo sum"). Dabei ging das beseelte Subjekt verloren. Nicht nur in den Naturwissenschaften, sondern auch in den Geisteswissenschaften. Auch in der Theologie. Und just dies war es, was den Denker Kierkegaard (1813-1855) wurmte: Der Glaube war zu einer objektivierten Sache verkommen, etwas zum Auswendiglernen und zum Abfragen. Und dabei ging das Inwendige vor die Hunde: die Kraft, die das Subjekt dadurch gewinnt, dass es glaubt, d.h. in einer persönlichen Beziehung zu seinem Gott lebt und liebt. Die Identität, um die dieser Denker gerungen hat, hieß nicht: „Ich denke, also bin ich", sondern „Ich liebe, also bin ich". Wissenschaftler, die von diesem Identitätssatz ausgehen, kommen zu ganz anderen Wegen des Forschens und Vermittelns, und auch zu ganz anderen Ergebnissen als die cartesianischen.

In diesem Zusammenhang hat mich vor einigen Tagen ein Interview mit dem bekannten französischen Ethnologen Lévi-Strauss sehr berührt. Auf die Frage, welcher Wunsch ihm denn in seiner so erfolgreichen wissenschaftlichen Laufbahn versagt geblieben sei, antwortete er, er würde gern mit den Tieren sprechen gelernt haben. Er sehe aber jetzt keinen Weg mehr dahin. Schade. Die cartesianische Wissenschaft öffnet dazu auch keine Tür, vielleicht aber die hier angedeutete neue Form.

Ich möchte diese Wissenschaft Begegnungswissenschaft nennen. Meine Gedanken dazu kommen aus Erfahrungen der Lebensberatung. Die Seele eines Ratsuchenden erschließt sich mir als Berater auf einem Weg der Begegnung. Dabei gerät auch meine eigene Seele in Schwingungen. Im Medium des Vertrauens öffnet sich so bei mir und beim Gegenüber ein sonst unzugänglicher Hintergrund der vordergründigen Erscheinungswelt. Wir überschreiten die Grenzen zum Wesen. Dem objektivierenden Beobachter bleibt das verschlossen.

Devereux, ein psychoanalytisch ausgebildeter Ethnopsychiater, hat 1967 ein Buch herausgebracht mit dem Titel *„Angst und Methode in der Verhaltenswissenschaft"*. In diesem sehr interessanten Buch werden zahlreiche Erfahrungen dokumentiert, wie die Wirklichkeit vergewaltigt wird durch objektivierendes Wahrnehmen, das die Begegnungsangst und die Begegnungslust ausschaltet. Das Abdrängen dieser Regungen in das Unbewusste führt zu emotionalen Störungen und zu Wahrnehmungstäuschungen. Der ungeduldig objektivierende Zugriff der herrschenden Wissenschaft raubt den Subjekten ihre Würde. Nicht nur wir Menschen sind solche ihrem Wesen nach würdevolle Subjekte, auch Tiere und Pflanzen. Die in der herkömmlichen

Wissenschaft herrschenden „Realisten" entwürdigen die lebendige Schöpfung zu einem Totenhaus. Sie sollten daher Irrealisten genannt werden. Die neue Begegnungswissenschaft muss den Subjekten als erstes ihre Würde erkämpfen. Auch in dem schönen Grundgesetz unseres Staates steht dies an erster Stelle: Art. 1.1: „Die Würde des Menschen ist unantastbar". Allerdings: dies ist kein zu bewahrender, weil schon vorhandener Wert, sondern im Wesentlichen ein zu erwerbender, ein zu schaffender Wert. Ein Programm. In der Präambel unseres Grundgesetzes heißt es, dass „das Deutsche Volk sich diese Verfassung gegeben hat im Bewusstsein seiner Verantwortung vor Gott und den Menschen und vom Willen beseelt, dem Frieden der Welt zu dienen". Wir sollten das ernst nehmen. Die Aufgabe ist groß, größer als das, was bis jetzt von uns betrieben worden ist.

Lassen Sie mich dazu noch einmal aus der Bibel zitieren:

„Ein Geduldiger ist besser als ein Starker, und der Selbst-Eroberer mehr als der Städtebezwinger". (Sprüche 16,32)

8. Zusammenfassung

Ich will das Vorgetragene zusammenfassen:
  a) Wir befinden uns in einer epochalen Lebenskrise.
  b) Lebensberatungsstellen arbeiten im Bereich persönlicher Lebenskrisen. In ihnen kommt auch die epochale Krise zum Vorschein.
  c) Lebensberater arbeiten an der Verbesserung der Beziehungs-Gesundheit, oder am inneren Frieden. Dazu gehört zweierlei:
(1) Der Dominanz der Männlichkeit entgegenzutreten und die unterdrückte Weiblichkeit zur Sprache kommen zu lassen.
Das betrifft den Berater selbst. Das betrifft die einzelnen Ratsuchenden, die Paare und die Familien. Das betrifft die politische Öffentlichkeit.
(2) Der Dominanz des Unwesentlichen über das Wesentliche entgegenzutreten und dem Wesentlichen über die Todesgrenze hinweg zu begegnen. Das Bleibende, das sich da offenbart, ist die

Liebe. „Ich liebe, also bin ich" ist das Wahrzeichen einer neuen Identität.

d) Ein neues Zeitalter kündigt sich an durch ein neues Bewusstsein, das bei Kindern und Jugendlichen einen wachsenden Raum findet. Sie protestieren und entziehen sich zunehmend den nekrophilen Konditionierungen der unterdrückenden Gewaltherrschaft. Das schafft Hoffnung.

e) Das kann uns aber nicht darüber hinwegtäuschen, dass die Umkehr zum Wesentlichen (oder zu Gott, dem Gott, der die Liebe ist) ein Heldenkampf und eine Geduldsarbeit ist.

f) Ohne diesen inneren Frieden, den wir alle zu erkämpfen und zu erarbeiten haben, wird es keinen dauerhaften äußeren Frieden geben. Vor uns liegt mehr als ein heißer Herbst.

Einiges habe ich hiermit gesagt.

Vieles konnte noch nicht zur Sprache kommen. Aus äußeren oder inneren Gründen.

Aber ich nehme an, dass Austausch und Gespräch uns weiterführen werden.

Ich danke Ihnen für Ihr Zuhören.

III.
Emanzipation als Überwindung der NS-Diktatur

Ein Rückblick auf die Evangelische Lebensberatung 1958-1990
– Jahresarbeitsbericht 1990 –

PERSÖNLICHE ANFÄNGE

1990 war mein letztes Dienstjahr in der Ev. Beratungsstelle Düsseldorf. Im November 1958 hatte ich angefangen. Insgesamt waren das 32 Arbeitsjahre. In dieser Zeit hat sich in unserer Gesellschaft viel verändert. Wir haben uns äußerlich und innerlich von der NS-Diktatur wegbewegt. Damit waren Freuden und Leiden verbunden. Im öffentlichen Leben und im privaten. Im eigenen Erleben und im Miterleben, zumal im professionellen. Wir BeraterInnen erleben professionell Leiden und Freuden unserer Ratsuchenden mit. Manche Leiden und Freuden sind auch unsere eigenen. Oft haben sie gemeinsame gesellschaftliche Voraussetzungen. Wer Lebensberatung betreibt, setzt sich implizit oder explizit immer auch mit politischen Vor-Gegebenheiten auseinander.

1945 erlebten wir das totale Scheitern der NS-Diktatur. Damals war ich 19 Jahre alt. Den Zusammenbruch des politischen Systems habe ich als Zusammenbruch meiner eigenen diktatorischen Sozialisation erlebt. Ein innerer Neuaufbau wurde notwendig. Der Weg war lang. Seit 1949 war er mit meiner Frau verbunden. Geheiratet haben wir 1957.

Ab 1958 verband sich meine eigene Neuorientierung mit meiner Arbeit in der Beratungsstelle. Ich war als fünfter hauptamtlicher Berater eingestellt worden, als „Dipl.-Psychologe in der Eheberatung" und als „Assistent des Leiters". Das war Guido Groeger. Er hatte der Lebensberatung über Düsseldorf hinaus durch ausgedehnte Öffentlichkeitsarbeit einen guten Namen gemacht.

Arbeit gab es für mich von Anfang an mehr als genug. Auf der Warteliste standen damals wie heute viele Ratsuchende in Ehe- und Lebensfragen, und in der kirchlichen Öffentlichkeit war der Bedarf nach Neuorientierung groß. Das schlug sich nieder in vielen Anfragen nach Vorträgen. Nach einiger Zeit war ich damit auch beschäftigt.

FRAUEN-EMANZIPATION IN DEN EHEN

Frauen leisteten ihren Anteil an der Überwindung der patriarchalen NS-Diktatur zunächst vor allem durch ihre Emanzipation in Ehe und Familie. Die hatte damals gerade erst begonnen. Die Formel ‚Partnerschaft von Mann und Frau' machte die Runde und erzeugte in den Köpfen überzeugter Patriarchen heftigen Gegenwind. Auseinandersetzungen waren angesagt. Einige theologisch gebildete Männer erinnerten daran, dass nach Gottes Wort das Weib dem Manne untertan zu sein habe. Und außerdem: das Wort Partnerschaft komme in der Bibel überhaupt nicht vor. Und wenn das so weiterginge, würde man eines Tages sogar noch von Gott als Partner sprechen. Wo bleibe denn da die Autorität.

Was so heftige Reaktionen ausgelöst hatte, war das am 1.7.1958 in Kraft getretene Gleichberechtigungsgesetz. Die ‚Väter des Grundgesetzes' hatten die rechtliche Privilegierung der Männer zwar schon 1949 grundgesetzlich beseitigt, konnten aber kaum überblicken, welche langwierigen und schmerzlichen Prozesse sie damit auf allen Ebenen des sozialen Lebens in Gang gesetzt hatten. Der Gesetzgeber hatte sich reichlich Zeit gelassen, die rechtlichen Folgen aus Art. 3.2 GG („Männer und Frauen sind gleichberechtigt") für den Bereich Ehe und Familie im genannten Gleichberechtigungsgesetz zu regeln. Für viele Männer kam es immer noch zu früh. Sie hatten sich in ihren tradierten privilegierten Rollen als „Haushaltsvorstände" wieder fest etabliert. Und auch manche Frauen genossen nach der Überbelastung der Kriegs- und Nachkriegsjahre wieder ihre Minderverantwortlichkeit. Bezeichnend für die Kraft der alten Rollen-Regulation waren auch rechtliche Ungereimtheiten, die erst später korrigiert wurden, wie der Stichentscheid des Vaters (1959) und das Namensrecht (1976).

Ein wichtiger Teil des weiblichen Befreiungsweges führt über die wirtschaftliche Emanzipation der Ehefrauen. Am Anfang stand der Kampf um das Recht auf eigenes Taschengeld. Während einer Zeit von etwa zwei Jahren tauchte diese Frage in auffallend vielen Eheberatungen auf. Danach drängten die Frauen stärker selbst in die geldverdienende Berufstätigkeit. Dadurch wurden die Auseinandersetzungen verschoben auf die Teilung der Hausarbeit mit den Männern.

Ein anderer Teilweg ist die Befreiung der sexuellen Ehe-Beziehungen von ihrem zwanghaften Pflichtcharakter. Die Erfüllung der „ehelichen Pflichten" war in den frühen Jahren unserer jungen Demokratie noch Teil der Ehe-Rollen. Wer sich ihr entzog, riskierte einen schuldhaften Scheidungsgrund und damit den Verlust des Rechts auf Unterhalt. Das betraf natürlich vor allem die nicht verdienenden Ehefrauen. Es dauerte viele Jahre bis Eheberatung und sexuelle Aufklärung das Bewusstsein für die Beseeltheit sexueller Beziehungen geweckt hatten. Erst langsam wurden dadurch Frigidität, sexuelle Verschlossenheit und Impotenz als Teil intimer Beziehungsstörungen gesellschaftlich anerkannt.

Und es dauerte wieder eine Weile, bis diese Störungen vom Schulddenken befreit wurden. Pflicht- und Schulddenken lastete noch bis zur großen Reform des Scheidungsrechts 1977 auf allen gestörten Ehen. Die Suche nach einem rechtlich haftbaren Schuldigen hatte bis dahin die Entwicklung der feineren Wahrnehmungsfähigkeit für das Entstehen, Anwachsen und Verstärken von intimen Beziehungsstörungen behindert oder doch erschwert. 1977 wurde das Schuldprinzip im Ehescheidungsrecht ersetzt durch das Zerrüttungsprinzip. Das war ein bemerkenswerter Befreiungsschritt. Vor Gericht brauchten die Parteien keine schmutzige Wäsche mehr zu waschen. In der Eheberatung nahmen Anklagen und detaillierte Schuldnachweise ab. Wünsche, die Ursachen der Zerrüttung zu verstehen, nahmen zu.

Auch unter dem Aspekt des Evangeliums war dies ein Fortschritt. Die Verfechter von Recht und Ordnung alten Stils fürchteten allerdings einen weiteren Verfall der Institution Ehe. Die Zahl der Ehescheidungen hatte in der Tat immer weiter zugenommen. Meist waren es die benachteiligten Frauen, die die Scheidung begehrten. Und das blieb auch so. Die Scheidungen nahmen weiter zu. Außerdem lebten immer mehr Menschen unverheiratet in eheähnlichen Beziehungen zusammen.

Erschreckend und bedenklich war diese Entwicklung vor allem für Kirchenleute, die der formal regelrecht geschlossenen Ehe eine überhöhte symbolische Bedeutung zuwiesen. Diese ließ sich aber in einer pluralistischen und weithin säkularisierten Gesellschaft nicht mehr allgemein verbindlich durchsetzen. Sie scheiterte außerdem an der schlichten Realität entleerter Ehen, in denen die Liebe erloschen war und die auch sonst keine sinnvolle Aufgabe mehr erkennen ließen. Schlichter Menschenverstand konnte solche Ehen nicht mehr als ‚Stiftung Gottes' oder als Sakrament verstehen. Eher ließ sich die Scheidung solcher Ehen verstehen als ein Gebot der Liebe, die Überlebtes verlässt und nach neuer Verwirklichung drängt: Lebendige Liebe statt toter Ehen.

Emanzipation der Jugend

Ein starker Impuls zu Befreiung von Unterdrückung ging von der Nachkriegs-Jugend aus. In der Auseinandersetzung mit der elterlichen Generation ging es ihr um die Erlaubnis vorehelicher sexueller Beziehungen. Auch das war ein langer Prozess. Zur tradierten christ-bürgerlichen ‚Sexualerziehung' gehörte die Überzeugung: ‚Sexualität gehört in die Ehe'. Außerdem wurde in ‚streng christlichen Kreisen' Selbstbefriedigung als ‚Sünde der Onanie' diffamiert. Das brachte gerade anpassungswillige männliche Jugendliche in erhebliche Schwierigkeiten. Die neurotisierenden Auswirkungen dieser unterdrückenden und verdrängenden Sozialisation waren unverkennbar. Soweit sie durch eine kirchliche Ideologie verstärkt wurde, diagnostizierten wir eine ‚Ekklesiogene Neurose'.

In der kirchlichen Öffentlichkeitsarbeit stellten wir Berater die tradierten Normen daher infrage und setzten uns für die Liberalisierung der sexuellen Sozialisation ein. Verständnisvolle Kirchenleute gingen auf diesem Weg mit. Eine deutliche Grenze war allerdings erreicht, wenn sich junge Leute sexuell erprobten, ohne durch eine verlässliche Liebesbeziehung vor schmerzhaften Folgen geschützt zu sein. Ein Teil der Jugend nahm das in Kauf. Wir fühlten uns nicht berufen, das zu verurteilen, sondern es zu verstehen. Zum Verstehen gehörte die langsam dämmernde Erkenntnis, dass die sexuelle Befreiung im Laufe der Jahre zum Symbol der Befreiung von Unterdrückung schlechthin geworden war. Nicht nur für die Jugend, sondern auch für viele Erwachsene. Zum Verstehen gehörte weiterhin, dass diese symbolische Befreiung auch eine Entlastung für zahlreiche Erwachsene war, die selbst keine großen Befreiungs-Risiken mehr eingehen wollten. Ein Delegations-Auftrag also, zumeist unbewusst gegeben und unbewusst übernommen, der für die Delegierenden auch noch Raum ließ für das Pathos der Entrüstung, wenn es schief gehen sollte. Schließlich war zu verstehen, dass symbolische Befreiung keine reale Befreiung ist. Dies wurde spätestens deutlich, als die sexuelle Befreiung in die 68er Befreiungsbewegung einmündete und dort extreme und realitäts- und liebesferne Sex-Parolen in die Öffentlichkeit absetzte wie: „Wer zweimal mit derselben pennt, gehört schon zum Establishment".

EMANZIPATION IN DER ERZIEHUNG

Ein großangelegter Versuch, das Problem der Unterdrückung zu lösen, war die antiautoritäre Erziehung. Im Jahr 1969 waren mehrere Publikationen zu diesem Thema in der BRD veröffentlicht worden. Viel gelesen wurde A. S .Neills: *„theorie und praxis der antiautoritären erziehung"*, das 1969 als Taschenbuch bei Rowohlt erschienen war. In der 68er-Generation wurden die Anregungen zu einer repressionsfreien Erziehung begierig aufgegriffen. Die Umsetzung in die Praxis verlangte jedoch ein sehr hohes Maß an Einsatz, Verständnis und Ausdauer. Das konnte nur von wenigen geleistet werden. Kinder, die in ihren Eltern, Erzieherinnen und Erziehern kein selbstsicheres Gegenüber fanden, fühlten sich verlassen, provozierten verwöhnende Zuwendung und entwickelten sich nicht selten zu autoritären Tyrannen der Erwachsenen.

Sozialisation ohne elterliche Autorität war eine Illusion. Es kam darauf an, eine Autorität zu entwickeln, die sensitiv sowohl die Bedürfnisse und Fähigkeiten der Kinder als auch die Bedürfnisse und Fähigkeiten der Eltern und Erzieher in Einklang zu bringen vermochte.

Zum Zentrum der Emanzipation

Ein Gespür für solche Autorität bekamen wir durch die Themenzentrierte Interaktion (TZI), eine Methode der Gruppenleitung, die Ruth Cohn aus den USA nach Deutschland brachte und 1969 erstmals in Bonn vorstellte. Ich habe die Methode 1970 auf einem Kongress in Ulm kennengelernt und sah in ihr eine Möglichkeit, den begonnenen Weg der Befreiung fortzusetzen, ohne in eine extremistische Sackgasse zu geraten. Die meisten meiner MitarbeiterInnen teilten diese Hoffung und plädierten für eine gemeinsame Ausbildung in der TZI. Die haben wir dann auch in den Jahren 1971-1973 unter Leitung von Elisabeth von Godin, einer Münchener Psychotherapeutin, gemacht.

Die Arbeit mit dieser Methode hat damals und in den folgenden Jahren viel zur Befreiung und Demokratisierung innerhalb und außerhalb unserer Beratungsstelle beigetragen. Aber schmerzfrei war auch dieses Stück der Befreiung nicht zu haben. Befreiung ohne Auseinandersetzungen und Leiden ist sicher eine Illusion.

Das Zentrum aller Befreiung liegt im *Ich*, nicht im *Es* und nicht im *Über-Ich*. Das Ich ist uns vertraut als Bewusstheit und als Wille. Als Regierungszentrum unserer Seele. Als Geist. Unser Geist wird sich seiner selbst bewusst in den notwendigen Auseinandersetzungen mit uns selbst und anderen Menschen. In den notwendigen Auseinandersetzungen mit der Welt, die uns umgibt. Wer Auseinandersetzungen vermeidet, kann geistig nicht wachsen.

Zu geistigem Wachstum sind wir alle berufen. Im Neuen Testament ist zu lesen: „Ihr seid zur Freiheit berufen". Das steht im Galaterbrief. Freiheit. Das heißt Freiheit von Angst und Hass. Das heißt Freiheit vom Gesetz und Freiheit zur Liebe. Ein langer Weg ist diese Befreiung. Ohne die Leitung durch den göttlichen Geist der Liebe nicht zu schaffen. Nicht zu schaffen ohne Auseinandersetzungen mit uns selbst. Nicht zu schaffen ohne Austausch mit Gleichgesinnten.

Politische Emanzipation

Politische Auseinandersetzungen sind nicht zu vermeiden. Politische Entscheidungen, die uns alle als BürgerInnen unseres Landes betreffen, beeinflussen uns mehr als viele wahrhaben wollen, die meinen, ihr Privatleben wie eine Festung vor der ‚bösen Politik' abschotten zu können. Das geht nicht. Wir sind alle sensitive TeilhaberInnen staatlich organisierter Makrosysteme. Was sich in der Öffentlichkeit ereignet, belastet oder befreit uns. Was politisch ‚da oben' entschieden wird, löst in uns Zustimmung oder Ablehnung aus. Wir wählen in regelmäßigen Abständen unsere Delegierten, aber damit endet unsere Verantwortung für unser gemeinsames Geschick nicht. „Wir sind das Volk". Dieser Satz hat in der DDR anno 1989 die vergessene Souveränität des Volkes wieder ins Bewusstsein gerufen. Zweimal hat sich bei uns in diesem Jahrhundert die überwunden gewähnte Fürsten-Souveränität in der Form einer verlogenen Diktatur ‚für das Volk' gegen die proklamierte Volks-Souveränität wieder durchgesetzt. Ein drittes Mal darf dies nicht geschehen.

Das Volk ist zur dauernden Wahrnehmung seiner Souveränität berufen. Bleibende Wachsamkeit ist gefordert. Öffentliche Ereignisse und Entscheidungen wollen kritisch wahrgenommen werden. Die Entscheidungen und das Verhalten von Politikern muss von Fall zu Fall durch Zuspruch gefördert oder durch Widerspruch behindert werden. Kreative Ergänzungen und Erweiterung verengter Vorstellungen amtierender Politiker und ihrer professionellen Zulieferer ist Souveränitätspflicht aller BürgerInnen. Die gründliche Wahrnehmung unserer Souveränitätsrechte und -pflichten ist eine ehrenamtliche und lernintensive, eine langwierige und schwere Aufgabe. Mit Dankbarkeit ist selten zu rechnen. Erfolge werden mühsam errungen. Müdigkeit und Resignation stellen sich leicht ein. Und dennoch: Es gibt auch bemerkenswerte Erfolge und Korrekturen durch Interventionen von Bürgerinitiativen, die ihre wahren Interessen hartnäckig verfolgen.

Was geht uns das als Lebensberater an? Sehr viel!

Eine Wurzel allen Übels ist unsere Selbst-Entmachtung. Der erste Schritt dazu ist die Missachtung unseres Erlebens: Der Verrat an uns selbst, an unseren wahren Gefühlen, Gedanken, Bedürfnissen und Interessen. Wer nicht gelernt hat, auf seine innere Stimme zu hören, oder wer dies durch die erdrückende Gewalt äußerer Stimmen verlernt hat, ist immer in Gefahr, zum Manipulations-Objekt anmaßender UnterdrückerInnen zu werden. Dies ist so in Partnerschaften, Ehen und Familien, und es ist ebenso im Bereich der großen Kollektive. Der Status eines Manipulations-Objekts bedeutet Selbst-Entfremdung und Verlust der Menschenwürde. Nur oberflächlich wahrnehmende Menschen glauben, dass dies als ‚Realität' hingenommen werden muss und daher auch hingenommen wird. In der Tiefe wird es nicht hingenommen, sondern nährt den Selbst-Wiederherstellungs-Trieb. Und der nimmt oft genug den Weg der endlosen Rache am schwächeren Objekt oder endet in neurotischer Selbstquälerei. Seelische Vergiftung der großen und kleinen Sozialkörper ist die Folge. Wer das bezweifelt, sehe sich die Zerstörung unserer äußeren Lebenswelt an. Die Zerstörung der Innenwelt geht der Zerstörung der Außenwelt voran. Wer die Last der Voraussicht tragen kann, weiß, dass die Zerstörung unserer Außenwelt rückgängig gemacht werden muss, wenn wir als Menschheit überleben wollen. Ohne Wiederherstellung der inneren Seelenwelt wird das nicht gut gehen.

Der zerstörerische Druck, der auf Makrosystemen lastet, wird auf Mikrosysteme (Partnerschaften, Ehen und Familien) weitergegeben und erscheint dort als zusätzliche Last, wenn ihm nicht in angemessener Weise dort entgegengetreten wird, wo er entsteht: Im Makrosystem. Unsere seelische Hygiene fordert die verstärkte Wahrnehmung unserer primären Interessen im öffentlichen Entscheidungsbereich. Wir brauchen Vertrauen, um leben zu können, in unseren Mikrosystemen und in unseren Makrosystemen. Da, wo unser Vertrauen aufs Spiel gesetzt wird, müssen wir uns wehren.

Für mich und viele meiner MitarbeiterInnen gab es 1986 – nach Tschernobyl – eine herausragende Serie von Ereignissen, die unser Vertrauen in das staatliche Makrosystem erschüttert haben. Das waren die abwehrenden und diffamierenden Reaktionen verantwortlicher Machthaber auf die Ängste der Bevölkerung und auf die AKW-Opposition. Wir wurden damals darin bestärkt, unsere Beratungsarbeit durch einen „Psychopolitischen Arbeitskreis" zu unterstützen.

Emanzipation als Aufgabe der Kirchen

Die NS-Diktatur ist nur eine von vielen Diktaturen. Das Ziel aller Diktaturen ist die gewalttätige Unterwerfung der Menschheit unter ihren Willen und die damit verbundene Selbstvergötterung. Jede Diktatur ist ein Gottesraub. Sie spaltet die Menschen in solche, die sich mit der diktatorischen Gottheit identifizieren und sich unterwerfen, und in solche, die dies nicht tun, sondern aufbegehren und den Tyrannen zu entmachten suchen. Sie spaltet auch die jeweilige Priesterschaft in *Anhänger* und *Widersacher* der Tyrannen. Wenn Priester ihren wahren Gott zugunsten eines sterblichen Tyrannen verraten, ist dies besonders schmerzlich. Aber Priester sind auch nur Menschen, die der Verführung der Macht erliegen können wie jeder andere Mensch, zumal wenn sie in ihrer eigenen Seele einen gewalttätigen Tyrannen beherbergen, den sie auf ihr Gottesbild projizieren. Die Geschichte der

Kirchen ist reich an solchen tyrannischen Projektionen und ihren gewalttätigen Auswirkungen.

Ich wünsche mir allerdings Priester und Priesterinnen, die ihren wahren Gott der Liebe nicht mehr aus dem Sinn verlieren, wenn eine neue Diktatur uns mit ihrer gewalttätigen Macht wieder eine unsterbliche Gottheit vorgaukeln will. Ansätze zu neuer weltweiter Gewaltherrschaft sind ja auch heute überall zu erkennen: Die *Diktatur des Geldes*, die Ausbeuter maßlos reich macht und Ausgebeutete maßlos verarmen lässt. Die Diktatur des Wirtschaftswachstums, die ohne Rücksicht auf vernichtende Folgen für Menschheit und Natur immer mehr produziert und käuflich macht. Die *Diktatur der Beschleunigung*, die ohne Rücksicht auf Gesetze langsamen Wachsens alle möglichen Ziele immer schneller erreichen will.

Die Kirche der Zukunft wird eine *Kirche der Seelsorge* sein: eine Kirche, die Menschen auf ihren emanzipatorischen Wegen begleitet. Weg von gewalttätiger Unterdrückung, hin zu befreiender Liebe. Eine Kirche, die begleitet. Keine Kirche, die mit Dogmen und Ideologien diktatorische Unterdrückungen verstärkt und vermehrt. Das fordert von den begleitenden priesterlichen Autoritäten, dass sie die Mühsal emanzipatorischer Auseinandersetzungen auch selbst auf sich nehmen. Hoffnungsvolle Anfänge dazu sind seit 1945 gemacht worden. Aber ein Ende ist noch nicht abzusehen.

Auch ich sehe mich weiterhin auf dem Weg.

Dank

Heute ist der 14. August 1991. Seit meinem Abschied von der Beratungsstelle sind acht Monate vergangen. Das ist im Verhältnis zu den 32 Jahren meiner institutionellen Tätigkeit eine kurze Zeit. Für den Jahresarbeitsbericht 1990 habe ich mich mit meinen Anmerkungen auf einen besonderen Aspekt unserer professionellen Arbeit konzentriert, von dem ich meine, er sollte heute stärker ins Bewusstsein gerückt werden. Der gegenwärtig häufiger zu hörende Vorwurf, man habe sich in Deutschland zu wenig mit der NS-Diktatur auseinander gesetzt, kann jedenfalls bei genauerem Hinsehen für Menschen nicht gelten, die hart um die partnerschaftliche Neugestaltung ihres privaten Lebens gekämpft haben. Das wollte ich zu Gunsten derer, die Lebensberatung fördern, betreiben und in Anspruch nehmen, hier noch einmal so deutlich machen, wie es mir heute möglich ist.

Für weitere Aspekte fehlt mir jetzt noch Abstand und Muße. Insbesondere würden meine Erfahrungen im Umgang mit den vielen Ratsuchenden und den zahlreichen Mitarbeiterinnen und Mitarbeitern dieser Zeit eine genauere Würdigung verdienen. Mit ihnen gab es viele intensive Begegnungen und Auseinandersetzungen, die zu Herzen gingen und meinen Blick geweitet haben. Dazu gehören nicht zuletzt auch die Gespräche über unseren Glauben im Leitenden Ausschuss und in anderen kirchlichen Gremien und Gruppen. Dafür möchte ich auch an dieser Stelle noch einmal herzlichen Dank sagen.

Abschließend und ausdrücklich zu danken habe ich meiner Frau, die mir als sensible Lebensgefährtin und als fachkundige, kirchlich und politisch engagierte Kollegin mit Rat und Tat und kritischer Auseinandersetzungs-Bereitschaft zur Seite gestanden hat. Wir haben schon vor 1958 um partnerschaftliche Gestaltung unseres Lebens miteinander gerungen und tun es nach 1990 weiter.

Meinen ehemaligen Mitarbeiterinnen und Mitarbeitern in der Beratungsstelle wünsche ich bleibende Freude an ihrer Arbeit, und meinem Nachfolger für die Leitung der Stelle zudem eine glückliche Hand.

IV.
Die Zeit des Wachstums: Evangelische Beratungsstelle Düsseldorf (1967-1990)

Veröffentlicht in der Festschrift zu 50 Jahren Evangelische Beratungsstelle „Leben in der Beratungsgesellschaft",
2001

Im November 1958 bin ich Mitarbeiter der Düsseldorfer Evangelischen Beratungsstelle geworden, die Guido Groeger seit 1951 leitete. Nach seinem Weggang wurde mir die Leitung übertragen. In dieser Funktion habe ich 24 Jahre gearbeitet, von 1967 bis 1990. Vier Vorgaben meines Vorgängers habe ich in dieser Zeit weiterverfolgt: Orientierung am Evangelium, tiefenpsychologischer Beratungsansatz, Öffentlichkeitsarbeit und Weiterbildung.

1967 war ein politisch aufregendes Jahr, dessen Folgen sich auch auf unsere Arbeit nachhaltig auswirkten. Der Aufstand der Nachkriegskinder hatte begonnen. Die ersten Gegner lagen für sie zunächst noch außerhalb der deutschen Grenzen: Der Schah von Persien und die amerikanischen Kriegsherren in Vietnam. Sie symbolisierten Gewalttätigkeit und Unterdrückung. Als beim Schutz des Schah-Besuches in Berlin am 2. Juni ein deutscher Polizist den Studenten Benno Ohnesorg erschoss, ergab dieses Datum ein Symbol für die Befreiung von gewalttätiger Unterdrückungsmacht im eigenen Land. In Universitäten und Schulen, in Staat und Kirchen, in Ehen und Familien entwickelte sich ein emanzipatorischer geistiger und politischer Aufbruch. Im öffentlichen Leben ging es um mehr Mitbestimmung und Demokratie, im privaten Bereich, in Ehen und Familien um mehr Selbstbestimmung und Partnerschaft. Die sexuelle Unterdrückung sollte ein Ende haben. Gegenläufig formierten sich konservative Tendenzen. Auf dem Hintergrund dieser konfliktschwangeren gesellschaftlichen Entwicklung konnte sich unsere evangelische Lebensberatung zunehmend als eine Beziehungsberatung in öffentlichen und privaten Krisen und Konflikten verstehen. Im Bereich der Erziehung schien die alte autoritäre Erziehung plötzlich durch eine antiautoritäre abgelöst zu werden und Verwöhnung an die Stelle von Härte treten zu wollen. Von einem Extrem ins andere zu fallen, das konnte natürlich keine echte Befreiung sein. Neue Verantwortung ohne die Dominanz übergeordneter Autoritäten musste wahrgenommen, gelernt und gerecht verteilt werden. Dazu gehörten allerdings entscheidungsfähige Personen mit entwickelten Ich-Funktionen und Kontakt-Befähigungen. Das war so schnell nicht zu haben. Das musste gelernt werden.

Unsere Hauptaufgabe als Beratungsstelle war im Kern nach wie vor unsere Mitwirkung bei der Klärung und Lösung von Problemen in den Beziehungen der Ratsuchenden zu sich selbst und ihren Nächsten. Evangelisch konnte dabei grundlegend verstanden werden als Ermöglichung und Ermutigung zu mehr Achtung in diesen Beziehungen nach der Zielvorstellung des Evangeliums: Achte Deinen Nächsten wie Dein Selbst und die Göttliche Liebe über alles. Die Probleme von Eltern, Erzieher/innen und Kindern waren ein Arbeitsbereich, die der Jugend ein zweiter, die in Ehen und Partnerschaften ein dritter, die der Alleinlebenden ein vierter. Für die ersten beiden Bereiche war die Abteilung Erziehungs- und Jugendberatung zuständig, für die letzten beiden die Abteilung Ehe- und Lebensberatung (später auch Erwachsenen-Beratung genannt). Das war die äußere Organisation. In unseren Ausbildungen an den Hochschulen waren wir auf die Aufgaben der Lebensberatung nur unvollkommen vorbereitet worden. Wir mussten vor Ort weiter lernen, mussten uns spezialisieren und weiterbilden. Immer mehr Ansatzmöglichkeiten zu positiven Veränderungen wurden durch neue psychotherapeutische Methoden und Schulen entwickelt. Die Vielfalt, die im Laufe der Jahre bei uns Eingang fand, war durchaus eine Bereicherung, konnte aber auch zu einem Problem für kollegiale Verständigung werden. Tiefenpsychologie, Ehe- und Lebensberatung im Konzept des Evangelischen Zentralinstituts,

Verhaltenstherapie, Gesprächstherapie, Transaktionsanalyse, Themenzentrierte Interaktion, Gestalt- und Gruppentherapien, Familientherapie, Kommunikationstherapie, Ehe- und Partnerschaftstherapien erarbeiteten unterschiedliche Wahrnehmungs- und Vorgehensweisen und entsprechende Konstrukte und Terminologien. Die vorrangige Orientierung an den konkreten Problemen der Ratsuchenden, intensiver Austausch in Teambesprechungen und Kolloquien, gemeinsame Ausbildung und Supervisionen und die Konzentration auf die zentral wichtigen Stärkungen von Ich- und Wir-Befähigungen verhinderten ein längeres Auseinanderdriften der Beratenden und sicherte die unverkennbar eigenständige geistige Kultur der Stelle.

1967 gab es die methodische Vielfalt noch nicht. Wir waren zwei kleine gut eingespielte Teams (vier Hauptamtliche in der Erziehungs- und Jugendberatung, zwei Hauptamtliche und drei Ehrenamtliche in der Erwachsenenberatung) und konnten uns über fachliche Fragen auf tiefenpsychologischer Ebene gut verständigen. Dazu kamen vier freundliche Sekretärinnen und einmal im Monat ein Rechtsanwalt, der uns mit Leidenschaft juristisch beriet. Im Laufe der Jahre wurden wir mehr Mitarbeiter/innen und die interne Kommunikation komplizierter: Ende 1990 waren in der Stelle insgesamt 45 Personen (die meisten teilzeitbeschäftigt) tätig. 1967 konnten wir insgesamt 5.843 Konsultationen durchführen 1990 waren es 12.431. Die Zeit von 1967 bis 1990 war eine Zeit des Wachstums. Wachsen macht Freude. 1970 war ein besonders erfreuliches Jahr. In Oberkassel konnten wir das Nachbarhaus Kaiser-Friedrich-Ring 28 für die Abteilung Erziehungs- und Jugendberatung anmieten und im Stadtteil Garath eine Außenstelle eröffnen. Am Jahresende 1970 waren außer dem Leiter schon 20 Personen in der Beratung tätig. Ab 1972 arbeiteten wir konsequent getrennt in fünf Teams.

Wir waren uns schon Ende 1970 einig geworden, ab 1971 eine gemeinsame Ausbildung in der Themenzentrierten Interaktion (TZI) nach Ruth Cohn zu machen, um beraterisch auch in Gruppen mit größerer Professionalität tätig werden zu können. Ich hatte die TZI im Oktober 1970 auf einer Tagung der Gesellschaft für Gruppendynamik und Gruppenpsychotherapie in Ulm kennen gelernt und begeistert von meinen Erfahrungen ihrer humanisierenden Effektivität berichtet. Die Begeisterung steckte an, und fast alle Berater/innen beteiligten sich an dieser dreijährigen Ausbildung unter der Leitung der Münchner Psychotherapeutin Elisabeth von Godin. Die TZI wurzelte in der tiefenpsychologischen Psychotherapie und entsprach daher dem grundlegenden Ansatz unserer Beratungsarbeit. Exkurse in die Gestalttherapie von Fritz Perls gehörten dazu. Die gemeinsame Ausbildung brachte persönlich und fachlich viel in Bewegung. Persönlich: Die unterdrückten Kinder in uns selbst waren neu geweckt worden und übten Kritik an dem konventionellen System des „Erwachsen-Seins". Wer war eigentlich erwachsen? 1967 war in deutscher Übersetzung Eric Bernes *„Spiele der Erwachsenen"* erschienen. Berne hatte mit seiner Transaktions-Analyse (TA) in den USA schon 1964 deutlich gemacht, dass Erwachsen-Sein oft nichts anderes ist als das destruktive Spiel eines anmaßenden Eltern-Ichs mit einem unterwürfigen oder sabotierenden Kind-Ich. Er hatte damit einen fachlich qualifizierten Unterbau für die aufbegehrenden 68er geliefert und mit ihm und der TA konnten wir – meist ältere – Berater/innen jetzt „fachlich qualifizierte 68er" werden, mindestens aber den Menschen der Nachkriegsgeneration ein besseres Verständnis entgegenbringen und am konstruktiven Erwachsenwerden arbeiten. Fachlich wirkte sich die Ausbildung in der Zunahme von Beratung in Gruppen aus, die wir auch als Klausuren außerhalb der Stelle durchführten. Schon bevor der TZI-Lehrgang Ende 1973 abgeschlossen wurde, wandte sich unser gemeinsames Interesse der Familiendynamik und Familientherapie zu. Drei Tage informierte uns Maria Bosch aus Weinheim in recht lebendiger Weise über den Stand ihrer Arbeit, die sie bei Virginia Satir in den USA gelernt hatte. Die differenzierte Wahrnehmung dysfunktionaler Kommunikationsstile war hilfreich und verschärfte unsere Fokussierung auf die Kommunikationsverbesserung in Ehen, Familien und in unseren Beratungs- und Arbeitsgruppen. Sowohl die TZI-Ausbildung als auch die familientherapeutische Ausbildung (in verschiedenen Varianten) wurden von einigen unserer Mitarbeiter/innen konsequent weiterverfolgt.

1974 haben wir in unserem Hause das Werkstatt-Institut für Lebendiges Lernen (WILL Rheinland) gegründet, das sich in den folgenden Jahrzehnten erfolgreich weiterentwickelt hat und mit seiner Ausbildung zur sensitiven Gruppenleitung noch heute einen wichtigen Beitrag zur Verbesserung sozialer Beziehungen leistet. In den Anfängen – bis 1980 – habe ich Vorsitz und Geschäftsführung des Instituts übernehmen können. Wir zielten als Beratungsstelle mit diesem Unternehmen auf Menschen, die beruflich als Seelsorger/innen, Beratende und Lehrende Hilfe zur eigenen seelischen Entfaltung und zur Leitung ihrer Gruppen brauchten.

Ein wichtiger Einschnitt im Bereich der Ehe- und Erziehungsberatung war das 1977 in Kraft getretene neue Scheidungsrecht. Das Schuldprinzip wurde durch das Zerrüttungsprinzip abgelöst und das Scheidungsverfahren erleichtert. Die „Parteien" mussten keine dreckige Wäsche mehr waschen, um der anderen Seite eine überwiegende Schuld nachzuweisen und für oder gegen die Kürzung des Unterhaltes und für oder gegen die Übertragung des Sorgerechtes zu kämpfen. Das entlastet auch die Kinder und macht die getrennten Eheleute freier, ihre elterlichen Funktionen weiter gemeinsam zu übernehmen. Erziehungs- und Eheberater begrüßten diese Entwicklung gleichermaßen.

Sorge bereitete uns 1984 die Faszination Jugendlicher durch Videos mit gewalttätigen Inhalten. Der Konsum geschah lange Zeit ohne Kenntnis von Eltern und Erzieher/innen. Sie reagierten durchweg mit Schrecken, als es an den Tag kam. Das bezog sich auch auf ihre eigene Ahnungslosigkeit über das, was in der heranwachsenden Generation vor sich ging.

1986 war der AKW-Unfall in Tschernobyl. Die Ängste, die dadurch bei Beratenden und Ratsuchenden, besonders bei Müttern, wachgerufen wurde, führten uns zur internen Thematisierung der politisch favorisierten AKW-Gewalt und zu fruchtbaren öffentlichen Auseinandersetzungen. Wo immer es uns möglich war, haben wir uns hier und anderswo – gestützt auf einen psychopolitischen Arbeitskreis – gegen die rücksichtslose Gewalt im öffentlichen Leben geäußert. Das Zusammenspiel von öffentlicher und privater Gewalt war uns deutlich. Gewalt in jeder

Form stört und zerstört menschliche Beziehungen. Für ihre Heilung sollten wir zuständig sein. Das war ohne kräftige Mitwirkung der Öffentlichkeit und ihre nachhaltige Sensibilisierung für Gewalt nicht zu schaffen. Ihr offenes und untergründiges Anwachsen wurde jedoch im Gegenteil leider oft nicht wahrgenommen und als vordringlich zu bearbeitendes Problem nicht hinreichend erkannt.

1989 wurden unsere in Düsseldorf-Oberkassel angemieteten Häuser von dem kirchlichen Eigentümer verkauft. Das Ende der Beratung dort war abzusehen. Die Weiterführung im Zentrum der Stadt konnte jedoch sichergestellt werden. Auch meine Nachfolge. Ende 1990 schied ich mit Erreichen der Altersgrenze aus dem Dienst aus. Dr. Hartmut Mühlen übernahm – mit unseren guten Wünschen versehen – die Leitung der Stelle.

Die Summe meiner Erkenntnis dieser 24 Jahre: Im Zentrum der Beratung geht es immer um Zuwachs an Achtung, Liebe und integrativer Steuerungsfähigkeit. Beratung hilft so, unsere Auseinandersetzung mit Angst und Hass zu bestehen. Und nichts ist für das Leben wichtiger.

V.
„Der hört ja die ganze Zeit nur zu!"

Beratung ohne Ratschläge – ein Widerspruch?
Veröffentlicht in der Festschrift zu 50 Jahren Evangelische
Beratungsstelle „Leben in der Beratungsgesellschaft",
2001

1. Warum ich als Berater Ratsuchenden keine Ratschläge geben will

Ratsuchende kommen in Lebens-Krisen zur Beratung. In dieser Situation haben sie Angst und sind verzweifelt. Da können sie keine guten Ratschläge aufnehmen. Sie brauchen in erster Linie Verständnis und emotionalen Beistand. Lebenskrisen beenden eine Lebensphase und eröffnen eine neue. Solche Übergänge sind wie sterben und neu geboren werden, aufregende Teilstrecken eines individuellen Lebensweges. Sie sind ein wertvolles Eigentum derer, die sie erleben und die notwendigen Entscheidungen in eigener Verantwortung zu treffen haben. Der Respekt vor der Entscheidungskompetenz der Ratsuchenden verbietet mir jeden entscheidenden Ratschlag und jede Abnahme von Verantwortung. Auch der Weg der Ratfindung gehört in erster Linie ihnen. Es mag für sie schmerzlich sein, im Bereich von Entscheidungen letztlich allein zu sein. Als Berater kann ich ihnen jedoch eine fachlich qualifizierte dialogische Begleitung anbieten. Bevor Ratsuchende eine Beratungsstelle aufsuchen, befinden sie sich schon mehr oder weniger lange in einem inneren Zwiegespräch mit sich selbst. Sie sind mit sich selbst zu Rate gegangen und irgendwann allein nicht mehr weiter gekommen. Nun können sie ihren inneren Dialog durch einen äußeren mit mir neu beleben. Bevor es dazu kommt, muss allerdings oft eine

Angstschwelle überschritten werden. Der offene oder verdeckte Wunsch nach einem schnellen Befreiungs-Ratschlag kann zu diesem Angst-Widerstand gehören. Wie sieht das konkret aus? Dazu folgendes Beispiel:

2. Herr O.:
Dialogische Beratung statt Ratschlag

Ich war in der Ev. Beratungsstelle Düsseldorf seit meiner Einstellung 1958 für die Beratung von Liebesproblemen zuständig. Genauer gesagt: für die Beratung von Liebesverlusten und Liebesmängeln in Ehen und Partnerschaften. Wenn Ratsuchende das erste Mal kamen, hatten sie immer gleich zwei Probleme, ein altes und ein neues. Einmal das Liebes-Problem, das sie mitgebracht hatten, und zum anderen das Problem, wie sie nun auch noch mit mir zurecht kommen sollten. Das aktuelle Doppelproblem wurde unterschiedlich angegangen. Es gab allerdings auch typische Lösungen. Häufig wurde versucht – besonders in den ersten Jahren meiner Beratungstätigkeit – mir die Rolle des allwissenden Ratgebers und damit die gesamte persönliche Problemlösung zu übertragen. Herr O. benutzte dazu das Eröffnungs-Ritual der unpersönlichen Anfrage. Es kommt in verschiedenen konkreten Varianten immer wieder vor. Er eröffnet unser Gespräch mit der Frage: „Was macht man, wenn seine Frau nicht mehr mit einem schlafen will?" Ich sage: „Das weiß ich nicht." Meine Antwort nimmt ihm zwar die Angst vor der mir zugeschriebenen Überlegenheit. Sie macht ihn aber auch wütend, weil sein illusionäres Vertrauen in meine vermeintliche Zuständigkeit scheitert. Aus dieser Wut heraus sagt er: „Aber Sie sind doch Berater!" Ich sage: „Ja und Nein." Er: „Wieso nein?" Ich: „Ich bin Berater, aber kein Ratschlag-Geber und Sie kein Ratschlag-Nehmer, sondern ein Ratsuchender. Sie sind die Hauptperson – nicht ich. Sie suchen Rat für sich. Ich kann Ihr fachkundiger Begleiter dabei sein, wenn Sie es wollen." Diese erste Klarstellung ist notwendig, um von vornherein meine Position festzulegen und falsche Vorstellungen zu verhindern. Herr

O. möchte zustimmen, will aber wissen, wie diese „fachkundige Begleitung" denn aussieht. Ich definiere sie vorab als „aufmerksame menschliche und fachkundige Anwesenheit". Das ist ihm zu abstrakt. Er fragt: „Was heißt das konkret?" Ich antworte: „Ich lasse mich von dem, was Sie äußern, beeindrucken und melde Ihnen zurück, was mir für Sie wichtig erscheint." Er: „Das ist mir noch nicht konkret genug. Können Sie mir jetzt schon ein Beispiel geben?" Ich: „Ja. Ich könnte Ihnen etwas über den Eindruck mitteilen, den Ihre Frage auf mich gemacht hat. Wollen Sie das hören?" Er will. Ich: „Sie haben ein persönliches Problem, machen daraus aber ein allgemeines Problem. Sie sagen nicht: ‚Ich will mit meiner Frau schlafen. Sie will aber nicht mehr. Was kann ich tun, um das zu ändern?' Sie sagen: ‚Was macht man, wenn seine Frau nicht mehr mit einem schlafen will.' Das ist ziemlich unbestimmt. Sie sagen ‚man' statt ‚ich'. Sie ziehen Ihr Ich raus aus der Arbeit der Ratsuche. Sie würden am liebsten mich vorschieben und allein arbeiten lassen." Er muss lachen. Ich: „Sie lachen. Heißt das: Es stimmt?" Er: „Ja, aber nicht ganz. Ich will schon mitarbeiten. Aber nicht gerade vorneweg. Ich war bisher immer der zweite Mann." Mit dieser Bemerkung signalisiert er ein Teilproblem, denn er wirkt plötzlich in sich gekehrt. Er bestätigt, dass er jetzt am liebsten darüber sprechen würde. Das tun wir auch. Dabei wird deutlich, dass er seit einiger Zeit zaghaft mit einem Kollegen um die Nachfolge seines Chefs zu konkurrieren begonnen hat. Allmählich nimmt das immer mehr Zeit und Energie in Anspruch. Er weiß deswegen nicht, ob er in diesem Kampf weitermachen soll. Mit seiner Frau hat er darüber noch nicht gesprochen. Er weiß nicht, ob er das tun sollte. Das Beratungsgespräch hat uns auf zwei Konflikte geführt, die die Bewältigung seiner Ehekrise blockieren. Wir vereinbaren ein weiteres Gespräch über diese Konflikte. Mein Angebot der fachkundigen Begleitung seiner Ratsuche hat er angenommen. Von Rat-Schlägen war nicht mehr die Rede.

Ein großer Teil der dialogischen Beratung vollzieht sich ohne Worte. Dies soll der folgende Abschnitt verdeutlichen.

3. Die aufgestaute Wut der Frau A.

Meine vergangene Beratungs-Erfahrung mit Frau A. ist mir immer noch so gegenwärtig, dass ich sie hier in der Gegenwartsform berichte:

Frau A. ist gerade angemeldet worden. Da stürmt sie in das Beratungs-Zimmer, steuert auf einen Stuhl zu, setzt sich nieder und beginnt ohne Umschweife in den dunkelsten Farben die Gemeinheiten ihres Mannes darzustellen, danach nimmt sie sich der Reihe nach die anderen Männer ihrer Verwandtschaft und Bekanntschaft in der gleichen vernichtenden Weise vor. Nach etwa einer halben Stunde legt sich der Sturm etwas, und ich kann sie fragen, ob sie denn auch etwas Erfreuliches über das männliche Geschlecht zu berichten wisse. Sie stutzt einen Augenblick, dann geht ein strahlendes Lächeln über ihr Gesicht, und sie antwortet mit deutlicher Erleichterung: „Ja, natürlich, aber das brauch ich hier nicht zu erzählen". Nach dieser abschließenden Erklärung legt sie 100,- DM auf den Tisch und verschwindet so rasch, wie sie gekommen ist. Ich habe während dieses Gefühlsausbruchs geschwiegen. Das waren 30 Minuten. Eine außenstehende Person könnte über mein Verhalten während dieser Zeit sagen: „Der tut ja gar nichts weiter als nur zuhören." Ein solches Urteil ließe allerdings außer Acht, dass ich ein lebendiger Mensch bin, der alles aufnimmt, was auf ihn eindringt. Ich beantworte das Mitgeteilte mit meinen Gefühlen und Gedanken. Ich bin als Berater präsent. Einiges von dem, was mich dazu jetzt noch bewegt, stelle ich hier wie folgt dar:

Frau Anna liebt ihren Mann. Sie kann aber ihrer Liebe keinen Ausdruck mehr geben. Sie ist so voll von aufgestauter Wut, dass das nicht mehr geht. Sie will sich von ihrer Wut befreien, um wieder Liebe geben und nehmen zu können. Das will sie mit großer Leidenschaft. Sie will gar nicht über die Hintergründe reden, sondern sie will wieder in den Austausch von Liebesenergien gelangen. Wenn das nicht geschieht, erstickt ihre Seele. In diese kraftvolle Selbstbefreiung kann ich nicht eingreifen. Aber die volle Anwesenheit meiner Person tut not. Die Wut hat tausend Gründe. Immer wehrt sie sich gegen den Verlust von Leben und Liebe. Sie ist ein seelenrettendes Organ. In der Partnerbeziehung entfaltet sie ihre Wirkung am besten, wenn sie sich dort und dann äußern kann, wo sie entsteht. Das geht leider nicht immer. Die Wut darf aus inneren oder äußeren Gründen gerade dann nicht sein. Also wird sie gehortet. Und je länger und je öfter dies geschieht, desto mehr sinkt die alte aufgestaute Wut in das Unbewusste, vergiftet die Seele und behindert den Austausch von Liebe. Ich weiß nicht, wie Frau A. zu der Aufstauung ihrer Wut gekommen ist. Offenkundig ist, dass sie in ihrer Umgebung keine Person gefunden hat, die in der Lage war, ihre gesammelte Wut in Empfang zu nehmen und zu beantworten. Irgendwann ist ihr Leiden unerträglich geworden und sie fasste den Entschluss, eine öffentliche Beratungsstelle aufzusuchen, um sich zu retten.

Die Öffentlichkeit hat eine Rettungspflicht bei Gefahr für Leib und Seele. Mir fällt eine Frau ein, die in einer ähnlichen Situation seelischer Bedrängnis das Fenster aufriss und ihr Unheil auf die offene Straße hinausschrie. Die Straße reagierte erschrocken. Passanten duckten sich und liefen schneller, Nachbarn schlossen die Fenster. Die Straße konnte nicht antworten – eine in diesem Fall inkompetente Öffentlichkeit. Beratungsstellen können kompetent antworten. Dazu sind sie eingerichtet worden. Liebesverarmung ist heute unser wichtigstes soziales Problem. Wut über Liebesverluste gehört dazu. Wir können lernen, diese Wut zu unterdrücken. Damit gewinnen wir aber nicht die Liebe, sondern ernten am Ende Hass und Gewalt. Wir können auch lernen, unsere Wut anzunehmen und sinnvoll zu steuern, wenn wir sie in den Dienst der Liebe stellen.

Frau A. war dabei, dies zu tun. Der Weg zur Beratungsstelle war ihr sicher nicht leichtgefallen. Was mochte sie hier erwartet haben? Die gleiche Zurückweisung der Wut, die sie in ihrer Kindheit erlebt hatte und die sich jetzt in ihrer alltäglichen Umwelt wiederholt? Wie konnte sie da sicher sein, dass ihre Wut in der Beratungsstelle zustimmend angenommen werden würde. Bis zur ernsthaften Anmeldung vergeht eine mehr oder weniger lange Zeit. Da wogt ein Kampf zwischen widerstreitenden Gefühlen: Die Hoffnung verspricht, dass alles von selbst wieder gut wird, wenn man nur dies und das täte oder unterließe. Die Verzweiflung hält dagegen, dass alles immer nur noch schlimmer wird. Und so geht es oft hin und her. Schließlich spitzt sich die Krise zu. Die Verzweiflung schreit: „So geht es nicht weiter!" Und die Hoffnung fragt bange: „Aber wie denn dann?" Frau A. hat für sich die Lösung gefunden. Sie hat sich hier in dem geschützten Raum der Beratung von ihrer Wut befreit. Dies mit einer Leidenschaft, die mir imponiert. Diese Leidenschaft gehört nicht zur Wut, sondern zur Liebe, die sich von der blockierenden Wut befreien wollte. Nun, da sie das geschafft hat, kann ich sie nach der Liebe fragen. Also fragte ich sie vorsichtig. Die Antwort hob den letzten Schleier von der energischen Liebe weg, die den ganzen Prozess gesteuert hatte. Meine verstehende Gegenwart war der mir zufallende Anteil daran. Die Beratung war in diesem Fall ein Dialog fast ohne ausgesprochene Worte. Ein Ratschlag hatte da keinen Platz.

4. Zusammenfassung

Ich setze voraus, dass in einer Lebenskrise jeder Mensch seine Lage in einem inneren Dialog zu klären sucht, um zu einem Neuanfang zu kommen. Wenn er damit allein nicht weiter kommt, gibt ihm die Lebensberatung die Möglichkeit, den inneren durch einen äußeren fachkundigen Beratungs-Dialog neu zu beleben und bisher unbeachtete Kräfte seiner Person einzubeziehen. Die Beratung als eine Phase gemeinsamen Suchens schließt einseitig von Beratenden angefertigte Ratschläge aus. Die Entscheidungs-Findung der Ratsuchenden hat Vorrang. Beratung mit Ratschlägen wäre ein Widerspruch zu diesem Konzept, das Mündigkeit und Eigenverantwortlichkeit wahren und weiterentwickeln will.

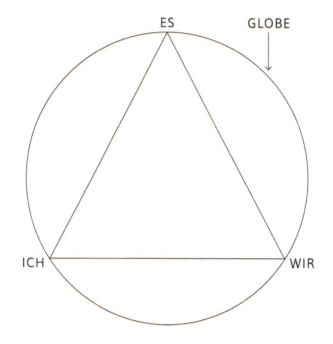

Das Symbol der
Themenzentrierten Interaktion
(TZI)

Zur Themenzentrierten Interaktion (TZI)

VI.
Zur politischen Bedeutung der Themenzentrierten Interaktion

Veröffentlicht in „Gruppendynamik" 4/1994

AUSGANGSPUNKT:
MEINE ERSTE BEGEGNUNG MIT DER TZI

Ich habe die TZI 1970 auf dem Kongress für Gruppendynamik in Ulm unter Leitung von Franz Heigl kennengelernt, und sie hat mich sehr begeistert. Am meisten beeindruckte mich damals die Freiheit, mit der der Austausch persönlicher Erfahrungen unter den Anwesenden in der Gruppe vor sich ging: Alle wurden gleich wichtig genommen. Niemand wollte einer anderen Person vorschreiben, wie sie sich selbst oder die Welt zu erleben habe. Jede hatte das Recht, sich zu ihrem eigenen Erleben zu bekennen. Es gab aber andererseits auch keinen Druck, sich mitzuteilen. Wer schweigen wollte, durfte schweigen. Wichtig war allein, dass wir uns bewusst entschieden, ob wir reden oder schweigen wollten. Unsere Aufmerksamkeit wurde auf diesen Ich-Punkt der Entscheidung gelenkt. Es ging dabei zunächst um die gebende Seite der Interaktion: „Was will ich hier und jetzt von mir mitteilen und den anderen geben?" Dann aber auch um die nehmende Seite, um das Aufnehmen der anderen und ihrer Beiträge: „Was will ich von den anderen annehmen?" Das war wieder ein Akt der Entscheidung, der wache Bewusstheit herausforderte. Meine Bewusstheit der Interaktion steigerte sich. Der Motor dieser wachsenden Bewusstheit lag in der schnell sich durchsetzenden Chairman-Regel: „Sei Dein eigener Chairman" (Vorsitzender, Präsident) – (heute: „Sei Deine eigene Chairperson"): „Entscheide verantwortlich, was Du hier und jetzt geben und nehmen willst". Der Austausch in der Gruppe war in jeder Sitzung zentral bestimmt und angeregt durch das vorgegebene Thema (themenzentrierter Austausch). Der Leiter formulierte es aus seiner Wahrnehmung der in der Gruppe gerade vorherrschenden Unsicherheit und Klärungsbedürftigkeit heraus. Ich erinnere mich noch an das Thema einer Sitzung. Es hieß schlicht: „Was mache ich mit meiner Unzufriedenheit?" Diese Formulierung war aktivierend, weil sie eine latente Stimmung aufnahm und gleichzeitig die Möglichkeit eröffnete, sie zu überwinden. (Das latente Thema zu erfassen und weiterführend zu formulieren gehört zur Leitungs-Kunst der TZI).

Natürlich gab es auch Störungen, die den flüssigen Austausch in der Gruppe behinderten. Vor allem durch zu langatmige oder unverständliche Beiträge. Aber darüber durfte ungeniert gesprochen werden nach der Devise: „Störungen haben Vorrang". Das war befreiend und verbesserte das Vertrauens-Klima. Die Beiträge wurden echter (Authentizität ist ein hoher Wert der TZI-Gruppenarbeit), und die Anwesenden wurden für mich prägnanter und „liebenswürdiger".

In der großen Pause – schon nach zwei Sitzungen – , als hunderte von Kongressteilnehmern durch die Halle wimmelten, erschienen mir die Mitglieder meiner Kleingruppe so hervorstechend erkennbar wie farbige Wesen in einer grauen Menge. Dieser Eindruck ist für mich unvergesslich.

WAS IST AN DIESER TZI-ERFAHRUNG ABLESBAR POLITISCH?

Chairpersonship ist ein politisch relevanter Lernprozess. Er hat Folgen:

1. Erweiterung und Vertiefung der Person-Wahrnehmung

Er steigert die bewusste Person-Wahrnehmung: Die eigene Person und andere werden wichtiger genommen, als sonst üblich. Selbst- und Nächsten-Erkenntnis werden vertieft.

Im öffentlichen Leben und Bildungswesen kommen wir als Person gewöhnlich zu kurz. Auch unser Bedarf an Interaktionen.

Die Sachebene dominiert. Sachthemen sind überbetont. Oft ist von „Sachzwängen" die Rede, und gelegentlich verstehen wir uns als deren freiheitsberaubte Opfer. Oder als Rollenspieler in einem System, in dem es vorrangig um Sachen geht. In Schulen geht es vor allem um die Aneignung von Lern-„Stoff". Sachfragen und Sachprobleme werden eher angeboten als Person- und Beziehungsprobleme. Die Person-Ebene bleibt im Hintergrund. Sie macht Angst. Verständlicherweise: Sie ist dunkel und ungeklärt, und in ihr liegt der unbearbeitete Herd unserer Selbst- und Weltzerstörung.

Mit der TZI wird die Person-Ebene in den öffentlichen Arbeits- und Bildungsbereich systematisch einbezogen. Die Sachebene wird nicht negiert, sondern bleibt mit der Arbeit an einem Thema oder einer Aufgabe im Zentrum der Gruppe. Aber Förderung von Ich-Stärke und Wir-Bildung kommen gleichgewichtig hinzu. TZI-geschulte LeiterInnen sorgen für eine ausgeglichene Balance zwischen ICH, WIR und ES (ES = Thema, Aufgabe) [→ Abbildung S. 90]. Es wird ganzheitlich und lebendig gelernt und gearbeitet. Die TZI ist eine Methode zum Lebendigen Lernen.

Exkurs: TZI und Selbst-Erfahrung

Dabei liegt es nahe, die allgemein vernachlässigte Person-Ebene selbst zu thematisieren, also uns selbst und unsere Beziehungen zu anderen Menschen zum Thema zu machen. Dies geschieht in der Ausbildung vor allem durch TZI-Kurse für Persönlichkeitsbildung und allgemeine Aufbaukurse sowie Krisenkurse (persönliche Krisen und Gruppen-Krisen). Hinzu kommen Wahlarbeitskurse, in denen Selbsterfahrung mit anderen Methoden vermittelt wird.

Exkurs: Herkunft der TZI von der Psychotherapie

Ruth Cohn, die Begründerin der TZI, kommt von der Psychoanalyse her. Einsichten tiefenpsychologischer Heilverfahren sollten durch die TZI zum Nutzen einer großen Zahl von Menschen zugänglich gemacht werden. Die heilkundliche Anwendung ist kostspielig und beschränkt sich auf relativ wenige Personen mit meist schwerer wiegenden Symptomen. Seelische Störungen, die das Wohlbefinden der Bevölkerung erheblich beeinträchtigen, sind jedoch weit verbreitet. Sie werden nur häufig durch allgemein übliche Strategien kaschiert und kompensiert. Man hält sie daher leicht für normal.

Die gesellschaftlich bedingten Ursachen für all diese Störungen sind ähnlich. Sie lassen sich unter dem Begriff der Selbst-Entfremdung zusammenfassen. Der Gegen-Begriff heißt Selbst-Verwirklichung. Dieser Begriff ist häufig missverstanden und diffamiert worden. Das ist kein Wunder: Zwischen den Kräften der Selbstentfremdung und den Kräften der Selbstverwirklichung herrscht ein geistiger Krieg. Und da geht es nicht immer sanft und gerecht zu. Leider! Gegen Selbstentfremdung kann eben nicht nur heilkundlich gearbeitet, sondern muss auch politisch gekämpft werden. Trotzdem: Der politisch tätige Kampf der Selbst-Verwirklichung hat die Einsichten und die Ziele seelischer Heilkunde auf seiner Seite. Er hat daher mehr Zukunft als die letztendlich destruktive Selbstentfremdung. Vielen Nutznießern der Selbstentfremdung ist die Zukunft gleichgültig. Sie beuten die Gegenwart materiell rücksichtslos auf Kosten der Zukunft aus.

In diesem Sinne ist die TZI eine heilkundlich fundierte geistige Waffe im Kampf für unsere Selbstverwirklichung und gegen gewalttätig ausbeutende Selbstentfremdung. Eine Folge ihrer Anwendung habe ich bereits genannt: Erweiterung und Vertiefung der Person-Wahrnehmung. Eine weitere ist:

2. Die Verbesserung unseres Verantwortungs-Bewusstseins

Wir entscheiden uns unausgesetzt, aber wir sind uns dessen meist nicht bewusst. Unsere Entscheidungen werden weithin unbewusst gefällt. Dabei spielen nicht selten schlechte Gewohnheiten mit, die wir uns in der Vergangenheit angeeignet haben. Wir behalten sie bequemlichkeitshalber bei, identifizieren uns mit ihnen und denken selten an eine Revision. Auch dann nicht, wenn ihre Schädlichkeit für uns und andere offenkundig ist. Die anderen finden sich früher oder später damit ab. Sie errichten dann allerdings innere Schutz-Mauern und Abwehr-Positionen, die die Interaktion reduzieren und dysfunktional werden lassen. Dies fällt möglicherweise kaum auf, da reduzierte und dysfunktionale Formen der Interaktion häufig sind. Die Unbewusstheit dieser Abwehrvorgänge und Vermeidungen entbindet uns zudem – so scheint es – von der Verantwortung, daran etwas zu ändern.

Verantwortungsbewusstsein setzt Bewusstsein voraus.

Der Mangel an Bewusstheit und Verantwortungs-Bewusstheit ist ein brisantes allgemein menschliches und politisches Grundproblem. Die TZI tritt dem im Bereich der Interaktion (aber nicht nur dort) entgegen:

a. Die Chairpersonship fordert beim Geben und Nehmen von Beiträgen die Anbindung an ein bewusstes Ich. Entscheidungs- und Verantwortungs-Bewusstheit werden an dieser Stelle systematisch geschult. Zur Förderung verantwortungsbewusster funktionaler Kommunikation hat Ruth Cohn neun Hilfsregeln formuliert. Die erste und bekannteste heißt: „Vertritt Dich selbst in Deinen Aussagen; sprich per ‚Ich' und nicht per ‚Wir' oder per ‚Man'."
b. Der deklarierte und akzeptierte Vorrang von Störungen erleichtert die Bewusstwerdung von Blockierungen im Interaktionsfluss und dem Einsatz von Interventionen, die diese Blockierungen beseitigen oder vermindern.

Neue politische Grundhaltung und Psychopolitik

Der fortschreitende Lernprozess der Chairpersonship – inklusive verbesserter Störungs-Wahrnehmung und Interventions-Befähigung – legt den Grundstein zu einer neuen politisch verantwortungsbewussteren Haltung, die uns normalerweise nicht mitgegeben wird.

Es handelt sich vielmehr in den meisten Fällen um eine zweite Sozialisation, die unsere erste erneuert, korrigiert und ergänzt.

Sie bezieht sich auf eine höhere humane Kultur- und Reifungsstufe, die in unserer sozialen und persönlichen Alltags-Realität noch nicht vorherrscht. Sie muss sich in der kleinen und großen politischen Alltags-Praxis erst bewähren und festigen.

Ihre Kraft bezieht sie dabei aus dem wachsenden Kontakt zu unserer leicht sich verbergenden tieferen Seelen-Wirklichkeit, für die Liebe und Mitgefühl, Ehrlichkeit und Echtheit, Vertrauen und Verstehen – kurz Menschlichkeit – Selbstverständlichkeiten sind. Ohne diesen entstörten – und immer wieder zu entstörenden – Kontakt zu unserem seelischen Wesenskern wird es uns nicht möglich werden, eine humanere Welt zu realisieren.

Wegen dieser notwendigen Beziehung zwischen unserer innersten seelischen Wirklichkeit und der politisch zu verändernden äußeren Realität habe ich die damit verbundenen Arbeiten und Auseinandersetzungen ‚Psychopolitik' genannt.

PSYCHOPOLITISCHE PRAXIS

Tschernobyl

Der Beginn meiner psychopolitischen Praxis war im Jahr 1986, Auslöser der Super-Gau von Tschernobyl. Mit einigen meiner MitarbeiterInnen in der evangelischen Beratungsstelle Düsseldorf hatte ich schon vorher einen politischen Arbeitskreis ins Leben gerufen, weil die Hintergründe der von uns psychotherapeutisch zu beratenden Beziehungs-Konflikte auch in der gesellschaftlichen Realität zu finden und gründliche Veränderungen ohne ihre Einbeziehung nicht erwartet werden können. Die durch Tschernobyl aufgeworfenen Ängste, Enttäuschungen und Aggressionen gaben unserer Arbeit neuen Auftrieb. Wir haben in der folgenden Zeit durch unsere psychopolitische Aufklärung und die damit verbundenen Arbeiten und Auseinandersetzungen einen nicht unbeachtlichen Einfluss auf die kirchliche Öffentlichkeit genommen.

Ohne meine TZI-Ausbildung und die dadurch erworbene politische (psychopolitische) Grundhaltung wäre mir das nicht so gut möglich gewesen. Hinzu kam dann natürlich die sachliche Klärung auf der thematischen Ebene. Die kostete zusätzliche Arbeit. Die dazu notwendige Kraft entwickelte sich aus der Spannung zwischen den in uns öffentlich genährten Sicherheits-Illusionen über die „friedliche Anwendung der Kernenergie" einerseits und der ernüchternden Realität des Supergaus andererseits. Das führte zu erregenden Fragen: „Wie ist es zu den Atomkraftwerken gekommen? Warum hat uns das nicht schon früher aufgeregt? Warum wurden die Risiken der AKW von den Verantwortlichen verharmlost? Und mit welchen Strategien geschieht dies weiterhin?" Diese Themen waren einfach für uns und viele andere Menschen akut. Unser geistiges und seelisches Erregungspotential war so hoch, dass ich an sechs Wochenenden eine 40seitige Abhandlung erarbeitete, in der diese Fragen soweit beantwortet wurden, dass wir ein solides Fundament für unser weiteres Vorgehen hatten. Natürlich hatten wir die Hoffnung, etwas ändern zu können. Viele politische Themen, die eigentlich drängend sind, werden wohl deshalb nicht aufgegriffen, weil diese Hoffnung und der sie begleitende Mut fehlen. Beide ernähren sich ja durch den Kontakt zu unserem seelischen Wesenskern. Wo dieser Kontakt fehlt, breiten sich leicht Resignation, Gleichgültigkeit und Vergessen aus. Veränderungen im Sinne einer Humanisierung unseres Zusammenlebens können so nicht gelingen.

Psychopolitische Tagungen

Aufregende Themen, die psychopolitisch nach der TZI zu bearbeiten waren, hat es in der Zwischenzeit mehr als genug gegeben. Ich selbst habe mit vielen anderen an verschiedenen aktuellen Themen psychopolitisch mit der TZI in Groß- und Kleingruppen gearbeitet. Ein Teil dieser Tagungs-Arbeit geschah in der Evangelischen Akademie in Mülheim/Ruhr in Kooperation mit dem dortigen Leiter Dieter Bach und anderen Kollegen aus dem kirchlichen Arbeitsfeld. Wir haben in der Akademie bisher (1989-93) drei psychopolitische Tagungen durchgeführt. Die Vorbereitungsprozesse des Leitungs-Teams waren dabei eigene

Workshops, die sich über jeweils mehr als ein Jahr hinzogen. Als erstes Thema hatten wir für 1989 gewählt: „Werde, der/die Du bist – ein politischer Mensch!" Bei der Durchführung wurden Plena und Kleingruppen im Wechsel eingesetzt. In meiner Kleingruppe brachte der Austausch viele tiefliegende seelische Verletzungen an den Tag, die durch politische Erfahrungen und Entscheidungen verursacht worden waren und eine Identifikation mit der politischen Seite unseres Mensch-Seins sehr erschwerten. Das war tief bewegend und erschütternd. Wir waren vier Tage zusammen.

Eine Woche später hatte sich die Mauer zwischen Ost- und Westdeutschland geöffnet und uns ein neues politisches Identifikationsproblem beschert, an dem wir in der Folgezeit intensiv gearbeitet haben. Das Thema für die Tagung 1991 folgte daraus: „Sind Sie DEUTSCH oder deutsch?" Von den 80 Teilnehmerinnen und Teilnehmern war die eine Hälfte aus der ehemaligen DDR, die andere aus der alten Bundesrepublik. Auch hier Wechsel zwischen Plena und Kleingruppen. Überraschend für die Teilnehmenden ertönten in einem Plenum die Klänge des Deutschlandliedes. Die Reaktionen waren individuell sehr unterschiedlich: Bei einigen gab es Tränen und Rührung, bei anderen Befremden und Erstarrung. Dazwischen Unsicherheiten. Einige standen spontan auf, andere folgten nach. Die meisten blieben sitzen. Die Unfähigkeit, sich unter dem Symbol der Nationalhymne kollektiv zusammenzufinden und sich zu identifizieren, war augenfällig.

Für mich selbst am schmerzlichsten waren die ersten Reaktionen des Plenums auf eine von mir vorbereitete Dia-Serie. Sie zeigte vor allem „große Männer" (nicht nur kriegerische und tyrannische, sondern auch demokratische und pazifistische!) als Symbolfiguren unserer politischen Vergangenheit (seit 1871). Hier setzte eine überaggressive Identifikations-Verweigerung ein, in die ich selbst als Sündenbock hineingezogen wurde. („Wie kannst Du es wagen, die tabuisierte gemeinsame Vergangenheit auf diese Weise ans Licht zu bringen?"). An diesem Abend mochte niemand mehr mit mir sprechen. Dieser kollektive Widerstand gegen die Annahme unserer politischen Vorgeschichte bleibt mir unvergesslich. Wir waren nahe an die persönlichen Wurzeln des Historikerstreits von 1986 herangekommen.

Nach dieser Tagung setzte sich in unserem psychopolitischen Leitungs-Team nach längeren Auseinandersetzungen die Einsicht durch, dass Geld und die Expansion kapitalistischen Wirtschaftens zurzeit für die Mehrheit von uns die eigentlich relevanten politischen Identifikationswerte waren. So kam es zu dem Thema der Tagung 1993: „Wie sind wir mit dem Kapitalismus identifiziert?" Eine erschütternde Bewusstwerdung dieser Tage war, dass die autoritätshörigen Gehorsams-Strukturen sich seit dem Wilhelminischen Kaiserreich im Grunde wenig verändert hatten. Nur: Der Götze, der jetzt Unterwerfung forderte, zeigte mit dem anonymen Geld ein anderes Gesicht. Die Milgram-Experimente (1960-63) kamen uns wieder in den Sinn und damit zugleich die beruhigende und zugleich beunruhigende Gewissheit, dass sich hier kein spezifisch deutsches Problem wieder angemeldet hatte, sondern ein weltweites. Selbst-versklavende Unterwerfung unter Götzen aller Art ist ein allgemeines Merkmal unserer nekrophilen Selbst-Entfremdung. Dem haben wir die biophilen Prinzipien der Humanität entgegenzusetzten, denen auch die TZI entspringt.

Politische Bildung

Der zweite Ort meiner psychopolitischen Aktivität war das Landesinstitut für Schule und Weiterbildung des Landes Nordrhein-Westfalen in Soest. 1990 habe ich hier an einer Tagung über den Rechtsextremismus mitgewirkt, bei der es auch einen Wechsel zwischen Plenum und Kleingruppe gab. In meiner Gruppe ging es mir unter anderem darum, den unbewusst zustimmenden Schattenanteil bewusst zu machen, der unter der bewusst vorherrschenden Abwehr rechtsextremer Haltung sitzt und wirkt. Deswegen wählte ich für eine Sitzung das Thema: „Welche Hoffnungen könnte ich selbst an den Rechtsextremismus knüpfen?" Solche und ähnliche Themen waren zunächst schockierend, dann aber auch befreiend. In der Öffentlichkeit und in der herrschenden Politik spielen ideologische Selbst- und Fremdtäuschungen eine große Rolle. Glaubwürdige Wirksamkeit ist aber erst dann möglich, wenn die dadurch verdrängten psychischen Anteile bewusst gemacht werden. Wenn das nicht geschieht, werden unbewusste Delegationen wirksam. Ein junger Mann aus der rechtsextremen Szene hat das mit der Feststellung „Wir tun nur das, was ihr heimlich denkt" auf den Punkt gebracht.

Ideologien sind schlechte politische Identifikationsangebote. Auch im Bereich der Politischen Bildung. Für die Weiterbildung politischer BildnerInnen im Landesinstitut zuständig ist Hans Ballhausen. Mit ihm zusammen und Wilfried Skupnik habe ich 1992-94 einen 4-teiligen TZI-Kurs für diese Berufsgruppe durchgeführt. Auch hier spielte die Ent-Ideologisierung der eigenen politischen Positionen eine wichtige Rolle. Dabei waren Identitätskrisen mit den zugehörigen Ambivalenzen und Störungen durchzustehen. Das war nicht leicht, aber im Ergebnis befriedigend. Das Gesamtthema der Kursreihe war „Zwischen Kriegslust und Friedenssehnsucht". Schon bei der Festlegung des Themas hatte es bezeichnende ideologische Probleme gegeben: Die Möglichkeit von Kriegslust wurde ebenso in Frage gestellt wie die Möglichkeit der Liebe in der Politik. Psychopolitik und politische Ideologien vertragen sich schlecht. Ideologien sind prozessfeindlich, während das Psychische sich in dialogischen Austauschprozessen entfaltet und weiter entwickelt. Die meisten politischen Debatten im Fernsehen sind typisch für ideologische Prozesslosigkeit: Es kommt bei ihnen nichts Neues heraus.

Anthropologische Grundlagen psychopolitischen Handelns

Ruth Cohn leitet die beiden Postulate Chairpersonship und Störungs-Vorrang aus drei anthropologischen Grund-Vorgaben (Axiomen) ab:

Die wichtigste Vorgabe unseres praktisch-politischen Handelns (pragmatisch-politisches Axiom) ist der uns überlassene Spielraum der Entscheidungsfreiheit. Er wird von uns kollektiv und individuell genutzt. Die Nutzung ist vielfach problematisch. Die Last von Verantwortung und Schuld führt bei vielen Menschen zu individuellen Selbst-Beschränkungen und Delegationen auf andere Personen oder auf eine höhere kollektive Ebene. Mit dem Postulat der Chairpersonship tritt die TZI solchen bequemen individuellen Entlastungen unbequem entgegen. Sie verhindert dadurch Manipulationen und destruktive „Spiele der Erwachsenen" zwischen Eltern-Ich- und Kind-Ich-Rollenträgern.

Wir sind als Individuen zwar jeweils ein autonomes Reich, aber wir sind nicht allein auf der Welt: Wir sind in unsere nahe und ferne Mitwelt, den „Globe", auf mannigfaltige Weise eingebunden und auf den Austausch mit ihm angewiesen. Er ernährt uns und stellt uns politische Aufgaben: Wenn wir leben wollen, müssen wir ihn pflegen. Das Gleichgewicht zwischen Autonomie und (globaler) Interdependenz findet bei Cohn seinen Niederschlag im „anthropologischen Axiom". (Zum Begriff des *Globe* Näheres bei Cohn & Farau, Gelebte Geschichte der Psychotherapie, 1984, S. 355f.; R.C. Cohn, Wir sind Teil des Universums und nehmen Anteil: Der Globe. 1988, Themenzentrierte Interaktion, 2, 1, 3-6.).

Das „ethische Axiom" setzt die Ehrfurcht vor dem Leben als oberste Werthaltung ein und unterscheidet schlicht zwischen humanen Werten und inhumanen Wertbedrohungen. Das Störungspostulat lässt sich aus dem ethischen Axiom leicht ableiten, vorausgesetzt die Ursachen sind in offenkundigen Mängeln an Achtung festzumachen. In Konfliktfällen ist jedoch oft eine subjektive Entscheidung notwendig. Die Chairperson hat dann zu entscheiden, was vorrangig Achtung verdient. (Näheres über Axiome und Postulate bei Cohn & Farau, S. 357ff.)

Zwei kritische Anmerkungen:

a) Die TZI-Axiomatik ist eindeutig auf humanes Handeln und eine humane Grundhaltung als Voraussetzung solchen Handelns bezogen. Der Gegenpol – inhumanes Handeln und inhumane Grundhaltung – gerät leicht in den Schatten der Wahrnehmung. Darin liegt eine Gefahr der Ideologisierung, die blind wird für diese Gegenkräfte. Ideologien erreichen im Geschwindschritt mühelos das, was in der alltäglichen Realität nur langsam und unter Mühen erkämpft und erarbeitet werden muss. Wir haben uns dort immer wieder konkret auseinanderzusetzen mit Inhumanem. Die Last solchen Tuns kann leicht zu Vermeidungshaltungen führen. Ich versuche dem entgegenzusteuern mit einem dritten Postulat: „Misch Dich ein! Greif ein!" (Kurzformel). „Setz Dich mit deiner äußeren Welt, Deinem Globe um Dich herum und seinem Abbild in Dir, auseinander. Greif ein und verändere, was Du im Sinne der Humanisierung verändern kannst!" (Hoppe, 1993).

b) Die Gefahr der Ideologisierung geht einher mit der Tendenz, ein Wahrnehmungs- und Handlungs-System als abgeschlossene Lehre oder Schule zu etablieren. Lebendig wirksam bleiben jedoch nur offene und innovativ wachsende Systeme. Sie dürfen sich weder der Vielfalt innerer seelischer Wirklichkeit noch der bunten äußeren Realität verschließen.

Auf dem Weg
zu einem neuen Globe-Verständnis

Zurzeit erfährt der Begriff des Globe eine Verlebendigung. Das gerade neu erscheinende TZI-Buch „Zur Tat befreien" nimmt ‚den Globe in den Blick'. Wenn man etwas anblickt – vor allem liebevoll – verändert es sich und wird lebendiger. Das trifft nun auch für unser Globe-Bewusstsein zu. Das geschieht nicht isoliert. Das TZI-System ist ja eingebunden in den geistigen Bewusstseinswandel unserer Zeit. Deutlich hat sich in den letzten Jahrzehnten durch die politisch aktiven ökologischen Bewegungen unser Globe-Verständnis verändert. Die Idee einer allgemeinen Vernetzung alles Lebendigen, die bei Ruth Cohn im Begriff der ‚Interdependenz' eine große Rolle spielt, hat mehr und mehr konkrete Gestalt gewonnen. Der Begriff des ‚Globe' wird neu gefüllt und dynamisiert. Unsere Mitverantwortung für den Globe steigt. Der Globe ist lebendig. Er ist mein Globe und er ist unser Globe. Ich hänge drin – oft zusammen mit anderen Menschen. Wo inhuman mit ihm umgegangen wird, muss ich, und müssen wir intervenieren. Er ist ein Teil von mir und ein Teil von uns. Unsere Chairpersonship dehnt sich aus. Das ist politisch, psychopolitisch. Es reicht nicht mehr aus, seiner Umwelt nur bewusst zu sein: „Sei Dir Deiner inneren Gegebenheiten und Deiner Umwelt bewusst" (R.C. Cohn, Von der Psychoanalyse zur Themenzentrierten Aktion, 1975, S. 121). Mein oft inhuman behandelter Globe verlangt nach Interventionen und ich bin und werde zuständig. Zugegeben: Ich möchte mich oft genug verstecken hinter der Zuständigkeit anderer, die ebenfalls an meinem Globe Anteil haben. Aber das gilt nicht! Es gilt allein meine Entscheidung, zu intervenieren oder nicht zu intervenieren. Schon das Wahrnehmen solcher Interventionskonflikte verlangt eine neue Voreinstellung. Bereits dazu brauchen wir Zivilcourage. Wegsehen ist einfacher – aber am Ende tödlich. In dem eben erwähnten TZI-Buch berichtet Friedemann Schulz von Thun, Professor für Psychologie an der Uni Hamburg, von seinem Seminar „Psychologie der Zivilcourage": „Als ein Ergebnis des Seminars zeichnet sich ab ,Zivilcourage ist lernbar', allerdings in persönlichen Millimeterschritten. Und sie fängt damit an, dass wir mit etwas anderen Augen durch den Alltag gehen und uns ein wenig mehr zuständig fühlen für das, was um uns herum geschieht" (Löhmer & Standhardt, 1994, S. 37). Dies ist wohl eine realistische Beurteilung der notwendigen, aber schwierigen Veränderungen im Bereich unserer Allgemein-Verantwortung.

Es geht hier um Zuständigkeiten in nicht oder nur ungenügend strukturierten Bereichen unseres Globe. Dazu gehören unsere öffentlichen Straßen. Ich nehme ein Beispiel: Vor einiger Zeit wurde vor einem Supermarkt ein Ausländer, der seine Ware nicht bezahlt hatte, von einem Angestellten des Geschäfts langsam erdrosselt. Viele Leute schauten dabei zu, aber niemand fühlte sich für die Beendigung der kritischen Situation zuständig. Dabei ist sicher, dass in den Seelen der Anwesenden eine Menge divergierender Impulse geweckt und unterdrückt wurden. Unter anderem auch Rettungsimpulse. Aber es fehlte in dieser Menge eine klare dominierende Entscheidung zu einer lebensrettenden Intervention. Niemand wagte, die Führung und Verantwortung dafür zu übernehmen. Die Situation gehört allen – und niemandem. Sozialpsychologen nennen das *„social loafing"* („Drückebergerei") und stellen fest: Je mehr Personen um ein „Unglück" herumstehen, desto geringer wird die aktive Hilfsbereitschaft (Forgas, Sozialpsychologie, 1987, S. 249). Man wartet auf amtlich beauftragte Zuständige. Der Mut, als „unzuständige Person" die Führung zu ergreifen, sinkt mit der wachsenden Zahl der Anwesenden und ihrer (gespürten und vermuteten) widerstreitenden Impulse. Zivilcourage ist gefragt. Tröstlich also die Erkenntnis: „Zivilcourage kann gelernt werden!" Zu verbessern ist dabei auch unsere Interventions-Kompetenz. Der Erfolg unserer humanisierenden Psychopolitik hängt davon ab.

Anfänger vergessen im intensiven Hier und Jetzt von Selbst-Erfahrungsgruppen und damit verbundener Sensibilisierung und Euphorisierung leicht ihren aktuellen und auch ihren alltäglichen heimischen Globe. Spätestens in der Situation des Backhome taucht der aber wieder auf. Dann muss sich erweisen, wieviel der neu erfahrenen Sensibilität und Freude in den Alltags-Globe transferiert werden kann. Das sind erste psychopolitische Anforderungen. Wie bei abklingender Verliebtheit geht dann häufig die frisch erworbene Selbsterfahrung dort wieder verloren. Und gerade dort, in den Partnerschaften, Ehen und Familien und in der beruflichen und gesellschaftlichen Öffentlichkeit wird sie dringend gebraucht. Differenzierende Sensitivität für Humanes und Inhumanes und ihre Einsatzfähigkeit wollen immer neu gelernt und gepflegt werden. Außer durch eine gute Ausbildung und fortgesetzten Erfahrungsaustausch geschieht das am besten durch eine wachsende psychopolitische Praxis. Das heißt: Durch die wachsende Identifikation und Auseinandersetzung mit unserer eigenen Person und dem dazugehörigen Globe.

Chairpersonship ist das A und O der TZI.

Chairpersonship ist Haltung, Handlung und Prozess.

Chairpersonship und Psychopolitische Praxis gehören zusammen. Sie treiben einen geistigen Aneignungs- und Wachstumsprozess voran, der uns weit über die heutigen Grenzen und Schwächen unserer privaten und öffentlichen Humanität hinausführen könnte.

In der Realität gerät dieser Prozess allerdings meist in erhebliche Schwierigkeiten, in Stockungen und Krisen und leider oft auch an ein vorzeitiges Ende. Aber: Muss das so bleiben?

VII.
„Misch Dich ein! Greif ein!" –
Ein drittes Postulat für die TZI?

Veröffentlicht in „Themenzentrierte Interaktion"
2/1993

1. Ansätze der TZI

Die TZI hat eine ihrer Wurzeln in der Psychoanalyse (PA), eine andere in der kritischen Wahrnehmung gesellschaftlicher Gleichgewichtsstörungen. Die PA ist ihrer Herkunft nach eine Methode zur Heilung von Neurosen, die in leidvoller Weise Wohlbefinden, Liebes- und Arbeitsfähigkeit beeinträchtigen. Sie zielt auf Minderung krankmachender Unterdrückungen und Beschränkungen des Selbst-Erlebens der Betroffenen und auf ein besseres Gleichgewicht zwischen Überich, Ich und Es. Das selbstwahrnehmende Ich wird gestärkt. In der PA steckt die Möglichkeit grundsätzlicher Gesellschaftskritik. Die PA hat sich auch – in beschränktem Umfang – gesellschaftspolitisch engagiert. Die Beschränkung ergibt sich aus dem gesellschaftlichen Widerstand gegen tiefgehende Veränderungen, dessen konsequente Bearbeitung einen eigenständigen professionellen Einsatz notwendig machen würde. Wer hätte ein Interesse, das zu bezahlen?

Die TZI ist als Methode des Lebendigen Lernens von Anfang an im Sinne der humanistischen Psychologie gesellschaftskritisch aktiv. Sie setzt bei Lerngruppen an als kritisch-kreativer Protest gegen tötendes objektivierendes Lernen, das einseitig der Reproduktion von Stoff dient und Ich-Bezug und Wir-Interaktion auf ein Minimum reduziert. Sie zielt auf ein optimales Gleichgewicht zwischen Thema, Ich und Wir. In unserer Gesellschaft sind Formen toten Lernens noch weiterhin dominant wirksam, allerdings zunehmend verschleiert durch ein „abwechslungsreiches", „interessantes" und „unterhaltsames" Stoffangebot, das echte Lebendigkeit vortäuscht.

Beiden Ansätzen, PA und TZI, gemeinsam ist, dass sie den Blick verstärkt auf die seelische Innenwelt richten und unterdrücktes und eingeschränktes Selbst-Erleben entfalten. Sie schaffen dadurch ein Gegengewicht gegen Veräußerlichung und Selbst-Entfremdung, die ein wachsendes gesellschaftliches Problem sind.

2. Selbst-Entfremdung und sekundäre Motivation

Vielen Menschen fällt es nicht auf, dass sie in ihrer Selbstwahrnehmung beschränkt worden sind. Sie haben gelernt, Empfindungen und Gefühle, Ahnungen und Gedanken, die ihnen aus ihrem Inneren entgegenkommen, als unerheblich oder nachrangig abzutun, zu überspielen und zum Versiegen zu bringen. Sie haben dafür ersatzweise gelernt, sich an äußeren Gegebenheiten, an herrschenden Einstellungen und Ideologien, an wechselnden Moden, Stimmungen und Meinungen zu orientieren. Mehr oder weniger ersetzen sie so ihre innere Orientierung durch eine äußere.

Dadurch entsteht eine dominante Außen-Abhängigkeit und Selbst-Entfremdung. Dabei verblasst die innere Welt und wird leer und langweilig. Die Leere muss von außen gefüllt werden. Zum Beispiel durch ein Übermaß an Konsum, an Bestätigungen und Betätigungen. Leistungen werden zunehmend sekundär motiviert: Man leistet primär nicht mehr etwas, weil es einem innere Genugtuung und Freude bereitet, sondern weil es sekundär äußere gesellschaftliche Prämien bringt, die sich in Geldeswert umsetzen lassen.

3. Wachsende Selbst-Täuschungen

In diesem Prozess der Selbst-Entfremdung kommt es dann bei zunehmendem Verfall gesellschaftlicher Solidarität und Autorität, der unsere gegenwärtige politische Großkrise kennzeichnet, auch nicht mehr darauf an, echte Leistungen zu erbringen. Es reichen vorgetäuschte Demonstrations-Leistungen. Unsere Gesellschaft neigt mehr und mehr zu solchen Täuschungen und Pseudo-Leistungen. Der Abbau von Ehrlichkeit betrifft alle Lebensbereiche. Das sekundäre Motivationssystem mit seiner aktiven und passiven Täuschungsbereitschaft tritt in wachsendem Maße an die Stelle primärer Motivationen. Dieser Ersatz wird am Ende des Entfremdungsprozesses, wenn die Beziehung zur ursprünglichen Innenwelt ganz verloren gegangen ist, als solcher gar nicht mehr erkannt. Man bewegt sich schließlich in einer Schein-Welt, von der man glaubt, sie sei die wahre Welt. Möglicherweise zerreißt eine individuelle oder kollektive Lebenskrise in gnädiger oder rabiater Weise eines Tages diesen täuschenden Vorhang. Aber man kann in dieser sekundären Welt auch unerwacht sterben.

4. Politische Auswirkungen der Selbst-Täuschung

Das sekundäre System ermöglicht verschiedenen Eliten eine unangemessen große Machtausübung. Die ihrer Innen-Macht mehr oder weniger beraubten „Basis-Menschen" werden von stärkeren oder/und gescheiteren oder/und skrupelloseren „Spitzen-Menschen" übermäßig abhängig und ihnen in irgendeiner Form tributpflichtig. So werden sie primär zu willigen Mitgliedern von Hierarchien, von denen manche zudem in ihrer Machtausübung verdeckt und fragwürdig sind (extremistische und kriminelle Schatten-Eliten). Als Abhängige haben Menschen an der Basis zwar mitunter das Bedürfnis, ihre Situation zu ändern, aber dies ist schwierig.

5. Hilfe durch die TZI

Übermäßige Außen-Abhängigkeit und Machtmissbrauch sind nach wie vor eine große gesellschaftliche und politische Gefahr. Die uns von außen vermittelten Werte bedürfen der inneren

Kontrolle. Uns droht sonst das Ersticken unserer Menschlichkeit an einem Übergewicht materieller und gewaltbegünstigender Werte.

Werte, humane und inhumane, werden ja primär nicht durch feierliche Reden oder moralische Vorhaltungen vermittelt, sondern durch unser reales „normales" gesellschaftliches und politisches Leben. Sie gehen weithin durch Nachahmung unreflektiert in unser Unbewusstes ein. Gerade die so vermittelten inhumanen Werte müssen sich einer bewusstmachenden Auseinandersetzung stellen. Dazu gehört die Konfrontation mit den eigenen, tiefer in uns liegenden Wertansprüchen, mit unserer wesensmäßigen Autonomie. Eine fundierte „Neue Weltordnung" braucht einen Zuwachs an echter Autonomie. Adornos Feststellung: „Die einzig wahre Kraft gegen Auschwitz ist Autonomie" (aus „Erziehung nach Auschwitz" 1966) ist nicht veraltet.

Mehr Autonomie im genannten Sinne kann mit Hilfe der TZI erworben werden durch den postulierten Prozess, den wir „Chairpersonship" („Innere Präsidentschaft") nennen, wenn er gebunden ist an axiomatische Wertentscheidungen, die uns als Menschen wesensgemäß sind (Ruth Cohns ‚Eigenständigkeit / Allverbundenheit', ‚Ehrfurcht' und ‚Freiheit').

Es geht dabei auch um die Minderung persönlicher (in uns selbst fixierter) und gesellschaftlicher (im Globe fixierter) Selbst-Entfremdung durch Rückgewinnung und Entfaltung von wesensmäßiger Ursprünglichkeit und Echtheit. Nicht nur unser Selbst, sondern auch unser Globe werden zum Thema unserer Aneignungsarbeit: Selbstverwirklichung als Gegenbewegung gegen Selbstentfremdung, Wir-Verwirklichung als Gegenbewegung gegen Wir-Entfremdung.

Die TZI nimmt dazu unsere vorgegebenen geistigen Kräfte auf und verstärkt ihre überspielten Ansprüche mit zwei Postulaten:

1. Unser Bedürfnis, uns selbst zu erkennen und zu regieren, verstärkt die TZI mit der Aufforderung:

Sei Deine eigene Chairperson.

2. Unser Bedürfnis, Störungen zu überwinden, verstärkt die TZI mit der Aufforderung:

Gib Deinen Störungen den Vorrang, den sie beanspruchen.
Ich füge jetzt neu hinzu:
3. Unser Bedürfnis, unsere äußere Welt menschlicher zu gestalten, verstärkt die TZI mit der Aufforderung:
Setz Dich mit Deiner äußeren Welt (Deinem Globe) auseinander. Misch Dich ein! Greif ein! Was Du im Sinne der Humanisierung verändern kannst, verändere!

Der Anspruch auf „globale Veränderung" ist bei WILL nicht neu. Neu ist, dies als ein drittes Postulat der TZI zu formulieren. Ich meine: Unser wachsendes politisches Bewusstsein fordert dieses. Dies kann auch das Ergebnis der letzten Phase einer gelingenden inneren Präsidentschaft sein.

Die Verpflichtung von Chairpersonship und Störungsvorrang scheitert nicht selten an inhumanen Strukturen und Kraftentfaltungen des Globe. Das schafft bei TZI-WILLigen zwar Ärger, aber leider oft auch Resignation, statt den globalen Änderungswillen zu aktivieren. Nicht zuletzt aus diesem Grunde halte ich die Verstärkung des politischen Änderungswillens durch ein drittes Postulat für dringend geboten. Die unmittelbare politische Kraft der TZI ist zu gering. TZI-Kundige sind oft erschreckend unpolitisch. Dadurch ist die TZI in Gefahr, zu einer politischen Anpassungsmethode zu verkommen. Ein offenkundiger Beweis dafür ist die oberflächliche und laxe Handhabung von Störungswahrnehmung und Störungsmitteilung in vielen TZI-Gruppen.

Ich habe zusammen mit Anita Ockel und Konstantin von Bidder in den vergangenen Jahren einen vierteiligen Kurs mit dem Thema „Vom Globe zum Selbst – vom Selbst zum Globe" durchgeführt. Wir haben dabei einen Weg zurückgelegt von weniger zu mehr Selbst-Wahrnehmung, von mehr zu weniger Globe-Abhängigkeit und von weniger zu mehr Globe-Mitgestaltung. Dieser Weg sollte künftig bei WILL mit politischem Selbst-Bewusstsein konsequent begangen werden. Ich meine, wir hätten den Globe bisher zu sehr als statische Größe behandelt und aus unserer Arbeit ausgeklammert.

6. Erste Reaktionen

Nach diesen Überlegungen kam es zu ersten Gesprächen und Stellungnahmen.

6.1 Einmischen?

Eine gewisse Personalisierung der Stellungnahmen hat der Begriff der „Einmischung" hervorgerufen. Die einen fanden diesen Begriff sehr treffend, weil er aus der um sich greifenden politischen Zurückhaltung befreit, die anderen zu ausufernd und respektlos gegenüber den Souveränitätsrechten anderer Menschen. Dieser Punkt war auch Gegenstand eines Gesprächs, das ich mit Ruth Cohn und Helga Herrmann über das 3. Postulat geführt habe. In der Tat wäre die nackte Aufforderung „Misch Dich ein!" irreführend, wenn sie nicht bezogen würde auf das Axiom der Lebensförderung und die beiden anderen Postulate. Ich werde also immer prüfen müssen, ob die Kräfte der Lebensförderung mir zur Seite stehen (mich tragen, mich antreiben), und ob und wie ich eine Einmischung durchstehen und verantworten kann. Ich befinde mich mit dem 3. Postulat ja nicht im relativ geschützten Raum einer TZI-geleiteten Gruppe, sondern entweder in einer leitungsfreien (1) oder einer inhuman geleiteten (2) kritischen Situation.

Als konkrete Beispiele denke ich bei (1) an den bevorstehenden Angriff einer Gruppe von Skinheads auf einen Ausländer in meiner Nähe und bei (2) an die Isolation einer verachteten Minderheit in einer hierarchisch geordneten Großgruppe.

6.2 Intervention
durch axiomatisches Mandat?

Für mich persönlich wäre es in jedem Fall wichtig, eine Position mit Autorität zu gewinnen, die mir eine erfolgreiche Intervention ermöglicht. Ich möchte – wenn auch vorübergehend – die Leitung einer Situation übernehmen können, die mir wegen ihrer offenkundigen Inhumanität total gegen den Strich geht. Die Situation wäre für mich einfacher, wenn ich von allen Beteiligten einer kritischen Lage mit deren Klärung wie ein Supervisor beauftragt werden würde. Wenn dies nicht der Fall ist, bleiben mir allein Autorität und Mandat meiner eigenen mitfühlenden Menschlichkeit. Unter Anwendung des TZI-Sprachgebrauchs spreche ich in diesen Fällen von einem axiomatischen Mandat, das mir erlaubt, in die Souveränitätsrechte anderer einzugreifen.

Die kritische Situation (1) – vier Skinheads gehen auf einen Ausländer los, und ich stehe dabei – hat zunächst keine alle beteiligten Personen umfassende verantwortungsbewusste Leitung. Die sich inhuman entwickelnde Situation wartet gewissermaßen auf eine humanisierende Leitung. Ich kann nun in diese Leitungsposition einsteigen, weil ich weiß, was ich zu machen habe, oder ich kann es lassen, weil ich mich ohnmächtig fühle.

In der Situation (2) – Isolation einer verachteten Minderheit in einer Großgruppe – würde es mir darauf ankommen, mit der hier formal bestehenden verantwortlichen Leitung ins Gespräch zu kommen und sie auf ihre humane Verantwortung hinzuweisen, die alle ihr anvertrauten Menschen umfasst und keine Ausschließung zulässt.

In den beiden angeführten kritischen Situationen scheint klar zu sein, was im Sinne der Humanität Vorrang beansprucht. Dies jedoch ist in anderen Situationen nicht so eindeutig. Hier werden konkrete ethische Auseinandersetzungen unausweichlich. Das ist zu begrüßen, weil diese das Wachstum der Persönlichkeit fördern, ein Wachstum, das gegenüber dem Wachstum materieller Werte und der Verfolgung äußerer Karrieren weithin sträflich vernachlässigt wird.

6.3 Überich und Axiome

Eine zweite Frage, die sich in diesem Zusammenhang ergibt und ausdrücklich von Karl Horst Wrage auch aus seiner politischen und professionellen Verantwortung als Psychoanalytiker gestellt worden ist, ist die Verankerung der humanistischen Axiome in unserer Psyche. Im Vorstellungsmodell der PA geht es dabei um das Über-Ich und sein humanisierendes Gewicht in unserm seelischen Haushalt. Ich stimme dem zu, dass dies eine wichtige Frage ist. Sie wäre nur dann überflüssig, wenn die Axiome in unserem Alltag immer voll wirksam wären. Dies ist jedoch nicht der Fall.

Wir können alle humanistischen Axiome zugespitzt zu einem Imperativ zusammenfassen. Der heißt: „Liebe!" Wenn wir unser tatsächliches Verhalten daran messen, erkennen wir meist, dass wir dem nicht gewachsen sind. Auch dem gemäßigten Imperativ: „Achte Deinen Nächsten wie Dich selbst" stehen wir oft genug versagend gegenüber. Und auch unsere natürliche mitmenschliche Einfühlung lässt uns leider gerade in kritischen Situationen leicht im Stich. Wir brauchen in unserer Psyche stabilisierende und mit innerer Autorität versehene konkretere Handlungsanweisungen, die uns bei der Bewältigung von Alltagssituationen zur Seite stehen. Das heißt jedoch nicht, eine alte Unterdrückungs- und Ausbeutungsmoral zu verstärken oder neu zu installieren. Vielmehr wird es darauf ankommen, kreativ für unterschiedliche Situationen individuell und in Gruppen „moralische Hilfsregeln" für das Grund-Axiom der universellen Liebe in der ermäßigten Form der Selbst- und Nächstenachtung zu entwickeln und anzuwenden. Auch Matthias Kroegers neue Hilfsregel – „Beachte nicht nur, was Du möchtest, sondern auch das, was Du musst und was Du sollst" – kann konkret das Postulat der Chairpersonship in seiner Bindung an das „axiomatische Urbewusstsein" unterstützen (Themenzentrierte Interaktion 2, 1992).

Vorrangig wichtig für das Wachstum der Persönlichkeit bleibt allerdings, dass wir uns näher an die Kraftquelle des Grund-Axioms heranarbeiten und einen festeren Stand gewinnen in einer umfassenden, sensitiv einfühlenden Achtung für uns selbst und andere Menschen.

7. Weitere Diskussion

Nachdem ich auch das unter Punkt 6 Geschriebene zu Papier gebracht hatte – das war Mitte März -, gingen diese Überlegungen zusätzlich in die weitere Diskussion ein.

7.1 Eingreifen statt Einmischen

In einem zweiten Gespräch mit Ruth Cohn und Helga Herrmann haben wir eine Übereinstimmung in der zentralen Begriffsbildung gefunden. An die Stelle des Wortes „Einmischen" wird zutreffender das Wort „Eingreifen" gesetzt. Es signalisiert mehr Situations- und Verantwortungs-Bewusstheit.

7.2 Postulat oder Hilfsregel?

Weiterhin zu klären war und ist, ob es sich bei dem von mir angezielten „Dritten Postulat" um ein Postulat oder um eine Hilfsregel handelt. Eine Entscheidung darüber macht eine Reflexion des grundlegenden TZI-Begriffssystems von Ruth Cohn notwendig.

7.3 Exkurs über die Axiome

Das Grund-Axiom der universalen Liebe/Achtung wird von Ruth Cohn in 3-teiliger Form angeboten: Vernetzung (Allverbundenheit: Interdependenz und Autonomie), Ehrfurcht, Freiheit (Entscheidungsspielraum).

Diese Differenzierung hat sich als hilfreich erwiesen. Wir müssen uns jedoch klarmachen, dass es sich dabei um verschiedene begriffliche Kategorien handelt:

Ehrfurcht ist hier gemeint als eine alternative Grundhaltung, die im Gegensatz zu ihren polaren Gegenspielern, den Abkömmlingen der Verachtung – auch sie als Grundhaltung verstanden – gewählt wird. Ehrfurcht und Verachtung sind außerdem Affekte, die im Wechselspiel seelischer Erfahrungen kommen und gehen. Diese wechselnden Affekte sind hier nicht gemeint, sondern gewählte Haltungen. Ehrfurcht als grundsätzlich gewählte Haltung lebt davon, dass sie Verachtung, Missachtung und Gleichgültigkeit immer neu überwindet, genau so wie Liebe davon lebt, dass sie immer wieder den Hass überwindet. Haltungen sind keine starren Positionen, die andressierbar wären, sondern lebendige Einstellungen, die durch innere und äußere Auseinandersetzungen, Erfahrungen und Entscheidungen wachsen. Dieses Wachstum ist für unsere Menschwerdung von übergeordneter zentraler Bedeutung.

Wer TZI lernt und betreibt, hat immer auch – und in erster Linie – mit diesem Wachstum der Persönlichkeit auf dem Boden der Ehrfurcht (Achtung, Liebe) zu tun.

Vernetzung (Autonomie/Interdependenz) dagegen ist keine Haltung, die unsere grundsätzliche Entscheidung fordert, sondern eine Tatsache, die unabhängig von unserer persönlichen Entscheidung besteht. Im Bereich unserer Entscheidung liegt jedoch die Bewusstwerdung dieser Tatsache: Wir können uns ihrer bewusst werden oder diese Bewusstwerdung blockieren. Auch hier kommt es auf ein Wachstum an. Es ist ein Wachstum des Bewusstseins. Ein entwickeltes Bewusstsein unserer Allverbundenheit ist jedoch keine Garantie für eine gefestigte Grundhaltung der Ehrfurcht, Achtung und Liebe. Sie kann sich auch mit Verachtung, Zerstörungslust und Tod paaren.

Unsere Freiheit als Entscheidungsspielraum ist ebenfalls eine Tatsache, der wir uns jedoch nicht leichten Herzens stellen, weil sie uns mit Verantwortung und Schuld-Risiko belastet. Die Tatsache unserer Freiheit provoziert daher oft ambivalente Einstellungen und gemischte Gefühle und schließlich eine Entscheidung darüber, wie eng oder wie weit wir unseren Entscheidungsspielraum ansetzen und nutzen wollen. Unser persönliches Wachstum ist eng verbunden mit dem Wachstum unserer Freiheit und unseres Verantwortungsbewusstseins.

7.4 Axiome und Wachstum der Persönlichkeit

Ruth Cohns Axiome sind als Ganzheit zu sehen: Unsere Freiheit ist die notwendige Voraussetzung, um zwischen Achtung (Ehrfurcht) und Verachtung alles Lebendigen zu wählen. Die Wahl der Ehrfurcht (Achtung, Liebe) wird dabei als Selbstverständlichkeit angenommen. Dies entspricht nicht der vorfindbaren entfremdeten Realität. Ruth greift hier zurück auf eine nicht entfremdete innere Wirklichkeit, die sich für mich am deutlichsten als Sehnsucht nach Lieben und Geliebtwerden, nach leistungs- und positionsunabhängigem Achten und Geachtetwerden in uns bemerkbar macht. Das Axiom der Ehrfurcht ergreift entschieden diese nichtentfremdete Wirklichkeit – oder lässt sich von ihr entschieden ergreifen und gerät mit ihr in einen Wachstumsprozess, der in der inneren und äußeren Realität zwar auf eine Fülle von Widerständen und Hindernissen stößt, aber auch viele Zustimmungen erfährt und zahlreiche Befreiungen ermöglicht. Unter diesen Voraussetzungen wird es auch leichter, ein Bewusstsein bejahender Allverbundenheit zu erwerben, zu vertiefen und zu pflegen.

*7.5 Axiome und Postulate
als Ermutigung zu Lebendigem Leiten*

Die Axiome – oder zu deutsch: Grundsätze – eröffnen einen Wachstumsraum der Menschlichkeit. Dieser ist immer wieder durch Unmenschlichkeit gefährdet. Wir brauchen daher Ermutigung, ihn für unser Wachstum zu nutzen. Dazu können uns die Postulate – oder zu deutsch: Forderungen – dienen, die sich aus den Grundsätzen ableiten. Zwei dieser Forderungen sind wohlbekannt: Chairpersonship und Störungs-Vorrang. In der Formulierung von 1974:

„1. ‚Sei dein eigener chairman, der chairman deiner selbst.'
Das bedeutet:
a) ‚Sei dir deiner inneren Gegebenheit und deiner Umwelt bewusst.'
b) ‚Nimm jede Situation als Angebot für deine Entscheidung. Nimm und gib, wie du es für dich selbst und andere willst.'
2. ‚Beachte Hindernisse auf deinem Weg, deine eigenen und die von anderen. Störungen haben Vorrang (ohne ihre Lö-

sung wird Wachstum erschwert oder verhindert)'" (Ruth Cohn, Von der Psychoanalyse zur TZI, 1983, 120f).

Die Erklärung „Nimm jede Situation als Angebot für Deine Entscheidungen" könnte die Chairpersonship auf solche kritischen Situationen ausdehnen, wie ich sie hier unter 6.1 und 6.2 im Blick habe. Diese Erweiterung schränkt Ruth aber wieder ein mit den Worten: „Ich bin immer nur mein eigener Chairman und nie der des anderen, außer wenn dieser seine Bewusstheit verliert oder noch nicht erreicht hat" (aaO., 121).

Wer hat seine Bewusstheit noch nicht erreicht? Ruth nennt an dieser Stelle Kinder und setzt sie in Beziehung zu ihren Eltern und deren besserer Realitätsübersicht. Dabei betont sie zu Recht nicht nur die Abhängigkeit des Kindes, sondern auch seine von Anfang an – schon im Mutterleib – bestehende Autonomie (aaO., 122). Es darf jedoch nicht übersehen werden, dass Eltern eine Leitungsaufgabe und mit ihr ein höheres Maß an Verantwortung haben. Das trifft auch für andere Leitungsaufgaben zu.

Bei allen Aufgaben „Lebendigen Leitens" ergibt sich die Notwendigkeit, ein Gleichgewicht zu finden zwischen der höheren Verantwortung der Leitenden für das Ganze und der Autonomie der Geleiteten. Ich halte dies nach meinen 24 Jahren eigener Erfahrung als Leiter einer großen Lebensberatungsstelle mit 40 überwiegend psychologisch gebildeten Mitarbeitenden für eine schwierige Aufgabe, zu der sehr viele Lernprozesse und Auseinandersetzungen gehören. Eine gute Realitätsübersicht ist zu einem guten Teil nur zu erreichen durch intensiven Austausch mit den Mitarbeitenden. Für mich war und ist aber ebenso unerlässlich ein lebendiger Kontakt zur „axiomatischen Wirklichkeit" („der Kräfte, die durch die Annahme der Axiome wirksam werden), und die daraus erwachsende Bereitschaft, Globe-Veränderungen anzugehen. Lebendig Leiten heißt verantwortungsbewusst Intervenieren/Eingreifen für die Lebendigkeit des jeweiligen Ganzen. Die Verantwortung von TZI-Gruppenleitern scheint sich darauf beschränken zu können, innerhalb eines gegebenen Gruppen-Rahmens einzugreifen, um das Gleichgewicht zwischen Thema, Ich und Wir zu wahren und Störungen zu bearbeiten. Das scheint aber nur so. In der entfremdeten gesellschaftlichen und politischen Realität muss dieser Rahmen meist erst geschaffen und, wenn er geschaffen ist, muss er gepflegt und erhalten werden. In jeder Institution, in der dauerhaft und ertragreich mit der TZI gearbeitet werden soll, ist immer auch politische Arbeit am Globe zu leisten.

So gesehen – als Mitverantwortung für einen übergeordneten Rahmen, der nach Humanisierung verlangt – ist Lebendiges Leiten mit der TZI immer auch unmittelbar politisch gefordert.

Meine axiomatische Bindung legt mir darüber hinaus nahe, in allen möglichen kritischen Situationen auch außerhalb institutioneller Absicherungen gegen inhumane Kräfte zu intervenieren. Solche Interventionen sind oft besonders riskant. Ich brauche dazu eine Ermutigung, wie sie mir eine höhere Forderung (ein Postulat) geben könnte – und ich brauche außerdem ein Arsenal von Strategien (Hilfsregeln), das die Erfolgschancen meines Eingreifens verbessert.

*7.6. Postulate
brauchen variable Hilfsregeln*

Hilfsregeln gruppieren sich variabel als konkrete Unterstützungen unseres Bewusstseins um die abstrakten Postulate.

So unterstützt die Hilfsregel: „Vertritt dich selbst in deinen Aussagen; sprich per Ich und nicht per Wir und nicht per Man" das Postulat der Chairpersonship (und vermindert zugleich das Störungspotential in interaktionellen Gruppen). Es kann aber in bestimmten Situationen durchaus angemessen sein, mit „Wir" und „Man" zu reden.

Demgegenüber haben Postulate eine gleichbleibende Bedeutung: „Sie sind nicht auswechselbare Spielregen. Ihre Forderungen sprechen aus, wie die Axiome im persönlichen Leben und im Gruppenleben zum Ausdruck kommen sollen" (Ruth Cohn, Gelebte Geschichte der Psychotherapie, 1984, 358)

7.7 Meine Schlussfolgerung

Die mit der Kurzformel „Misch Dich ein! Greif ein!" hier im Titel angezeigte psychopolitische Forderung ist meiner Auffassung nach für die TZI ein notwendiges eigenständiges drittes Postulat, dem wir als Teilnehmer einer entfremdeten Welt dauernd unterworfen sind, sofern wir gegen die Entfremdung entschieden angehen wollen. Um möglichst keine Missverständnisse aufkommen zu lassen, formuliere ich das Postulat in einer Langform:

> „Setz Dich mit Deiner äußeren Welt, Deinem Globe um Dich herum und seinem Abbild in Dir, auseinander. Greif ein und verändere, was Du im Sinne der Humanisierung verändern kannst."

Die Anerkennung dieses Postulats ermöglicht humanistische politische Aktivität, mehr, intensiver und direkter, als es bisher bei WILL üblich war.

Die Erforschung und Sammlung erfolgreicher Durchsetzungsstrategien und Hilfsregeln für dieses Postulat wollen wir vorbereiten und uns im Herbst 1994 in einem TZI-Kurs mit dem Thema „Selbstdurchsetzung und Intervention" darüber austauschen und arbeiten.

VIII.
Themenzentrierte Interaktion (TZI) und Gruppenpsychotherapie

Angefragt für die Zeitschrift
„Psychotherapie im Dialog",
2000

Die TZI entstammt der gesellschaftskritischen Psychotherapie und aktiviert methodisch seelenheilende Kräfte durch:

- Grundlegende wertgebundene Wahrnehmungsweisen (Axiome)
- Funktionale Forderungen (Postulate)
- Gesteuerte Gruppenleitung (TZI-Gruppendynamik).

DIE DREI AXIOME

1. Alle Individuen sind psycho-biologische Einheiten in einem universalen Zusammenhang. Wir sind daher autonom und interdependent.
2. Ehrfurcht gebührt allem Lebendigen und seinem Wachstum.
3. Freiheit unserer Entscheidungen ist in (begrenzt erweiterbaren) Grenzen möglich.

Mit Axiom 1 zielt Ruth Cohn als Begründerin der TZI auf ein Gleichgewicht zwischen Kräften, die unsere Eigenständigkeit fordern, und solchen, die gegenseitige Abhängigkeit bedingen. Mit der Anerkennung dieser Polarität kann Gleichgewichtsstörungen im Sinne schizoider Überspitzung der Autonomie und depressiver Überspitzung von Abhängigkeit entgegengetreten werden.

Das Axiom der Ehrfurcht (2) ist eine tiefgreifende Kraft gegen alle Formen der Missachtung und Rücksichtslosigkeit, die unsere sozialen Beziehungen vergiften und den Selbstwert vieler zugunsten weniger unter Umständen extrem mindern (frei schaltende Götter die einen, unmündige Sklaven die anderen – ein politisches Ergebnis, das von Projektionen unentfalteter seelisch-geistiger Kräfte unterstützt wird).

Axiom 3 stellt ein richtiges Maß her für unsere verantwortbare Freiheit. Zwanghafte Einschränkungen unserer Freiheit lassen sich auf dem Boden dieses Axioms ebenso kritisch wahrnehmen und bearbeiten wie hysterisch übertriebene Freiheitsansprüche.

DIE ZWEI POSTULATE

1. „Sei Deine eigene Chairperson!" Diese Forderung ist in allen Lebenslagen wichtig. Wenn sie sich kraft entsprechender Leitung in Arbeitsgruppen durchsetzt, wird dadurch das Dominanzstreben der einen und das Selbstverkleinerungsbedürfnis der anderen vermindert. Die allgemeine Beteiligung und die Aktivierung des Gruppenpotentials verbessern sich. Mit wachsamem Blick auf die Formel „Alle Anwesenden sind wichtig" und entsprechenden Interventionen lässt sich bald ein partnerschaftliches Klima erreichen.
2. „Störungen nehmen sich den Vorrang und sind zu beachten." In autoritären Systemen sind Störungen zu unterdrücken. In liberal-partnerschaftlich-demokratischen Systemen haben sie oft eine wichtige Korrektur-Funktion.

TZI-Gruppen-Dynamik: Die Bearbeitung eines Themas oder die Lösung einer Aufgabe steht bei TZI-Gruppen zwar im Vordergrund, aber gleichrangig zu bewerten sind die beteiligten Personen mit ihrem Ich-Einsatz, mit ihren Erfahrungen und Einfällen, mit ihren Vorschlägen und ihrem Engagement. Als dritter Faktor spielt der Austausch unter den Beteiligten eine entscheidende Rolle. Gegenseitige Anregung und Resonanz, konstruktive Kritik und Würdigung – dies alles trägt zu einer genussvollen Wir-Bildung bei. In klassischen Lern- und Arbeitsgruppen dominieren die Leiter und die Aufgaben. Die Pole Ich und Wir kommen zu kurz. Im gleichseitigen TZI-Dreieck sind die drei Pole ES (Thema, Aufgabe, Problem), ICH und WIR an den drei Eckpunkten angeordnet. Wenn einer der Pole zu viel Platz einnimmt, ist mit Gleichgewichts-Störungen zu rechnen. Dem ist durch Interventionen vorzubauen. Gruppen, die in dieser Weise arbeiten, entsprechen nicht der genuss-unfreundlichen Durchschnittsnorm. Die TZI-Gruppen arbeiten genuss-freundlich und psychohygienisch, aber nicht im engeren Sinne psychotherapeutisch.

Von Psychotherapie mit der TZI lässt sich erst dann reden, wenn Störungen selbst zum Thema gemacht und bearbeitet werden. Als polar formuliertes Generalthema bietet sich an: „Im Spannungsfeld zwischen Störungs- und Heilungskräften?" Ich teile dies in drei Unterthemen – entsprechend den Schwerpunkten des TZI-Dreiecks:

– Zwischen Lebensverneinung und Lebensbejahung
– Zwischen Ich-Schwäche und Ich-Stärke
– Zwischen dysfunktionaler und funktionaler Kommunikation.

Die unbewusste und die transzendentale Dimension unseres Daseins werden vor allem in Form von Träumen in die Thematik einbezogen. Ich-Stärkung und Verbesserung der Kommunikation sind selbstverständlicher Teil jeder Gruppensitzung.

MEINE SPEZIELLEN ZIELSETZUNGEN

Wachstum der Persönlichkeit und des Glaubens:
Ich gehe davon aus, dass wir Menschen auf seelisch-geistiges Wachstum angelegt sind. Dieses weist uns über den säkularen Todesbereich hinaus. Das Ausschließen sakraler Erfahrungsbereiche würde in eine Sackgasse führen und unsere Selbstent-

fremdung dauerhaft verfestigen. Es geht mir um unsere Begegnungsfähigkeit mit dem uns eigenen höheren Selbst, das auf vielfache und oft entstellte Weise nach außen projiziert werden kann. (Grundlegend dazu: G. Hoppe: Der Wille zur Vollkommenheit und die Dekadenz. Diss. Bonn, 1958 und: R. C.Cohn: Von der Psychoanalyse zur themenzentrierten Interaktion, Stuttgart 1975, Kapitel 16: Das innere Jenseits.)

Politische Emanzipation:
Das immer wiederkehrende blinde Vertrauen in politische und sonstige Führer und deren Verherrlichung lässt sich als eine solche Projektion verstehen. Eigenverantwortung und gesellschaftliche Mitverantwortung wachsen mit dem Verzicht auf bequeme Delegationen, die uns nur scheinbar entlasten.

Jahresthema 2000
„Spirituelle Kommunikation"
(Ein konkretes Beispiel)

Meditation vorab:
Das Thema des Vorjahres hieß „Bewusste und unbewusste Kommunikation". Wir haben Kommunikation erfasst als „organisierte Erregung in Beziehungen". Diese bewährte Definition war fortzusetzen in „organisierbare Erregung in sakralen Beziehungen". Universalreligionen imponieren als weitgefasste Versuche, machtvolle sakrale Erregungen zu organisieren. Die aufregende Kraft der Urerfahrungen göttlicher Liebe geht in diesen kultivierenden Langzeit-Prozessen weithin verloren. Einer spirituellen Reaktivierung stellen sich Ängste entgegen, dass die tradierten kulturellen Rahmenbedingungen gesprengt werden könnten und damit Lebenssicherheit verloren ginge. Diese Ängste fordern die Aufmerksamkeit der Leitung. Aktiviert wird die Begegnung mit transzendenten Kräften durch spirituelle Neugier, durch wachsenden Verfall unserer religiösen Kultur und gezielten Erfahrungsaustausch. Die Produktion von Träumen stellt sich auf die Thematik ein und gestattet spirituelle Deutungen.

Struktur des Seminars:
Mein Gruppen-Angebot wird in Veranstaltungsverzeichnissen als tiefenpsychologisches Seminar und TZI-Ausbildungskurs (Krisenkurs) angeboten. Entstanden ist es 1975 im Rahmen der von mir damals geleiteten Düsseldorfer Evangelischen Lebens-Beratungsstelle im Zusammenhang mit Lebensberatern und Psychotherapeuten, Seelsorgern und suchenden Betroffenen. Die Zahl der Teilnehmer bewegt sich in der Regel um 18 Personen. Pro Jahr werden etwa 4 Plätze frei. Ein persönliches Vorgespräch ist Bedingung für die Zulassung. Zurzeit richte ich meine Arbeit aus auf Personen, die nicht primär an fest umschriebenen symptomatischen Schwierigkeiten leiden, sondern unter einem allgemeinen Leidens- und Heilungsdruck stehen. Sie stellen sich vorrangig die Sinnfrage, nachdem sie den größten Teil ihres Lebens bereits gemeistert und manchmal auch schon eine symptombezogene Psychotherapie oder krisenbezogene Lebensberatung erlebt haben.

Für die Zulassung der Interessenten wichtig sind:
- Die Bereitschaft, sich einer kritischen Selbsterforschung unter Einbeziehung ihrer unbewussten Kräfte zu stellen.
- Eine spürbare Hoffnung, seelisch-geistig weiter wachsen zu können.
- Ihr Wunsch nach Transzendieren des Bestehenden.

Einzelne neurotische Störungen können dabei außer Betracht bleiben, soweit sie sich der Zielsetzung des persönlichen Wachstums unterordnen und nicht im Vordergrund primär bearbeitet werden wollen. Das Seminar findet einmal in jedem Halbjahr über einen Zeitraum von neun Wochen am Vormittag eines festen Wochentages mit jeweils zwei Sitzungen zu 90 Minuten statt. Die erste Sitzung dient dem Erfahrungs-Austausch, die zweite der Traumbearbeitung.

Bedeutung des Erfahrungsaustausches:
Mit ihren persönlichen Erfahrungen im Grenzbereich der Transzendenz bleiben Menschen oft allein. Sie stoßen leicht auf Unverständnis und verschließen sich. Diese Erfahrungen bleiben

daher gern intim. Sie erweitern und vertiefen sich ohne vertrauensvollen Austausch nur zögerlich oder verkümmern sogar. Die verständnisvolle Aufnahme solcher Erfahrungen in einer Gruppe trägt zu ihrer Weiterentwicklung bei.

Multiaspektivische Traumarbeit:
An der Traumdeutung beteiligen sich alle Gruppen-Mitglieder. Wir gehen in fünf Schritten vor.

1. Die Träumenden erzählen ihren Traum.
2. Die Gruppen-Mitglieder verschaffen sich durch Fragen zu den Bildern und zu Hintergründen ein genaueres Bild.
3. Die Gruppe übernimmt alle Mitteilungen für die folgende Phase als Leihgabe zur Bearbeitung. Ihr Thema ist: „Was lösen die Bilder und Mitteilungen in mir aus, und welche Zusammenhänge sehe ich?" Die Gruppen-Mitglieder sollen sich dabei weder verbal noch nonverbal an die Traumerzähler/innen wenden, und diese sollen nur zuhören und sich betreffen lassen von dem, was sie im Augenblick akzeptieren können.
4. Die Träumenden geben einen ersten Bericht zu dem, was ihnen wichtig geworden ist.
5. Abschluss. In der Regel werden diese sehr intensiven Sitzungen mit gegenseitigem Dank beendet. Nachwirkungen können eine Woche später zur Sprache kommen.

DER GRUPPEN-PROZESS IM 1. HALBJAHR 2000
(Verdichtete Darstellung)

Angelika eröffnete die erste Sitzung: „Ich heiße A, aber ich bin es nicht. Ich habe eine Traumvorstellung von Liebe, aber meine Seele kommt nicht an mich ran". Diese polare Spannung zwischen gegenwärtigen Ich- und Traum-Vorstellungen auf der einen Seite und weit entfernter Seele und ihrem eigentlichen Sein auf der anderen Seite beherrschte über die ganze Zeit hinweg Erfahrungsaustausch und Traumarbeit.

In der zweiten Sitzung führte Bertas Traum zu einer Wiederbelebung ihres Abschieds von der sterbenden Mutter. Es war ein endgültiger irdischer Abschied, an dem die Gruppe intensiv Anteil nahm. Deutlich war, dass B dadurch einen neuen Grad von Ich-Souveränität erlangt hatte.

Sitzungen 3 und 4: Der Austausch kreist um die Schwierigkeit, sich mit Freunden zu versöhnen, zwischen denen die Brücke des Verstehens abgebrochen ist. Cornelia, die nachfolgende Träumerin, hatte einen Meister seines Fachs zum Lebensgefährten gewählt, aber er konnte ihr Freiheitsbedürfnis nicht meistern. Daran zerbrach die Beziehung. Wieder ein Abschied.

Sitzung 5 und 6: Angelika beharrt darauf, dass mit der Spiritualität eine andere Wirklichkeit in das Leben gerufen wird als die „Normalität". Angst kommt auf, mit solcher Entzweiung zwischen spiritueller und normaler Wirklichkeit nicht fertig werden zu können. Cornelia träumt von der leichtfertigen Männlichkeit, die über ihre Kraft geht. Auch eine Entzweiung.

Sitzung 7 und 8: Geborgenheit unter dem Schirm der Mütterlichkeit ist das Thema. Zweifel an der Kraft des Mütterlichen kommt auf. Doris hat von hungernden Kindern geträumt. Weder die verhärmten Mütter noch die jugendamtlichen Männer werden mit ihnen fertig.

Sitzung 9 und 10: Gibt es keine Kraft, die unsere Mängel beheben kann? Mit einem Anklang von Verzweiflung kommt diese Frage auf. Eine Vorstellung von Schutzengeln will helfen. Elisabeths Traum führt zu einer scheinbaren Rettung durch eine innige Symbiose unter Schwestern. Doch das Projekt scheitert an der Leugnung der individuellen Autonomie. Die Entzweiung endet tragisch.

Sitzung 11 und 12: Die Aufmerksamkeit hat sich der Autonomie zugewandt. Felicitas hat von einem großen Orgasmus geträumt, der alle ihre bisherigen realen Erfahrungen weit übertrifft. Das innere Spannungsfeld ihrer Person war offenbar kreativer als das äußere soziale.

Sitzung 13 und 14: Angelika und Cornelia berichten über ganz ungewöhnliche Gefühle von Glück und Seligkeit. Gabriele hat eine Begegnung mit der von ihr geliebten Stadt Jerusalem geträumt. Tiefes Erstaunen und ein unglaubliches Glücksgefühl. Im Hintergrund ein verständnisvoller Begleiter und Erinnerungen an Venedig. Himmlische und irdische Liebe scheinen ein Bündnis eingehen zu können.

Sitzung 15 und 16: Das Glück im Hafen der Gruppe ist eine Sache, die Fahrten auf den stürmischen Meeren der freien Erfahrungen eine andere. Wie bewährt sich unsere unglaubliche Glücks-Befähigung dort? Hans hatte geträumt: Eine kurze körperliche Berührung verwandelte die heranwachsende nackte Enkeltochter im Nu in ein bekleidetes Wesen, das sich für die Lebensgeschichte des Träumers intensiv interessierte.

Sitzung 17 und 18: Berta will herausbekommen, ob ihr Vater sie sexuell missbraucht habe. Wir behandeln die Vermutungen wie einen Traum und müssen uns mit der Uneindeutigkeit der realen Vergangenheit bescheiden. Eindeutig wird allein, dass es in einer überwiegend harten Kindheit Stunden weicher Vertrautheit gegeben hat, in der sich sexuelle Phantasien hätten entfalten können. Diese sind oft der einzige Weg, in unerlösten Situationen Liebe zum Ausdruck zu bringen. Berta wird sich eines Tages entscheiden, ob sie die so oder so defekte Liebe zwischen ihr und ihrem Vater als solche anerkennen oder verwerfen will.

Zum Abschluss bringt Ida einen Traum. Die Ausdeutung zeigt die Rolle des Gruppenleiters im Zwielicht: Einmal erscheint er als ein Spinner, das andere Mal als einer, der himmlisches Wissen auf die Erde bringt. Wie auch immer: Er spielt im Nachfolge-Traum die Rolle eines Einbrechers in das Haus ihrer bisherigen Vorstellungen. Sie sieht sich vor die Entscheidung gestellt, den Einbrecher der Polizei auszuliefern oder ihn als Gast zu behandeln. Sie entscheidet sich für letzteres. Eine spirituelle Entscheidung: Sie übersteigt das Übliche. Ob es ihr noch viel Mühe machen wird zu erkennen, dass ein Anteil ihres eigenen höheren Selbst bei ihr eingebrochen ist?

MEDITATION DANACH

Zur Deutung der Träume: Ich gehe davon aus, dass die Subjektstufe des Traum-Verständnisses (alle Traumteile repräsentieren eigene seelische Anteile) Vorrang in Bezug auf angezielte Veränderungen der Träumenden hat. Die Träumenden entscheiden, welches ihr nächster Veränderungsschritt ist und wählen von daher naheliegende Deutungen aus. Dies sind keineswegs immer die Deutungs-Beiträge des Leiters. Hier liegt ein Vorteil des multiaspektivischen Angebots durch alle Gruppenmitglieder.

Zu Glücks- und Seligkeitserfahrungen: Sie können sich wieder verlieren oder nachhaltig Wirkungen entwickeln. Die Aussichten auf heilende Nachhaltigkeit sind günstiger, wenn sie im autonomen Bereich der Seelen beheimatet sind. Wenn sie von außen immer nachgefüttert werden müssten – zum Beispiel durch die Jagd nach ständig neuen glückverheißenden „Events" in der Außenwelt – wären sie psychotherapeutisch geringwertig.

Zum transzendentalen Spannungsfeld: Ich gehe davon aus, dass es in unseren Seelen ein – oft schlafendes – kreatives Spannungsfeld zwischen zeitorientierten und überzeitlichen Kräften gibt. Seine Aktivierung kann entgegengesetzte Erfahrungen hervorbringen: Verzweiflung oder Seligkeit, Vernichtungslust oder Aufbaufreude. Die Begegnung mit dem Sakralen kann heilend, aber auch zerstörend sein (sakral heißt sowohl heilig als auch verrucht). Auch Sexualität ist sakral.

Ich- und Wir-Stärkung: Sie sind für die Bewältigung starker polarer Spannungen immer wichtig. Sie können den dualistischen Zerfall des Spannungsfeldes in zwei einander gleichgültige oder kriegswütige Teile verhindern.

Wahre Emanzipation – als Voraussetzung individuellen und sozialen Friedens – setzt achtungsvoll liebende (ehrfürchtige) Erschließung unserer inneren Welten voraus. Das sind individuelle und kollektive Langzeitprojekte, die gerade erst in unseren Blick geraten.

IX.
Liebe, das Thema unseres Lebens, das immer mitspielt

TZI aus der Sicht eines evangelischen Ehe- und Lebensberaters
Veröffentlicht in „Themenzentrierte Interaktion"
1/2002

Menschwerdung: Mensch wird Mensch durch Lieben.

Das geschieht nicht so, dass sich die Liebe uns widerstandslos erschlösse, aber sie spielt immer mit, wo Menschen zusammenkommen.

Liebende bauen gern ihre Himmel-Häuser.
Leider stürzen diese oft ein.
Eines ist unsere Liebes-Sehnsucht,
ein anderes sind unsere Liebes-Erfahrungen.

Liebe ist ein Kraftfeld. Unsere Sehnsucht reizt zum Eintreten. Manche der später nachfolgenden Erfahrungen reizen dagegen zur Flucht. Du stellst Dir ein warmes Bad vor, doch das Ereignis selbst ist nicht selten eine kalte Dusche. Du sammelst Enttäuschungen. Die Erfüllungen Deiner Sehnsucht könnten das ausgleichen. Also sammelst Du auch Deine glücklichen Erfahrungen. Dann kannst Du das Glück mit den Schmerzen aufrechnen. Manche tun das und geben sich zufrieden. Andere erkennen, dass sie so nicht auf ihre Kosten kommen und treten den Rückzug an aus ihrer „Beziehungskiste", zu der ihre Liebe langsam aber sicher herabsinkt.

Du denkst vielleicht, Du könntest Deine Rechnung verbessern, wenn Du Deine himmlischen Vorstellungen mindern und den Thron Deiner Erwartungen eine Etage tiefer errichten würdest. Das mag angehen. Du darfst Dich dann ja auch damit trösten, dass Du Dich nun zur großen Gemeinde der Realisten und

Realistinnen zählen darfst. Doch eins ist sicher: Du verkleinerst Dein Kraftfeld der Liebe.

Vielleicht gehörst Du jedoch zu den anderen, die es sehr schwer haben, sich von ihren hohen Vorstellungen zu trennen. Du liebst diese mehr als die profane Realität des durchschnittlichen Beziehungsalltags. So ist es Dir möglich, dass Du alles bekommst, was die Liebe zu bieten hat, aber auch, dass Du alles verlierst. Die Realisierung der Liebe wird ein abenteuerliches Risiko.

Liebe ist ein ewiges Thema. Wenn es nicht mein Bewusstsein besetzt, dann lauert es in meinem Unbewussten. Meine Liebe will sich selbst gerecht werden. Sie wacht über alle Zuwendungen an Achtung und Aufmerksamkeit, die ich empfange und die ich verschenke. Sie achtet auf das Gleichgewicht: Sie will irgendwann nicht mehr nehmen als geben. Sie nennt das ihre Gerechtigkeit. Es geht dabei nicht zuerst um Mengen, sondern um Qualitäten. Ein Wort, das mir gerecht wird, wiegt mehr als tausend Worte, die gleichgültig an mir vorbeigehen. Meine kleine Berührung, die Dir hier und jetzt gerecht wird, ist tausendmal mehr wert als alle Berührungen, die irgendwann irgendwem – vielleicht sogar Dir selbst einmal – gerecht geworden sind, Dich jetzt aber – vielleicht als abgestandene Routine – nicht treffen könnten. Liebe verlangt nach treffsicherer Ursprünglichkeit. Sie ist die Kunst des gerechten Austausches. Auch die TZI als Kunst des Gruppenleitens lebt davon. Selbst wenn das bewusst bearbeitete Thema der Gruppe ein ganz anderes ist, untergründig schwingt das Thema der gerechten Liebe mit. Ich sehe das jetzt immer deutlicher.

Die Struktur der TZI kommt dem entgegen.

Alle Gruppenmitglieder sind wichtig und dürfen für sich Raum gewinnen bei der Entfaltung des offiziellen Themas. Sie können am Thema ihre Chairpersonship entfalten. Wenn sie zu viel Raum beanspruchen, erzeugen sie Störungen bei den anderen. Und ebenso, wenn sie zu wenig Raum einnehmen. Die Vielredner werden gebremst, die Schweiger in den Austausch hereingeholt. Natürlich ist dies auch ein Lernprozess, der manchmal wehtut. Dem gelernten Gernredner fällt das Schweigen schwer und der gelernte Schweiger verlässt aus freien Stücken nur ungern die Festung seiner introvertierten Geistestätigkeit. Eine humane Gruppe zeigt für beide ein gewisses Maß an Toleranz, aber auch eine mit zunehmender Zeit wachsende Gestörtheit. Die Konzentration auf das Thema beginnt dann äußerlich wahrnehmbar und innerlich spürbar nachzulassen. Die Gestörtheit der Gruppe sucht sich schließlich ein Mitglied, das die Störung zur Sprache oder zu einem allgemein erkennbaren Ausdruck bringt und das Gleichgewicht des gerechten Austausches wieder herstellt. Die Energie kann danach wieder frei fließen.

Liebe ist ein sensitives Energiefeld. Es ist untergründig immer da. Seine Verletzung macht sich als Störung bemerkbar. Störungen nehmen sich den Vorrang, weil sie der Verletzung des axiomatischen Grundthemas Liebe entspringen. Ruth Cohn spricht in ihrer strukturellen Grundlegung der TZI nicht ausdrücklich von Liebe, sie hat aber das Grundthema in drei Axiomen formuliert, die wichtige Aspekte der Liebe sind:

- Unsere Wir-Verbundenheit (Interdependenz) bei gleichzeitiger Ich-Besonderung (Autonomie),
- die Ehrfurcht vor dem Leben und seinem Wachstum und
- die Wachstumsfähigkeit unserer Entscheidungsfreiheit und Verantwortung.

Das erste Axiom besagt in Bezug auf die Liebe: Tue Deinem Nächsten nichts Schadenbringendes an, denn Du würdest Dir selbst schaden, da Du mit ihm verbunden bist. Tue Deinem Nächsten vielmehr Gutes an, dann wirst Du auch Gutes empfangen. Statt Rache für erlittenen Schaden erntest Du Dankbarkeit für das gewonnene Gute. Die goldene Regel formuliert das so: „Was Ihr wollt, das Euch die anderen tun sollen, das tut ihnen zuerst." Oder auch so: „Achte Deinen Nächsten wie Dich selbst". Hier geht es um das Gleichgewicht von Selbstachtung und Nächstenachtung. In einer himmlisch achtungsgeladenen goldenen Welt ist die Realisierung der goldenen Regel eine heitere Selbstverständlichkeit. Wie aber in unserer irdischen Welt, deren Anteil an sozialer und selbstbezogener Missachtung und Verachtung, an Hass und Rache bedrohlich ist und immer wieder erkennbar nachwächst? Unsere Welt ist nicht allein auf Liebe gepolt, sondern auch auf Hass. Die Feststellung der Vernetzung von Ich und Wir bleibt davon unberührt richtig. Sie bringt uns aber dem eigentlichen Ziel der Goldenen Regel – der Liebe – nicht näher. Vielmehr ist in Bezug auf die Vernetzung nüchtern festzustellen: Wer seinen Nächsten achtet, achtet sich selbst, wer seinen Nächsten verachtet, verachtet sich selbst. Im Übrigen müssen wir von der Hoffnung leben, dass die Liebe stärker als der Hass ist und sich am Ende durchsetzen wird. Das ist optimistisch und nicht unbedingt realistisch. Realitätsnäher wäre es erst, wenn die Menschheit, wenn wir alle die Liebe kraftvoller fördern würden.

Das zweite Axiom legt den Anwendern der TZI eine ehrfürchtige Grundhaltung nahe: „Ehrfurcht gebührt allem Lebendigen und seinem Wachstum". Mit dieser Ehrfurcht kommt eine Kraft ins Spiel, die das Übergewicht der lebensfördernden Liebe über den lebensvernichtenden Hass deutlich verstärken könnte. Nur: Ich muss mich von dieser Kraft auch ergreifen und führen lassen wollen. Manche frommen Menschen widmen ihre Ehrfurcht allein dem göttlichen Schöpfer, nicht aber den Geschöpfen selbst. Sie sind für die hier erwartete Ehrfurcht kein gutes Vorbild. Aber andere, die ihre Ehrfurcht allein auf solche Menschen konzentrieren, die in ihren Augen größer sind als sie selbst, sind es auch nicht. Mit der allgemeinen Ehrfurcht, „die allem Lebendigen gebührt", ist es überhaupt schlecht bestellt in einer realen Menschenwelt, die sich bestimmen lässt von ehrfurchtsloser und maßvergessener Ausbeutung alles Lebendigen und auch der Mitmenschen und sogar der eigenen Person.

Das dritte Axiom betrifft die äußere und innere Begrenzung unserer Entscheidungsfreiheit und die Möglichkeit der Grenzerweiterung unseres Wollens. Als ein Liebhaber des Lebens interessiert mich hier vor allem, ob sich die Erweiterung unserer Entscheidungsfähigkeit in den Dienst der Liebe stellt und uns in unserer Auseinandersetzung mit dem Hass hilft, oder wozu sie sonst gut ist. Darüber sagt dieses Axiom nichts. Es stellt rein formal einen realen Tatbestand fest. Darin unterscheidet sich das dritte Axiom nicht vom ersten. Eine inhaltliche Entscheidung für die Liebe wird am ehesten durch das zweite Axiom der allem Leben gebührenden Ehrfurcht nahegelegt. Deswegen weist Ruth Cohn auch nachdrücklich auf die untrennbare Verbundenheit der drei Axiome hin. Ihre große Leidenschaft für die Freiheit unserer Entscheidung bleibt dennoch spürbar. Die Chairperson bleibt innerhalb ihrer Grenzen – ob groß oder klein – souverän. Letztlich ist es auch ihre Sache, ob sie sich selbst oder ihren Nächsten die gebührende Ehrfurcht entgegenbringt oder ob sie sie schuldig bleibt.

Mit ihrem vorrangigen Eintreten für die Freiheit ist Ruth in guter Übereinstimmung mit der biblischen Tradition. (Deutlich ist diese formuliert bei Jesus Sirach 15,14 und 15,17: „Gott hat dem Menschen die Wahl gegeben. Der Mensch hat vor sich Leben und Tod; welches er will, das wird ihm gegeben werden"). Mit der Wahlfreiheit ist eine wichtige Voraussetzung für die göttliche Liebe geschaffen. Denn: Sie kann nur in Freiheit wachsen und gedeihen. (Selbst der autoritär getönte Koran weiß in Sure 2,256: „In der Religion gibt es keinen Zwang"). Die in unseren konkreten Konflikten notwendigen Entscheidungen fällen wir selbst in eigener Verantwortung.

Die bewusste Annahme dieser seelisch-geistigen Wirklichkeit ist relativ neu. Solange gemeinsame Sitten das christliche Abendland beherrschen, haben sie weithin auch die Pflege der Liebe bestimmt. Erst das 20ste Jahrhundert brachte einen deutlichen Abbau der kollektiven Liebeskultur zugunsten einer wachsenden individuellen Lebens- und Liebesgestaltung. Die Geschichte der Ehescheidungen belegt das eindrucksvoll. Diese Entwicklung hat den Ehen Heiligkeit entzogen und die eigenständige Bedeutung und libidinöse Besetzung der Individuen erweitert und erhöht. Mit der verminderten institutionellen Sicherheit verband sich die notwendige Erhöhung der persönlichen Sicherheit. Dies betraf sowohl das individuelle Selbstwertgefühl als auch die gesellschaftliche Wertschätzung beruflicher Wirksamkeit. Daher war die zweite Hälfte des 20sten Jahrhunderts psychologisch und politisch wesentlich mitbestimmt von der individuellen Emanzipation. Die Initiative lag dabei in erster Linie bei den Frauen, denen die patriarchale Unterdrückung und Abhängigkeit zunehmend schmerzlich bewusst wurde. Findung und Praxis der TZI lassen sich in diesen kulturhistorischen Prozess leicht einordnen. Die emanzipatorische Entwicklung wird auch im 21sten Jahrhundert weitergehen. Wahrscheinlich aber wird sie beschwerlicher werden, da sich neue gigantische Geldmächte aufbauen, die die inneren seelisch-geistigen Wachstumskräfte nach außen abziehen. Die Folge wäre: kapitalorientiertes Wirtschaftswachstum in Gegnerschaft zu humanitätsorientiertem Wachstum der Persönlichkeit. Die ausufernde Geldwirtschaft braucht neben einer leistungsfähigen, geldgierigen und skrupellos manipulierenden Elite eine blinde Masse von abhängigen Geldgläubigen und Konsumenten. Dagegen bäumt sich eine geistige Elite auf. Deren Wachstumsquellen liegen in einer tiefenseelischen Welt der Liebe und in ihren beiden Zugängen: unserer menschlichen Sehnsucht und göttlicher Offenbarungen. Hier bahnt sich eine gewaltige psychopolitische Auseinandersetzung an. Die TZI wird auch in dieser kommenden Emanzipation eine wichtige Rolle spielen. Bei dieser Vorausschau gehe ich davon aus, dass die Chairpersonship zunehmend als ein Prozess verstanden wird, der die positiven und negativen Schatten-Kräfte des Unbewussten durchdringen und steuerbar machen wird. Außerdem rechne ich mit der Versöhnung eines liebesgeläuterten Humanismus mit einer geläuterten Liebesreligiosität. Ernst Robert Curtius wusste dazu zu sagen:

„Humanismus ist nichts, wenn er nicht Enthusiasmus der Liebe ist".

Dem stimme ich aus vollem Herzen zu. Christen können außerdem hinzufügen: „Gott ist Liebe" (Johannes) und „Ihr seid zur Freiheit berufen" (Paulus).

Aber die Ereignisse vom 11. September 2001 in New York und ihre jetzt schon erkennbaren Folgen lehren uns alle wiederum eines: Jedwede „Religionsausübung", die unsere Humanität und ihre Weiterentwicklung missachtet, ist ein Rückschritt gegenüber unserem menschlichen Grundauftrag, achtungsvolles Zusammenleben zu lernen. Das christliche Evangelium fragt dazu kurz und bündig: „Wer seinen Bruder nicht liebt, den er sieht, wie kann er Gott lieben, den er nicht sieht?"

„Achte Deinen Nächsten wie Dich selbst" ist eine Minimalforderung der Humanität und der Beginn eines Prozesses der Humanisierung, der den Anschluss an die Gottesliebe finden kann, die ebenfalls ein Wachstumsprozess ist. Umgekehrt sollte die wahre Gottesliebe die Selbst- und Nächstenliebe nach sich ziehen.

Ehrfurcht als Wertzentrum der TZI-Philosophie

Ich will nun zur Ehrfurcht als dem Wertzentrum der TZI-Philosophie zurückkehren. Ehrfurcht ist zunächst ein asymmetrisches Gefühl. Es kommt auf, wenn wir eine höhere Stufe des Lebens als solche erfahren. Daher wird die Ehrfurcht üblicherweise im religiösen Bereich zwischen Menschheit und Gottheit beheimatet: „Die Furcht Gottes ist der Weisheit Anfang". Rudolf Otto hat sie in seinem grundlegenden Buch „Das Heilige" als Mysterium tremendum beschrieben. Die Differenz zwischen profan und heilig, an der sich diese Ehrfurcht entzündet, wird dann zu einer grundlegenden Lebenseinstellung, wenn sie Menschen ein ganzes Leben lang begleitet und bestimmt. Wir können solche Menschen als religiös bezeichnen, auch wenn ihr höheres Gegenüber nicht unbedingt eine persönliche Gottheit sein muss. Das religiöse Bedürfnis kann sich aus unterschiedlichen Quellen ernähren. So bezieht sich Ruth Cohn in der Formulierung ihres zweiten Axioms auf die Ganzheit des Lebendigen, als dessen Teil sie sich selbst und alles Mitlebende begreift. Den philosophisch Gestimmten ergreift in der Betrachtung dieser unendlichen Mannigfaltigkeit und Verwobenheit des Lebendigen das ehrfürchtige Staunen, und die Schöpfungsgläubigen sehen sich verpflichtet, diese göttlich gewollte Ganzheit zu bewahren und ihr Wachstum zu fördern. Und doch: Auch alle ehrfürchtigen Menschen guten Willens können bisher der Zerstörung unserer lebendigen Welt nicht Einhalt gebieten. Gewiss: Es gibt die herausragend Ehrfurchtslosen und Todesmächtigen, die die Ganzheit des Lebendigen blind oder sehend vernichten wollen, die offenen und verborgenen Terroristen. Mit ihnen versuchen wir uns, die wir uns als Menschen guten Willens verstehen, auseinander zu setzen – geistig, politisch, militärisch. Auf den ersten Blick scheinen sie die allein Schuldigen zu sein. Aber stehen wir selbst denn außerhalb des Bösen? Erfahren wir uns nicht oft genug als ohnmächtig gegenüber den Kräften der Zerstörung? Wohnen diese – bemerkt oder unbemerkt – nicht auch in uns? Trifft uns nicht die Feststellung des Paulus: „Das Gute, das ich will, das tue ich nicht, das Böse, das ich nicht will, das tue ich."

Unsere Menschheit ist wunderbar begabt. Wir stellen die tollsten und merkwürdigsten Rekorde auf. Unsere Forschung erobert eine Unzahl von Erkenntnissen, und mit unserer Geschicklichkeit und Findigkeit lösen wir dauernd weitreichende und immer anspruchsvollere Probleme. Wir besiegen die größten Schwierigkeiten. Nur eines ist uns bisher nicht gelungen: Unsere zerstörerischen Kräfte auf humane Weise zu bändigen und nutzbringend zu steuern. Und gerade dies wäre, wenn wir denn glücklich miteinander leben wollen, unsere zentrale Aufgabe, unser wesentlichstes Thema. Wir verzetteln uns stattdessen viel zu oft in großartigen, verlustreichen und gewalttätigen Eroberungen der Außenwelt, während unsere Innenwelt vergleichsweise zwergenhaft verkommt. Wir nehmen uns gegenseitig die Ehre des gemeinsamen Wirkens an wachsender Menschlichkeit, statt dass wir sie uns gegenseitig bezeugen.

Dabei kann man uns nicht einmal die Güte des Verzeihens absprechen. Ungesühnte Verbrechen lassen wir nach bestimmten Jahren straffrei: Sie verjähren. Den grausamsten feindseligsten Kriegstaten folgen freundselige Friedenstaten, die den Geschlagenen beim Wiederaufbau der zerstörten Güter helfen. Aber das Gute hat keinen Bestand. Das Böse wächst wieder nach. Und der gewalttätige Reigen von Tod und Leben beginnt von neuem. „Alles hat seine Zeit, Lieben und Hassen, Krieg und Frieden, alles hat seine Zeit", so tröstet der königlich traurige Prediger in der Bibel sich und andere. Aber muss das so sein? Ist das ein Naturgesetz? Oder ist es nicht vielmehr ein entsetzlicher Wiederholungszwang, der von Mal zu Mal Schlimmeres gebiert? Ein Wahnwitz unseres Geistes? Eines Geistes, der seiner selbst nicht Herr genug ist, die Kräfte des Unheils zu erkennen, zu verwandeln und zum Wohl zu steuern? Wo endet da unsere Chairpersonship? Sind wir berechtigt, vor diesen unheimlichen Mächten, die unsere Zerstörung aus der Unbewusstheit heraus dirigieren, zu kapitulieren? Endet hier unsere Verantwortung? Oder werden wir nicht gerade herausgerufen in dieses unbekannte Schattenland der Seele, um es von innen heraus beherrschen zu lernen?

Kain erschlug seinen Bruder Abel. Er tat es aus Eifersucht. Gott hatte diese Leidenschaft hervorgerufen. Abel hatte er gnädig angesehen, Kain aber nicht. Mit Kain hat die kainitische Menschheit eine mühevolle und beunruhigende Aufgabe erhalten: „Du aber herrsche über sie" (die Sünde, die draußen vor der Tür lagert).

Das Kain-Projekt ist eine Aufgabe, die noch nicht gelöst ist. Die bisherigen Versuche, sie mit unterdrückender Gewalt zu lösen, sind alle gescheitert, und sie werden auch in Zukunft misslingen. Auch ein liebender Vater-Gott wird uns diese Aufgabe nicht in allen Teilen abnehmen, da Verwöhnung keine Liebe ist. Wir wollen schon in unserer Kindheit und Jugend in der besten Weise gefordert werden, um freudig wachsen zu können. Unterforderung ist ein Gift, das träge und unzufrieden macht.

Was leistet die TZI heute für die Humanisierung und was kann sie weiterhin für sie tun?

Ihre Leistungsfähigkeit liegt jetzt vor allem in Lerngruppen. Sie aktiviert die verantwortungsbewusste Chairpersonship ihrer Gruppenmitglieder zu autonomer Aktivität in der Auseinandersetzung mit der jeweiligen Thematik und Durchführung ihrer Aufgaben. Sie stärkt das Gewicht der Person im Verhältnis zur Sache, die erarbeitet wird. Sie verwandelt die Sache selbst zu einem lebendigen Gegenüber. Durch die Förderung des Gleichgewichts zwischen Ich- und Wir-Bedürfnissen erzeugt sie ein wohltuendes Gruppenklima. Die TZI ermutigt zur Störungswahrnehmung und Störungsmitteilung, um die Flüssigkeit des Gruppenprozesses zu wahren. Darüber hinaus haben wir gelernt, Entscheidungsprozesse in größerem Umfang als Gruppen-Lernprozesse zu verstehen und damit den Anwendungsbereich der TZI zu erweitern.

WAS MUSS NUN WEITER GESCHEHEN?

Die TZI ist aus der Tiefenpsychologie hervorgegangen. Von daher hat sie sich als psychohygienische Methode in einer Vielzahl von bewusstseinsorientierten Lerngruppen bewährt. Dabei ist jedoch der Kontakt zur Tiefe des unbewussten Anteils unserer Seele deutlich reduziert worden. Eine Rückkehr in diesen Schattenbereich ist auf verschiedenen Wegen angemahnt und zu einem gewissen Teil in der Erweiterung der Krisenkurse erreicht worden. Meine eigene Arbeit geht verstärkt in diese Richtung.

Seit 1975 leite ich ein regelmäßig durchgeführtes TZI-Seminar zum Thema „Wachstum der Persönlichkeit und des Glaubens". Motiv und Ziel der Mitwirkenden ist, ein im Wesentlichen sinnvoll erfülltes Leben zu führen. Unser Weg führt zur Bewusstwerdung unbewusster Lebensanteile, die hohe Potentiale schöpferischer und zerstörerischer Kräfte in sich bergen. Es sind vor allem die unbewusst in unserm Innern gespeicherten und gestauten Zerstörungskräfte, Hass, Angst und Rache, die das Vernichtungselend in die Realität tragen. Sie vor allem brauchen unsere Wahrnehmung und Steuerung, unsere Chairpersonship.

Ein wichtiger Zugang ist das Verständnis unserer Träume. Auf diesem Wege kommen auch zahlreiche individuelle und kollektive Verformungen unserer natürlichen, kultivierenden und spirituellen Bedürfnisse zu Bewusstsein, die normalerweise ohne einschlägige tiefenpsychologische Arbeit nicht nachhaltig entdeckt und verändert werden, da sie weithin systemkonform sind und daher leicht als normal angesehen werden. Bei den Mitwirkenden des Seminars wachsen dagegen Systemkritik und

Konformität mit dem eigentlichen Selbst. Das Selbstwertgefühl gewinnt ein neues Fundament, Minder- und Höherwertigkeits-Gefühle und die damit verbundene Auslieferung an Macht-Manipulationen treten zurück. Das alles könnte auch Teil einer Psychotherapie sein. Aber die Ziele sind – wie das Thema des Seminars besagt – weitreichender. Die Vision einer wahrhaft humanen Gesellschaft gehört dazu – auch als eine menschenmögliche Annäherung an das Reich Gottes. Die Realisierung dieses Zieles mag in weiter Ferne liegen, doch ihre Kraft empfängt sie aus unserem Willen zum Leben und aus unserer Hoffnung, dass das Leben stärker ist als der Tod und die Liebe stärker als der Hass. Alle Verstörungen unseres Lebens entspringen letztlich unserer hasszerquälten und verirrten Liebe. So bleibt Liebe das latent immer mitspielende und manifest immer wiederkehrende Thema unseres Lebens, das auch in der TZI unsere besondere Beachtung und Pflege verdient.

Die TZI ist ein wunderbares Handwerkszeug des lebendig machenden Lernens, für das ich mit vielen anderen Menschen Ruth Cohn herzlich dankbar bin. Manchmal mag es so scheinen, als stünden die Axiome dumm und verloren neben dem soliden Leitungshandwerk, zumal sie einen so fremdartig anmutenden Namen tragen. Sie sind aber keine nur entfernt verwandte Zutat, sondern sie benennen im Gegenteil die Liebe als das grundlegende und überall mitschwingende Thema der TZI. Wenn das spürbar wird, macht es nicht nur dankbar, sondern auch hoffnungsfroh.

Tschernobyl

X.
Können wir als Christen nach den Erfahrungen von Tschernobyl die weitere Nutzung der Kernenergie für friedliche Zwecke mitverantworten?

Vortrag bei der Sondersynode des
Kirchenkreises Düsseldorf-Ost, 21. März 1987

Liebe Synodale, liebe Gäste,
diese Frage hat unsere Synode erreicht.
Ich hoffe, dass sie auch unsere Herzen erreicht. Denn alle wichtigen Fragen werden letztlich im Herzen bewegt und entschieden. Ich hoffe, dass wir neue Weisheit und Erkenntnis gewinnen. Ich hoffe das für uns alle. Auch für mich. Ich hoffe das für die, die eine fertige Antwort mitbringen, sei diese nun halb fertig oder ganz.
Sei diese nun ja oder nein.
Ich hoffe auch für die, die keine Meinung mitbringen. Sei es nun, dass sie im Kampf der Meinungen unentschieden oder unberührbar geblieben sind. Zu den politisch Unberührbaren habe ich selbst lange Zeit gehört. Erst nach den Erfahrungen von Tschernobyl ist das anders geworden.

Im Oktober 1986 habe ich mit den meisten meiner Mitarbeiter in der Evangelischen Beratungsstelle für Erziehungs-, Ehe- und Lebensfragen einen Appell zum Ausstieg aus der Atomwirtschaft verabschiedet. Sein erster Satz ist eine Antwort auf unsere Frage. Er lautet:

„Wir können die Nutzung der Kernenergie auch zu friedlichen Zwecken nicht mehr mitverantworten."

Dieser Satz gilt weiterhin. Wie auch der ganze Aufruf. Wir haben diesen Brief geschrieben als Lebensberater
aufgrund unserer besonderen beruflichen Aufgabe und
aufgrund unserer besonderen beruflichen Erfahrung.
Wir haben ihn auch geschrieben als kirchliche Mitarbeiter
aufgrund der damit verbundenen christlichen Verantwortung.

Dies ist von der Gegenseite der Atomwirtschaft und ihrer politischen Befürworter nicht immer gleich verstanden worden. Es hat darüber persönliche Gespräche gegeben. Diese haben vielleicht zu der Einsicht beigetragen:

Wir sind Gegner, aber keine Feinde.

Feinde wollen sich vernichten oder ausschließen. Gegner wollen das nicht. Wir sind als zwei Gegner polar einander entgegengesetzt, aber wir sind verbunden durch ein Drittes. Dies Dritte, das uns auch heute hier verbindet, ist unser gemeinsames Dasein in einer Kirche als Christen.

Nach meiner Erkenntnis sind mir Gegner gegeben, damit ich lerne und mich weiter entwickle.

Sich-weiter-entwickeln, das heißt: Näher herankommen an das Wesen der Dinge, an das Wesen der eigenen Person, an das Wesen des Gegners und an das Wesen des verbindenden Dritten.

Das ist ein tiefes Geheimnis: Wir sind alle im Wesen verbunden untereinander, hier im Saale und auch sonst. Wir werden das merken, spätestens wenn wir uns übereinander aufregen. Wenn wir das nicht mehr täten, wäre unsere Beziehung tot. Und das wollen wir doch nicht. Oder? Ich jedenfalls nicht. Gott will es auch nicht. Es gibt ein schönes Wort darüber. Ich will es Ihnen mitteilen. Es heißt:

„Gott hat den Tod nicht gemacht, sondern er hat alles geschaffen, dass es im Wesen sein sollte."
(Weisheit 1, 13 u. 14).

Also: Im-Wesen-sein: Das heißt Leben. Wir sind im Wesen verbunden. Aber es ist uns selten bewusst. Denn: Wir sind unserem Wesen entfremdet.

Theologen nennen diese Entfremdung Sünde. Unser Bewusstsein gelangt selten ins Wesen. Meist bewegt sich unser Bewusstsein im Unwesentlichen und wir treiben daher unser Unwesen. Wir sollten aber unser Wesen betreiben und uns unseres Wesens bewusst werden. Das ist wirkliches Bewusstsein.

Wir sind Teil eines Leibes. Und was ein Teil dem anderen antut, das tut er sich selbst an. Darum wollen wir uns Gutes antun und nicht Vernichtendes. Darum wollen wir wohl Gegner sein. Wie es im Leib ja auch ein Gegeneinander gibt. Aber keine Feinde.

Doch nun leben wir ja in der Entfremdung. Und daher sind wir verführbar und machen aus Gegnern so leicht Feinde. Leider. Und dann kommt der Mord in die Beziehungen und der Tod. Und der Mord hat viele Gestalten: z.B. die Diffamierung. Also lasst uns wachsam sein. Ich habe mich gewappnet mit einem kurzen Satz. Er lautet:

Wer seinen Gegner achtet, achtet sich selbst.

Oder in der Umkehr:

Wer seinen Gegner verachtet, verachtet sich selbst.

Es ist nicht gut, Gegnerschaft zu leugnen oder verdeckt auszutragen. Solche Verkleisterungen führen zu falscher Harmonie und zu heimlicher Feindschaft. Ich möchte achtungsvoll und offen mit meinen Gegnern reden und ich denke: Hier in dieser Synode ist das möglich. – Das war die Vorrede.

Nun zurück zu unserem Aufruf. Wir haben ihn geschrieben als Lebensberater aufgrund unserer beruflichen Aufgabe.

Wir haben ja einen gesellschaftlichen und kirchlichen Auftrag. Einfach formuliert lautet er:

„Helft Menschen bei der Bewältigung von Lebenskrisen und Konflikten. Nutzt dazu Eure Kenntnisse als Psychologen, Sozialarbeiter und Psychotherapeuten. Soweit es möglich ist, führt Veranstaltungen durch, um zukünftige Lebensschwierigkeiten zu verhindern."

Unser Aufruf ist eine solche Veranstaltung.

Wir haben ihn geschrieben aufgrund unserer besonderen beruflichen Erfahrungen.

Was haben wir durch die Katastrophe von Tschernobyl erfahren?

1. Angst. Besonders von Müttern und Kindern wegen der aktuellen Strahlengefahren und der vermuteten Langzeitfolgen.
2. Verschärfung ehelicher und familiärer Konflikte. Insbesondere zwischen angstabwehrenden Männern und angstzulassenden Frauen und Kindern.
3. Zusätzliche Stressbelastung auch von Alleinlebenden.
4. Angst vor neuen AKW-Katastrophen.
5. Vertrauensverlust der Basis zu Regierung, Atomwirtschaft und verantwortlichen Experten.
6. Zorn auf solche Verantwortliche,
die keine Spur von Betroffenheit zeigten,
die Angst als hysterisch diffamierten,
die tatsächlich vorhandene Risiken leugneten,
die eilfertig die Atomwirtschaft für unverzichtbar und für verantwortbar erklärten und
die offenbar nichts anderes im Sinn hatten als das Wirtschaftswachstum.

Wir meinen, dass gerade diese zuletzt genannten Verhaltensweisen unredliche Durchsetzungsstrategien sind. Als solche haben wir sie in unserem Brief festgehalten.

Sie sind für uns u.a. auch ein Grund gewesen für unsere Feststellung: „Wir können die Nutzung der Kernenergie auch zu friedlichen Zwecken nicht mehr mitverantworten."

Denn: Tragfähig mitverantworten könnten wir sie nur, wenn wir über ihre Risiken, Alternativen und Hintergründe ohne Täuschungen informiert werden.

Ich will gerne davon ausgehen, dass keine bewussten Täuschungsabsichten bei den betreffenden Verantwortlichen vorliegen. Wer aber sich und andere täuscht ohne Absicht und Wissen, befindet sich in einer Illusion. Und gerade die ist besonders gefährlich.

Von daher bekommen die Feststellungen der namhaften Opposition von Politikern und Experten ein umso stärkeres Gewicht. Was stellen sie denn fest?

1. Die Nutzung der Atomenergie birgt in sich unbeherrschbare Risiken.
2. Ein großer „SUPER-GAU" ist auch in der BRD nicht auszuschließen.
3. Die Folgen könnten weitaus verheerender sein als in Tschernobyl.
4. Das gilt insbesondere für die Plutoniumswirtschaft, das heißt für den Schnellen Brüter in Kalkar und die Wiederaufbereitungsanlage in Wackersdorf.
5. Es gibt realistische Alternativen zur Atomwirtschaft.
6. Wir könnten sofort mit dem Ausstieg beginnen, indem wir nicht in die Plutoniumswirtschaft einsteigen. Der Schnelle Brüter Kalkar geht dann nicht ans Netz und die WAA Wackersdorf wird nicht gebaut.

In diesem Sinne fordern auch wir in unserem Brief die verantwortlichen Politiker zum sofortigen Ausstieg aus der Atomwirtschaft auf.

Wir haben dazu die Kirchen um ihre Mithilfe gebeten. Diese ist uns auch – unabhängig von unserer Bitte – zuteil geworden: Die Landessynode der Evangelischen Kirche von Westfalen hat im November 1986 folgenden Beschluss gefasst:

„Wegen der großen, vielfältigen und nicht mit Sicherheit beherrschbaren Gefahren der Kernenergie, wie sie durch den Reaktorunfall in Tschernobyl einer breiten Öffentlichkeit bewusst geworden sind, ist die weitere Nutzung der Kernenergie zu unserer Energieversorgung mit dem uns gegebenen Auftrag, die Erde zu bebauen und zu bewahren, nicht zu vereinbaren. Deshalb empfiehlt die Landessynode den Verzicht auf Kernenergienutzung sobald wie möglich und die unverzügliche Einleitung der dafür notwendigen Schritte." (Materiadienst, Landessynode 1986, S. 65).

Dem hat sich die Landessynode der Evangelischen Kirche im Rheinland im Januar 1987 angeschlossen:
„Die Landessynode macht sich die Empfehlung der westfälischen Synode zu eigen, sobald wie möglich auf Kernenergienutzung zu verzichten und die dafür notwendigen Schritte unverzüglich einzuleiten.? (EKiR Landessynode 1987, S. 113).
Auch andere Landessynoden und von katholischer Seite Kardinal Höffner haben sich in diesem Sinne eindeutig geäußert.

Natürlich haben Atomwirtschaft und ihre politischen Befürworter gekontert: Kirche verstünde davon nichts. Sie überschreite die Grenze ihrer Kompetenz. Dies bestreite ich nachdrücklich.

Mit der Nutzung der Kernenergie hat die Welt eine entscheidende Grenze überschritten und ist in ein Reich eingedrungen, dem sie nicht gewachsen ist. Mit Welt meine ich: Die von Gott und sich selbst entfremdete Menschheit, die sich immer wieder irrt und versagt. Menschen sind nach wie vor der Risikofaktor Nr. 1 auf unserer Erde. Sie können zwar die im Kernbereich der Materie gebundenen gewaltigen Kräfte entfesseln, aber nicht mit der notwendigen Sicherheit beherrschen. Wir müssten erst lernen, uns selbst mit Sicherheit zu beherrschen, ehe wir an eine sichere Beherrschung der materiellen Kernkräfte denken können.

Die Welt beruft sich gern auf das Wort:
„Seid fruchtbar und mehret euch und füllet die Erde und machet sie euch untertan."
Aber sie vergisst dabei, dass dieses Segenswort gesprochen wurde vor dem Sündenfall und dass danach eine wichtige Aufforderung hinzugekommen ist, die Vorrang hat. Sie ergeht an Kain und lautet:
„Herrsche über die Sünde".
Und das heißt ja nichts anderes als: Lerne über dich selbst zu herrschen. Aber: Sehen wir uns die Geschichte der Menschheit an: bisher ist das nicht gelungen. Weder auf dem Weg der Moral noch auf dem Weg des Glaubens. Oft hat die Moral die Entfremdung verstärkt, weil sie Gewalt ausgeübt hat. Und oft hat der Glaube nichts genutzt, weil er die menschliche Seele nicht durchdrungen und erleuchtet, sondern im Dunkeln gelassen hat. So

leben wir auch in der Kirche leider in einer tiefen seelisch-geistigen Verdunkelung. Nur ungern gestehen wir sie uns ein. Heute jedoch müssen wir es tun. Warum?

Weil wir mit Kräften umgehen, durch die wir uns selbst als Volk und als Menschheit vernichten können. Das ist sehr schlimm.

Aber: Es gibt eine Gegenbewegung. Wir hören einen neuen Ruf. Es ist der Ruf nach Mission im eigenen christlichen Abendland und in der BRD. Er wird auch von den Präsides der Evangelischen Kirche im Rheinland und von Westfalen nachdrücklich aufgenommen.

Es gibt viele Gründe für diesen Ruf nach Mission. Für mich ist der wichtigste die wachsende Gewalt in unserer Gesellschaft. Sie war schon 1945 – kurz nach Ende des Zweiten Weltkrieges – der negative Zielpunkt der Stuttgarter Erklärung der Evangelischen Kirche in Deutschland. Es heißt dort:

> „Wir hoffen zu Gott, dass durch den gemeinsamen Dienst der Kirchen dem Geist der Gewalt und der Vergeltung, der heute von neuem mächtig werden will, in aller Welt gesteuert werde und der Geist des Friedens und der Liebe zur Herrschaft komme, in dem allein die gequälte Menschheit Genesung finden kann."

Der Geist der Gewalt ist in den vergangenen vier Jahrzehnten ungeheuer gewachsen. Mehr und mehr beginnen wir unter ihm zu leiden. Im Großen: In der Öffentlichkeit und im Kleinen: Im privaten Bereich in Partnerschaft, Ehe und Familie. Zunehmend wird uns die Gewalt bewusst durch Leiden. Meist geschieht das in kleinen Dosierungen. Manchmal aber auch schlagartig. So, wie durch die Katastrophe von Tschernobyl.

Da haben wir es plötzlich am eigenen Leibe erfahren:

Auch zu friedlichen Zwecken ist die Kernspaltung ein Weg der Gewalt und die Materie reagiert darauf nicht friedlich fügsam, sondern mit sehr giftiger Gegengewalt.

Aber die Spaltungsgewalt ergreift auch die Menschen. Sie spalten sich in AKW-Befürworter und AKW-Gegner. Und zwi-

schen ihnen wächst Gewalt. Gewalt von oben und Gewalt von unten. Denn die Befürworter sitzen meist oben und die Gegner meist unten. Das verstärkt schon vorhandene Oben-Unten-Spaltungen auch im privaten Bereich. Also
zwischen Mann und Frau
zwischen Eltern und Kindern.
Kirche sieht ihren Missionsauftrag neu in Anbetracht wachsender Gewalt und zunehmender Spaltung der Menschen in einem nur oberflächlich christlichen Abendland.

Aber wie will sie diesen Missionsauftrag erfüllen? Die beiden evangelischen Landeskirchen in Nordrhein-Westfalen haben sich mehrheitlich eindeutig gegen den harten K-Weg (= Kernenergie) und für den sanften S-Weg (= Sonnenenergie und Sparen) entschieden.

Was haben sie da eigentlich getan? Sie haben doch keinen energiepolitischen Auftrag! Sie haben einen Bekehrungsauftrag! Und der ist in ihrem mehrheitlichen Verständnis nicht gewalttätig, sondern sanft. Das ist gut. Hier wird nicht der Gott der Härte vertreten, sondern der Gott der Sanftheit. Der Gott der Härte ist der Gott der Oberfläche. Der Gott der Sanftheit ist der Gott der Tiefe (vergl. die Gottesbegegnung des Elia, 1. Könige 19). Dorthin, in die Tiefe, in das liebende Herz der Gottheit führt der Christus-Weg, der Weg der Sanftheit. Wer diesen Weg geht, stößt auf 1.000 Verhärtungen im inneren seiner Seele und 1.000 Missverständnisse in seiner Umgebung: Hindernisse, die zu überwinden sind.

Es geht. Aber es macht Schmerzen. Man ging diesen Weg bisher deswegen nicht oft und nicht gern. Heute sind wir in einer anderen Situation. Wir sind an einem Scheideweg. Der harte Weg weiter nach draußen in die Entfremdung droht mit anderen gewaltigen Schmerzen für uns alle.Und über den sanften Weg nach innen hat die heilende Sozialpsychologie, Psychotherapie und Pastoralpsychologie in den vergangenen vier Jahrzehnten sehr viele neue verheißungsvolle Erkenntnisse gesammelt. Daher können wir heute dem sanften Weg eine gewisse Chance der Verwirklichung für viele einräumen. Der Weg, den wir zu gehen haben, ist ein Weg der Bewusstwerdung (Werden des wirklichen

Bewusstseins). In unserem heutigen Bewusstseins-Stand wollen wir zwar alle das Gute, aber uns fehlt das Vollbringen. Wir landen mit unseren Kriegen und Katastrophen immer wieder im Schaden. Und immer wieder hegt jede neue Generation und jedes andere Volk die gleiche Illusion: „Bei uns passiert das nicht."

Und es passiert doch. Woran liegt es denn? Die Psychoanalyse spricht von einem unbewussten Wiederholungszwang. In der Öffentlichkeit rechnen wir immer noch nicht mit der unbewussten Seele und mit den Verhärtungen, die in ihr gespeichert sind. Die spielen uns immer wieder einen Streich. Und am Ende können wir dann nur sagen:

„Herr vergib uns. Wir haben nicht gewusst, was wir taten. Schuld und Verantwortung können wir nicht tragen. Trag du sie."

Heute, wo wir ein ungeheures Machtpotential in unserer Hand haben, das einzelne Völker ihrer Existenzgrundlage berauben und die ganze Menschheit vernichten kann, können wir so nicht mehr reden. Die Theologie der Vergebung ist heute an ihre Grenze gekommen, sie trägt nicht mehr weiter. Wir brauchen eine Theologie der Bewusstheit. Sie sagt: „Herr, wir wollen wissen, was wir tun und wir wollen das auch verantworten können." Das ist just der Übergang vom Kind zum Erwachsenen. Eine sehr schwierige Phase, wie wir alle wissen.

Soweit zur „Neuen Mission", hier provoziert durch die *Grenzerfahrung* von Tschernobyl.

Zum Schluss noch ein Wort zu den Vertretern der Gegenseite, den Betreibern und Befürwortern der Atomwirtschaft. Auch in ihnen sehe ich die Menschen guten Willens. Die Atomwirtschaft begann ja 1953 mit einer begeisterten Friedensbewegung „Atom for peace – Atom für den Frieden" als Gegenkraft zu einem drohenden Atomkrieg. Die friedliche Nutzung der Atomenergie zur spottbilligen Energieversorgung der energiehungrigen Menschheit leuchtete damals auf als eine Vision. Man hoffte, alle Menschen in kurzer Zeit wirtschaftlich zufrieden stellen zu können und damit einen dauernden Frieden der Menschheit zu sichern. Aber: Der Verwirklichung dieser friedlichen Vision stellten sich immer wieder neue konkrete Schwierigkeiten in den Weg. Schritt für Schritt erkannte man die ungeheuren Gefahren, die auch mit der friedlichen Nutzung der Kernenergie verbunden waren. Man musste immer mehr Sicherungen erfinden und einplanen. Das kostete Geld und verteuerte das Unternehmen. In der BRD wäre es ohne die staatliche Förderung und Subventionierung mit etwa 30 Milliarden nicht zustande gekommen. Der Traum vom weltweit billigen Strom zerrann.

Rückblickend sehen wir einen ungeheuren Einsatz an öffentlichem und privatem Kapital, wissenschaftlicher Forschung, technischem Verstand und Erfindungsgeist, wirtschaftlicher Unternehmensbereitschaft, politischen Entscheidungsprozessen, Gesetzes-Arbeit und Verwaltungs- und Überwachungsmaßnahmen.

Das alles gebietet Respekt, auch wenn das Ergebnis nicht mehr bejaht werden kann.

Wir haben auch zu respektieren, dass es nach wie vor eine langfristige Konfliktlage der Energieversorgung gibt zwischen der Verwendung fossiler Brennstoffe und anderer Energiequellen.

Sie forderte damals eine Lösung. Die K-Lösung, Nutzung der Kernenergie, lag nahe. Heute wird eine neue Lösung gefordert. Die S-Lösung, die Erschließung sanfter oder erneuerbarer Energien aus den Quellen Sonne, Wasser, Wind und Erde, und Sparen = Verbesserung der Energienutzung.

Das bedeutet eine Umkehr vom K-Weg.

Ich verstehe, dass die, die so viel von sich selbst – auch an Liebe – in das Werk der atomaren Energienutzung gesetzt haben und noch setzen, an Umkehr nicht oder doch nur sehr schwer denken können.

Ich verstehe auch, dass es bitter ist, die zeitlich beschränkte Geltung eines Weges zu erkennen, den man als Weg für ein Jahrhundert oder mehr angesehen hat und angetreten ist. Sind aber nicht solche Enttäuschungen ein wesentlicher Teil unseres Lebens? Bedeutet nicht die Überwindung einer Täuschung in unserem persönlichen Leben einen schmerzhaften, aber notwendigen Schritt der Reifung? Könnte das nicht auch so sein in unserem Leben als Volk?

Was nötigt uns, im Bereich des öffentlichen Lebens nur konfrontativ mit Argumenten einmal bezogene Positionen zu behaupten und festzuhalten? Würde es uns nicht vielmehr ehren, wenn wir auch durch Verstehen und Austausch zu neuen Lösungen und Einsichten kommen könnten?

Wäre das nicht menschlicher und entspannender? Lebendiger? Und geht es nicht letztlich immer um das zufriedenstellende Miteinander-Leben? Unsere Frage heißt ja auch – letztlich – nicht: Wie wollen wir unsere Energieversorgung sichern? Dafür wäre unsere Synode nicht der richtige Ort. Sondern: Wie wollen wir als Christen in Zukunft miteinander leben? Was können wir verantworten? Und nicht nur in Zukunft, sondern schon hier und heute. Jetzt.

XI.
Neues Bewusstsein nach Tschernobyl

Vortrag bei der Kreissynode Gladbach,
11. Juli 1987

Liebe Synodale, meine Damen und Herren,
die Katastrophe von Tschernobyl hat bei vielen von uns das Bewusstsein verändert. Bei den einen nachhaltig, bei den anderen vorübergehend. Ohnehin sind die meisten von uns zum Alltagsbewusstsein zurückgekehrt. Die Beunruhigung von Tschernobyl ist in die unbewusste Tiefe der Seele abgesunken. Dort wird sie mehr oder weniger gut entsorgt. Aber sie kann bei jeder neuen Katastrophe wieder abgerufen werden.

Der Kirchenkreis Gladbach hat eine Sondersynode zum Thema „Unsere Verantwortung als Christen für die Schöpfung angesichts der Risiken der Kernenergie" einberufen. Sie findet fast 15 Monate nach der Katastrophe von Tschernobyl statt.

Nun kann es nicht ausbleiben, dass oft nur notdürftig entsorgte Beunruhigung wieder an den Tag gebracht wird. Manche Synodale werden sich dem guten Willens stellen wollen, manche mit gemischten Gefühlen, manche auch mit deutlicher Ablehnung. Solche Unterschiede sind natürlich, verständlich und akzeptabel.

Es kommt hinzu: Die Erfahrung von Tschernobyl hat die Spaltung in unserem Volk vertieft. Auf der einen Seite stehen die Befürworter der Atomkraft, auf der anderen Seite die Gegner. Auf der politischen Bühne und in der politischen Szene hat sie die Parteiung und Entzweiung verschärft. Die Anwendung von Gewalt – geistiger, seelischer, wirtschaftlicher und körperlicher – ist üblich geworden.

Manche von Ihnen werden befürchten, dass politische Spaltung und Entzweiung sich auf die Kirche überträgt und jener Geist der Gewalt auch hier Raum findet.

Soweit es an mir liegt: Ich werde darauf bedacht sein, dass vorhandene Unterschiede uns nicht radikal auseinanderbringen, sondern eine fruchtbare Auseinandersetzung ermöglichen.

Solche Befürchtungen, gemischte Gefühle und Ablehnungen, haben schon im Vorfeld der Synode eine Rolle gespielt. Das habe ich dem ersten Gespräch mit der Vorbereitungsgruppe entnommen. Des Weiteren habe ich gehört, dass es einen thematischen Gegenvorschlag gegeben habe, der da lautete: „Der Laie in der Kirche".

Die Vorbereitungsgruppe hat viele gute Überlegungen angestellt, um die Parteiung dieser Welt und den Geist der Gewalt aus der Synode herauszuhalten und die Beunruhigungen durch Tschernobyl theologisch aufzunehmen und aufzuarbeiten. Schließlich hat sie sogar das Gegenthema in leibhaftiger Gestalt aufgenommen, indem sie mir – einem Laien in der Kirche – die Übernahme des Einleitungsreferates angetragen hat. Daraus ist nun ein Auftrag geworden, den ich trotz erkennbarer Schwierigkeiten gern angenommen habe. Denn er ist eine Provokation für meinen christlichen Glauben, dem ich viel verdanke, z.B. Lebensfreude und Zukunftshoffnung, aber auch die Bereitschaft zu theologischer Reflexion und Auseinandersetzung.

Das Thema meines Vortrags lautet: *„Neues Bewusstsein nach Tschernobyl".*

Es geht dabei nicht nur um die Erneuerung unseres Schöpfungsbewusstseins, sondern um eine umfassende Erneuerung unseres Bewusstseins im persönlichen, sozialen und religiösen Bereich.

Werfen wir zunächst einen Blick auf das, was Bewusstsein ist. Definieren wir es. Oder besser: Kreisen wir es ein.

Bewusstsein ist etwas anderes als Wissen. Ich weiß: 1986 wurden in der BRD 34 % – also ein Drittel – der verbrauchten Wirtschaftsenergie durch Atomspaltung gewonnen. Dieses Wissen ist an sich für mich bedeutungslos. Es gewinnt für mich erst dann Bedeutung, wenn ich persönlich in eine Beziehung dazu trete, z.B. dann, wenn ich Angst habe vor einer atomaren Katastrophe und ein Interesse daran, diese 34 % Atomstrom zu reduzieren.

Meine Angst zeigt eine Gefahr für mein Leben an. Da spüre ich mich deutlich. Wo ich mich selbst deutlich spüre, da ist Bewusstsein. Da, wo ich selbst dabei bin, darin bin oder dazwischen bin. Søren Kierkegaard hat dieses persönliche „Dazwischensein" im lateinischen Wort „inter-esse" wiedergefunden. Wo immer dieses persönliche „inter-esse" = „Interesse" gegeben ist, geht es um meine oder um unsere Existenz (Da-Sein).

Die eine Seite unseres Bewusstseins ist daher immer das Bewusstsein unserer selbst: Unser Selbstbewusstsein.

Was aber ist die andere Seite?

Es gibt drei andere Seiten:

Die eine heißt „Schöpfung" oder persönlicher gesagt: Unsere Mitgeschöpfe. Wenn sie uns zu Herzen gehen, werden wir für sie zu ihren Nächsten. Schöpfungsbewusstsein kommt auf seinen Höhepunkt in der Nächstenliebe.

Die zweite heißt Gott.

Die dritte Seite: Das sind unsere eigenen Schöpfungen, z.B. Atomkraftwerke.

Fassen wir zusammen: Bewusstsein ist immer Selbstbewusstsein in Beziehung: *Schöpfungsbewusstsein, Gottesbewusstsein, Werkbewusstsein*. Wenn das Selbstbewusstsein ausgeschlossen wäre, würden wir nicht von Bewusstsein, sondern von Wissen sprechen. Mancher gelehrte Mann weiß viel und hat wenig Bewusstsein, manche einfache Frau weiß wenig und hat doch viel Bewusstsein.

Wir wissen heute sehr viel über sogenannte Systeme und sogenannte Vernetzung. Z.B. ist jede Familie ein System: Das Handeln, Fühlen und Denken des einen wirkt sich aus auf alle anderen Mitglieder der Familie. Aber diese seelisch-geistige Vernetzung ist weithin unbewusst. Das Bewusstwerden solcher Zusammenhänge ist eine Arbeit gegen Widerstand. Der Widerstand gegen Bewusstwerdung ist begründet. Denn jedes Bewusstsein kann zum Verantwortungsbewusstsein werden. Und das ist eine

Last. Unbewusstsein ist dagegen – dem Anschein nach – verantwortungslos. Bewusstsein ist Verantwortungsbewusstsein. Der Familienberater macht zusammen mit der Familie Nicht-Bewusstes bewusst und ermöglicht dadurch ein verantwortungsbewusstes Umgehen miteinander.

Das familiendynamische Systemwissen ist erst seit wenigen Jahrzehnten in der Praxis der Lebensberatung nutzbar gemacht worden. Das christliche Wissen kennt diese Zusammenhänge schon sehr lange im Bild vom Leib Christi. Die Gemeinde ist ein Leib. Wenn das eine Glied leidet, so leiden alle anderen mit. Wir wissen das, aber es ist uns in der Regel nicht bewusst. Sonst würden wir sehr viel Mit-Leiden – und auch Mit-Freuen erleben. Bewusst erleben. Uns selbst dabei spüren. (1. Kor. 12,26)

Die Gemeinde ist ein „Makro-System". Hier ist das Bewusstsein (Schöpfungsbewusstsein) noch schwerer zu erlangen als im Mikro-System Familie. Schließlich wissen wir auch, dass die ganze Menschheit ein solches Makro-System (Leib) ist. Tschernobyl hat uns eine Spur dieses Wissens bewusst gemacht.

Bewusstsein ist ein aufregender Begriff. Um unser Bewusstsein wird überall gekämpft und gestritten: In der Politik und in der Liebe, in der Wirtschaft und in der Religion. Und wir stecken oft mitten in diesem Kampf und merken es nicht.

Ich will ein einfaches Beispiel erzählen aus meiner Kindheit. Ich habe mich an diese Geschichte erinnert, als ich über unser Thema nachdachte. Ich bin in Berlin aufgewachsen. Meine Eltern waren damals Atheisten. Eines Tages gab es ein furchtbares Unwetter mit Donner und Blitzen und Hagelstücken so groß wie Fäuste. Eines durchschlug krachend die Scheibe unserer Badestube und schlitterte mir vor die Füße. Da entfuhr mir spontan der Satz: „Da kann man ja beten lernen". Daraufhin sah meine Mutter mich mit großen Augen an und sprach: „Wie kannst du sowas sagen?!"

Meine Äußerung war in der Tat überraschend. Sie passte nicht zum damals herrschenden Familienbewusstsein. Es war bei uns nicht üblich zu beten, und von Gott war nie die Rede. Ein Unwetter schien auch kein hinreichender Grund zu sein, sich besonders aufzuregen, Furcht zu zeigen, oder sich der Grenzen der eigenen Macht bewusst zu werden. Mein natürlicher Impuls religiöser Bewusstwerdung fand keine Gegenliebe und keinen Entfaltungsraum. Er ging wieder zugrunde. Ich lernte damals nicht beten. Ich vertraute mir und meinem frischen Impuls nicht, sondern meiner Mutter und ihrer abgestandenen Welterfahrung.

Eltern stellen für ihre Kinder eine höhere Ebene des Bewusstseins dar. Sie empfangen von dort Sicherheit und Entängstung. Erst später können sie erfahren, dass die vermeintlichen Sicherheiten der Großen nicht selten auf tönernen Füßen stehen und die Herzensregungen der Kinder der Wahrheit oft näher kommen.

Wenden wir uns jetzt dem neuen Bewusstsein nach Tschernobyl zu. Hier erkennen wir eine ähnliche Struktur. Allerdings: Sie spielt sich in der viel größeren Dimension der politischen Öffentlichkeit ab. Und es handelt sich nicht um die Reaktionen auf ein natürliches Unwetter, sondern auf eine von Menschen selbst angefertigte Katastrophe. Aber auch hier gibt es zwei Reaktionsebenen: Eine obere und eine untere. Und die obere könnte mit der Zeit die untere zum Verstummen bringen, so wie ich mich damals als Kind durch meine Mutter zum Verstummen bringen ließ. Dies geschieht gewöhnlich nach der Devise: Die Meinung der Herrschenden wird langsam zur herrschenden Meinung.

Auf der unteren Reaktionsebene traten und treten verschiedene Affekte und Handlungsimpulse auf. Wir konnten das in den ersten Wochen nach Tschernobyl besonders gut beobachten:

1. Ängste vor den Folgen der Katastrophe.
2. Ängste vor der Wiederholung einer ähnlichen und vielleicht sogar noch schlimmeren atomaren Katastrophe in der BRD.
3. Misstrauen gegen die Machthaber in Politik, Wissenschaft und Wirtschaft, weil sie die unheilvollen Folgen ihrer Entscheidung offenbar nicht genügend bedacht hatten.
4. Zorn auf deren Überheblichkeit und Selbstgerechtigkeit, soweit sie ohne Besinnung für das Weitermachen der Atomwirtschaft eintraten.

5. Suche nach neuen, zuverlässigen Quellen des Vertrauens und der Information.

Wie sah es dagegen – und wie sieht es – auf der oberen Ebene unseres Staates aus? Bei einem Teil der herrschenden Elite wurden und werden diese Impulse unterdrückt und abgewertet. Von unten her wurde das System der Atomwirtschaft schnell als zu gefährlich eingestuft und dem Ausstieg preisgegeben. Von oben her wurde das System geschützt und gerechtfertigt. Das ist verständlich. Bedenken wir: Welch ein großer Einsatz war für den Aufbau der Atomwirtschaft von der zuständigen Elite geleistet worden! Welch ein Einsatz an öffentlichem und privatem Kapital, an wissenschaftlicher Forschung, an technischem Verstand und Erfindungsgeist, an wirtschaftlicher Unternehmensbereitschaft, an politischen Entscheidungsprozessen, an gesetzgeberischer Arbeit, an Verwaltungs- und Überwachungsmaßnahmen.

Das forderte Anerkennung. Stattdessen wurde dies unter dem unmittelbaren Eindruck von Tschernobyl von einem großen Teil der Basis überhaupt nicht mehr zur Kenntnis genommen und für null und nichtig erklärt. Das war bitter für die obere Ebene. Doch rechtfertigt das nicht ihren Einsatz unredlicher Durchsetzungsstrategien gegenüber der unteren Ebene. Das allerdingt geschah und dazu rechnen wir:

Die Diffamierung der Ängste als hysterisch, Ängste, die tatsächlich berechtigt sind.

Die Verharmlosung der Risiken, Risiken, die tatsächlich vorhanden sind.

Die Behauptung der Verantwortbarkeit trotz der unübersehbaren Folgen eines möglichen Großunfalls.

Das Vorgeben eigener Stärke, die alles bedacht und im Griff haben will, obwohl dies nicht möglich ist.

Die Einengung des Lebensverständnisses auf wirtschaftliches Wachstum, obwohl Leben sehr viel mehr ist.

Das Ausgeben der Atomwirtschaft als eine Art Wohltätigkeitsverein, der uns mit billigem Strom versorgt, die Dritte Welt vor dem Verhungern und die Erde vor dem Untergang bewahrt, während sie doch auch ein sehr riskantes Instrument ist in einem erbarmungslosen Wirtschaftskrieg.

Mundus vult decipi, ergo decipiatur. Zu deutsch: „Die Welt will getäuscht werden, also soll sie auch getäuscht werden."

Unser Bewusstsein lässt sich leicht in Selbsttäuschungen bannen, so könnte es auch hier geschehen. Die untere Ebene hat ohnehin keine starke Position. Denn:

1. Sie wird von Affekten gesteuert wie Angst, Misstrauen, Wut und Zorn. Diese haben meist ein kurzes Leben. Sie verschwinden oft mit dem konkreten Anlass, der sie ausgelöst hat.
2. Die Basis besitzt keine verbindliche Lebensphilosophie, die der staatlichen und wirtschaftlichen Machtphilosophie wirkungsvoll entgegengesetzt werden könnte.
3. Sie ist selbst sekundärer Nutznießer des materialistischen Systems: Sie beteiligt sich an der Verschwendung der Wirtschaftsenergie.
4. Sie hat eine geringe Selbstorganisationskraft und kann daher ihr vorhandenes Machtpotential nur unzureichend ausnutzen.

Immerhin: Nach Tschernobyl sind in der Bundesrepublik zahlreiche neue kritische Bürgerinitiativen gebildet worden. Viele messen die Radioaktivität der angebotenen Lebensmittel und kontrollieren dadurch das Angebot des Marktes. Dies wird besonders von Eltern betrieben, die besorgt sind um die Zukunft ihrer Kinder, und von Frauen und Müttern, die für Einkauf und Ernährung zuständig sind. Solche Aktivitäten bewahren vor Resignation und Depression, die auf der unteren Ebene ansonsten häufig anzutreffen sind und die mit jeder Ohnmachtserfahrung weiter wachsen.

Der Kampf der beiden Ebenen um die Atomwirtschaft geht weiter.

In diesen Kampf haben sich nun auch viele evangelische Landeskirchen hineinbegeben. Neun von siebzehn haben inzwischen den Ausstieg aus der Atomwirtschaft empfohlen. Dazu gehört auch unsere Evangelische Kirche im Rheinland. Sie hat sich auf ihrer Landessynode im Januar 1987 dem sehr gut fundierten Beschluss der westfälischen Schwesterkirche angeschlossen. Ich zitiere daher aus dem Beschluss der Landessynode der Evangelischen Kirche von Westfalen vom November 1986:

„Wegen der großen vielfältigen und nicht mit Sicherheit beherrschbaren Gefahren der Kernenergie, wie sie durch den Reaktorunfall von Tschernobyl einer breiten Öffentlichkeit bewusst geworden sind, ist die weitere Nutzung der Kernenergie zu unserer Energieversorgung mit dem uns gegebenen Auftrag, die Erde zu bebauen und zu bewahren, nicht zu vereinbaren.

Deshalb empfiehlt die Landessynode den Verzicht auf Kernenergienutzung so bald wie möglich und die unverzügliche Einleitung der notwendigen Schritte."

Ich persönlich stelle mich ganz und gar hinter diesen Beschluss. Viele Mitglieder unserer Kirche können das gleiche von sich sagen. Andere tun sich da schwer. Wir müssen an dieser Stelle Bewusstwerdungsarbeit leisten, um unsere Solidarität in der Kirche zu bewahren. Dazu möchte ich hier meinen Beitrag geben.

Zunächst einmal sind alle entsprechenden kirchlichen Empfehlungen zum Ausstieg bei den engagierten Betreibern und Befürwortern der Atomwirtschaft auf Abwehr gestoßen. Sie haben den Kirchen die fachliche Kompetenz abgesprochen (das hätten sie natürlich nicht getan, wenn die Kirchen die Atomwirtschaft empfohlen hätten).

Diesem Absprechen von Kompetenz und Zuständigkeit der Kirchen widerspreche ich mit Nachdruck.

Die fachliche Kompetenz zur Beurteilung der Atomwirtschaft und ihrer Risiken setzt sich aus verschiedenen Teilkompetenzen zusammen. Risikofaktor Nr. 1 bei allen Unfällen ist nach wie vor der Mensch. Auch die Katastrophe von Tschernobyl ist nicht in erster Linie auf eine schlechte Technik zurückzuführen, sondern auf fahrlässige Menschen. Menschliches Irren und Versagen gehört zum Leben in einer gefallenen und erlösungsbedürftigen Welt. Niemand weiß dies besser als die Kirche. Es gehört zu ihrer fachlichen Kompetenz. Sie hat nicht nur das Recht, sondern sogar die Pflicht, darauf hinzuweisen, wenn dies vergessen wird. Und es wird leicht vergessen, da wir uns gern über uns selbst und unsere Macht täuschen. Kirche hat eine größere Distanz zur Welt und kann ihre Selbsttäuschungen daher leichter erkennen. So ist sie auch zuständig für die Verminderung und Aufhebung von Selbsttäuschungen, wenn dies ohne Anwendung aller Arten von Gewalt möglich wird. Insbesondere dann und dort, wo es notwendig ist. Notwendig ist es, wo Gefahr für Leib und Leben besteht. Dies ist beim Betreiben von Atomkraftwerken der Fall, und zwar in großem Umfang.

Um das noch einmal ganz deutlich zu sagen: Niemand hat mehr fachliche Kompetenz und größere Zuständigkeit sich zur Atomwirtschaft zu äußern als die Kirche. Das klingt uns gewiss verwunderlich in den Ohren, da unsere moderne Industriegesellschaft alle ihre Hoffnung auf die technische Perfektion gesetzt hat. Die Risikobeurteilung liegt daher fast ausschließlich in den Händen und Köpfen von Technologen. Daran haben wir uns offenbar so gewöhnt, dass das „bisschen Mensch", das an dieser wunderbaren Technik hängt, gleich von Technologen mitbeurteilt werden darf, obwohl diese oft von einer geradezu rührenden anthropologischen Ahnungslosigkeit sind. Selten haben gerade sie ein gewisses Wissen über das menschliche Unbewusste, aus dem heraus u.a. auch das Tun und Lassen gesteuert wird, das wir nicht bewusst wollen und das die Ursache so vieler großer und kleiner Unfälle unseres Lebens ist. Das war schon dem Apostel Paulus bekannt, der es prägnant formulierte im Römerbrief: „Ich weiß nicht, was ich tue: Was ich will, das tue ich nicht. Was ich nicht will, das tue ich." (Röm. 7, 15)

Doch in unserer Kirche gibt es auch im 20. Jahrhundert immer noch viele Vorbehalte gegen dieses unheimliche Unbewusste, das unserem guten Wollen einen so zähen Widerstand entgegensetzt. Es hilft aber nichts. Durch Nichtbeachtung der hier eingeschlossenen positiven und negativen Kräfte lernen wir nicht deren bewusste Beherrschung. Und diese wird mit fortschreitender Zeit immer notwendiger werden. Denn jeder neue Tag bringt uns neue Erkenntnisse über die in der Schöpfung eingeschlossenen immensen positiven und negativen Kräfte. Die Kräfte der Atomkerne sind uns zugänglich und verfügbar geworden. Meister dieser Kräfte sind wir jedoch noch lange nicht. Das wird gar nicht möglich sein, so lange wir nicht Meister unserer selbst geworden sind. Das ist in jedem Fall vorrangig. Die Meisterschaft unserer selbst ist das Reich Gottes. Danach sollen wir zuerst trachten. Nicht nach der Unterwerfung der Schöpfung.

Zwar hat Gott gesagt:
„Macht euch die Erde untertan." (1. Mose 1, 28).

Doch dies war gesprochen vor dem Sündenfall im Garten Eden, dort, wo der Mensch in enger Verbindung mit seiner Gottheit lebt. Da muss wohl das Wort „untertan machen" eine ganz andere Bedeutung gehabt haben als in der gefallenen Welt von heute. In ihr ist dies Wort immer mit Gewalt verknüpft.

Nach dem Sündenfall empfing die gefallene Menschheit in der Person des Brudermörders Kain eine andere Anweisung. Sie lautete:
„Herrsche über die Sünde" (1. Mose 4, 7).

Dies besagt nichts anderes als das Wort Jesu:
„Trachtet zuerst nach dem Reich Gottes." (Matth. 6, 33).

Ich frage mich, wie weit wir heute damit sind und was wir tun können, damit wir morgen weiter sind.

Wachstum im Bereich unseres Glaubens ist angezeigt.

Wir leben heute in einer Zeit intensiven Wachstums auf allen Gebieten. Von Wirtschaftswachstum ist in unserer Öffentlichkeit jeden Tag die Rede. Wachsen vollzieht sich in manchen Bereichen explosionsartig. Wir nehmen zur Kenntnis: Bevölkerungsexplosion, Wissensexplosion, Kostenexplosion. Diese explosive Expansion der Menschheit hat erfreuliche, aber auch bedrohliche Seiten. Das bedrohliche wird umso bedrohlicher, je mehr bei diesem Wachstum die Mitte verloren geht.

Diese Mitte ist unser verborgenes göttliches Wesen. In der Weisheit können wir dazu lesen:
„Gott hat den Tod nicht gemacht, sondern er hat alles geschaffen, dass es im Wesen sein sollte." (Weisheit 1, 13 u.14).

Die Welt, die ihre Mitte verloren hat, sehnt sich zurück nach ihr. Dies tut sie in unbestimmter oder in bestimmter Weise. So ist diese Mitte oft namenlos und oft hat sie sehr viele verschiedene Namen. In der Nachfolge Jesu hat sie den Namen „Reich Gottes". Unser Glaube ist ein Wachstums- und Entscheidungsprozess, der diese Mitte wiedergewinnt. In einer Welt, die sich nach außen zu verlieren droht, ist sie eine Bewegung nach innen.

Aber diese Bewegung nach innen stößt auf unsere verhärteten Herzen. Die Herzensverhärtung wird zum größten Widersacher unseres Glaubens. Wir müssen uns mit ihr auseinandersetzen. Im neuen Testament ist an zwei Stellen von ihr die Rede. Einmal im Zusammenhang mit der Ehescheidung:

Matth. 19, 8: „Mose hat Euch erlaubt, Euch zu scheiden von Euren Frauen wegen Eurer Herzenshärtigkeit (oder griechisch: Sklerokardia)."

Sklerokardia hört sich an wie eine ärztliche Diagnose. Und dies ist es auch, wenn wir „Arzt" in einem sehr umfassenden Sinn verstehen. Jesu Aussage geht weiter:

„Von Anbeginn ist es nicht so gewesen". Griechisch: ap archès. Also in der Urschicht, im Archetyp der Ehe, im Wesen.

Die Isolation des Männlichen vom Weiblichen ist ein Indikator der Sklerokardia. Das kann man natürlich nicht direkt an der heute immer mehr zunehmenden Zahl der Ehescheidungen ablesen. Das wäre viel zu oberflächlich. Aber es ist doch ein Signal, sich näher damit zu beschäftigen.

Die zweite Stelle findet sich im Markus-Evangelium, ziemlich am Ende, 16, 14 u. 15: „Zuletzt, da die elf zu Tisch saßen, offenbarte er sich und schalt ihren Unglauben und ihre Sklerokardia, dass sie nicht geglaubt hatten denen, die ihn gesehen hatten auferstanden."

Hier wird Unglaube sehr eng verschwistert mit der Sklerokardia.

„Und er sprach zu ihnen: Gehet hin in alle Welt und predigt das Evangelium der ganzen Schöpfung." (griechisch Ktisis).

Es muss nachdenklich machen, dass die Doppelbarriere Unglaube – Sklerokardia – hier in so naher Verbindung mit dem Verkündigungsauftrag genannt wird.

Ich gehe von hier noch einmal zurück zur Atomwirtschaft.

Im März 1979 hatte der 8. Deutsche Bundestag die Enquete-Kommission *„Zukünftige Energiepolitik"* eingesetzt. Sie hat wertvolle Arbeit geleistet.

In der entscheidenden Frage der Notwendigkeit der Atomwirtschaft wurde jedoch keine Einigkeit erzielt. Vielmehr wurden zwei unterschiedliche Wege deutlich herausgearbeitet:

1. Der harte K-Weg. Hier spielt die Nutzung der Kernkraft eine zentrale und langdauernde Rolle.
2. Der sanfte S-Weg. Bei ihm wird so schnell wie möglich auf Kernkraft verzichtet. Der Bedarf an fossilen Energien wird reduziert
   a) durch Rationalisierung der Energieverwertung,
   b) durch Ausbau erneuerbarer sanfter Energien.

Wie Sie wissen, haben sich die Mehrheit des Bundestages und die Bundesregierung für die Fortsetzung des harten K-Weges entschieden – auch nach Tschernobyl.

Offenkundig sind wir heute auf der politischen Bühne noch nicht in der Lage, sanfte Entscheidungen für sanfte Lebensmöglichkeiten zu fällen. Unsere Regierung kann das am wenigsten, weil sie harten weltpolitischen Zwängen unterstellt ist oder sich ihnen unterstellt hat.

Sie kann sich ohne nachdrückliche Hilfe der Basis und der Kirchen nicht daraus befreien. Ihr Wunsch nach solcher Hilfe ist allerdings sehr ambivalent. Und wir dürfen nicht mit herzlichem Entgegenkommen und Dankbarkeit rechnen. Sondern wir tun gut daran, uns auf Widerstand einzustellen und mit Weisheit zu Werke zu gehen.

Ich bin jedenfalls sicher, dass die sanften Herzen den Kampf um unser Leben gewinnen werden. Nicht nur weil Jesus gesagt hat, dass die Sanftmütigen das Erdreich besitzen werden, sondern auch aus einem anderen Grund.

Die Vertreter des harten K-Weges haben sich nämlich schon einmal gründlich geirrt. 1973 hatten wir die erste Ölkrise. Damals hatten wir einen Jahresverbrauch an Energie in Höhe von 378,5 Millionen Tonnen Steinkohle-Einheiten. Nun haben die

Fachleute damals den Energieverbrauch für die folgenden 12 Jahre einfach hochgerechnet nach dem Anstieg des Verbrauchs in den vorausgehenden Jahren und kamen so zu einem phantastischen Ergebnis:

Sie meinten: „Im Jahr 1985 brauchen wir 610 Millionen Tonnen Steinkohle-Einheiten. Das lässt sich nicht machen ohne erhebliche Vermehrung der Atomkraftwerke. Dazu brauchen wir im Jahr 1985 fünfunddreißig AKW zu je 1.300 MW."

Nun, diese Hochrechnung war völlig falsch:

Im Jahr 1986 haben wir kaum mehr Steinkohle-Einheiten gebraucht als 1973, nämlich 385 Millionen Tonnen, also nur 6,5 Millionen Tonnen mehr, das sind 1,7%. Dabei ist unsere Wirtschaftsleistung um etwa 20 % in diesem Zeitraum gestiegen. Die Einsparung geschah durch Rationalisierung. Sie hat unseren Wohlstand nicht beeinträchtigt. Auch in Zukunft braucht Einsparung unseren Wohlstand nicht zu mindern.

Wir haben heute 20 Atomkraftwerke statt der geplanten 35. Aber auch die sind schon zu viel. Wir haben erhebliche Überkapazitäten in der Stromversorgung. Bei der damaligen Hochrechnung ist offenbar der Wunsch der Vater des Gedankens gewesen oder die Wachstumsgier des primär profitierenden Systems. Denn je höher der Energieverbrauch, desto höher ist natürlich auch der Profit.

Ein zweites Beispiel: Die Vertreter des harten K-Weges können sich nicht vorstellen, dass die erneuerbaren Energien in absehbarer Zeit einen nennenswerten Anteil an der Stromversorgung aufbringen können. Auch hier ist das Wunschdenken des bestehenden Profit-Systems in Rechnung zu setzen. Die sanfte Energie-Erzeugung, vor allem die Solar-Wasserstoff-Technologie, kommt wahrscheinlich sehr viel schneller ernsthaft ins Spiel als gedacht.

Ich nehme an, dass unsere Technologie-Entwicklung auf zwei verschiedenen Ebenen erfolgt. Auf der K-Ebene ist sie gröber und härter als auf der S-Ebene. Dort ist sie feiner und sanfter. Menschen, die mit Eifer und Nachdruck auf der K-Ebene forschen, sind andere als die, die mit Ausdauer und Begeisterung auf der S-Ebene forschen. Jede Forschungsgruppe steckt in einem bestimmten geistigen Sub-System und kann nicht so leicht in das entgegengesetzte Sub-System umsteigen. Wir müssen nur festhalten: Die einander polar entgegengesetzten Sub-Systeme sind Teile eines gemeinsamen höheren Systems. Dieses ist zunächst oft nicht oder nur teilweise bewusst.

Nicht nur in der Politik gibt es Falken und Tauben. Auch in der Technologie. Wenn hier die eine Gruppe über die andere Vorhersagen macht, sind diese mit Sicherheit nicht zulässig.

Wir alle stecken in der Polarität von hart und sanft (oder hart und weich). Schon unser Körper zeigt eine weiche Bauchseite und eine harte Rückenseite. Unsere Bauchseite kann weich sein, weil hier der Geist durch Augen, Ohren und Hände wachen kann. D.h. durch Bewusstsein. Je mehr Bewusstsein wir entwickeln, desto mehr Sanftheit ist möglich.

Wir erfahren diese Polarität bei allen „Leibern" – in allen Größenordnungen. Bei Ehen, Familien, Gemeinden, Kirchen, Völkern. Und bei den Ganzheiten Menschheit und Schöpfung.

Über diese Polarität und ihre Dialektik wäre noch viel zu sagen. Ich möchte mich aber auf zwei Hinweise beschränken:

1. Jeder der beiden Pole ist notwendig. Ihr Gegeneinander ist wichtig. Wir müssen uns auseinandersetzen. Das schafft neues Bewusstsein. Die Auseinandersetzungen sollten fair geführt werden. Nur dann kann neues Bewusstsein entstehen und die menschliche Entwicklung ihren positiven Fortgang finden.
2. Es gibt für uns ein gemeinsames Entwicklungsziel. Dies liegt in der Nähe der liebenden Gottheit.

Die entwicklungspsychologische Forschung hat sich nach dem zweiten Weltkrieg mit den Reifungsprozessen der erwachsenen Menschen beschäftigt. Die Ergebnisse dieser Forschung sind für die Kirche aufregend. Denn: Sie weisen auf ein Reifungsziel hin, das in der Nähe des Reiches Gottes liegt: auf einen Menschen, der sehr viel stärker aus seinem göttlichen Wesen heraus lebt und liebt, der offener ist für die äußere und innere Welt, der mehr Verbundenheit mit der Schöpfung erlebt und mehr einfühlenden Anteil an ihr nimmt und dem materielle Werte nachrangig geworden sind. Der Weg dorthin wird gebahnt durch einen von innen wirkenden Reifungsdruck und ein äußeres Reifungsprogramm. Äußere Einflüsse können es vorantreiben oder hemmen.

Meine Damen und Herren. Ich komme zum Schluss.

Die Synode fragt nach unserer Verantwortung als Christen für die Schöpfung angesichts der Risiken der Kernenergie. Das Fragen hat uns geführt zu einem neuen Schöpfungsbewusstsein, in dessen Mitte wir selbst stehen. Es geht nicht darum, dass wir die außermenschliche Schöpfung bebauen und bewahren und dadurch das für unser eigenes Überleben Notwendige tun. Sondern: Wir sind das Bewusstseinsorgan der Schöpfung. Durch unsere Bewusstseinsentwicklung sollen wir vorangehen zum Reiche Gottes und die Schöpfung der Erlösung nahebringen. Dabei gibt es viele Hindernisse und Abwege. Zu irgendeiner Stunde offenbaren sich Abwege als Abwege – meist unter großen Schmerzen. Tschernobyl kann für uns die Offenbarung eines Abweges sein. Die Kernenergie – ob militärisch oder wirtschaftlich genutzt – ist uns nicht angemessen. Sie lässt sich von uns nicht sicher beherrschen und sie entspricht nicht der Sanftheit, zu der wir berufen sind.

Im Einzelnen kann die Erfahrung von Tschernobyl uns ins Bewusstsein rufen:

Hütet Euch vor Vermessenheit!

Sucht Eure Gottähnlichkeit nicht durch Gewalt zu verwirklichen. Gewalttätige Unterwerfung der Schöpfung erniedrigt sie und entkleidet sie ihrer Würde.

Ihr selbst seid ein Teil der Schöpfung. Wenn Ihr Eure Mitgeschöpfe erniedrigt und entwürdigt, tut Ihr das gleiche mit Euch selbst.

Achtet Euch selbst. Und achtet Euer Erleben. Alles, was ursprünglich und echt aus Eurem Herzen kommt, ist hilfreich zur Orientierung in der Welt.

Habt keine Angst vor der Angst. Denn sie hilft Euch, Gefahren zu erkennen.

Schenkt fremden Autoritäten nicht zu viel Vertrauen. Denn sie verfolgen oft eigene Interessen und Vorteile.

Seid nicht zu bequem, sondern sucht die göttliche Stimme in Euch. Sie wird Euch helfen, Abwege zu erkennen, bevor sie Euch schlimme Schmerzen bereiten.

Missachtet Eure bösen Erfahrungen nicht, sondern lernt aus ihnen, damit sie nicht noch schmerzlicher wiederkehren.

Achtet die Werte Eurer Hände nicht höher als Euch selbst. Perfekte Maschinen können sonst zu Götzen werden, die Euch vernichten.

Steht zu Eurer Unvollkommenheit und bleibt auf dem Weg zur Vollkommenheit. Macht Euch nichts vor: Der Weg ist lang und schwer und niemand kann ihn für Euch gehen.

Verachtet Eure Nächsten nicht. Die Hinweise der Ärmsten und Kleinsten könnten die wichtigsten in Eurem Leben sein.

Wacht und wachst im Kampf um das Reich Gottes. Denn mächtige Geister wollen Euch den Zugang versperren:
der Geist der Gewalt
der Geist des Schlafes
der Geist der Täuschung.

Seid zuversichtlich und unverzagt. Denn der Heilige Geist kann Euch helfen, das Stück des Weges zu gehen, das Euch in diesem Leben zu gehen bestimmt ist.

XII.
Erfahrungen und Gedanken zur politischen Dimension der Evangelischen Lebensberatung

Vortrag bei der Konferenz der Beratungsstellen der
Evangelischen Kirche im Rheinland, Düsseldorf,
29. April 1988

Liebe Kolleginnen und Kollegen!

Ich habe jetzt das Thema meines Vortrags bescheidener formuliert, als es in der Einladung steht. (In der Einladung stand das Thema: DIE politische Dimension der Evangelischen Lebensberatung). Dies ist ein Ergebnis der längeren Beschäftigung mit der Materie. Ich werde also heute zu Ihnen sprechen über:

„Erfahrungen und Gedanken zur politischen Dimension der Evangelischen Lebensberatung". Und ich darf Sie bitten, meine Ausführungen zu hören als Anregung zur weiteren Durchdringung dieser komplexen Dimension unseres angestammten Arbeitsfeldes.

Ich werde über vieles nicht sprechen, was zum Grundthema gehört: Nicht über staatliche und kirchliche Festlegungen des Eheverständnisses und deren Auswirkungen auf unser privates Leben. Auch nicht über die aktuellen politischen Streitfragen um den Schwangerschaftsabbruch. Diese Probleme bewegen uns schon sehr lange und immer wieder.

Nein. Der Anlass zu diesem Vortrag sind eine ungewöhnliche Berater-Intervention und ihre Folgen. Darüber werde ich im folgenden ersten Teil berichten. Im zweiten Teil werde ich versuchen, deutlich zu machen, wie notwendig es heute ist, das gesamte politische Umfeld unseres privaten Lebens in die Lebensberatung mit einzubeziehen. Und das gilt besonders für die

Evangelische Lebensberatung, die sich am Evangelium orientiert.

Nun zum ersten Teil:
Wir haben in unserer Eigenschaft als Mitarbeiter der Evangelischen Beratungsstelle in Düsseldorf die Verantwortlichen in unserem Staat aufgefordert zum Ausstieg aus der Atomenergiewirtschaft.
Dies geschah nach dem Reaktorunfall in Tschernobyl.
Der Super-Gau war am 26.04.1986.
Unsere erste Aufforderung war eine von einer Bürger-Initiative vorgefertigte Formulierung, die wir im Juni 1986 unterschrieben und an fünf verschiedene Stellen richteten. Drei davon antworteten uns: Der Ministerpräsident von NRW, die EKiR und der Kardinal Höffner. Gerade die Antwort des Kardinals ärgerte uns nachhaltig und stachelte uns an, das Problem weiter zu verfolgen.
Höffner hatte uns nämlich u.a. folgendes schreiben lassen:
„Ihr Appell und vor allem Ihr Hinweis auf die Liebe Gottes zu allen Geschöpfen wäre überzeugender gewesen, wenn Sie auch den himmelschreienden Skandal der Jahr für Jahr über 250.000 getöteten ungeborenen Kinder angesprochen hätten."
Zunächst erschien uns dieser Satz wie ein Ausweich-Manöver. Jedenfalls meinten wir darauf antworten zu müssen. Wir haben an unserer Antwort längere Zeit gearbeitet. Dabei wurde uns auch bewusst: Es ist gut, durch die Tür hindurchzugehen, die einem geöffnet wird, statt sie zuzuschlagen. So lautete denn schließlich unsere Antwort wie folgt:
„Ihre Klage über den ‚himmelschreienden Skandal der Jahr für Jahr über 250.000 ungeborenen getöteten Kinder' ist für uns erst dann glaubwürdig, wenn Sie alles in Ihrer Macht liegende getan haben, um unsere von vielen Seiten bedrohte Erde wieder wohnlicher zu gestalten. Dazu gehört auch die entschiedene Absage an die Nutzung der Kernenergie. Deswegen haben wir an Sie appelliert.
Sie sollten wissen, dass die Erfahrung von Tschernobyl den Wunsch, Kinder in die Welt zu setzen, weiter belastet. Es handelt

sich nicht allein um die in ihrem vollen Umfang noch nicht absehbaren Gefahren für die zukünftige Gesundheit unserer Nachkommenschaft, sondern auch um den aktuellen Verlust an Vertrauen und Geborgenheit, der durch die unzuverlässigen Voraussagen von Fachleuten entstanden ist, auf die sich unsere Politiker gestützt haben. Wir können nach Tschernobyl nicht zu dem alten naiven Vertrauen zurückkehren. Uns wundert daher, dass Herr Kardinal Höffner weiterhin auf die Fachleute vertraut und ihnen die Verantwortung für unsere Zukunft zuschiebt. Das geht nicht an. Auch die Kirchen haben in dieser Frage eine unabweisbare Verantwortung. Techniker und Wissenschaftler können keine sichere Nutzung der Kernenergie gewährleisten. Immer ist der Faktor Mensch im Spiel, und immer wieder wird menschliches Irren und Versagen neue Katastrophen vorprogrammieren. Diese Katastrophen bewegen sich in einer nicht mehr zu verantwortenden Größenordnung. Daher unsere dringende Aufforderung an Sie, Ihre Autorität als Fachleute für menschliches Irren und Versagen (sprich Sünde) einzusetzen und klar und eindeutig gegen die Nutzung der Kernenergie Stellung zu beziehen. Die spezifische Verantwortung der Kirchen in dieser Frage lässt sich nicht auf andere abwälzen."

Auf diesen Brief vom 16.07.1986 haben wir keine Entgegnung mehr erhalten. Etwa zwei Monate später hat sich der Kardinal jedoch auf dem Katholikentag in Aachen erstmals eindeutig zum sofortigen Ausstieg aus der wirtschaftlichen Nutzung der Atomenergie bekannt. Wir haben uns darüber gefreut – auch wenn wir nicht erfahren haben, wie groß oder wie gering der Einfluss unserer Intervention in diesem Fall war.

Wir machten uns nun kundig über die Hintergründe der Atomenergie-Wirtschaft. Unser besonderes Augenmerk richteten wir auf die Strategien, mit denen das Problem des atomaren Risikos und des Vertrauensverlustes der Atomenergie-Wirtschaft bewältigt werden sollte.

Es ist bis heute nicht bewältigt worden. Die bisherigen Bewältigungs-Strategien haben sich als nicht ausreichend erwiesen.

Aber auch unsere erste Intervention war unzureichend. Wir waren in Sachen Atomenergie anscheinend nicht einmal irgendwie nennenswerte Fachleute: Wir hatten es mit der BRD zu tun, einem staatlichen Makrosystem von über 60 Millionen Menschen, und nicht mit einem der uns vertrauten Mikrosysteme: Nicht mit Individuen, nicht mit Partnerschaften oder Ehen und nicht mit Familien.

Außerdem: Die Führung des staatlichen Makrosystems hatte uns nicht um eine Beratung gebeten. Wir hatten ihr ungebeten unseren Rat aufgedrängt.

Auf Grund unserer Recherchen haben wir im Oktober 1986 einen zweiten Aufruf an alle Verantwortlichen in unserer Gesellschaft gerichtet, diesmal nicht nur mit dem Ziel Ausstieg, sondern mit dem Ziel: Sofortiger Ausstieg aus der Atomenergie-Wirtschaft.

In diesem Aufruf haben wir eigene Gesichtspunkte geltend gemacht und unsere fachliche Kompetenz ins Spiel gebracht: Wir haben fokussiert auf den fachlich relevanten Begriff der „Bewältigungsstrategien" und nachgewiesen, dass ein nicht geringer Teil der in der Öffentlichkeit zum Schutze der Atomenergiewirtschaft verwendeten Strategien unredlich ist. Im Hintergrund wurde dieser Aufruf abgesichert durch eine schriftliche Ausarbeitung unter der Überschrift: „NEUES KRISENBEWUSSTSEIN NACH TSCHERNOBYL". Sie umfasst 40 Seiten mit 35 Literaturangaben.

Wir haben sechs Strategien aufgespürt, die wir für die Bewältigung des Energieversorgungs-Konfliktes für unredlich und unangemessen hielten:

1. Die DIFFAMIERUNG DER ANGST vor der Gefahr radioaktiver Verseuchung durch Reaktor-Unfälle.

2. Die VERHARMLOSUNG DES UNFALL-RISIKOS.

3. Die EINSEITIGE MOTIV-DARSTELLUNG: Die Befürworter der Atomenergiewirtschaft behaupteten immer wieder die Notwendigkeit der Atomenergie zur Sicherstellung unserer Energieversorgung. Außer Acht blieben dabei andere, weniger edle Motive, wie wirtschaftliches Gewinnstreben, Kampf um politisches Ansehen und das Gesetz trägen Beharrens auf dem nun einmal ein-

geschlagenen gefährlichen harten K-Weg. (K-Weg heißt der harte Weg der Kernenergie im Gegensatz zum sanften S-Weg, der durch Energie-Sparen und den Einsatz alternativer erneuerbarer Energien gekennzeichnet ist.)

4. Die VERSCHLEIERUNG DER UNVERANTWORTBARKEIT: Niemand würde persönlich die Verantwortung für ein so hohes Gefahren-Risiko, wie es die Atomenergie-Wirtschaft in sich birgt, übernehmen können oder wollen. Das tut auch keine Versicherungs-Gesellschaft. Aber es gibt zahlreiche interessierte Stellen, die sich gegenseitig die „Verantwortbarkeit" bestätigen. Das ist völlig unverbindlich. Im Falle eines atomaren Groß-Unfalls würden allein die Träger der Unfall-Folgen die Verantwortung zu tragen haben. Wie groß diese Folgen maximal im Fall des „Schnellen Brüters" in Kalkar sein könnten, ist einem Votum der Enquete-Kommission des Deutschen Bundestags „Zukünftige Energiepolitik" zu entnehmen. Ich zitiere aus der Drucksache 9/2001 des Deutschen Bundestags:

„Beim SNR 300 kann es zum hochenergetischen Bethe-Tait-Unfall kommen."

„Insbesondere Plutonium mit seiner großen Radiotoxizität (Strahlengefährlichkeit) und der sehr langen Halbwertzeit dominiert die Unfallfolgen für den Menschen."

„Die Anzahl der spät auftretenden Todesfälle ist mit bis zu 2,7 Mio Krebstoten ca. 20mal höher als beim Druckwasserreaktor 1300."

„Die Anzahl der sofort umzusiedelnden Personen liegt mit bis zu ca. 500.000 Menschen ungefähr doppelt so hoch wie beim Druckwasserreaktor 1300."

„Das Ausmaß der Landesverseuchung ist anfangs für beide Reaktortypen mit bis zu 70.000 km^2 vergleichbar groß, entsprechend der doppelten Fläche von Nordrhein-Westfalen. Allerdings nimmt diese Kontamination beim Druckwasserreaktor nach 50 Jahren um die Hälfte ab und liegt nach 150 Jahren unter 10 %, während die Langlebigkeit der Transurane die Landkontamination durch den SNR 300 selbst nach 150 Jahren kaum abnehmen lässt."

Diese Zitatauswahl mag hier als Dokumentation einer wenig bekannten Risiko-Einschätzung genügen.

5. Die TARNUNG DER VERHÄRTUNG ALS STÄRKE: Die Gefahren der Atomenergie-Wirtschaft waren den Fachleuten erst langsam bewusster geworden. Am Anfang – das war 1953 bis 1957 – herrschte eine unkritische Euphorie vor. Die Bewusstwerdung der großen Gefahren hat jedoch nicht zu einer Sinnesänderung geführt, sondern zu einer verhärteten Abwehr der Wahrnehmung möglicher negativer Folgen nach der Devise: „So schlimm wird es schon nicht kommen". Diese Verhärtung gibt sich gern als Stärke aus, die sich von einer einmal gefällten Entscheidung nicht abbringen lässt. Im täglichen Leben nennt man eine solche Haltung auch Sturheit. Sturheit ist keine Stärke.

6. Die EINENGUNG DES LEBENSVERSTÄNDNISSES: Leben im Sinne der Atomenergie-Wirtschaft und ihrer Befürworter ist in erster Linie das wirtschaftliche Überleben und Wohlleben, das durch Wirtschafts-Wachstum gewährleistet wird. Wir Lebens-Berater sehen darin jedoch eine Einengung des Lebens-Verständnisses. Wirtschaft hat eine dem Leben dienende Funktion. Sie kann nicht Lebens-Sinn sein. Zum Lebens-Sinn gehören andere Bereiche wie etwa:
a) Wachsende Bewusstheit und Verantwortungs-Bewusstheit
b) Wachsende Einbeziehung der unbewussten Persönlichkeits-Anteile in die verantwortliche Steuerung der Persönlichkeit
c) Wachsende Sensitivität für die Mitwelt
d) Wachsendes Verständnis für die Ganzheit der Menschen-Welt
e) Wachsende Erkenntnis des Wesentlichen
f) Wachsendes Verständnis für Fremdes
g) Wachsende Befähigung zur Liebe.

Diese Auflistung ließe sich noch weiter differenzieren. Sie lässt sich aber auch zusammenfassen unter der Überschrift: „Wachstum der Persönlichkeit".

Nach dem Ende des zweiten Weltkrieges – etwa seit 1950 – wurde den Entwicklungs-Psychologen zunehmend bewusst, dass Entwicklung nicht zu beschränken ist auf die Kinder- und Jugendzeit, sondern dass sie ein lebenslanger Lernprozess ist.

Dieser Prozess geht gegen Widerstände, die nicht nur in der frühen Kindheit einverleibt werden, sondern auf die wir tagtäglich in unserem Leben treffen. Wir leben mit diesen Wachstums-Widerständen in ständiger Auseinandersetzung. Dieser dauernde Kampf fördert unser Persönlichkeits-Wachstum.

Wachstum geschieht durch Auseinandersetzung.

Wir können Auseinandersetzungen auch vermeiden.

Aber dann gibt es auch kein Wachstum.

Dies ist eine wahrhaft revolutionäre Erkenntnis. Sie ist noch viel zu wenig in das allgemeine Bewusstsein gedrungen. Vielmehr unterliegt sie seit langem einem Diffamierungsdruck – jedenfalls wenn sie unter dem Begriff „Selbstverwirklichung" in Erscheinung tritt.

Gerade im Zusammenhang mit der atomaren Hochtechnologie und dem Super-Gau von Tschernobyl ist uns aber schmerzlich bewusst geworden, dass Menschen auf dem bisher erreichten Reifungs-Niveau dieser Technologie nicht gewachsen sind. Je höher sich die Technologie entwickelt, desto höher muss sich auch der Mensch entwickeln. Und das heißt auch: Moralisch weiter entwickeln. Andernfalls besteht die Gefahr, dass ihn seine Hoch-Technologie zerstört.

Dies war also der „Rote Faden" unseres zweiten – nunmehr fachlich begründeten – Aufrufs zum sofortigen Ausstieg aus der wirtschaftlichen Nutzung der Atomenergie.

Dieser Aufruf war noch unter uns Mitarbeitern im Gespräch und hatte noch nicht einmal seine letzte für uns alle unterschriftsfähige Form erreicht, da war er schon in Umlauf geraten und an einer politisch hochsensiblen Stelle angekommen: Beim Düsseldorfer EVANGELISCHEN ARBEITSKREIS DER CDU.

Dort schlug er wie eine Bombe ein. Der Vorsitzende, der Bundestagsabgeordnete Schulhoff, führte Klage bei unserem Stadtsuperintendenten. Es kam zu einem Telefonat zwischen Schulhoff und mir. Kurz, aber voller Zorn von beiden Seiten.

Der CDU-Mann hielt es für eine unmögliche Anmaßung, dass wir zum Problem der Atomenergiewirtschaft in dieser Form Stellung bezogen hatten. Ich dagegen hielt es meinerseits für eine unglaubliche Anmaßung, die besonderen Gesichtspunkte von Fachleuten der Lebensberatung nicht anerkennen zu wollen.

Die Katastrophe von Tschernobyl war ja nicht in erster Linie durch die Unzulänglichkeit der Technik bedingt, sondern durch die leidenschaftliche Experimentier-Freude ihrer Bedienungs-Mannschaft. Und solche Leidenschaft und Dynamik würde es immer und überall geben. Es gibt keine perfekte oder „idiotensichere" Technik. Menschliche Leidenschaften – bewusst oder unbewusst – würden auch sie zerstören können. Und für menschliche Leidenschaften sind wir zuständige Fachleute: Dauernd haben wir damit zu tun, wenn wir die menschlichen Beziehungs-Katastrophen in Partnerschaften, Ehen und Familien diagnostizieren und therapieren.

Natürlich ist dies nicht angenehm zu hören. Ist es doch wieder einmal eine narzisstische Kränkung des perfektionshungrigen Menschengeschlechts, das stolz ist auf seine annähernd perfekte Technik und dabei bereit ist, sich selbst und seine eigene Unzulänglichkeit zu vergessen.

Und natürlich ist dies besonders unangenehm zu hören für die Angehörigen der Parteien, die sich – allen Bedenken trotzend – zum Weitermachen mit der gefährlichen Atomenergienutzung entschieden haben.

Verständlich ist auch, dass der CDU-Mann sich wegen unserer Stellungnahme angegriffen fühlte. Nicht ohne weiteres verständlich dagegen ist, daraus zu folgern, wir seien parteipolitisch einseitig orientiert. Man muss schon sehr befangen sein in parteipolitischem Denken, wenn man kein überparteiliches Denken mehr akzeptieren kann. Ich halte es für sehr gefährlich, wenn ein einfaches Schubladen-Denken behauptet: Wer gegen die Atomenergienutzung ist, ist rot oder grün. Wer dafür ist, ist schwarz oder gelb. Eine solche Vereinfachung würde ja festlegen wollen, dass es außerhalb des parteipolitischen Denkens – das möglicherweise noch unter Fraktionsdruck steht – kein politisch relevantes Denken mehr geben könne. Das aber wäre ein Vorbote einer neuen Diktatur. Man hat ja in der Tat schon von der neuen Parteien-Diktatur gesprochen, weil hier und da ein offener

oder verdeckter Anspruch der Parteien gehegt wird, dass alle politische Willensbildung des Volkes über die Parteien zu kanalisieren sei. Dies widerspräche eindeutig unserem Grundgesetz. Dort heißt es in Artikel 21:
„Die Parteien wirken bei der politische Willensbildung des Volkes mit."
Es heißt nicht: „Die politische Willensbildung des Volkes geschieht durch die Parteien."
Im Augenblick meines Telefonats mit dem Bundestagsabgeordneten war mir allerdings nur mein Zorn bewusst, nicht aber die eben angeführten Gedanken, die mir meinen Zorn nachträglich begreiflich gemacht haben. Immerhin: Es kam in diesem Telefonat auch zur Vereinbarung eines persönlichen Gespräches. Das verlief dann in viel gesitteteren Bahnen. Und schließlich sahen wir uns noch einmal wieder als zwei gegeneinander auftretende Redner zum Problem der wirtschaftlichen Nutzung der Atomenergie auf der Sonder-Synode des Kirchenkreises Düsseldorf-Ost im März 1987. Den Anstoß zu dieser Synode hatte ich schon im Herbst 1986 gegeben. Natürlich war der Beschluss dazu auch nicht ohne Widerstände und Auseinandersetzungen gegangen. Aber dann wurde diese Synode durch gute Organisation und Gruppenarbeit sehr intensiv und fruchtbar. Sie war von einem guten Geist getragen. Sie fasste zwar keinen Beschluss, den Ausstieg aus der Atomenergiewirtschaft zu empfehlen, aber der Gewinn an gegenseitiger Akzeptanz und nachdenklichem Problem-Bewusstsein war groß. Nicht zuletzt spielte dabei auch die Anwesenheit von Mitarbeitern und Freunden unserer Beratungsstelle eine Rolle.

Eine weitere Folge war, dass ich als fachkundiger Redner auch in die Sonder-Synode des Kirchenkreises Gladbach eingeladen wurde. Hier entwickelte sich das Beziehungsklima ebenfalls überraschend gut. Darüber hinaus verabschiedete diese Synode eine Empfehlung zum schnellstmöglichen Ausstieg aus der wirtschaftlichen Nutzung der Atomenergie. Das war im Juli 1987. Bis heute haben viele der Evangelischen Landes- und Kreissynoden den möglichst schnellen Ausstieg aus der wirtschaftlichen Nutzung der Atomenergie empfohlen. Ich habe das vor einiger Zeit einmal berechnet: Diese Synoden vertreten mindestens 17 Millionen der insgesamt etwa 25 Millionen evangelischer Christen in der BRD.

Es bleibt zu fragen, ob und wie die Kirchen ihren Empfehlungen mehr Nachdruck und Gewicht verleihen können. Leider nämlich wird es immer etwas still, nachdem solche Empfehlungen beschlossen worden sind. So als wäre damit alles getan – und das ist gewiss nicht der Fall. Es ist notwendig, für seine Überzeugungen immer wieder und überall persönlich einzutreten.

Ich kehre zurück zu unserer eigenen Position als Lebensberater. In mir hat sich nach Tschernobyl und den hier kurz skizzierten Erfahrungen die Überzeugung gefestigt, dass wir nicht nur das Recht, sondern sogar die Pflicht haben, in die Makrosysteme hinein zu intervenieren.

Zur Begründung stelle ich vorab fest:

Es ist heute zu erkennen, dass dem Wachstum der Menschen unüberschreitbare Grenzen gesetzt sind. Dies gilt für die Menschheit als ganze, das gilt für öffentliche Makrosysteme und das gilt auch für private Mikrosysteme. Die Grenzen des materiellen Wachstums werden überall deutlich. Das wirtschaftliche Wachstum in den Industriestaaten z.B. kommt an seine Grenzen, weil das Nebenprodukt Abfall nicht mehr hinreichend entsorgt werden kann.

Auch das staatliche Wachstum durch Expansionskriege auf Kosten anderer Staaten hat heute in Anbetracht der Blockbildung und der militärischen Hochrüstung keine Zukunft mehr.

In den Industriestaaten werden immer mehr Ehen geschieden und immer weniger Kinder geboren. Auch die Familienbildung kommt hier an eine Grenze.

Je weniger das expansive Wachstum nach außen noch eine realisierbare Zukunft hat, desto wichtiger wird das innere menschliche Wachstum: Das vorhin schon erwähnte Wachstum der Persönlichkeit. Dafür sind wir Lebensberater fachlich ausgebildete Praktiker. Jedenfalls im Bereich der Mikrosysteme.

Und ich denke, wir müssen unser Wissen auch in den Makrosystemen einbringen, weil die beiden System-Dimensionen nicht voneinander getrennt, sondern miteinander verbunden sind.

Die Katastrophe von Tschernobyl und ihre Folgen führen uns das besonders drastisch vor Augen. Die Beziehungen unserer Mikrosysteme zu den Makrosystemen sollten wir uns aber auch noch als grundlegendes Problem deutlicher machen. Mit zunehmendem Bewusstsein weitet sich unsere Verantwortung auch auf die Entscheidungen und Geschehnisse in den Makrosystemen aus.das gilt für uns alle als mündige Bürger unseres Staates. Das gilt aber in besonderer Weise für uns als einschlägige Fachleute.

Dazu will ich im folgenden zwölf Fragen stellen und mit den Antworten einige Schlaglichter auf unsere Beratungs-Szene werfen:

1. *In welchem Verhältnis steht eigentlich unser beraterisches Arbeitsfeld zum politischen Arbeitsfeld?*

Oder dasselbe etwas wissenschaftlicher formuliert: In welchem Verhältnis stehen private Mikrosysteme zu öffentlichen Makrosystemen?

Bei der Unterscheidung von Mikrosystemen und Makrosystemen weise ich hin auf die Veröffentlichung von Urie Bronfenbrenner, Die Ökologie der menschlichen Entwicklung, Stuttgart 1981.

Eine Familie ist z.B. ein kleines System oder Mikrosystem, die BRD ist ein großes System oder Makrosystem.

Unser professioneller Arbeitsauftrag bezieht sich in der Hauptsache auf die Beratung individueller Lebens-Schwierigkeiten oder auf die Beratung von Beziehungs-Problemen in Partnerschaften, Ehen, Familien, Elternschaften oder Kindschaften. Manchmal auch auf Wohngemeinschaften oder Arbeitsgruppen. Also in der Regel auf private Mikrosysteme. Es liegt nun aber auf der Hand, dass die öffentlichen Makrosysteme auf die privaten

Mikrosysteme ständig Einfluss nehmen. Bildlich gesehen werden die Mikrosysteme von den Makrosystemen umschlossen. Was im Makrosystem beschlossen wird oder als Folge davon geschieht, wirkt sich in irgendeiner Form auf die umschlossenen Mikrosysteme aus. Mikrosysteme reagieren nicht weniger sensitiv auf makrosystemische Veränderungen als die Börse.

Makrosysteme schaffen für Mikrosysteme kulturelle Entfaltungsräume. Dies geschieht auf dem Weg über Grenzen und Verordnungen, Moralvorstellungen und Sitten, Wissenschaft und Kunst, Wirtschaft und Technologie sowie über alle Einrichtungen, die diese Produkte vermitteln. Wenn wir mit den Ratsuchenden Veränderungen in ihrem privaten Mikrosystem anstreben, tun wir gut daran, auch einen kritischen Blick über den Zaun zu tun und uns die makrosystemischen Bedingungen ihrer – und unserer – persönlichen Probleme anzuschauen. Denn die angebotenen Entfaltungsräume ermöglichen ja nicht nur konstruktive, sondern auch destruktive Entfaltungen (= Fehlentwicklungen). Und sie ermöglichen sie nicht nur, sondern sie legen sie oft auch nahe oder sie erzwingen sie sogar.

2. Was können wir tun, wenn die Ursprungsorte von Ängsten eindeutig im makrosystemischen Bereich liegen?

In den ersten Wochen nach Tschernobyl hatten wir in der Beratung sehr viel mit Ängsten zu tun, die sich unmittelbar auf die Katastrophe bezogen. Später kamen diese Ängste als solche nicht mehr zur Sprache. Das heißt nicht, dass sie wirkungslos geworden sind. Im Gegenteil: Wir dürfen auf Grund unserer Kenntnisse seelischer Dynamik annehmen, dass sie in verschiedener Weise weiter wirken. Zum Beispiel:

- als Verstärker politischer Aggression
- als Verstärker politischer Resignation
- als Verstärker „privater" Ängste
- als Verstärker „privater" Aggressionen
- als Verstärker „privater" Depressionen.

Angst signalisiert Gefahr. Das ist sinnvoll. Wenn man allerdings einer Gefahr gegenüber machtlos ist, wird die Angst sinnlos, aber nicht wirkungslos. Dann werden archaische Reflexe wirksam: Der Totstellreflex und der Bewegungssturm. Der Totstellreflex ist die Mutter aller depressiven und resignativen Reaktionen. Der Bewegungssturm ist der Vater aller nervösen Unruhe, Hyperaktivität und sinnlosen Gewalttätigkeit.

Angst, die sich von übermächtigen Gefahren loslöst, flottiert frei im Raum der Seele und sucht sich schließlich einen Feind, an dem sie sich aggressiv und depressiv festmacht. In diesen phobischen Feindschaften haust die Ungerechtigkeit dieser Welt, weil sie den Ursprungsort der Gefahr aus dem Blick verloren hat und sich mit Ersatzgefahren und Ersatzfeinden abgibt.

Wir nennen diese Ungerechtigkeit auch negative Übertragungen. Und alle tiefenpsychologisch arbeitenden Berater haben einen Blick dafür. Die Angst vor übermächtigen oder anscheinend übermächtigen Gefahren zeugt viele erkennbare oder versteckte neurotische Reaktionen, mit denen wir in der Beratung oft zu tun haben. Eine gesunde und angemessene Reaktion dagegen ist die Auseinandersetzung mit den Ursprungs-Gefahren (und das gottergebene unbekümmerte Leben im Hier und Jetzt).

Im Fall Tschernobyl haben meine Kollegen und ich dies versucht. Wir haben es auch stellvertretend getan für die, die diese Bewegungsfreiheit noch nicht haben.

3. Ist es ein politischer Akt, wenn eine Erziehungsberaterin in einer Schule interveniert?

Viele Kinder werden bei uns angemeldet mit Schwierigkeiten in der Schule. Eine Erziehungsberaterin kann es in bestimmten Fällen für angemessen halten, Kontakt mit einem Lehrer aufzunehmen, um ein Kind wenigstens vorübergehend von einem übermäßigen Leistungsdruck zu befreien. Sie verlässt damit den privaten Interventions-Bereich Familie und begibt sich in das öffentliche Makrosystem Schule. Solche Kontakte gehören zum legitimen Handwerkszeug der Erziehungsberatung. Kein Politiker würde dagegen etwas einzuwenden haben. Er würde darin auch kein politisches Handeln sehen. Das politische Handeln würde für ihn dort beginnen, wo die Erziehungsberaterin Einfluss nähme auf das ganze Makrosystem und für eine Schulreform einträte, die die Kinder-Schwierigkeiten in allen Schulen NRWs oder der BRD grundlegend verringern sollte.

Die Erziehungsberaterin selbst könnte in ihren Lehrerkontakten aber durchaus politische Akte sehen, insbesondere wenn viele solcher Kontakte stattfinden, und wenn in einem Klima zunehmenden Vertrauens auch Veränderungen in dem begrenzten strukturellen Spielraum dieser Schule stattfinden.

4. Mit welchen Widerständen wäre zu rechnen, wenn unsere Kollegin sich auf Grund ihrer professionellen Erfahrungen politisch (im Sinne eines Politikers) für eine Schulreform einsetzen würde?

Was würde geschehen, wenn sie und ihr Team zum Beispiel eintreten würden gegen die verkopfte Leistungs-Schule zugunsten einer Schule, die die ganzheitliche – also auch seelisch-emotionale – Entwicklung der Kinder fördern würde? (Und in welchem Erziehungsberatungs-Team wären solche Wunschvorstellungen nicht dann und wann laut geworden?)

Sie hätten mit politischen Auseinandersetzungen zu rechnen. Das könnte also auch nicht Aufgabe einer einzelnen Beratungsstelle sein. Sie würde mit einem isolierten Vorstoß nicht weit kommen. Welche Realitäten würden sich ihr in den Weg stellen?

Das Makrosystem, mit dem sie es zunächst zu tun bekäme, wäre das Land NRW und sein Kultus-Ministerium. Dieses wiederum steht im Verbund mit den Kultus-Ministerien der anderen Länder. Das Kultus-Ministerium unseres Landes hat also nur einen beschränkten Spielraum. Die reformfreudigen Kollegen müssten auf Bundesebene vorgehen, um eine solche an sich wünschenswerte Reform voranzutreiben, und sie brauchten dazu immer mehr Bundesgenossen auf allen Ebenen des Makrosystems BRD. Nun würde sich aber alsbald zeigen, dass auch die BRD nur über einen beschränkten Spielraum verfügt. Sie ist ein

Teil der Europäischen Gemeinschaft. Diese ist wieder ein Teil der industriellen und postindustriellen Menschheit. Diese umfasst heute etwa 20 % der Erdbevölkerung, also etwa eine Milliarde Menschen von insgesamt fünf Milliarden. Die verschiedenen wirtschaftlichen Subsysteme dieses Teils der Menschheit stehen in einem zum Teil mörderisch zu nennenden Konkurrenzkampf gegeneinander. (Wir könnten auch von Wirtschaftskrieg sprechen). Und ihnen nach drängen die „Schwellenländer", die dabei sind, die Schwelle zur Industrialisierung zu überschreiten. Zu ihnen gehören heute noch China, Indien und Brasilien mit etwa zwei Milliarden Menschen. Sie alle brauchen die einseitig intellektuell betonte Leistungs-Schule, um den wirtschaftlichen Konkurrenzkampf zu überleben. Oder sie meinen, dass sie sie brauchen.

Auf diesem Hintergrund erscheint der hier als Versuch durchgespielte politische Einsatz für eine humanere Schule als recht illusionär. Die reformfreudigen Kollegen würden heute auf den geballten Widerstand der sich zunehmend formierenden Produktions- und Konsumgesellschaft stoßen.

Um die vom Standpunkt der Lebensberatung wünschenswerte Schulreform politisch in die Wirklichkeit umzusetzen, bedarf es also einer politischen Neubesinnung der Gesellschaft und eines Zusammenwirkens aller daran interessierten Bürger und Fachleute. Es gibt viele Gruppen, die heute an dieser Neubesinnung arbeiten und Reformen zu einer humaneren Gesellschaft langfristig vorantreiben. Ich selbst gehöre einer solchen Gruppe seit 1971 an, dem Werkstatt Institut für Lebendiges Lernen: WILL international. WILL ist aus den Erfahrungen der Tiefenpsychologie hervorgegangen.

5. *Es gibt Kollegen, die behaupten, jedes beraterische und psychotherapeutische Handeln sei zugleich ein politischer Akt. Was ist da dran?*

Wenn Lebensberater dies behaupten, haben sie gewöhnlich im Blick, dass eine gelingende Beratung für den Ratsuchenden einen Zuwachs an Autonomie und Verantwortung für sein eigenes Leben mit sich bringt. Diese Eigenverantwortung könnte sich gegebenenfalls auch im Bereich von Makrosystemen auswirken.

Ich finde diese Feststellung ganz zutreffend. In Anbetracht der zunehmend bedrohlichen Einwirkungen der Makrosysteme auf unser tägliches Privatleben geht mir ein solches Verhältnis jedoch nicht mehr weit genug.

Ich will daher die aufgeworfene Frage weiter verfolgen mit einer Zusatzfrage:

6. *Was könnten wir aus dem Selbstverständnis der professionellen Politik für das Selbstverständnis unserer Beratungsarbeit übernehmen?*

In der Politik spielt in manchen Bereichen eine Grundpolarität unseres Lebens eine große Rolle, die von Freund und Feind. Menschen, denen Feindschaft zuwider ist, wenden sich daher von Politik ab – mindestens von einer sich so verstehenden Politik. Das ändert jedoch nichts an der Tatsache der Existenz dieser feindorientierten Politik. Es ist realistisch, sie in unsere Überlegungen zur politischen Dimension der Evangelischen Lebensberatung miteinzubeziehen.

Feindschaft ist eine Grundkategorie unseres Lebens – nicht nur im Bereich der Makrosysteme, sondern auch in unserem Arbeitsbereich der Mikrosysteme. Wir können in beiden Bereichen von einem Feind-Bedürfnis sprechen. Es ist uns ja bekannt, dass in Familien z.B. Bündnis-Politik betrieben wird. Wir wissen weiterhin, dass es erbitterte Kämpfe zwischen Familien-Mitgliedern gibt, die wir durchaus mit feindseligen kriegerischen Handlungen vergleichen. So sprechen wir z.B. ganz selbstverständlich von Ehekrieg.

Oder Eric Berne unterscheidet drei Eskalations-Stufen der destruktiven Spiele der Erwachsenen. Die letzte endet mit der physischen oder psychischen Existenz-Vernichtung eines Beziehungs-Partners: „Ein ‚Spiel dritten Grades' hat endgültigen Charakter; es endet im Operationsraum, im Gerichtssaal oder in der Leichenhalle." (Eric Berne, Spiele der Erwachsenen, Reinbek bei Hamnurg 1967, S. 83). Oder denken wir an den ödipalen Sohn-

Vater-Mord oder den Kain-Abel-Brudermord. Und schließlich begegnet uns in unserer Arbeit auch immer wieder die Feindschaft eines Menschen gegen sich selbst, die zur Selbsttötung eskalieren kann.

An dieser Stelle würde ich gern einen *Exkurs* einlegen über den „Politischen Selbstmord" von Makrosystem-Führern, wie Hitler und Barschel, die nicht nur das Ende eines persönlichen Lebenskonzepts, sondern auch eines politischen Konzeptes signalisieren. Aus zeitlichen Gründen belasse ich es bei einem kurzen Hinweis zur Selbsttötung Barschels:

Wir können das Ende seiner Laufbahn nicht nur aus seiner persönlichen Lebensgeschichte verstehen, sondern müssen auch die nekrophilen Verstärker des Makrosystems in Betracht ziehen. Diese verdeutlichen sich schlagartig, wenn wir das übermenschliche Image zu Gesicht bekommen, unter das der Politiker von seiner Partei gestellt wurde. Dies ist aus dem Strategiepapier der CDU Schleswig-Holstein zur Landtagswahl 1987 zu entnehmen. Es heißt dort (S. 4):

„Uwe Barschel wird als begabter Politiker gesehen, der in kurzer Zeit mehr als andere erreicht hat. Ein entscheidungsfähiger Macher mit kämpferischen Qualitäten, der noch nicht am Ende seiner erfolgreichen Karriere steht ... Er muss sich unbeeindruckt von Anfechtungen zeigen und seine Aufgaben überlegen, sachkundig und immer kompetent erfüllen."

Der dauernde Druck solcher Bilder und Forderungen, die die menschliche Schwäche außer Acht lassen, führt zu einer destruktiven Fassadenhaftigkeit: Die menschliche Wesen-Substanz wird zerstört.

Fanita English, die bekannte Transaktions-Analytikerin, hat darauf hingewiesen, dass Eltern-Ich-identifizierte Personen – im Gegensatz zu Kind-Ich-identifizierten Personen – ihre Fassade bis zum letzten Lebensaugenblick aufrechterhalten. Ihre Selbsttötung kommt daher oft überraschend und unverständlich für die nächste Umgebung.

Offenkundig ist Feindschaft nicht nur konstitutiv für die Dimension der öffentlichen Makro-Systeme, sondern auch für die Dimension der privaten Mikro-Systeme. Und offenkundig gibt es

zwischen beiden Zusammenhänge. Die Souveränität der Individuen verlangt – nicht anders als die Souveränität der Staaten – die Möglichkeit, einen Feind zu bestimmen und gegen ihn einen Vernichtungskrieg zu führen. In unserem mikrosystemischen Arbeitsfeld ist dies in der Regel verdeckter als im makrosystemischen Bereich. Die Verdeckung geschieht durch drei Faktoren:
a) Durch unseren Glauben an den Vorrang von Sympathie und Liebe.
b) Durch eine Ideologie der guten Ehe und der heilen Familie.
c) Durch rechtliche und moralische Normen.

Die Interventionen einer aufdeckenden psychotherapeutischen Lebensberatung machen gegebenenfalls verborgene Feindschaft als Feindschaft offenbar. Die weiteren Interventionen können im günstigen Fall erwirken:
a) Die Beschleunigung einer heilsamen Trennung
b) Die Transformation der Feindschaft in Gegnerschaft
c) Die Transformation der Gegnerschaft in Partnerschaft.

Also: Wir bewegen uns mit wichtigen professionellen Interventionen in der urpolitischen Polarität: Feindschaft – Freundschaft.

So gesehen wäre jede unserer beraterischen Interventionen bereits ein politischer Akt. Genauer gesagt: Ein politischer Akt, der versteckte Feindschaft offenbar macht und offene Feindschaft in Richtung auf faire Gegnerschaft oder Partnerschaft zu verändern sucht.

7. Was folgt für uns aus der analogen Grundpolarität Feindschaft – Freundschaft in Makrosystemen und Mikrosystemen?

a) Die Familien und ihre Subsysteme sind nicht mehr selbstverständlich anzusehen als ein Hort des Friedens und der Geborgenheit.
b) Die Ideologie der heilen Familie verliert ihre Kraft. Sie nötigt uns nicht mehr so stark wie bisher zu Täuschungen, zu Verdrängungen und Projektionen. Wir können unbefangener feststellen, was in einer Familie gespielt wird, und wir können unbefangener darüber sprechen.

c) Die „heile Familie" kann nicht mehr angesehen werden als die gute Oase in der bösen politischen Öffentlichkeit.
d) Es gibt kein Refugium mehr für eine unpolitische Existenz. Wo auch immer wir in Beziehungen stehen: Wir handeln politisch. Wir wählen – bewusst oder unbewusst – Freund und Feind.
e) Die Politik in Makro-Systemen und die Politik in Mikro-Systemen rücken einander näher. Die Grenzen zwischen Privatheit und Öffentlichkeit werden durchlässiger. Die Behauptung: „Wie im Großen – so im Kleinen. Wie im Kleinen – so im Großen" wird stimmiger. So z.B. in den Fragen der Gewalt: Gewalt in der Öffentlichkeit und Gewalt in der Familie korrespondieren selbstverständlicher miteinander. Eine praktische Konsequenz ist: Wir können Gewalt in den Familien nicht wirksam bekämpfen ohne Veränderungen des Umgangs mit Gewalt in der Öffentlichkeit. Und umgekehrt.
f) Wir sehen die Möglichkeit, auch in Makrosystemen heilsam zu intervenieren: In Analogie zu unserem Vorgehen in Mikrosystemen, wenn auch mit anderen Interventions-Strategien.

Mit diesen sechs Fragestellungen will ich die Beantwortung der siebten Frage beenden.

Ich kann das Ergebnis kurz zusammenfassen:

Wenn wir die grundlegende Polarität Feindschaft-Freundschaft auch in Mikrosystemen deutlich wahrnehmen, können wir unsere Arbeit vorurteilsloser und klarer durchführen. Wir haben es auch leichter, makrosystemische Vorgänge zu verstehen und dort zu intervenieren. Jede lebensberaterische Intervention – ob im Großen oder im Kleinen – ist eine politische Intervention!

Ich komme jetzt zu den entscheidenden Fragen:

8. Was macht eine politische Intervention zu einer lebensberaterischen oder psychotherapeutischen?

Die Antwort ist kurz: Eine politische Intervention ist dann lebensberaterisch oder psychotherapeutisch, wenn sie geeignet ist, destruktive Feindschaft zu überwinden.

9. Welche Kräfte unterstützen unsere Interventionen zur Überwindung destruktiver Feindschaft?

Dazu möchte ich vorab drei Definitionen geben:
Feindschaft: Feindschaft zielt auf Vernichtung des Feindes – notfalls auch auf die eigene Vernichtung.
Gegnerschaft: Gegnerschaft zielt auf Unterordnung des Gegners – notfalls auch auf die eigene Unterordnung.
Partnerschaft: Partnerschaft zielt auf das gleichberechtigte Wachstum beider Partner.
Ein Teil der Menschheit strebt im Großen wie im Kleinen auf die Partnerschaft zu und entwickelt sich entsprechend. Der Weg von Feindschaft über Gegnerschaft zu Partnerschaft ist für diese Menschen ein Reifungs-Weg.
Ein anderer Teil der Menschheit hält sich in den Bereichen Feindschaft und Gegnerschaft fest und unterliegt hier dem Gesetz der Eskalation:
Im Teufelskreis der gegenseitigen Verneinung eskaliert die Vernichtung von Menschen oder die Vernichtung der ihrer Würde angemessenen Beziehungen.
Wie sieht es unter diesen Gegebenheiten mit unseren Interventionen aus?
Unsere lebensberaterischen Interventionen werden dann erfolgreich sein, wenn sie mit dem inneren Wachstums-Druck von Menschen auf ihrem Reifungsweg korrespondieren. Sie können unter besonderen Umständen auch bei Personen oder Gruppen wirksam werden, die in den Teufelskreisen von Feindschaft oder Gegnerschaft gefangen sind. Dann nämlich, wenn sie unter einen unerträglichen Leidensdruck geraten. Dies wissen wir alle aus

unseren Berufserfahrungen mit Mikrosystemen. Ich vermute, dass die Situation in Makrosystemen entsprechend ist. Dies wäre zu prüfen.

10. *Sind die Wachstums-Provokationen für uns Menschen in Makrosystemen grundsätzlich anders als in Mikrosystemen?*

Es lässt sich kaum bestreiten, dass wir in öffentlichen Auseinandersetzungen ebenso wachsen und reifen können wie in privaten. Es geht dabei in beiden Bereichen um die Überwindung von Feindschaft. Dies erscheint uns im Bereich von Partnerschaften, Ehen und Familien selbstverständlich, nicht aber ganz so selbstverständlich im öffentlichen Bereich. Hier glauben wir immer noch unverhohlen an die Macht des Stärkeren, der – wenn es Ernst wird – auch das Recht hat, sein Gegenüber als Feind zu vernichten.

Der Staatsrechtler Schmitt spricht vom IUS BELLI des Staates, von seinem Recht zum Krieg. Allerdings haben wir spätestens heute allen Anlass, dieses Recht in Frage zu stellen. Der rücksichtslose Einsatz der auf allen Seiten aufgehäuften militärischen Gewaltmittel würde die Vernichtung des Feindes und die eigene Vernichtung bedeuten.

Wenn wir nicht den Weg des kollektiven Selbstmordes gehen wollen, müssen wir auf dieses Recht zum Kriege verzichten und andere Wege suchen. Dabei kommt das Ziel einer Partnerschaft unter potentiellen Feinden oder Gegnern überhaupt erstmals ernsthaft in den Blick. Der Begriff Sicherheits-Partnerschaft hat hier seinen historischen Ort. Wer sie allerdings verwirklichen will, muss heute noch mit harten Auseinandersetzungen rechnen.

Wir sollten dazu bedenken, dass das Ziel der Partnerschaft im privaten Bereich – speziell von Frau und Mann – auch erst nach dem Zweiten Weltkrieg aufgetaucht ist.

Wachstums-Partnerschaft als individuelles und kollektives Ziel ist das Kind einer schmerzhaften Bewusstwerdung in der zweiten Hälfte unseres Jahrhunderts. Beide Wachstumsbereiche

– der private und der öffentliche – gehören zusammen. In beiden Bereichen sollten wir lernen, die Wachstums-Provokationen besser wahrzunehmen.

11. *Welche Voraussetzungen brauchen Lebensberater, um auch in Makrosystemen erfolgreich intervenieren zu können?*

a) Die Überzeugung, dass fachlich qualifizierte Interventionen in Makrosystemen heute besonders wichtig sind,
b) eine gute Kenntnis der Strukturen und der Dynamik in Makrosystemen,
c) die Bereitschaft, neue Interventions-Strategien zu entwickeln und dabei auch persönlich Risiken einzugehen,
d) einen Träger, der die Ausweitung der Lebensberatung auf Makrosysteme unterstützt, weil auch in seinem Verständnis Leben unteilbar ist.
Oder aber:
e) Einen Träger, der ein besonders dringliches Interesse gerade an der Beratung von Makrosystemen hat.

Diese Auflistung mag vorerst reichen. Sie macht deutlich, dass wir – Lebensberater und Träger – uns auf einem schwierigen Terrain befinden. Wir alle haben einen Status innerhalb eines bestehenden Systems zu verteidigen: Wir hängen an den Privilegien, die uns dieser Status und dieses System gewähren: Wir dürfen in Ruhe Menschen beraten und therapieren, die mit sich selbst und dem System nicht zurechtkommen – wenn wir nur das System selbst nicht bis über seine Schmerzgrenze hinaus in Frage stellen. Wir haben etwas zu verlieren, wenn wir das tun. Und vielleicht sind wir noch nicht verzweifelt genug in unserer allgemeinen Kultur-Krise, um einen solchen Einsatz zu wagen. Es wäre auch leichtfertig, ein solches Unternehmen ohne umfassende Absicherung zu starten. Wir dürfen aber andererseits auch sicher sein, dass es viele Menschen in führenden politischen und gesellschaftlichen Positionen gibt, die mit wachsender Besorgnis die eskalierende Feindseligkeit in unseren Makrosystemen wahrnehmen und auf gründliche Abhilfe sinnen.

Gründlich heißt für mich immer: unter Einbeziehung des unterdrückten und verdrängten seelischen Erlebens. Oberflächlich dagegen sind alle nur gesetzlich verankerten Maßnahmen.

Bei gründlichen Veränderungen kann die Seele nicht ausgeschlossen werden, und auch nicht unsere Lebensberatung.

Die Politik der Zukunft – wenn sie denn Erfolg haben will – wird gründlicher sein müssen – und das heißt unter anderem: Sie muss gewaltfreier werden.

Ich komme jetzt zur zwölften und letzten Frage:

12. Welche Hilfe können wir bei einem solchen Unternehmen von Kirche und Evangelium erwarten?

In unserer Post-Tschernobyl-Intervention ist uns unser örtlicher kirchlicher Träger in Düsseldorf nach anfänglichen Widerständen sehr entgegenkommen. Ich meine, er würde es auch in anderen Fällen tun, wenn wir uns weiterhin auf das Evangelium und sein umfassendes Lebens-Verständnis berufen können.

Ich sehe in der Bindung an das Evangelium einen sehr großen Vorteil der Evangelischen Lebensberatung gerade auch im Bereich der Makrosysteme. Sie gewährt ein hohes Maß an geistiger Unabhängigkeit gegenüber weltlichen Mächten, die uns natürlich gern vereinnahmen wollen, sobald wir im Makrosystem tätig werden und dabei ihren handfesten Machtinteressen in die Quere kommen.

Wir werden weiter gut daran tun, die Fortschritte der Psychologie, insbesondere der tiefenpsychologisch orientierten humanistischen Wachstums-Psychologie im Auge zu behalten. Ich halte es für wahrscheinlich, dass in absehbarer Zeit diese Entwicklungspsychologie zu einer führenden Wissenschaft aufsteigen wird, weil sie in der Lage ist, uns aus der weltweiten Wachstumskrise herauszuführen.

Der Mensch ist zum Wachstum berufen. Je deutlicher das Ende des materiellen Wachstums sich abzeichnet, desto mehr gewinnt das seelisch-geistige Wachstum an Bedeutung.

Dazu wäre im Einzelnen noch viel zu sagen. Das will ich jedoch nicht tun.

Stattdessen möchte ich zum Schluss kommen mit zwöf Thesen zu unserer Identität als Lebensberater. In unserer professionellen Identität bündelt sich unser Aufgabenbewusstsein unabhängig davon, in welcher Dimension – mikro- oder makrosystemisch – das Interventionsfeld liegt.

*Zwöf Thesen
zur Identität der Lebensberater*

Lebensberater sind:

1. Anwälte des Lebens – auch des unterdrückten
2. Anwälte des Erlebens – auch des verdrängten
3. Kämpfer gegen Unterdrückung
4. Arbeiter an der Verminderung von Selbstentfremdung
5. Arbeiter an der Förderung der wesentlichen Persönlichkeit
6. Befürworter fairer Auseinandersetzungen
7. Gegner unredlicher Bewältigungsstrategien
8. Freunde von Autonomie und Kooperation
9. Vermittler zwischen Individuen und Kollektiv
10. Wächter menschlicher Würde
11. solidarisch in Ängsten
12. und in alledem angefochten.

Günter Hoppe – Foto-Portrait aus den 1990er Jahren

Zu weiteren politischen Fragen

XIII.
Zur Ideologie der Stärke

Vortrag vor dem Christlichen Friedensforum Düsseldorf,
5. März 1985

1. |
Ich bin gefragt worden nach den Motiven des Widerstandes gegen die Friedensbewegung und ihre Arbeit. Im November 1984 haben meine Mitarbeiter und ich hier eine erste Antwort vermittelt: Im Zentrum des Widerstandes gegen die Friedensbewegung und ihre Arbeit steht der latente Faschismus.

Latent heißt verborgen. Der in unserem Unbewussten verborgene Faschismus ist weit umfangreicher als der Faschismus, der im nationalsozialistischen Hitler-Reich von 1933-1945 bei uns in Deutschland manifest (oder handgreiflich fassbar) wurde. Das im Unbewussten Verborgene verhält sich zu dem, was dem Bewusstsein offenbar wird, wie das, was bei einem Eisberg über dem Wasserspiegel zu sehen ist, zu dem, was sich unter dem Wasserspiegel befindet.

Der latente Faschismus kann jederzeit überall auf der Erde manifest werden. Psychologische und pädagogische Experimente beweisen das ebenso wie die geschichtliche und politische Wirklichkeit.

Wir haben hier im November 1984 den Film „Die Welle" miteinander gesehen. Er zeigte, wie in einer nordamerikanischen Highschool der latente Faschismus der Schüler in kürzester Zeit durch die gezielten Eingriffe des Geschichtslehrers manifest gemacht wurde. Der Inhalt des Films geht auf tatsächliche Schulerfahrungen zurück, die 1969 in Kalifornien gemacht wurden und in einem Buch festgehalten worden sind, das jetzt auch als Taschenbuch bei uns erschienen ist (Morton Rhue, Die Welle, TB 1501 [1985], Otto Maier Verlag, Ravensburg).

Der Durchbruch des verborgenen Faschismus zur Herrschaft

in das öffentliche Leben ist an eine Reihe von Bedingungen gebunden, die wir an dem Film gut ablesen können. Eine davon ist die schlagwortartige Bewusstmachung der Ideologie der Stärke. Von dieser Ideologie der Stärke behaupte ich, dass sie das Herzstück des latenten Faschismus ist und der Grund für seine weltweite Verbreitung. Ich möchte daher unsere Aufmerksamkeit jetzt auf diese Ideologie richten.

2. |
Der Geschichtslehrer in der „Welle", Mr. Ross, hatte die Ideologie der Stärke auf eine besonders eingängige und verführerische Formel gebracht. Sie lautete: „Stärke durch Disziplin, Stärke durch Gemeinschaft, Stärke durch Aktion." Wenn wir diese Formel betrachten, fällt uns auf, dass die Stärke der oberste Wert ist, auf den alles zuläuft: Die Gemeinschaft ist nicht als solche ein Wert, der für sich allein steht. Nicht Gemeinschaft um der Gemeinschaft willen, sondern Gemeinschaft um der Stärke willen. Disziplin, nicht weil sie in manchen Situationen sinnvoll ist, sondern ständige Disziplin, weil sie im Dienst des höchsten Wertes Stärke steht, die als Dauerzustand gefordert wird. Aktion, nicht weil damit ein Ziel erreicht werden kann, sondern damit ein dauerndes Hochgefühl von Stärke nicht verloren geht.

Der Höchstwert „Stärke" ist wie ein Diktator: Alle anderen Lebenswerte sind ihm untergeordnet und ohne ihn bedeutungslos. Stärke wird zu einer fixen Idee.

3. |
Die Diktatur einer fixen Idee gehört zu jeder Ideologie. Das lateinische Wort „fixus" heißt: fest, unveränderlich. Fixe Ideen sind ein Gegensatz zum fließenden Leben, das uns durch ständige Veränderungen überrascht und in Atem hält.

Unser Atem ist ein gutes Beispiel. Er fließt ständig zwischen den Polen „Ein" und „Aus" hin und her. Wir atmen ein, wir atmen aus. Wir können nicht ständig nur einatmen oder ständig nur ausatmen. Ideologen, die fixe Ideen haben, legen es aber darauf an. Sie wollen gleichsam immer nur einatmen, bis sie ganz aufgeblasen sind. Das ist nicht nur ein Gleichnis. Aufgeblasene Menschen gibt es ja wirklich. Wenn sie es zu toll treiben, kriegen sie zu hören: „Mensch, lass die Luft ab".

Meist sind es Männer, die mit aufgeblasenem Brustkorb ihre Stärke zur Schau stellen. Gesund ist dieses Imponiergehabe nicht. Atemtherapeuten stellen fest, dass der Brustkorb dieser Männer erstarrt ist. Sie müssen mühsam das Atmen neu lernen. Wenn das geschehen ist, werden auch ihre inneren Organe durch den Atem-Rhythmus wieder massiert, und sogar das seelische Innenleben kann erneut in Bewegung geraten. Die mangelhafte Fähigkeit des Ausatmens ist unter Männern, den Vertretern des sogenannten starken Geschlechts, weit verbreitet. Bezeichnenderweise. Sie unterliegen nämlich besonders der Ideologie der Stärke, die mit ihrer fixen Idee lebensfeindlich und krankmachend in körperliche Funktionen eingreift. Frauen zeigen dagegen im Durchschnitt häufiger die entgegengesetzte Beeinträchtigung: Sie atmen nicht voll ein. Sie nehmen ihre Möglichkeiten nicht voll wahr und bestätigen damit ihren Ruf als schwaches Geschlecht. Sie haben sich offenbar immer noch in großer Zahl der Ideologie der Schwäche verschrieben, die die männliche Ideologie der Stärke flankiert und vielleicht noch lange mit am Leben hält.

Fixe Ideen blockieren den Fluss des Lebens. Sie wirken tödlich. Das weibliche Geschlecht als das schwache Geschlecht zu bezeichnen, ist eine solche fixe Idee. Ebenso wenig ist das männliche Geschlecht das starke. Es wird Zeit, dass wir uns von diesen fixen Ideen gründlich und nachhaltig verabschieden. Ideologien sind Herrschafts-Instrumente. Und fixe Ideen sind Teile dieser Instrumente. Daher ist die Feststellung: „Männer sind stark, Frauen sind schwach" keine objektive Beschreibung, sondern eine Bewertung zur Festschreibung von Herrschafts-Verhältnissen. Männer stellen ihren Höchstwert Stärke fest. Sie identifizieren sich mit ihm und ordnen sich ihm unter. Schwäche ist der entgegengesetzte höchste Unwert. Er wird dem weiblichen Geschlecht zugeordnet. Stärke ist gut, Schwäche ist schlecht. Männer sind stark und gut, Frauen sind schwach und schlecht. Das ist die einfache Gleichung, die zu einer radikalen Abwertung der Frauen und des Weiblichen führt, wenn die Solidarität der Geschlechter sich auflöst.

Die Ideologie der männlichen Stärke und der weiblichen Schwäche ist das Grundkonzept der patriarchalen Epoche. Sie hat zu einer Vernichtung der weiblichen Werte geführt: Nicht das ist Stärke, was Männer und Frauen in gegenseitiger Achtung und Liebe und partnerschaftlichem Austausch hervorbringen, sondern das, was Männer durch Abwertung und Unterdrückung der Frauen und des Weiblichen in sich selbst und in der Welt erreichen können.

Ich möchte hier keine Missverständnisse aufkommen lassen. Ich sage nicht, dass alle Männer uneinfühlsame Diktatoren sind oder es in der Hochblüte des Patriarchalismus waren. Oder dass alle Frauen wehrlos leidende Opfer solcher Männer waren oder es heute – in einer Zeit wachsender Partnerschaft – noch sind. Ich sehe andererseits auch, dass es noch mehr als genug Männer und Frauen der genannten Art gibt. Viele von Ihnen haben sich jedoch auf den Weg gemacht zu einem neuen geschlechtlichen Selbstverständnis und zu mehr Partnerschaft. Aber der Weg dahin ist oft viel mühsamer als gedacht. Und darauf kommt es mir hier eigentlich an: auf die Feststellung eines epochalen Ungeistes, gegen dessen gewachsene Übermacht wir einsam und gemeinsam zu kämpfen haben, wenn wir einen dauerhaften äußeren und inneren Frieden gewinnen wollen.

Es kommt also durchaus auch darauf an, dass der einzelne Mann mit sich selbst und seiner eigenen Schwäche einen partnerschaftlichen Frieden schließt. Und dass die einzelne Frau das Gleiche tut mit ihrer eigenen Stärke. Es kann nicht gut gehen, wenn Männer weiterhin ihre Schwäche auf die Frauen übertragen und wenn Frauen ihre eigene Stärke den Männern überlassen. Jeder Einzelne wird die Verantwortung für sich selbst übernehmen müssen – für seine eigenen Stärken und seine eigenen Schwächen. Jeder einzelne Mann, jede einzelne Frau. Nur wer mit sich selbst in Frieden lebt, kann auch mit seinen Partnern in fruchtbarem Frieden leben. Das haben viele von uns erkannt und sich auf den Weg gemacht.

Doch zurück zur Ideologie der männlichen Stärke. Ich möchte

von ihr sagen, dass sie in unserem kollektiven Unbewussten immer noch die herrschende Position einnimmt. Im Notfall greifen wir auf sie zurück. Zwar hatte sich die Mehrheit unseres Volkes gegen die atomare Nachrüstung ausgesprochen, und doch hat sie eine Regierung gewählt, die ausdrücklich für die Nachrüstung war. Wir befinden uns gleichsam auf einer Schiene, die von der männlichen Ideologie der Stärke vorgefertigt ist. Wir tun nicht das, was wir wollen, sondern das, was die Ideologie der Stärke uns befiehlt. Und wir gehorchen.

4. |
Ich werde jetzt einige Thesen zur Ideologie der Stärke formulieren. Wir können später darüber ins Gespräch miteinander kommen.

a) Der Wunsch und Wille des Menschen, stark zu sein oder stark zu werden, ist ein normaler Teil seines natürlichen Lebens-Programms. Oder seiner natürlichen Entwicklung. Die Beobachtung der Tierwelt lehrt uns, dass Stärke überall spielerisch erprobt und kämpferisch eingesetzt wird. Revier- und Rangkämpfe, in denen die natürliche Stärke geltend gemacht wird, gibt es bei Mensch und Tier.

b) Menschen sind allerdings nicht nur natürliche, sondern auch geistige Wesen. Unter anderem heißt das: Sie können das natürliche Prinzip der Stärke ins Maßlose übertreiben und sich die Erde diktatorisch unterwerfen. Sie können aber auch das göttliche Prinzip der Liebe entdecken und auf der Erde entfalten. Das sind zwei entgegengesetzte geistige Möglichkeiten menschlichen Wachstums.

c) Menschen, die von Natur aus schwach sind oder sich vorübergehend in einem Zustand der Schwäche befinden, können oft ihre Schwäche nicht akzeptieren und tun so, als ob sie stark wären oder doch stärker als sie in Wirklichkeit sind. Sie machen sich oder anderen oder beiden in Bezug auf ihre Stärke etwas vor. Sie betrügen sich oder andere oder beide in dieser Beziehung. (Selbstbetrug, Täuschung, Heuchelei)

d) In einer Gesellschaft, die grundsätzlich die von Natur aus

Stärkeren bevorzugt, werden ihren Mitgliedern solche Täuschungen nahegelegt.

e) Unter diesen Umständen müssen aber auch die von Natur aus Stärkeren oft sich und anderen etwas vormachen. Denn sie sind ja nicht immer stark, wollen aber ihre Position der Stärke behalten.

f) Im Zusammenhang zwischen stärkeren und schwächeren Personen, Positionen und Rollen gibt es daher im Kleinen und im Großen viele Täuschungen und Enttäuschungen, Rivalitäts-Kämpfe und destruktive Spiele – wie wir alle aus unserer Lebens-Erfahrung wissen.

g) In Bezug auf unsere Stärke oder unsere Schwäche leben wir oft und gern in Täuschungen.

h) Krankheit und Tod offenbaren menschliche Schwäche am deutlichsten. Wenn sie vor dem „normalen Leben" verborgen werden, ist mit Sicherheit eine Ideologie der Stärke mit im Spiel.

i) Ideologien sind Lebensanschauungen, die die Lebenspraxis steuern und rechtfertigen. Die Ideologie der Stärke besagt: Nur starke Menschen haben ein Recht zu vollem Leben.

j) Die Ideologie der Stärke steuert und rechtfertigt die Unterdrückung der Schwäche und der Schwachen bis hin zur Vernichtung des Lebens.

k) Die Ideologie der Stärke kann, wie andere Ideologien auch, bewusst formuliert werden und über das Bewusstsein wirken oder aber unausgesprochen und unbewusst wirksam werden. Ideologien, die tief verwurzelt sind und lange Zeit fraglos herrschen, wirken weithin unbewusst. Die Ideologie der Stärke ist eine alte und tiefsitzende Ideologie. Sie ist daher vielen Menschen unbewusst – zumal wenn sie unter der Decke der jüngeren aber bewussteren christlichen Gegen-Ideologie steckt, die fordert, das Schwache zu achten und zu lieben.

l) Wir befinden uns also in einem Kampf zwischen zwei Ideologien. Wenn dieser Kampf von der christlichen Seite aus nun wieder nach den Prinzipien der natürlichen Stärke geführt würde, geriete sie mit sich selbst in Widerspruch. Das ist in der bisherigen Geschichte des Christentums oft genug geschehen. Zur Durchsetzung ihrer geistigen Ziele bedienten auch die Kirchen sich der weltlichen Macht in großem Stil. Jede Anwendung von Gewalt bestätigt aber auch die Richtigkeit der Ideologie der Stärke. Die Erfolge des Christentums im Kampf gegen die Unmenschlichkeiten sind dadurch oft beschränkt worden. Ich weiß nicht, ob sich das ändern lässt. Der vollständige Verzicht auf Gewalt im Raum der Öffentlichkeit scheint nur wenigen Menschen möglich zu sein. Jesus, auf den wir Christen uns gern beziehen, gehört dazu. Aber die herrschende Christologie hat ihn soweit erhöht, dass dem kleinen Christen-Menschen an der Basis der Mut zur Nachfolge nicht gerade leicht wird.

m) Die Ideologie der Stärke ist, wie jede Ideologie, einseitig. Sie missachtet die Gegenseite der zeitlichen Wirklichkeit, die immer zweiseitig oder bipolar aufgebaut ist: Wo Licht ist, ist auch Schatten. Wo Stärke ist, ist auch Schwäche. Die Ideologie der Stärke will mit Gewalt Stärke und immer wieder nur Stärke durchsetzen. Die einfachste Form der Gewalt ist die Verleugnung. Die Ideologie des Lichts verleugnet das Dasein des Schattens. Die Ideologie der Stärke verleugnet das Dasein der Schwäche.

Hitler verleugnete seinen eigenen Schatten und seine Schwäche: Er hatte die Vorstellung, er und sein Volk seien stärker als Gott und die ganze Welt. Er hatte auch die fixe Idee, er könne einen Menschen züchten und erziehen, der „hart wie Kruppstahl, zäh wie Leder und flink wie die Windhunde" wäre. Das ist menschlicher Allmacht-Wahn. Er liegt der Ideologie der Stärke zugrunde.

n) Gott ist nicht einseitig. Er umfasst alles. Das macht nicht nur die Ideologie der Stärke verdächtig, sondern alle Ideologien in ihrer Einseitigkeit. Gott ist das Leben und er (oder sie oder es) liebt das Leben. Gott ist zoophil. Der Mensch mit seinen einseitigen vergewaltigenden Ideologien liebt den Tod. Er ist nekrophil. Aber nicht nur. In seinem dunklen Lebensdrang hat er auch Anteil an der alles umfassenden göttlichen Gerechtigkeit.

o) Die Ideologie der Stärke und ihre Vernichtungs-Praxis gegenüber der Schwäche und den Schwachen ruft geistige Gegenbewegungen hervor, die die Schwächen und Schwachen in ihrem Eigenwert bewahren und schützen wollen.

p) Jesus hat sich mit seinem Christus-Geist für die Schwächen und Schwachen eingesetzt. Und alle seine Nachfolger tun das auch. Wie ihr Vorgänger müssen sie mit der Verfolgung und dem feindseligen Widerstand derer rechnen, die sich der Ideologie der Stärke verschrieben haben.

q) Die Starken, die sich der Ideologie der Stärke verschrieben haben, sind nicht wirklich stark. Sie verleugnen nur – mehr oder weniger erfolgreich – ihre Schwäche. Sie unterdrücken und verfolgen sie möglicherweise bis zur eigenen Selbstvernichtung.

r) Wenn die sogenannten Starken (die „Starken") die Schwachen verfolgen und unterdrücken, dann jagen und unterdrücken sie auch ihren eigenen Schatten, den sie bei sich selbst verleugnen und auf die anderen da draußen werfen (Projektion).

s) Die wirklich Starken versöhnen sich mit ihrer Schwäche, leben mit ihr zusammen und lieben sie – ohne sie zu verwöhnen.

t) Die „Starken" hassen sich selbst, weil sie ihre eigene Schwäche hassen. Wenn sie Krieg führen gegen die Schwächeren, führen sie den Krieg auch gegen sich selbst. Sie erachten sich und andere nur für wertvoll, wenn sie stark sind. Das Schwache verachten sie.

u) Die wirklich Starken sind vor allem stark in der Liebe. Die „Starken" sind darin schwach.

v) Die „Starken" haben Macht und Ansehen, Geld und Besitz. Das wollen sie wahren und mehren. Liebe haben sie nicht. Jedenfalls nicht ausreichend im Verhältnis zu den Schwachen. Die Liebe zu ihren weltlichen Gütern ist größer.

Nun will ich aber nicht so tun, als gäbe es dieses „Stark-Sein" nur außerhalb meiner Person und außerhalb dieses Saales. Und darum will ich diese Sätze noch einmal wiederholen mit dem Subjekt: „Wir":

Wir „Starken" haben Macht und Ansehen, Geld und Besitz. Das wollen wir wahren und mehren. Liebe haben wir nicht. Jedenfalls nicht ausreichend im Verhältnis zu unseren Schwachen. Die Liebe zu unseren weltlichen Gütern ist größer.

Wer sich mit diesem „Wir" identifizieren kann, der möge es tun, wenn er will. Öffentlich wäre ein solches Bekenntnis in einem Kreis von Christen vielleicht peinlich, weil nicht in Übereinstimmung mit der christlichen Ideologie. Aber es könnte uns auch von Unwahrhaftigkeit befreien und dem Geist der Wahrheit etwas näherbringen. Ein nicht zu unterschätzender Gewinn.

Kein Zweifel, diese Sätze wären noch schwerer zu bekennen im Alleingang: nicht mit dem Subjekt „Wir", sondern mit dem Subjekt „Ich". Die Last der persönlichen Verantwortung wächst mit zunehmendem Ich-Bewusstsein.

w) Die „Starken" suchen immer Sündenböcke. Ihnen laden sie ihre eigenen Schwächen und die der ihnen hörigen Anhänger auf. Ich denke an die Schwarzen in den USA und in Südafrika. Im faschistischen Deutschland waren es vor allem die Juden. Im Osten sind es die Konter-Revolutionäre, im Westen die Kommunisten, die Armen, die Dummen, die Arbeitslosen, die Gastarbeiter, die kritischen Intellektuellen, die Kriegsdienstverweigerer, die Studenten, die Lehrer, die Aussteiger, die Demonstranten, die Friedensbewegten, die Jungen, die Alten, die Faulen, die Kranken. Wir haben hier eine erschreckend bunte Palette unterschiedlicher Sündenböcke vor unseren eigenen Augen. Je unterdrückender die Herrschenden, desto mehr Verwerfung von Wirklichkeiten, desto mehr Sündenböcke und desto mehr Angst vor Ausgestoßenwerden.

x) Die Ideologie der Stärke ist die beste geistige Waffe der „Starken". Selbst wenn die Herrschenden immer unglaubwürdiger werden, weil das kritische Bewusstsein der Beherrschten zunimmt – der Glaube an die Ideologie der Stärke wird noch lange weiterleben, weil auch die Schwachen und Beherrschten tief im Unbewussten mit ihr und dem jeweils Herrschenden identifiziert sind.

y) Zwischen den Herrschenden und den Beherrschten, den „Starken" und den „Schwachen", gibt es eine tiefe Bindung. Sie brauchen einander. Selbst wenn sie sich mit dieser Gebundenheit zugrunde richten. Sie können nur schwer von einander lassen. Sie gleichen darin Eltern und ihren Kindern, die gegenseitig neurotisch aneinander gebunden sind. Die Eltern können nicht für sich allein sinnvoll leben – und die Kinder auch nicht. Die Eltern sind unfähig, ihren Kindern die Verantwortung für deren eigenes Leben zu überlassen, und die Kinder sind unfähig, die Verantwortung zu übernehmen. So vermeiden sie die Last der individuellen Einsamkeit und Verantwortung. Wir können das neurotische Verhältnis der „Schwachen" zu den „Starken" auch vergleichen mit einer Ehe, in der die Partner neurotisch aneinander gebunden sind und keiner die Verantwortung für sein Tun und Lassen übernehmen will, sondern jeder dem anderen die Schuld zuschiebt. In einer solchen Ehe gibt es nur Ereignisse, glückliche Zufälle und unglückliche Schicksalsschläge, aber keine Taten und verantwortete Entscheidungen.

Zu den vielen Merkwürdigkeiten des nationalsozialistischen deutschen Führer-Reiches gehört, dass keiner der Großen dieses Reiches, die in Nürnberg angeklagt worden waren, sich für schuldig erklärten. Ein infantiles Reich der Vernichtung ohne Verantwortliche. Ich bin sicher: Wenn es zu einem atomaren Erd-Vernichtungs-Krieg kommt: Niemand – kein Einzelner und keine Gruppe – wird die Verantwortung dafür übernehmen. So infantil sind wir in unseren Oben-Unten-Beziehungen gefangen.

In vielen Märchen gibt es einen falschen Bräutigam oder eine falsche Braut. Sie haben ihre Position durch Täuschung erlangt. Sie waren nicht so stark und groß, wie es notwendig war, um den anderen zu erlösen und ihm gerecht zu werden. Sie können vor der wirklichen Stärke nicht bestehen und werden vernichtet oder verjagt, weil sie falsch sind. Aber das geschieht erst am Ende. Der getäuschte Bräutigam verharrt lange in einem Zustand blinder und tauber und schläfriger Nicht-Bewusstheit. Er braucht viel Zeit, um zum Bewusstsein seiner selbst und der Wahrheit zu gelangen. Und wir auch.

z) Die einzige Möglichkeit, die täuschende Ideologie der falschen Stärke zu entmachten, besteht darin, sehend zu werden für die wahre Stärke: für die göttliche Liebe, die alles Leben annehmend umfassen und aufheben kann.

zz) Zwar sehnen sich alle Menschen im Grunde ihres Herzens nach dieser wahren Stärke. Aber der Weg dahin führt durch die Verhärtungen des Herzens – eine weite, wüste, unwirtliche Landschaft voller schroffer Felsen. Da ist der Weg oft so beschwerlich, dass viele Vorlieb nehmen mit einer falschen Stärke und sich von ihr täuschen lassen, solange es eben geht. Aber wie lange geht es, ohne dass die Selbstentfremdung sich unerträglich bis zur Selbstvernichtung steigert?

Soweit die Thesen zur Ideologie der falschen Stärke.

5. |
Ich bin gefragt worden nach den Motiven des Widerstandes gegen die Friedensbewegung und ihre Arbeit. Im November 1984 habe ich darauf hingewiesen, wie leicht wir uns über unsere Motive täuschen und wie leicht wir uns verführen lassen. Leicht lassen wir uns von unsrem göttlichen Wesen entfremden und dienen dem Götzen weltlicher Stärke, was unausweichlich zum Krieg führt. Wir haben in Deutschland den Nationalsozialismus als eine verführerische Diktatur der „Stärke" erfahren. Wir haben hier im November den Film *„Die Welle"* gesehen und können aus diesen und anderen Experimenten entnehmen, dass der Faschismus jederzeit überall in der Welt wieder aufleben kann. Er kann es, weil die tief verwurzelte Ideologie der „Stärke" in vielen von uns noch ungebrochen weiterwirkt. Ich behaupte, dass diese Ideologie das Zentrum des Widerstandes gegen die Friedensbewegung und ihre Arbeit ist, und zwar ganz besonders das Zentrum des Widerstandes gegen die christliche Friedensarbeit, die der todbringenden Ideologie der falschen Stärke einen lebendig machenden Geist der wahren Stärke entgegensetzen könnte.

Alle Welt wird am 8. Mai den Sieg über den Nationalsozialismus feiern, der sich dann zum vierzigsten Mal jährt. Diese Feierei ist durchaus müßig und äußerlich, wenn die Wurzel des Übels im Innern der Menschheit nicht erkannt und erlöst wird. Die Arbeit am Frieden ist allererst eine geistige Arbeit. Zu Recht wird gerade von Christen hier viel erwartet. Ob wir das bisher geleistet haben, oder ob die vergangenen 40 Jahre auch für uns nur eine vergebliche Wüstenwanderung waren und wir uns unsinnig im Kreis gedreht haben – wie manche meinen –, darüber sollten wir miteinander einmal in Ruhe nachdenken.

XIV.
Hitler in uns?

Eröffnungsvortrag zur gleichnamigen Tagung
in der Evangelischen Akademie Mülheim/Ruhr
am 15./16. April 1989

Vorspann: Zwei persönliche Erfahrungen:
1. Meine Frau begegnet zwei jugendlichen „Neo-Nazis".
2. Ich erlebe Autoritäts- und Konformitätsdruck in einer rechtsextremen Großveranstaltung.

Unser Thema zur Einleitung dieser Tagung heißt:
HITLER IN UNS? – FRAGEZEICHEN

Mit diesem Fragzeichen stellen wir uns mehreren Fragen:
Frage 1: Lebt in unserer Seele etwas, das einem Führer vom Typus HITLER entspricht?
Frage 2: Lebt in unserer Seele etwas, das auf einen Führer vom Typus HITLER anspricht, ein RESONANZTYP oder ein GEFOLGSCHAFTSTYP?
Frage 3: Warum stellen wir uns solchen Fragen jetzt erst oder jetzt erneut?

Ich beantworte die Frage 3 für mich zuerst:
Ich bin Psychologe und arbeite als Lebensberater in Partnerschafts- und Familienkonflikten. Seit der Katastrophe von *Tschernobyl* am 26.04.1986 beziehen meine Mitarbeiter und ich die Gefahren des öffentlichen Bereichs bewusster in unsere Arbeit ein. In einem Zentrum steht dabei für uns das Phänomen GEWALT.

Gewalt finden wir im intimen und im öffentlichen Bereich. Die Grenze zwischen beiden Bereichen wird zunehmend durchlässiger: Intime Gewalt und öffentliche Gewalt verstärken sich gegenseitig. Gewalt ist die Vernichtung möglicher Freiheit. Ohne Freiheit gibt es keine Liebe. Gewalt tötet Liebe. In unserer Lebensberatung geht es letztlich immer um den Gewinn von Liebe und damit um den Verzicht auf Gewalt.

Wir fürchten uns daher vor einer neuen Gewaltherrschaft. Und wir fragen uns auch, ob wir die alte Gewaltherrschaft des Hitler-Reiches hinreichend durchgearbeitet haben, um eine analoge Wiederholung auszuschließen.

Aus diesen Gründen habe ich die Anfrage unseres Akademieleiters Dr. Bach, ob ich diesen Vortrag übernehmen wollte, innerlich sofort mit ja beantwortet.

Das war vor einem halben Jahr. In der Zwischenzeit hat sich auch die offizielle politische Szene deutlich radikalisiert und unser Thema dringlicher werden lassen.

Ich gehe jetzt ein auf die Frage 1: *Lebt in unserer Seele etwas, das einem Führer vom Typos Hitler entspricht* ?

Zusatzfrage: *Was kennzeichnet denn diesen Typ vorrangig* ?
Ich nenne fünf Kennzeichen:

a) *Er ist auserwählt.*
Das heißt: Er ist davon überzeugt, von einer höheren Macht zur Durchführung eines nationalen Auftrages ausersehen zu sein. Seine formale Wahl durch das Volk ist lediglich die offizielle Bestätigung seines höheren Auftrags.

b) *Er hat ein großes Ziel.*
Sein Ziel ist identisch mit der Erfüllung seines höheren Auftrags. Im konkreten Fall Hitler war das Ziel: Die deutsche Weltherrschaft.

c) *Er schafft mit Macht, Gewalt und Terror die Voraussetzungen für das Erreichen seines großen Zieles.*
Dazu gehörten im konkreten Fall des Dritten Reiches:
Das Eigene aufwerten und das Fremde abwerten.
Das Fremde sind: Andere Parteien und ihre Führer, andere Völker, andere Rassen.
Weiter: Die Vernichtung jeder politischen Opposition und die Beseitigung von Demokratie und Parlament.
Weiter: Die Bildung einer hierarchisch differenziert gegliederten Gefolgschaft, die bedingungslos zu Treue und Gehorsam verpflichtet ist.

Weiter: Die Ertüchtigung und Züchtung eines stärkeren Menschen-Typs: „Zäh wie Leder, hart wie Kruppstahl und flink wie die Windhunde".
Schließlich: Militärische Aufrüstung und Eroberungskriege.
   d) *Er vernichtet seinen vermeintlichen Rivalen um die Auserwähltheit zur Weltherrschaft*: „DEN JUDEN" (Hitler).
Hierzu Hitler (aus Hermann Rauschning, Gespräche mit Hitler, Zürich 1946, zitiert nach Günther Bernd Ginzel, Hitlers Urenkel, Düsseldorf 1981, S. 94):
„Nur zwischen uns beiden wird der Kampf um die Weltherrschaft ausgefochten, zwischen Deutschen und Juden." – „Es kann nicht zwei auserwählte Völker geben."
Dazu noch ein weiteres Zitat – aus Hitlers „Mein Kampf":
„Als ich durch lange Perioden menschlicher Geschichte das Wirken des jüdischen Volkes forschend betrachtete, stieg mir plötzlich die bange Frage auf, ob nicht doch vielleicht das unerforschliche Schicksal aus Gründen, die uns armseligen Menschen unbekannt, den Endsieg dieses kleinen Volkes in ewig unabänderlichem Beschlusse wünsche?
Sollte diesem Volke, das ewig nur dieser Erde lebt, die Erde als Belohnung zugesprochen sein?"
   e) *Er hält an seinem Ziel über seinen persönlichen Tod und den Zusammenbruch seines Volkes hinaus fest*:
Hierzu nochmal Hitler (aus seinem politischen Testament vom 29.4.1945):
„Vor allem verpflichte ich die Führung der Nation und die Gefolgschaft zur peinlichen Einhaltung der Rassengesetze und zum unbarmherzigen Widerstand gegen den Weltvergifter aller Völker, das internationale Judentum" (Werner Maser, Hitlers Briefe und Notizen, Düsseldorf 1988, S. 374).
   Dies also die in meinen Augen vorrangigen fünf Kennzeichen des Diktators vom Typ Hitler.

Die Antwort auf die Frage, was davon in uns heute noch lebt, stelle ich zunächst zurück und wende mich der Frage 2 zu: *Lebt in unserer Seele etwas, das auf einen Führer von Typos Hitler anspricht? Ein Resonanztyp oder Gefolgschaftstyp ?*

Zusatzfrage: Was kennzeichnet diesen Typ vorrangig?
Ich nenne fünf Kennzeichen der Gefolgschaft:

a) *Sie sehnt sich nach Erlösung aus persönlicher und kollektiver Erniedrigung.*
Erniedrigung – das ist: Armut und Arbeitslosigkeit, Demütigung und Ehrlosigkeit, Bedeutungslosigkeit und Sinnlosigkeit, Depression und Abwehr von Depression (durch leere Geschäftigkeit oder Süchte).
Die Gefolgschaft ruft ihrem Führer zu:
„Schaffe uns Ansehen, gib uns ein Ziel und führe uns dahin auf einem schnellen und breiten Weg, den wir alle gemeinsam gehen können."

b) *Sie sehnt sich nach kollektiver Begeisterung*:
Die Gefolgschaft ruft: „Belebe unsere Ideale" – „Schaffe uns Erfolge" – „Deute uns die Welt auf einfache Weise".

c) *Sie sehnt sich nach den belebenden Affekten der nationalen Selbst-Liebe.*
Das sind: Freude, Jubel und Seligkeit – Vertrauen, Glaube und Hoffnung – Zufriedenheit, Stolz und Triumph.
Die Gefolgschaft ruft:
„Erfülle unsere Herzen mit diesen erhebenden Gefühlen."

d) *Sie sehnt sich nach einem kollektiven Lebensraum für ihre unterdrückten und verdrängten Affekte des Hasses.*
Das sind: Zorn und Wut – Rache und sadistische Wollust – Trotz und Verzweiflung – Unzufriedenheit und Ärger.
Die Gefolgschaft ruft:
„Gib uns einen gemeinsamen Feind, damit wir unseren Hass an ihm auslassen können."

e) *Sie sehnt sich nach Verantwortungslosigkeit.*
Die Last der Verantwortung wird dem Führer übertragen.
Die Gefolgschaft ruft:
„Führer befiehl, wir folgen Dir."

Das sind fünf Sehnsüchte, die die Gefolgschaft des Diktators vom Typ Hitler kennzeichnen.

Nach dieser Vorarbeit können wir uns der Frage zuwenden, was von dem Diktator und was von seiner Gefolgschaft heute in uns lebt oder wieder zum Leben erweckt werden könnte.

*Der erste Schritt auf diesem Weg
ist eine Wesensanalyse.*

Zunächst zum Diktator vom Typ Hitler: Was ist sein Wesen? Der Diktator ist Alleinherrscher = MONARCH. Er vernichtet seine Gegenspieler mit Gewalt. Er ist GEWALTHERRSCHER. Er duldet keine Opposition. Er hat das Recht immer auf seiner Seite. Er ist der Rechthaber schlechthin. Wer ihm gleichberechtigt und gleichrangig gegenüberstehen will, wird von ihm als gefährlicher Rivale bekämpft. Er muss sich als Sklave oder als Gefolgsmann unterwerfen oder er wird eingesperrt oder getötet, wenn er nicht flieht.

Die Zahl des Diktators ist die *Eins*. Die *Zwei* wird von ihm nicht als gleichberechtigt anerkannt. Daher gibt es für ihn keine lebendigen Polaritäten, keinen natürlichen Wechsel von Tag und Nacht, keine fruchtbare Auseinandersetzung zwischen Mann und Frau, keinen schöpferischen Dialog. Er ist Monologist, Monist, Monoman – kurz ein „MONO". (Hitler war bekannt für seine stundenlangen Monologe). Mit seinem Monismus schützt er sich vor der dualen Begegnung. Sein Geist haust in einer monistischen IDEOLOGIE der STÄRKE – Schwäche ist da ausgeschlossen. Schwach und böse ist immer nur der ANDERE, der daher unterworfen oder ausgerottet werden muss.

Der Diktator ist ein unreifer Schwarz-Weiß-Maler. Er kann existentiell nicht bis *Drei* zählen. Er bleibt einem feindseligen Dualismus verhaftet. Der Trialismus ist ihm verschlossen: Aus These und Antithese erwächst ihm keine Synthese. Sein Ich ist schwach. Ihm fehlt die Fähigkeit zur INTEGRATION der WIDERSPRÜCHE. Seine vermeintliche Willensstärke ist Täuschung. Hervorstechend ist lediglich sein dogmatischer Fanatismus, der die wirkliche Willensstärke ersetzen muss. Friedrich Nietzsche hat das prägnant formuliert:

„Fanatismus ist die einzige Willensstärke, zu der auch die Schwachen gebracht werden können." (Fröhliche Wissenschaft, Kröner 74, 245)

Die Ich-Schwäche des Diktators Hitler zeigt sich auch darin, dass er keine Verantwortung für seinen Eroberungskrieg übernommen hat. In seinem schon einmal zitierten politischen Testament vom 29.04.1945 heißt es:

„Es ist unwahr, dass ich oder irgend jemand anderes in Deutschland den Krieg im Jahr 1939 gewollt haben. Er wurde gewollt und angestiftet ausschließlich von jenen internationalen Staatsmännern, die entweder jüdischer Herkunft waren oder für jüdische Interessen arbeiteten" (Maser, a.a.O. S.357f).

Aber wie denn – so fragen wir uns – kann ein solcher Diktator ein großes und bedeutendes Volk regieren?

Das liegt einmal an der ihn tragenden Idee seiner Auserwähltheit durch eine höhere göttliche Macht und zum anderen an der Eigenart seiner Gefolgschaft.

Dieser wollen wir uns jetzt zuwenden. Auch hier zunächst als erster Schritt eine Wesensanalyse.

*Was ist das Wesen
der Gefolgschaft des Diktators ?*

Die Gefolgschaft wird bestimmt von der Sehnsucht nach dem verlorenen Paradies. Sie wird geleitet von der Sehnsucht nach einem gemeinsamen Glück. Das führt zu einer träumerischen Vision, die etwa so aussieht:

Für ihre Gemeinschaft bringen die Gefolgsleute heldenhafte Einsätze und persönliche Opfer. Sie halten zusammen und helfen sich kameradschaftlich. Sie vertrauen ihren Vorgesetzten und erweisen ihnen Ehrerbietung und den schuldigen Gehorsam. Dem obersten Führer aber schenken sie eine gottähnliche Verehrung. So finden sie in der Gemeinschaft der Gleichgesinnten Geborgenheit. Und das alles geschieht in völliger Freiheit. Wer aber nicht gleichgesinnt ist, wird beseitigt. Dadurch bleibt die Gemeinschaft schattenfrei und rein.

Die Gefolgschaft des Diktators will sich als schattenfreie Großgruppe nach dieser Vision verwirklichen. Aber sie wird in der Wirklichkeit ihren Schatten nicht los. Ihre Licht-Vision ist zu wirklichkeitsfremd in einer „gefallenen Welt", um auch nur für kurze Zeit Wirklichkeit werden und bleiben zu können. Die Gefolgschaft muss und müsste sich ständig neu von „Abweichlern" reinigen. Ersatzweise werden daher Schattenträger und Sündenböcke vorgeschoben und vernichtet. Der Hass auf den eigenen Schatten findet seine Opfer zuerst in den Anderen. Am Ende aber verschlingt diese kalte, lebensfeindliche Licht-Ideologie die ganze Gefolgschaft samt ihrem Führer.

Schauen wir beide Seiten zusammen, den Diktator vom Typ Hitler auf der einen Seite und seine Gefolgschaft auf der anderen Seite, dann sehen wir: sie bilden eine Einheit auf dem gleichen niedrigen seelisch-geistigen Reifungsniveau. Alles, was den eigenen Idealen widerspricht, wird verdrängt, auf andere Menschengruppen projiziert und dort mit Macht, Gewalt und Terror bekämpft, unterdrückt, isoliert und vernichtet. Es gibt auf dieser Reifungsstufe noch keine Individualität, die Gut und Böse in sich zu vereinigen vermag.

So kommt es zu einer gewaltsamen kollektiven Einheit unter der Parole „Ein Volk, ein Reich, ein Führer". Das Reich, das auf solche Weise entsteht, ist ein Reich der Gewalt und des Hasses. Es ist ein Gegenbild des christlichen Gottesreiches, das ein Reich der Freiheit und der Liebe ist.

Wieviele Priester beider christlicher Konfessionen haben diese Gegensätzlichkeit nicht erkennen und die fundamentale Andersartigkeit beider Reiche nicht unterscheiden können? Ich weiß ihre Zahl nicht. Aber die Tatsache als solche dokumentiert doch bei der christlich-geistigen Elite das Vorhandensein einer niedrigen seelisch-geistigen Reife oder eine Verhärtung des Herzens, die gemessen an ihrem Auftrag einfach nicht in Ordnung ist. Die Befangenheit dieser priesterlichen Amtsträger in kirchengeschichtlichen Traditionen von Gewalt, Intoleranz und Hass gegenüber Andersdenkenden ist mit Sicherheit zum damaligen Zeitpunkt nicht genug durchgearbeitet worden. Aber ist sie es heute?

Ich nehme diese Anfrage an die Kirchen vorweg – weil der ‚Hitlerismus' im Grunde ein religiöses Phänomen ist –, bevor ich mich der Frage stelle, was denn von diesem Hitler-Reich noch in uns lebt oder wieder zum Leben erweckt werden könnte.

In unserer abendländisch-christlich geprägten Seele wohnen –

mehr oder weniger versteckt – offenbar zwei verschiedene Reichs-Vorstellungen, die einen höheren göttlichen Anspruch erheben:

Das Reich Gottes, das durch Christus kommt und das Reich Satans, vermittelt durch den Antichrist.

Dabei täuschen die antichristlichen Ausformungen des Reiches gern vor, christliche Formen des Gottesreiches zu sein. Wer bereit ist, sich auf diese Vorstellungswelt einzulassen, wird das Hitler-Reich heute – post festum Diaboli – selbstverständlich dem satanisch-antichristlichen Bereich zuordnen müssen.

Unsere Christdemokraten und Christsozialen haben dem Spuk dieser Reiche ein für allemal ein Ende bereiten wollen, indem sie unseren bundesrepublikanischen Staat nüchtern aller Heiligkeit entkleidet haben. Sie wurden nicht müde zu erklären, dass das Reich Gottes politisch nicht zu verwirklichen sei. Damit haben sie freilich unseren Staat für bestimmte Leute vielleicht auf eine etwas langweilige Verwaltungseinheit reduziert, die sie nicht mehr recht begeistern kann. Denn kollektiv begeistert sind vor allem Menschen, die sich entschieden mit göttlichen Mächten auseinandersetzen, also auf politischer Ebene entweder eine Ausformung des Gottesreiches oder des satanischen Reiches verfolgen. Oder mit anderen Worten: Menschen, die bestimmte Teile der Schöpfung sanktifizieren und andere Teile diabolisieren.

Leider haben sich unsere Christdemokraten und ihre christsozialen Schwestern bald nach der Gründung der Bundesrepublik als die staatstragenden Parteien schlechthin propagiert und die Sozialdemokraten in der Manier des alten Kaiserreiches und des vergangenen Hitler-Reiches fast zu Staatsfeinden diffamiert, die schließlich sogar mit dem bolschewistischen Erzfeind paktierten. Außerdem nahmen sie eine ganze Reihe namhafter alter Nationalsozialisten in ihre Reihen auf und ermöglichten ihnen Karrieren bis in die höchsten Staatsämter. Dies hat die Erneuerung unserer Demokratie erheblich behindert und leistet heute der Entwicklung des neonazistischen Rechtsextremismus nicht unwesentlich Vorschub.

Es werden immer wieder Stimmen in unserer Öffentlichkeit laut, die beklagen, dass wir uns geistig und emotional nicht deutlich genug vom Hitler-Reich verabschiedet hätten. Dagegen stehen andere, die sagen, man möge diesen Abschnitt unserer Geschichte doch nun endgültig ruhen lassen. Die einen sehen im Hitler-Reich eine besonders verabscheuenswürdige Epoche unserer nationalen Geschichte, die uns nicht in Ruhe lassen kann. Die anderen ‚beweisen', dass eigentlich kein wesentlicher Unterschied zu den üblichen Grausamkeiten in den blutigen Geschichten der Völker auszumachen sei.

Ich persönlich würde mich gern nicht nur von der Hitler-Epoche unserer Geschichte soweit wie eben möglich geistig und emotional verabschieden, sondern auch von allen anderen Scheußlichkeiten unserer nationalen und übernationalen Geschichte, mit denen wir so untrennbar verbunden zu sein scheinen. Doch ein solcher Abschied ist nicht gerade einfach.

Wer sich einer Psychoanalyse unterzieht, arbeitet seine persönliche Lebensgeschichte durch und gewinnt dadurch zumindest mehr Distanz zu sich und kann im günstigen Fall auf einem höheren Reifungsniveau einen neuen Lebensabschnitt beginnen. Eine solche Analyse ist ein aufwendiges und phasenweise auch emotional schmerzliches Unternehmen. Man muss dazu motiviert sein und ist es meist durch die Erfahrung einer ausweglosen Sackgasse im persönlichen Lebenslauf.

Die Führungseliten von Staaten und Kirchen nehmen bislang keine analogen Möglichkeiten wahr, um sich von den geschichtlichen Sackgassen ihrer Institutionen geistig und emotional zu distanzieren und deren Leitung auf einem höheren Reifungsniveau fortzusetzen. Sie leben in einem höheren Schutzraum ihrer langlebigen und machtvollen Institutionen und sind dort leider nur beschränkt (= systemimmanent) lernfähig. Das ist bedauerlich: So bleibt vieles beim Alten und stagniert oder – wenn Neues auf Altem aufgebaut wird – es besteht eine erhöhte Gefahr des Rückfalls in die alten Fehler.

Es ist uns heute jedenfalls deutlich, dass die Trennung vom Zweiten Deutschen Reich 1918 nicht klar genug vollzogen worden ist. (Zur Verdeutlichung führe ich dazu ein Zitat an, das die „Mitscherlichs" in ihrem Buch: *Die Unfähigkeit zu trauern*, München 1967, auf S. 67 bringen:

„Im vertrauten Kreise pflegte Max Weber öfter zu sagen, das nationale Unglück Deutschlands sei, dass man noch nie einen Hohenzollern geköpft habe.")

Wegen dieser mangelhaften Trennung 1918 blieb die Weimarer Republik nur eine Art von Interregnum, und das Hitler-Reich konnte als Drittes Deutsches Reich die imperialistische Megalomanie des Kaiserreiches verstärkt fortsetzen. Der Untergang des Dritten Reiches 1945 war äußerlich radikaler und der Abschied von ihm für viele innerlich naheliegender. Aber im Führungsbereich des Staates wurde die geistige Trennung eher oberflächlich und die emotionale Trennung nur halbherzig vollzogen. Die „Entnazifizierung" geriet bald ins Stocken, und die KZ-Prozesse wurden verschleppt. Neonazis können sich daher heute auf dem Weg zu einem Vierten Reich wähnen und die Bundesrepublik zu einem zweiten Zwischenfall à la Weimar degradiert sehen. Das Gespenst des Rückfalls ist nicht gebannt. Darüber können auch die rein quantitativ relativ günstigen Umfrage-Ergebnisse, die DER SPIEGEL in seiner Ausgabe vom 10.4.89 veröffentlich hat, nicht hinwegtäuschen: Wenn es zu einer ernsten Auseinandersetzung mit den Tendenzen einer neuen Diktatur des kalten Lichtes kommt, werden nicht schwankende Quantitäten von Meinungen entscheiden, sondern Qualitäten wie Mut, Überzeugungskraft und Standfestigkeit.

Es ist ja leider auch nicht so, dass der Neonazismus ein isoliertes Phänomen wäre, das sich auf eine Gruppe früh- und spätpubertierender junger Leute beschränkt, die aufgrund mangelnder Talente keine Zukunft für sich in dieser Leistungsgesellschaft sehen und sich in ihrer Ablösungs-Ambivalenz von ihren bessergestellten Eltern regressiv mit dem Geist ihrer ehemals nationalsozialistischen Großeltern verbünden. Wenn es nur das wäre: Dies Problem müsste sich mit dem Einsatz politischer, pädagogischer und psychologischer Vernunft lösen lassen – wenn man nur wollte ... Aber will man wirklich? Oder ist nicht diese offenkundige Einsprengung der altvertrauten Nazi-Gewalt vielmehr das Produkt eines viel umfassenderen geistigen Umfeldes, das seine Wirksamkeit im Untergrund unserer bundesrepublikanischen Wirklichkeit nie verloren hatte – und mithin ein Test, wieviel davon die Öffentlichkeit heute wieder hinzunehmen bereit ist?

Der deutsche Nationalismus beginnt wieder zu erwachen. Das könnte durchaus begrüßt werden, wenn damit ein gesundes nationales Selbst- und Selbstwertbewusstsein verbunden wäre, das wir auch bei den anderen Nationen unserer Welt vorfinden oder annehmen, und wenn damit auch eine gesunde individuelle Infrastruktur verbunden wäre. *Nur leider*: Die, die diesen deutschen Nationalismus am lautesten ausrufen, verbinden ihn allzu leicht mit Ausländerhass und Antisemitismus, mit harten kollektiven Ordnungsvorstellungen und Gewalt, mit Beschneidung der Frauen-Emanzipation und der individuellen Freiheiten. Das riecht dann sehr schnell nach der alten Nazi-Diktatur. Besonders, wenn auch wieder territoriale Expansionsansprüche geltend gemacht werden. Trotzdem: Die Furcht vor einem Rückfall in eine menschenverachtende Diktatur sollte uns nicht unfähig machen zu differenzieren. Wir haben Unterschiede gegenüber der Weimarer Zeit festzustellen und auch anerkennend zu bekräftigen:

1. Das individuelle Selbstbewusstsein hat sich bei vielen Menschen sehr stark weiterentwickelt. Man kann dies in Zusammenhang bringen mit dem nationalen Zusammenbruch von 1945 und dem Verlust kollektiver Sicherheiten. Die Glaubwürdigkeit kollektiver Autoritäten und Dogmen musste zugunsten der Orientierung an eigenen Erfahrungen und zugunsten der Zunahme individuellen Selbstvertrauens große Einbußen hinnehmen. Es kann allerdings auch nicht übersehen werden, dass viele Menschen an dieser individuellen Emanzipation nur wenig teilgenommen haben und dass zahlreiche andere in seelische Schwierigkeiten geraten sind. Unser Grundgesetz Art. 2.1 garantiert das Recht auf freie Entfaltung der Persönlichkeit.

2. Nachdem der verlorene Krieg von 1918 den deutschen Frauen das politische Wahlrecht eingebracht hatte, brachte uns der Zusammenbruch von 1945 die Gleichberechtigung von Mann und Frau, die in Art. 3.2 unseres Grundgesetzes verankert ist. Damit begann ein schwieriger Prozess geschlechtlicher Neuorientierung. Die Endphase des Patriarchats und die Umstellung auf die gleichberechtigte Partnerschaft macht beiden Geschlech-

tern immer noch viel zu schaffen. Die zahlreichen Krisen in Partnerschaften, Ehen und Familien machen dies deutlich.

3. Ein besonderes Hindernis der individuellen weiblichen Emanzipation hat sich bei den Schwangerschaftsabbrüchen aufgetan. Die Hüter kollektiver Ordnung haben an dieser Stelle nachdrücklich ihr Veto gegen die individuelle Entscheidung der schwangeren Frauen im Abbruchskonflikt eingelegt. Sie können hier keinen individuellen Konflikt wahrnehmen, der nach individuellen Wertmaßstäben individuell in eigener Verantwortung von den betroffenen Frauen gelöst werden muss, sondern sie machen hier kollektive moralische und rechtliche Ansprüche auf das „werdende Leben" geltend. An diesem Punkt ist ein stagnierender Grabenkrieg zwischen „Kollektivisten" einerseits und „Individualisten" andererseits zu verzeichnen. Um das noch weiter zu verdeutlichen: Die Kollektivisten sagen zu den Schwangeren: ‚Dein Bauch gehört dem Staat'. Die Individualisten sagen: ‚Mein Bauch gehört mir.' Dieser Grabenkrieg ist ein Symbol der Patt-Situation beider Parteien. Aber er zeigt uns auch, dass emanzipierte Individuen sich kraftvoll gegen kollektiv-moralische Bevormundung zu wehren gelernt haben.

Zusammengefasst: Verglichen mit der Nazi-Zeit hat die individuelle Entwicklung und Emanzipation in unserem Lande erhebliche Fortschritte gemacht, die mit hoher Wahrscheinlichkeit nicht mehr soweit rückgängig gemacht werden können, dass wir uns einer neuen Diktatur vom Typ Hitler unterwerfen werden. Begünstigt wird diese individuelle Entwicklung weiterhin durch einen uns innewohnenden Reifungsplan, der uns aus dem Bereich moralischer Heteronomie herausführt in den Bereich moralischer Autonomie. Die Entdeckung dieses Reifungsplanes durch Piaget und seine Differenzierung durch Kohlberg und andere gehört gewiss zu den wichtigsten Entdeckungen unseres Jahrhunderts. Keinesfalls können wir aber darauf vertrauen, dass dieses innere Programm uns von selbst zum Ziel führt. Vielmehr stehen uns weitere innere und äußere Kämpfe, Auseinandersetzungen und Klärungsprozesse bevor, die durchaus auch heldenhaften Aufwand von Mut und Kraft notwendig machen werden.

Einige der zu erwartenden Hindernisse und Widerstände seien im Folgenden erwähnt:

1.
Die tiefsitzende Unterwerfungs- und Gehorsamsbereitschaft der Schwächeren gegenüber den Stärkeren. Dies haben vor allem die Milgram-Experimente deutlich gemacht, die 1963 erstmals in den USA durchgeführt und später in anderen Ländern mit ähnlichen Ergebnissen wiederholt wurden: Dabei ergab sich, dass über 60% der Versuchspersonen auf Anweisung einer Autoritätsperson bereit waren, anderen Menschen lebensgefährliche elektrische Schläge bis zu 450 Volt zu verpassen – und dies auch dann, wenn auf akustischem Wege von den Opfern zunächst dramatische Rückmeldungen von Angst und Schmerz und schließlich von Todesstille gegeben wurden. Ähnlich nekrophil können wir uns unter dem Konformitätsdruck von Gruppen verhalten.

Die Ergebnisse dieser sozialpsychologischen Labor-Experimente waren für alle Fachleute und für die Öffentlichkeit überraschend und schockierend.

Ähnlich war die Reaktion auf ein kalifornisches Schul-Experiment im Jahr 1969, das unter dem Namen „Die Welle" auch bei uns veröffentlicht wurde und bekannt geworden ist. Hier agierten binnen kürzester Zeit die Schüler – ausgesprochen friedfertige „Laisser-faire-Schlaffis" – unter der plötzlich veränderten autoritären Führung ihres Geschichtslehrers absolut faschistisch. Er verwendete dabei eine dreiteilige Formel, die den Willen zur Stärke bei den Jugendlichen ideologisch anheizte. Sie lautete:

- STÄRKE DURCH DISZIPLIN
- STÄRKE DURCH GEMEINSCHAFT
- STÄRKE DURCH AKTION.

Auf Grund der latenten Bereitschaften zu willkürlicher Ausübung von Autorität beim Lehrer und zu Konformität und Gehorsam bei den Schülern geriet das Experiment in die Gefahr, aus der Kontrolle zu geraten. Es bildete sich eine folgsame aggressive Mehrheit, die eine kleine kritische Minderheit zu verfolgen begann. Das Experiment war nur schwer zu beenden.

Bei der „Welle" wird besonders deutlich, welche Auswirkungen unterschiedliche Führungs- und Erziehungsstile haben. Darauf hatten die Untersuchungen von Lewin, Lippit und White in den USA schon 1939 hingewiesen. (Sie hatten unterschieden: Autoritär, demokratisch und Laisser-Faire). Erschreckend an der „Welle" ist allerdings die schnelle und erfolgreiche Umstellbarkeit der Jugendlichen – und ggf. auch der Lehrer – auf den autoritären Führungsstil.

2.
In Ergänzung dazu haben Tiefenpsychologen durch ihre Übertragungsanalysen festgestellt, dass das Verharren oder der Rückfall in autoritäre Haltungen mit frühkindlichen Entwicklungsblockierungen, mit Fixierungen oder Elternbindungen zusammenhängt. Man hat diese Erfahrungen auch auf Hitler und seine Gefolgschaft übertragen. Darüber haben namhafte Psychotherapeuten aufschlussreiche Bücher geschrieben, die mit Gewinn zu lesen sind. Dazu gehören: Erich Fromm, Helm Stierlin, Alice Miller und Arno Gruen. Praktisch sinnvoll werden die dort angestellten diagnostischen und psychodynamischen Überlegungen allerdings erst dann, wenn daraus psychotherapeutische Behandlungen und Veränderungen des elterlichen Beziehungsverhaltens resultieren. Es wird sicher noch eine lange Zeit vergehen, bis von daher entspanntere Formen unseres Beziehungsverhaltens in einem nennenswerten Umfang zu erwarten sind. Denn bis jetzt vertrauen wir immer noch allzu gern den frühkindlich erlernten Verhaltensweisen, selbst wenn sie uns im Schnitt wenig glücklich machen und oft eher tot als lebendig sein lassen. Es bedarf in der Regel heute noch eines erheblichen Leidensdruckes, um sein Leben mit Hilfe einer Psychotherapie neu zu gestalten.

In der Zwischenzeit haben sich allerdings andere Formen des partnerschaftlichen Lernens in Gruppen bewährt. Ich nenne hier vorrangig die von mir selbst gelehrte und gepflegte Arbeitsform der TZI (Themenzentrierte Interaktion). Sie ist von Ruth Cohn, die von der Psychoanalyse herkommt, eingeführt worden mit dem Ziel, partnerschaftliche Beziehungsformen in allen schulischen und außerschulischen Lernprozessen aufzubauen und gegen Rückfälle in autoritäre Verhaltensweisen zu stabilisieren. Diese Methode hat seit 1969 in der BRD eine große Verbreitung gefunden und hat entsprechend nennenswerte Erfolge zu verzeichnen.

3.
Mit jeder neurotischen Entwicklungshemmung und jeder damit zusammenhängenden diktatorischen Unterwerfung – ob aktiv oder passiv – ist notwendigerweise ein Minderwertigkeitskomplex verbunden, weil der heranwachsende Mensch eben seelisch-geistig kleiner bleibt, als ihm von seinem Alter her angemessen ist. Es kommt hinzu, dass wir dem Vergleich mit unseren höheren Idealen und unseren traumhaften Größenvorstellungen grundsätzlich nicht gewachsen sind und von daher ein Minderwertigkeitsgefühl in uns tragen, das uns nicht in Ruhe lässt. Im normalen Falle treibt es uns an, unsere Lebensaufgabe durch Arbeit, Kampf und Liebe zu erfüllen. Im neurotischen Fall macht es uns vielleicht verrückt und lässt uns nach den Sternen greifen. Wenn wir durch Überidentifikation mit unseren Idealen oder vermeintlichen Göttern unsere Minderwertigkeitskomplexe überkompensieren wollen, werden wir nicht nur unsere Mitmenschen entwerten und erniedrigen, sondern am Ende auch uns selbst. So gesehen hatte Hitler einen riesigen persönlichen und nationalen Erniedrigungs- und Erhöhungskomplex, der uns alle in die Tiefe gerissen hat. Ein solcher Fall soll sich nicht wiederholen.

4.
Es gibt unbelehrbare Menschen, die aus todbringenden Erfahrungen nichts Lebenbringendes lernen. Sie sind resistent gegen Einsichten und Veränderungen, die zum Leben führen. Erich Fromm hat solche Menschen Nekrophile genannt und Hitler dazu gerechnet. Diese Liebhaber des Toten ruhen und rasten nicht, bis um sie herum der gleiche Tod herrscht, der schon in ihnen wohnt. Gegen solche Menschen müssen wir uns schützen. Sie dürfen nicht noch einmal in nationale Leitungspositionen gelan-

gen. Vielleicht ist das die schwierigste Aufgabe der Liebhaber des Lebens, die auf der Gegenseite stehen und so ungern politische Verantwortung übernehmen, weil es in der Politik nicht ohne Macht und Gewalt geht. Jedenfalls bisher nicht gegangen ist. Und weil mindestens die Gewalt nach Tod riecht.

Damit will ich die Betrachtung von Hindernissen auf unserem Weg in eine „hitlerfreie" Zukunft beenden.

Es ist deutlich, dass noch ein langer und schwieriger Weg vor uns liegt, aber er muss gegangen werden, um einer lebenswerten Gegenwart und Zukunft willen.

Notwendiger Nachtrag

Fragen und Mitteilungen der Teilnehmer haben mich zu den folgenden Feststellungen angeregt:

1. *Zur Arbeitsgruppe „Neofaschistische Tendenzen in Elternhaus und Schule"*

1.1 *Führung*
Liberale Leiter übersehen oft die Notwendigkeit der Führung: Menschen können nicht nur von innen, sie müssen auch von außen geführt werden. Dies nicht nur im thematischen Leistungsbereich, sondern auch im sozialen.

1.2 *Führung im sozialen Bereich*
Es wird leider oft übersehen, dass Kinder und Jugendliche spätestens mit Beginn der Lösung aus dem Elternhaus einen stärkeren Halt in Gruppen von Gleichaltrigen brauchen. Die pubertäre Ich-Entwicklung bringt Einsamkeit mit sich, die durch Wir-Erlebnisse ausgeglichen werden muss. Die individualisierten Leistungsansprüche in unsren Schulen gehen in der Regel über die Notwendigkeit von Leistungsgruppen hinaus. Auch Teamleistungen müssen gleichgewichtig wie individuelle Leistungen bewertet werden. Sie sind ein Ausweis sozialer Leistungsfähigkeit, deren Wert für eine lebenswerte Gegenwart und Zukunft von entscheidender Bedeutung ist.

Voraussetzung: Auch Lehrer und Leiter von Gruppen und Gemeinden müssen lernen, in Teams zusammenzuarbeiten. Führung und Teamwork müssen gelernt werden. Das geht nicht ohne Zusatzausbildung.

In der TZI-Ausbildung wird eine Gleichgewichtung von Ich – Du – Wir in der sozialen Wahrnehmung und im sozialen Verhalten eingeübt.

Ich bin daher – an dieser Stelle – nicht der Auffassung, die Prof. Mokrosch (bei dieser Tagung) in seinem 4. „Gebot" vertreten hat, dass man die Jugendlichen entweder für Selbstverwirklichung oder für kollektive Solidarität begeistern muss. Es ist notwendig, beide Seiten der Entwicklung gleichgewichtig ins Auge zu fassen. Falls man selbst für diesen komplexen Entwicklungsprozess begeistert ist, wird sich das auch auf die Jugendlichen übertragen. Ansonsten ist viel harte Arbeit nötig. Junge Leute haben aber nichts gegen harte Arbeit an sich selbst, eher etwas gegen pseudoverständnisvolle Labberigkeit.

1.3 Integrationsfähigkeit

Für alle Menschen – auch für Lehrer – gibt es Grenzen der Integrationsfähigkeit von Ausländern – also auch von ausländischen Schülern. Die Grenzen sollten nicht ideologisch überspielt werden („Ich muss das schaffen. Ich bin doch kein Ausländerfeind"). Wer auf solche Weise seine natürlichen (!) Grenzen überspielt, kommt in die Gefahr, plötzlich in Wut oder Depression zu fallen. Es gibt objektivierbare Grenzen unserer Integrationsfähigkeit. Probleme der Grenzüberschreitung müssen – im Großen und im Kleinen – strukturell gelöst werden.

2. Zur gesamten Veranstaltung

Eine der letzten Fragen aus unserem Kreis war: „Was hilft uns unser Glaube zur Bewältigung des Problems ‚Hitler in uns'?".

Diese Frage führt mich auf einen roten Faden, der die ganze Tagung durchzogen hat. Das ist die Beziehung von Verzweiflung und Erlösung.

Verzweiflung ist ein affektives Grunderlebnis der NS-Bewegung. Der Beitrag von Prof. Bärsch hat dies am Beispiel des Josef Goebbels besonders deutlich gemacht.

Verzweiflung ist auch ein tiefes Grunderlebnis großer Teile unseres Volkes heute. Das trifft auch und besonders für die jungen Leute zu. Das hat der Beitrag von Prof. Mokrosch klar gemacht: „Jugendliche heute leben stärker in und mit Widersprüchen. (Beispiel: Alles ist machbar – nichts ist machbar)".

Auch wir als Teilnehmer dieser Tagung sehen uns vor die Frage gestellt: Was machen wir mit unsrer Verzweiflung?

Kierkegaard hat in seinem Buch ‚Krankheit zum Tode' eine Psychologie der Verzweiflung geschrieben. Ihm gelingt die wirkliche Überwindung nur durch den Glauben (hinzuzufügen ist: und durch das Wachstum des Glaubens!). Alle kleineren Lösungen fallen für ihn unter den Begriff der Selbsterlösung und des Selbstbetruges. Darunter würden auch die NS- und Neo-NS-Lösungen fallen.

Wie aber sieht eine befriedigende Lösung auf dem Glaubensweg aus?

Unsere Reich-Gottes-Sehnsucht lässt sich nicht bis zum Sankt-Nimmerleins-Tag vertrösten. Sie lässt sich auch nicht durch theologische Kopfarbeit oder diakonische Tätigkeit – so wichtig beides sein kann – befriedigen. Sie lässt sich natürlich auch nicht durch gewalttätige Lösungen analog dem Dritten Reich oder durch eine entsprechende vierten Auflage des „Reiches" zufriedenstellen.

Was denn also dann?

Was ich mit vielen meiner Freunde sicher weiß: Wir können in unserem Leben vieles tun und lassen. Es ist aber alles sinnlos, wenn wir nicht vorrangig das Wichtigste lernen: Mehr uns selbst und unsere Mitmenschen zu lieben. Das beginnt damit, dass wir das Leben in seiner ganzen Komplexität mehr achten lernen, vor allem aber unsere Innenwelt. Denn das Reich Gottes ist zunächst in unserem Inneren zu finden. Ohne verständnisvolle „Eroberung" unserer Seele, unseres inneren Reiches, wird uns die Gestaltung eines äußeren Reiches, das uns alle zufriedenstellt, nicht gelingen.

Genauso wenig wird es uns gelingen, die Sehnsucht danach aus unserem Herzen zu reißen.

Das Thema, das mich im Nachklang zu unserer Tagung festhält, heißt jetzt:
„Viertes Reich und Reich Gottes. Wege und Irrwege auf der Suche nach einem neuen Selbstverständnis der Nation."

Die These, die ich dabei klären werde, heißt jetzt:
„Der moralische Fortschritt der Nationen ist gebunden an die Reifung und die Entwicklungsarbeit der Individuen."

Ich danke allen Mitwirkenden an dieser Tagung für ihre Beiträge.

XV.
Auf dem Weg zu einer intoleranten, ausgrenzenden Gesellschaft?

Vortrag beim Diakonietag der
Kirchenkreise Birkenfeld und St. Wendel
am 6. September 1989

Sie haben mir die Frage vorgelegt, ob sich unsere Gesellschaft auf eine intolerante Phase ihrer Geschichte zubewegt.

Ich habe mich dieser Frage gestellt mit einer Angst im Rücken. Der Angst vor dem Wiederkommen einer intoleranten Gesellschaft, die Schwache und Minderheiten in mörderischer Weise ausgrenzt.

Wir haben dies erfahren im Hitler-Reich von 1933-1945.

Ich möchte nicht, dass sich Ähnliches wiederholt.

Diese Angst wird heute bei mir und anderen aktiviert durch das Wiederaufkommen rechtsextremer politischer Kräfte, die mit Ausländern und Andersdenkenden gewalttätig umgehen. Die einen oder anderen von Ihnen werden diese Angst kennen.

Ich will klären, wie diese Ängste sich auf reale Gefahren beziehen und wie diesen zu begegnen ist. Ich nehme an, dass der Vorbereitungskreis dieses Diakonietages mit ähnlichen Absichten die mir gestellte Frage aufgeworfen hat.

Diakonie hat eine besondere Nähe zu Schwachen und Minderheiten. Und wenn Schwache und Minderheiten zunehmend durch eine intolerante Gewaltherrschaft in die Gefahr radikaler Ausgrenzung gerieten, würde das auch unsere Diakonie betreffen. Auch sie käme in Gefahr.

Ich spreche hier nicht von Intoleranz, sondern von intoleranter Gewaltherrschaft. Erst diese versammelte Dreiheit von Intoleranz, Gewalt und Herrschaft macht die Gewalt so bedrohlich. Im menschlichen Gesellschaftsbereich sprechen wir beim Auftreten dieser Dreiheit von Diktatur.

Jede Diktatur aber – so behaupte ich – hat ihre Wurzel in einer anscheinend ausweglosen Notlage. Analoge Situationen finden sich auch im Tierreich. Davon will ich Ihnen jetzt ein kleines, aber eindrucksvolles Beispiel geben, an dem wir uns die Dynamik der Diktatur deutlich machen können.

Es findet sich in dem Buch *„Wilde Schimpansen"* der berühmten Tierforscherin Jane van Lawick-Goodall, das 1971 erschienen ist.

Die Forscherin lebte seit längerer Zeit mit einer Horde von Schimpansen zusammen, als diese von einer Polio-Epidemie (Spinale Kinderlähmung) überfallen wurde. (Das war eine plötzliche ausweglose Notlage). Fünfzehn Tiere der Horde erkrankten, sechs davon starben. Aufschlussreich ist das Verhalten der Gesunden Tiere gegenüber den Kranken, die in ihren Bewegungen mehr oder weniger stark behindert waren. Ein besonders stark betroffenes und behindertes Tier war ein altes Männchen, das die Forscherin McGregor genannt hatte. Ich zitiere jetzt aus dem Originaltext (S. 184 f):

„Das traurigste an der ganzen tragischen Geschichte war die Art und Weise, wie die anderen Schimpansen auf die verzweifelte Situation des alten Männchens reagierten. Anfangs war es ziemlich offenkundig, dass sie sein seltsamer Zustand erschreckte. Die gleiche Beobachtung hatten wir gemacht, als einige der anderen Polio-Opfer zum ersten Mal wieder im Camp erschienen. Als z.B. Pepe sich, mit dem Gesäß auf dem Boden rutschend, und den gelähmten Arm nachziehend, den Hang zum Futterplatz hinaufschleppte, starrten die Schimpansen, die bereits dort waren, einen Augenblick lang zu ihm hinüber, und umarmten und beklopften sich dann gegenseitig mit einem breiten Grinsen der Angst auf den Gesichtern, um sich Mut zu machen, ohne dabei den unglücklichen Krüppel aus den Augen zu lassen. Pepe, der offensichtlich nicht ahnte, dass er selber der Anlass ihrer Furcht war, zeigte ein noch breiteres Angstgrinsen und schaute wiederholt über die Schulter zurück – vermutlich, um herauszufinden, was seinen Genossen eine solche Furcht einjagte. Schließlich beruhigten sich die anderen, aber obgleich sie immer wieder zu ihm hinüberspähten, kam ihm keiner näher, und er schleppte sich, wiederum sich selbst überlassen, fort …

Der Zustand des alten McGregor jedoch war weit schlimmer. Zu der Tatsache, dass er sich auf eine höchst abnorme Weise fortbewegen musste, kamen der Uringeruch, das blutende Hinterteil und der Schwarm von Fliegen, der ihn verfolgte. Als er am ersten Morgen nach seiner Rückkehr ins Camp in dem hohen Gras unterhalb des Futterplatzes saß, liefen die ausgewachsenen Männchen, eines nach dem anderen, mit gesträubtem Fell zu ihm hin, starrten ihn an und verfielen in ihr Imponiergehabe. Goliath griff das gequälte alte Männchen, das weder die Kraft hatte zu fliehen noch sich auf irgendeine Weise zu verteidigen, sogar an, und McGregor blieb nichts anderes übrig, als sich mit angstverzerrtem Gesicht zu ducken, während Goliath auf seinen Rücken einhämmerte. Als ein zweites Männchen sich anschickte, über McGregor herzufallen und mit wildgesträubten Haaren einen gewaltigen Ast herumwirbelte, stellten Hugo [= ihr Mann] und ich uns vor den Krüppel, und zu unserer Erleichterung ließen die Männchen von ihm ab.

Nach 2 oder 3 Tagen gewöhnten sich die Schimpansen an McGregor's sonderbares Aussehen und an seine grotesken Bewegungen, aber sie näherten sich ihm nie. Der, von meinem Standpunkt aus gesehen, allerschmerzlichste Augenblick der ganzen 10 Tage kam eines nachmittags. Acht Schimpansen hatten sich in einem Baum versammelt, der etwa 60 Schritt von dem Schlafnest entfernt war, in dem McGregor lag, und lausten sich gegenseitig. Das kranke Männchen sah unentwegt zu ihnen hinüber und ließ dann und wann ein leises Grunzen vernehmen. Schimpansen widmen normalerweise einen großen Teil ihrer Zeit der sozialen Hautpflege, und das alte Männchen hatte seit dem Ausbruch seiner Krankheit auf diesen Kontakt verzichten müssen.

Schließlich erhob sich McGregor mühsam von seinem Lager, ließ sich auf den Boden hinab und machte sich, wieder und wieder innehaltend, auf den langen Weg zu seinen Artgenossen. Als er endlich den Baum erreichte, ruhte er eine Weile im Schatten aus und zog sich dann mit letzter Kraft hinauf, bis ihn nur noch ein kurzes Stück von zwei der Männchen trennte. Mit einem lauten Grunzer der Freude streckte er grüßend die Hand nach ihnen aus, aber noch bevor er sie berührt hatte, sprangen sie, ohne sich nach ihm umzusehen, fort und setzten ihre Hautpflege auf der anderen Seite des Baumes fort. Volle zwei Minuten lang saß der alte McGregor regungslos da und starrte ihnen nach. Dann ließ er sich langsam wieder zur Erde herab …

Als ich ihn allein dasitzen sah und dann zu den anderen hinaufschaute, die nach wie vor mit ihrer Hauptpflege beschäftigt waren, stieg in mir ein Gefühl auf, dass ich nie zuvor gekannt hatte und bis heute nie wieder gespürt habe: Ein Gefühl des Hasses auf Schimpansen".

Ich möchte im Folgenden das Verhalten der Affenhorde kommentieren:

Es gibt in dieser Schilderung keinen Affen-Diktator, der die Ausstoßung schwerkranker Horden-Genossen befiehlt. Die Not-Situation selbst und die damit verbundene Angst ist die Diktatur. Wir können auch von einer unmittelbaren Angst-Diktatur sprechen: Es ist kein persönlicher Diktator da, der Not und Angst durch Gewaltmaßnahmen zu bewältigen versucht.

Die gesunden Affen haben Angst vor einer Gefahr, deren Macht sie nicht durchschauen und der sie mit den vertrauten Mitteln nicht angemessen begegnen können. Ihnen fehlen alle medizinischen Kenntnisse und Techniken, die in einem solchen Fall uns Menschen zur Verfügung stehen. Das Ereignis ist für sie eine Katastrophe, die sie ohnmächtig macht.

Ihnen fehlt aber auch ein soziales Bindungs-Verhalten, das transzendental-religiös ist und Verkrüppelung, Sterben und Tod überdauert.

Die Gesunden fühlen in der entstellenden Erkrankung ihrer Hordengenossen etwas Fremdes und Bedrohliches, das sie nur von sich fernhalten können – wenn nötig mit Gewalt. Sie bewältigen ihre Angst:

1. durch Distanz zu den Kranken (Angstdistanz)
2. durch Aggression gegen die Kranken (Angst-Aggression)
3. durch Imponiergehabe und
4. durch gegenseitige Sympathie-Versicherung.

Offenkundig haben sie die Gruppensolidarität mit den Schwerkranken aufgegeben. Jedenfalls solange, bis diese wieder funktionstüchtiger werden und an den Gruppenaktivitäten einigermaßen gleichwertig mit ihnen – den gesunden Hordengenossen – wieder teilnehmen können. Die Veränderungen der kranken Genossen machen sie zu Fremden, mit denen die Gesunden nichts mehr zu tun haben wollen. Mit den Veränderungen der Schwerkranken kommt den Gesunden der Tod entgegen. Gegen ihn sind sie macht- und hilflos. Sie kennen weder die Hilfe der Wissenschaft noch der Religion. Der Tod trennt hier radikal die Lebenden von den Sterbenden. Was also sollen sie denn anderes tun als sich zu trennen?

Und der überraschende Hass der Tierforscherin? Wie ist er zu verstehen?

Er richtet sich – so denke ich – im Grunde nicht gegen die hilflosen Schimpansen, sondern gegen den Tod und gegen uns Menschen. Gegen uns Menschen, weil auch wir dem Tod noch lange nicht gewachsen sind und weil unsere Solidarität gegenüber unseren Mitmenschen, den Fremden, Armen, Hungernden und Sterbenden, nur bruchstückhaft und immer wieder gefährdet ist. Es ist der Hass, den wir – von einer höheren Warte aus – gegen uns selbst hegen, wenn unsere Fähigkeit zu Barmherzigkeit und Solidarität versagt.

(Oder anders ausgedrückt: Der gleiche Hass, mit dem die Forscherin auf „ihre" „unmenschlichen" Schimpansen reagiert, könnte auch in göttlichen Wesen auftauchen, die höher entwickelt sind als wir, nämlich jedes Mal dann, wenn wir uns unbarmherzig von leidenden Mitmenschen abwenden und unsere Solidarität mit ihnen leugnen.)

(An dieser Stelle ließe sich ein Zeitungsbericht über eine menschliche Polio-Familie einfügen, die keinen Platz mehr unter den Gesunden gefunden hat und daher sich selbst tötete.)

Aber lassen sie uns jetzt zurückkehren zu der bedrohlichen Dreiheit von Intoleranz, Gewalt und Herrschaft, die eine Diktatur in unserer menschlichen Gesellschaft kennzeichnen.

Jede Diktatur entspringt einer anscheinend ausweglosen Notlage. An die Diktatur knüpft sich die Hoffnung, die Notlage zu überwinden. Dazu werden Opfer an Leben und Freiheit gebracht.

Wir befinden uns heute alle miteinander in einer ausweglosen Notlage. Allerdings: Sie dringt erst langsam in unser Bewusstsein. Ich nenne einige wichtige Aspekte unserer allgemeinen Notlage:

1. Die zunehmende Vergiftung der Grundelemente, ohne die wir nicht leben können: Wasser, Luft und Erde. Auf lange Sicht drohen wir alle zu verdursten, zu ersticken und zu verhungern – wenn wir nicht radikal umlernen.

2. Der zunehmende Energieverbrauch (der betrifft das Element Feuer) hat verheerende Folgebelastungen für Luft und Klima. Bei steigender Temperatur schmelzen die vereisten Polkappen ab und damit steht die Überschwemmung weiter Teile der Erde bevor.

3. Der wachsende Verbrauch von Energie und materiellen Gütern produziert wachsende Mengen Giftmüll, die nicht mehr angemessen entsorgt werden können.

4. Viele Länder unserer Erde sind Spannungsgebiete, in denen Krieg und Gewalt, Terror und Verfolgung, Hunger und Armut herrschen. Aus diesen Gebieten drängen Menschen heraus in Länder hinein, in denen Frieden, Toleranz und Wohlstand herrschen. Zu diesen gesuchten Ländern gehört auch die BRD. Die Fremden – Aussiedler, Übersiedler und Asylanten – werden von den Einheimischen mit gemischten Gefühlen aufgenommen.

5. Die Vermehrung der Menschheit macht rasante Fortschritte. Wir sprechen von einer Bevölkerungsexplosion. In den vergangenen 50 Jahren hat sich die menschliche Bevölkerung der

Erde mehr als verdoppelt (von 2 auf 5 Milliarden). Ein Ende dieser Entwicklung ist nicht abzusehen. Notvoll wird unsere Vermehrung durch ebenso rasant steigende Ansprüche an unsere Lebensqualität. Man hat errechnet: Die fossilen Energievorräte der Erde wären in weniger als einem Jahr verbraucht, wenn alle Menschen ihre Lebensansprüche in gleicher Weise verwirklichen würden wie die privilegierten der reichsten Industriestaaten. Auf eine kurze Formel gebracht: Die Revieransprüche steigen und die verfügbaren Reviere werden kleiner. Anders gesagt: Reviere werden knapper und dadurch steigern sich Revier-Rivalität und Revier-Aggressivität. Ein einfaches Beispiel ist der tägliche Kampf um die Parkplätze in den Zentren der Großstädte, der mit steigender Autozahl zunimmt.

6. Die Kriminalität steigt bedrohlich an. Dies betrifft vor allem das in Banden, Kartellen und Syndikaten organisierte Verbrechen, dessen illegale wirtschaftliche und politische Macht mit der legalen staatlichen Macht erfolgreich rivalisieren kann, wie das gerade in Kolumbien geschieht.

7. Schließlich und nicht zuletzt verfolgen alle Staaten eine steigende militärische Hochrüstung. Ein wesentlicher Teil der menschlichen Forschungs- und Arbeitskraft wird auf Entwicklung, Herstellung und Vertrieb immer besserer Vernichtungswaffen verwendet. Das vorhandene Vernichtungspotential reicht zwar aus zu einer vielfachen Vernichtung aller höheren Lebewesen auf unserer Erde. Aber die programmierten Völkermorde sollen im Bedarfsfall immer noch schneller und perfekter abgewickelt werden können, um den potentiellen Feinden zuvorkommen zu können. Es ist abzusehen, dass eine solche gigantisch perfektionierte Vernichtungsmaschinerie – ist sie einmal in Gang gesetzt – Freund und Feind verschlingen und uns alle vernichten würde.

Diese sieben Aspekte sollen zur Beschreibung unserer allgemeinen Notlage hier für unsere Zwecke ausreichen.

Was machen wir in Anbetracht dieser katastrophalen Lage?
Die einfachste „Lösung" wäre, das Katastrophale nicht wahrzunehmen, zu leugnen oder zu verharmlosen. Diese Haltung ist

zwar sehr verbreitet, aber sie ist keine Lösung, sondern eine Vermeidung oder Scheinlösung.

Die zweite „Lösung" wäre die Erneuerung eines naiven Glaubens an eine gütige Gottheit, die das Schlimmste von uns in letzter Minute abwenden wird – und dies trotz aller menschlichen Vorbereitung zum eigenen Untergang. Die bisherige Geschichte der Menschheit gibt uns kein Recht, ein solches rettendes Eingreifen für realistisch zu halten, solange unsere wirklichen Entscheidungen und Handlungen in die entgegengesetzte Richtung gehen. Auch diese „Lösung" ist eine Vermeidung oder Scheinlösung. Mit ihr würden wir die eigene Verantwortung für unser menschliches Schicksal nicht wahrnehmen.

Eine dritte „Lösung" schließt sich an die zweite an. Es ist die Hoffnung auf einen „Starken Mann" und seine Mannschaft – in der Gegenwart könnte es auch eine „Starke Frau" und ihre Anhängerschaft sein –, die die Rettung aus dem Dilemma im Namen einer Gottheit oder eines Obersten Wertes besorgen. Diese „Scheinlösung" hatten wir im Laufe der menschlichen Geschichte schon öfter und sogar hautnah schon einmal in der eigenen nationalen Geschichte dieses Jahrhunderts.

Vermeintliche Retter dieser Art verwandeln sich – wenn sie erst einmal im Besitz der absoluten Macht sind – sehr schnell in Verderber. Dies geschieht auf Grund des uns allen einwohnenden latenten Größenwahnsinns, der unter der Bedingung schrankenloser Machtausübung freigesetzt wird. Auch dies ist kein erfolgversprechender Weg.

Was bleibt uns?
Mir persönlich bleibt die Hoffnung, dass in den echten Demokratien unserer Erde die Völker ihre Aufgaben als oberste Souveräne und die damit verbundene Verantwortung wirklich übernehmen und ihre Machtträger kritischer kontrollieren.

In den Bürgerinitiativen unseres Landes gibt es dazu hoffnungsträchtige Ansätze, die nicht in Resignation ersticken dürfen. Parlamente, Regierungen und andere öffentliche Entscheidungsträger sollten lernen, besser auf die Stimmen ihrer verantwortungsbewussten Bürger zu hören – im eigenen Interesse und im Interesse des Ganzen. Wenn die Bürger zunehmend den Eindruck gewinnen, dass über ihre Köpfe hinweg und gegen ihre fundamentalen Lebensinteressen regiert wird, versinken sie entweder in depressiver Resignation oder wenden sich extremistischen Aktivitäten zu, die erfahrungsgemäß im Unglück enden. Beides sollte nicht sein. Die vitalen und geistigen Energien, die dadurch verloren gehen, sind für das Gedeihen unseres öffentlichen Lebens unentbehrlich.

Wir brauchen wachsame, kritische und unbequeme Bürger. Ihre Aktivitäten dürfen nicht diffamiert und bestraft, sondern müssen gefördert und honoriert werden. Das ist – leider auch in unserer Demokratie – oft nicht so. Kritische Stimmen werden leicht als lästige Störung oder sogar als feindselige Akte angesehen, die schnell überhört oder unterdrückt werden müssen. Ernsthafte Auseinandersetzungen mit der Basis werden vermieden und durch neurotische Abwehrtechniken ersetzt. Die Neurotizität ist im öffentlichen Leben nicht weniger verbreitet als im Privaten. Dies sollte sich ändern.

Doch kehren wir nun zurück zu unserer Angst vor einer zukünftigen Diktatur. Sie ist berechtigt. Wir müssen ja erkennen, dass heute – wie in früheren Zeiten – viele Probleme durch Unterdrückung und nicht durch faire Auseinandersetzung mit den Bürgern an der Basis gelöst werden. Wenn diese Tendenz immer weiter widerstandslos in diese Richtung treiben und getrieben würde, dann stünde am Ende eine ausgewachsene Diktatur.

Es kommt hinzu, dass sich die Diktatur als letzte Rettung anbietet vor den Todesgefahren der Menschheit, die uns jetzt mehr und mehr ins Bewusstsein treten. Diese Art der Rettung erscheint mir aber in keiner Weise wünschenswert. Sie wird uns nicht retten, sondern bestenfalls zu einer allgemeinen Stagnation unseres Lebens führen und schlimmstenfalls unseren Untergang beschleunigen.

Nichts ist daher heute wichtiger als unser aller persönlichen Lebenswillen politisch zu aktivieren. Was heißt das konkret?

Erstens: Wir dürfen uns nicht verführen lassen von der bei uns heute herrschenden Ideologie der Toleranz. Diese will uns glauben machen, wir könnten alles vertragen. Das aber ist nicht wahr. Die Wahrheit ist vielmehr, dass wir beschränkte Wesen sind und vieles nicht vertragen können. Wir sind von Natur aus gegen vieles intolerant und brauchen unsere Intoleranz, um uns gegen das zu wehren, was uns schadet.

Intoleranz sagt Nein. Gesunde Intoleranz sagt Nein zum Schädlichen. Sie schützt uns.

Es gibt auch eine ungesunde Intoleranz. Die sagt Nein zum Nützlichen und verhindert dadurch Leben und Wachstum.

Nicht anders steht es mit der Toleranz. Toleranz sagt Ja.

Gesunde Toleranz sagt Ja zum Nützlichen. Sie lässt uns wachsen.

Ungesunde Toleranz dagegen sagt Ja zum Schädlichen und macht uns schutzlos.

Zum Leben brauchen wir beides: Toleranz gegen das Nützliche und Intoleranz gegen das Schädliche.

Vor allem aber brauchen wir die Fähigkeit zu erkennen, was für uns gut und nützlich und was für uns schlecht und schädlich ist. Aber da gehen die Erkenntnisse und Bewertungen weit auseinander. Warum? Weil Erkenntnisse abhängig sind von den jeweiligen Interessenslagen, und die sind unterschiedlich.

Nehmen wir ein Beispiel: Sparsamer Gebrauch der Autos und Geschwindigkeitsbegrenzung.

Zum Schutz des menschlichen Lebens und der Umwelt wäre ein sparsamer Gebrauch des Autos sinnvoll. Schon die Einhaltung einer Höchstgeschwindigkeit von 100km/Std hätte in der BRD erhebliche schadensmindernde Folgen:

Der Kraftstoffverbrauch würde um 10 % sinken. Das wären pro Jahr 4 Milliarden Liter.

Entsprechend würde sich die Schadstoff-Emission vermindern. Das wäre ein erheblicher Gewinn, denn das Auto ist der Luftverschmutzer Nr. 1. Unter anderem hätte das auch eine Bremswirkung auf den für uns alle gefährlichen Treibhaus-Effekt.

Die Verkehrsunfälle würden um 50 % vermindert werden.

Die Zahl der Schwerverletzten und Toten würde um 60 % reduziert werden. Das wären 15.000 Menschen pro Jahr, die bei uns vor Tod oder nachhaltigen Schäden bewahrt werden könnten.

Trotz dieser Tatsachen wird eine allgemeine Geschwindigkeitsbeschränkung bei uns zur Zeit noch nicht eingeführt. Es gibt zu viele Widerstände und Gegen-Interessen. Dazu gehören:

Die Geschäftsinteressen der Auto-Industrie und des Autohandels.

Die Interessen all derer, die starke Autos lieben und gern schnell fahren. Die Untergrund-Motive dieser Interessen sind oft neurotisch und kompensatorisch: Sie sollen eigene Schwächen und Minderwertigkeitsgefühle übertönen. Darüber hinaus verdecken sie eine fundamentale Orientierungslosigkeit, die der nordamerikanische Humorist Mark Twain einmal unübertrefflich beschrieben hat mit dem Satz: „Nachdem sie ihr Ziel aus den Augen verloren hatten, verdoppelten sie ihre Geschwindigkeit."

Zum Lachen ist das allerdings nicht, eher zum Weinen, weil wir ja auf diese Weise mit erhöhter Geschwindigkeit in den allgemeinen Untergang brausen.

Und zum Lachen ist es auch deswegen nicht, weil die neurotischen Blockierungen und Irrwege ungeheuer zählebig sind, besonders wenn sie sich suchtartig und wahnhaft entwickeln. Sie betreffen ja auch nicht nur eine verrückte Minderheit, sondern diese zieht sehr viele orientierungslose Menschen in ihren Bann, die in der ziellosen Beschleunigung einen obersten Wert an sich sehen – egal ob man dabei im Himmel der Liebe oder in der Hölle der Gewalt landet.

Es kommt darauf an, Schädlichkeiten und Nützlichkeiten menschlicher Aktivitäten richtig zu beurteilen und im Zweifelsfall gegeneinander abzuwägen. Dabei müssen die grundlegenden Lebens-Interessen der Allgemeinheit Vorrang haben vor den geschäftlichen Interessen bestimmter Wirtschaftszweige und den infantilen Wünschen neurotisch gestörter Bevölkerungsteile.

Wer aber soll diese Abwägung vornehmen?

In unserem demokratischen Staatswesen ist dies die offizielle Aufgabe der gesetzgebenden Organe, der Regierungen und der

Gerichte. Die gewählten und berufenen Funktionäre dieser Entscheidungsorgane sind jedoch durch die ständig wachsende Kompliziertheit menschlicher Aktivitäten vielfach überfordert und nicht selten durch eigene wirtschaftliche oder neurotische Interessen zu einer gerechten Beurteilung nicht in der Lage. Daher besteht die Gefahr, dass wir ohne kompetente Steuerung in einen elementaren Notstand hineingeraten, der uns dann – ohne dass wir noch einen Entscheidungs-Spielraum hätten – diktieren würde, was wir zu tun hätten.

In unserem Beispiel könnte das heißen, dass in Ballungsgebieten und Stoßzeiten Verkehrsdichte und Luftverschmutzung einen Grad erreichen, der die Benutzung von Privatautos unmöglich macht.

Einen Vorgeschmack davon bekommen wir beim Smog-Alarm. (Smog ist eine Schadstoff-Verdichtung in der Luft bei ungünstiger Witterungslage. Im Jahr 1952 gab es eine Smog-Katastrophe in London, bei der „6.000 Menschen starben, vorwiegend Säuglinge und ältere Menschen mit Kreislauf- und Atemwegserkrankungen" – so zu lesen bei: Christiane Wagner, *Schlüssel zur Ökologie*, Düsseldorf 1989, S. 82.)

Diese und die anderen der auf uns zurollenden Katastrophen, die unser Überleben bedrohen, lassen es nicht zu, dass wir einfach nur zuschauen. Wir können die Verantwortung für unser öffentliches Leben nicht in 4-Jahres-Wahl-Rhythmen vertrauensvoll oder gleichgültig an politische Organe delegieren, sondern wir müssen als verantwortungsbewusster Teil des obersten Dienstherrn – und das ist unser Volk – diese Organe und ihre Funktionäre jederzeit kritisch kontrollieren und begleiten. Das wäre auch eine neue Art von Supervision und Praxisbegleitung. Neu: Weil sie kostenfrei, ungefragt und im eigenen Überlebens-Interesse interveniert.

Das setzt allerdings bei uns einiges voraus. Ich nenne hier nur drei Voraussetzungen, die unseren persönlichen Lebensbereich betreffen, gewissermaßen unsere eigene politische Grund-Praxis:

Wir haben zu lernen, unsere persönlichen Aktivitäten kritisch nach ihrer Nützlichkeit und Schädlichkeit für uns selbst und für die Allgemeinheit zu bewerten und entsprechend zu handeln. Auf unser Beispiel bezogen: Wir wären nicht glaubwürdig, wollten wir nach Abwägung des Schädlichen und Nützlichen öffentlich für eine Begrenzung der Geschwindigkeit eintreten und würden sie selbst nicht freiwillig einhalten.

Wir haben zu lernen, unsere Toleranzgrenzen nicht zu überspielen, sondern sie ernst zu nehmen. Die Toleranzgrenze ist jeweils dort, wo uns unsere Intoleranz gegen das Schädliche bewusst wird, wo eine Stimme in uns sagt: „Nein, so nicht". Dieses Nein ist eine Störung, die uns zu einer Auseinandersetzung nötigt.

Auf unser Beispiel bezogen: Wenn ich mir persönlich die Geschwindigkeitsbegrenzung auf 100 km/Std. gesetzt habe, kann ich sie nicht ohne innere Störung überschreiten. Ich muss mich dann mit den Kräften in mir auseinandersetzen, die mich an der Einhaltung meiner Selbstbegrenzung hindern. Eine solche Auseinandersetzung mit mir selbst bringt meinen – möglicherweise neurotischen – Schatten und seinen Widerstand ein Stück weit ins Bewusstsein: Ich erlebe dadurch eine kleine Bewusstseinserweiterung und eine kleine Entneurotisierung. Das ist heilsam und seelisch-geistig wachstumsfördernd.

Wir haben zu lernen, uns auch nach außen – mit anderen Menschen – genau dort auseinanderzusetzen, wo wir unsere Intoleranz ihnen gegenüber erfahren – und die Auseinandersetzung nicht zu vermeiden oder an einen anderen Ort zu verschieben, der uns bequemer ist. Das geschieht ja häufig. Wir folgen dann der Hackordnung, die in Tiergruppen herrscht. Gemäß dieser Ordnung wäre es leichter, auf einem unbeteiligten Schwächeren herumzuhacken als sich mit dem Intoleranz provozierenden Stärkeren auseinanderzusetzen. Nur: Dabei würden wir kein menschliches Wachstum gewinnen wie bei einer gerechten Auseinandersetzung.

Gut. Ich habe hier drei Grund-Regeln zur eigenen politischen Praxis aufgestellt. Die Befolgung der Grundregeln soll unsere persönliche Standfestigkeit im politischen Bereich sicherstellen durch Echtheit und durch die Bereitschaft zu fairen Auseinandersetzungen nach innen und nach außen.

Diese Grundregeln lassen sich in alle unsere Lebensfelder übertragen: In private und in öffentliche. In Partnerschaften, Ehen und Familien. In Institutionen, Betrieben und Leitungs-Gremien. Ihr schlichter Witz liegt in zwei Punkten:

- darin, dass Theorie und Praxis übereinstimmen und
- darin, dass jede äußere Auseinandersetzung auch zu einer inneren Auseinandersetzung wird, die das persönliche Wachstum vorantreibt.

Wir können eine drohende Diktatur, eine intolerante Gewaltherrschaft, die uns keinen persönlichen und sozialen Spielraum mehr lassen würde, immer noch vermeiden, wenn wir alle anfingen, mit der Kraft unserer natürlichen Intoleranz radikal Nein zu sagen zu dem, was für uns persönlich und kollektiv wirklich schädlich ist, und mit der Kraft unserer menschlichen Toleranz radikal Ja zu sagen zu dem, was für uns wirklich nützlich ist. Und wenn wir aufhören, ein falsches Spiel zu spielen, indem wir unsere Toleranz dem Schädlichen zuwenden und unsere Intoleranz gegen das Nützliche richten. Eine solche Umkehr verlangt ein neues Bewusstsein und einen neuen Geist, der sich von allen ideologischen Scheuklappen befreit und das Heil nicht in der Auftürmung menschlicher Macht und materiellen Reichtums sucht, sondern im Wachstum menschlicher Selbsterkenntnis und Liebe, für das materieller Wohlstand wohl ein Mittel, aber kein Lebenszweck ist.

Manches habe ich nun gesagt und vieles nicht.

Ich mache jetzt einen Punkt.

Über Gesagtes und Ungesagtes können wir im Anschluss noch miteinander reden.

XVI.
Neue politische Menschen in Sicht

Vortrag bei der Tagung der Evangelischen
AkademieMülheim/Ruhr zum Thema: Werde,
der/die du bist: Ein politischer Mensch. Aber wie?
2. November 1989

1. |

Mein Thema ist: „Neue politische Menschen in Sicht".
Das Thema schließt sich an das Tagungs-Thema an: „Werdet die, die ihr seid – politische Menschen."

Mein Thema stellt mir die Frage, wieviel ist denn davon hier schon jetzt zu sehen?

Bevor wir uns auf diese Frage einlassen, sollten wir ein wenig unser Tagungsthema umkreisen, um die Frage besser zu verstehen.

Das Tagungsthema stellt eine Forderung auf: Werdet!

Um zu werden, brauchen wir Zeit. Unsere Zeit ist uns gegeben, um zu werden.

Werdet die, die ihr seid! Was heißt das?

Über unserer vergänglichen Erden-Zeit liegt unsere unvergängliche Bestimmung, das zu werden, was wir sind: Götter / Göttinnen, genauer gesagt: Liebes-Götter / Liebes-Göttinnen.

Diese Berufung hat schon immer Anstoß erregt.

Um ihretwillen sollte Jesus gesteinigt werden (und wurde schließlich gekreuzigt). So kann man es lesen im Johannes-Evangelium (10.31ff). Dort steht:

> Jesus antwortete ihnen: „Steht nicht geschrieben in eurem Gesetz: ‚Ich habe gesagt: Ihr seid Götter'?" (Joh. 10.34)

Jesus bezieht sich hier auf den Psalm 82. Dort heißt es:

„Ich habe wohl gesagt: ‚Ihr seid Götter und allzumal Kinder des Höchsten'; aber ihr werdet sterben wie Menschen und wie ein Tyrann zugrunde gehen" (Verse 6, 7).

Wir werden, was wir sind, Götter, Liebes-Götter, durch unsere inneren und unsere äußeren Auseinandersetzungen. Durch sie wachsen wir zu gott-menschlichem Sein.

Dies, und nichts anderes, ist das Wesen des Politischen.

Die, die sich nur nach außen auseinandersetzen und nicht auch nach innen, mögen die Welt gewinnen wie Tyrannen, aber für sich gewinnen sie nichts. Sie sind nicht eigentlich politisch.

Die, die sich nur nach innen auseinandersetzen, und nicht auch nach außen, mögen sich selbst gewinnen, aber sie lassen die Erde verkommen und sind deswegen nicht wirklich politisch.

Der in unserer Gesellschaft herrschende extravertierte Politik-Begriff weicht vom hier gefundenen Wesen des Politischen ab und ist ein schlechter Begriff. Er entspricht der schlechten, nur nach außen gewandten Politik, von der sich empfindsamere Seelen meist angewidert abwenden.

Neue politische Menschen, die sind mein Thema, und damit meine ich die empfindsamen Seelen, die sich nach innen auseinandersetzen und doch die äußere Auseinandersetzung nicht scheuen.

Aber nicht allein dies ist mein Thema, sondern auch unsere Sicht dieser neuen politischen Menschen. Mein Thema heißt ja: Neue politische Menschen in Sicht.

Was sehen wir von diesen neuen Menschen? Sehen wir überhaupt etwas? Oder sind wir gleichsam blind oder stochern in dichtem Nebel?

Einmal war ich nachts mit dem Auto unterwegs, da fiel ein so dichter Nebel auf die Straße, dass ich nicht mehr sehen konnte. Keine Handbreit vor den Augen. Unsicherheit wuchs und steigerte sich zu panischer Angst. Als der Nebel sich schließlich lichtete, war es wie eine Erlösung. Ich konnte wieder sehen. Ich konnte mich orientieren.

Ein solcher Nebel hängt oft über der Szenerie unseres Lebens. Wir sehen etwas, aber wir verstehen es nicht. Sehen in tieferem Sinn heißt Verstehen. Ein solches ‚Verstehendes Sehen' ist Arbeit mit uns selbst. – Und dies wollen wir in dieser vor uns liegenden Woche auch gemeinsam tun. Ich möchte gleich damit anfangen:

Es heißt zu Recht: „4 Augen sehen mehr als 2, oder: 40 Augen-Paare sehen mehr als 1."

Also frage ich Sie: Was kommt Ihnen auf Anhieb in Sicht (in den Sinn), wenn das Stichwort fällt: Neue politische Menschen?

Denken Sie an bestimmte Menschen oder haben sie bestimmte Vorstellungen?

Wenn es Ihnen möglich ist, antworten Sie mit einem Stichwort. Ich werde es an die Tafel schreiben, damit es uns nicht verloren geht.

2. |
Ich will Ihnen sagen, was ich jetzt weiter mit Ihnen tun will. Ich will drei Einsichten vermitteln:
a) Unsere Seele hat sich aus dem öffentlichen Leben ausgeschaltet.
b) Die ausgeschaltete Seele bereitet sich darauf vor, sich in das öffentliche Leben einzuschalten. Sie lauert zwischen Ambivalenzen: zwischen Bewusstheit und Unbewusstheit, zwischen Gewalt und Zärtlichkeit, zwischen dem Reich Gottes und dem Reich dieser Welt.
c) Das Reich Gottes lässt sich auf Erden verwirklichen, wenn wir unsere Seele durcharbeiten.

3. |
Frühe Erfahrungen der Seele:
Die Ausschaltung des Kindlichen Subjekts.
Vater: Du hast den Schlüssel in den Fluss geworfen.
Mutter: Die Strümpfe kratzen nicht.
Schule: Der Stoff ist wichtiger als der Mensch.
Kirche und Universitäten: Die Wahrheit ist objektiv.
Staat: Was Wahrheit ist, bestimmen wir.
Fazit: Das kindliche Subjekt wird so leicht getötet im öffentlichen Leben, ermordet aus niedrigen Motiven des Machterhalts

von sterblichen Göttern/Götzen.

Wir werden so leicht degradiert zu Funktonären von Wahrheiten, die nicht unsere Wahrheiten sind.

Wir werden so leicht degradiert zu Funktonären von Rechthabereien, die angeblich höheren Interessen dienen.

Höhere Interessen sind oft genug die niederen Motive höherer Leute, die die Macht haben.

4. |
Aber: Das Kindliche Subjekt wehrt sich.

Es lebt weiter – im Untergrund. Es hüllt sich in Schweigen.

Und heute – in der zweiten Hälfte des 20ten Jahrhunderts – tritt es mehr als je zuvor erfolgreich an die Öffentlichkeit. Es sagt, was es erlebt und will. Und die Obrigkeit hört zu. Manchmal. Das kindliche Subjekt darf mitbestimmen. Aber nicht zuviel. Noch bestimmt die Obrigkeit weiter zum Nutzen derer, die nach oben gekommen sind und oben bleiben wollen. Das Kindliche Subjekt zieht sich zurück, betrinkt sich und spielt selbstvergessen in den belassenen Nischen.

Es organisiert mit an Neurosen und Psychosen und Psychosomatosen.

Das kindliche Subjekt ist immer noch zu schwach. Es findet seinen Platz in der Öffentlichkeit nur selten und nur schwer.

5. |
Aber im Verlauf dieses Jahrhunderts wird ein Trend deutlich:
- Das 20te Jahrhundert wird das Jahrhundert des Kindes.
- Das Kindliche Subjekt baut sich auf.
- Das „objektive" obrigkeitliche Subjekt baut ab.

ECKDATEN DES ZWANZIGSTEN JAHRHUNDERTS DAZU:

1900: *Freuds Traumanalyse.*
Aus dem Untergrund des Unbewussten drängen des Nachts bildhaft die verdrängten Inhalte verschleiert an der inneren Zensur vorbei ins Bewusstsein und warten auf Dechiffrierung und

Verstanden-Werden durch annehmende Fachleute. Die Psychoanalytiker erbarmen sich der unterdrückten Kinder, die da zum Vorschein kommen.
Aufschwung der Akademischen Entwicklungspsychologie.
Zur gleichen Zeit wächst das Interesse an den Kindern und ihrer normalen Entwicklung. Die Zahl wissenschaftlicher Untersuchungen zu diesem Thema nimmt zu.
1905: *Erster Entwicklungstest von Binet.*
1912: *Untergang der ‚Titanic'.*
Dies ist für die Obrigkeits-Welt ein besonders erschütterndes – quasi-mythologisches – Ereignis gewesen, das noch heute nachwirkt: Die ‚Titanic' war damals das größte und vermeintlich sicherste Schiff der Welt. Aber es versank bei seiner ersten Fahrt im Ozean, weil man sich zu sehr auf die technische Sicherheit verlassen und zu wenig an die natürlichen und menschlich bedingten Risiken gedacht hatte.
1917: *Die russische Revolution breitet sich aus.*
Der Zar dankt ab.
1918: *Deutschland und Österreich-Ungarn hatten den Ersten Weltkrieg verloren.*
Das war auch ein unglaublich starker Verlust für die Obrigkeits-Welt: Die Kaiser verschwanden von der politischen Bildfläche und mit ihnen sang- und klanglos auch alle anderen deutschen Fürsten.
‚Nie wieder Krieg' war die neue Parole.
Die neue Hoffnung konzentrierte sich auf die Jugend.
Auch das Interesse der Wissenschaft galt verstärkt der jugendlichen Entwicklung.
1924: *Eduard Sprangers Psychologie des Jugendalters.*
Das war ein Buch, das bis zum Jahre 1955 24 Auflagen erlebte und eine ganze Generation beherrschte.
Aber in der Zeit nach 1918 baute sich die alte Welt in neuer Gestalt wieder auf. Auch und gerade mit der Kraft der neuen Jugend.
In Deutschland geschah dies
1933: *in Form der Hitler-Diktatur.* Die mündete
1939 in den *Zweiten Weltkrieg.* Als der Krieg **1945** mit dem Zu-

sammenbruch des „Dritten Reiches" endete, hieß es: Hier in Deutschland keine Wiederbewaffnung mehr.

Aber: *Das Jahr 1945* hat uns auch die Vorboten eines neuen Zeitalters der Massenvernichtung ins Bewusstsein gerufen durch Ausschwitz und Hiroshima.

1950: waren die beiden Supermächte USA und UdSSR im Besitz von *Atombomben*. Der Wettstreit um die größere Atommacht begann und damit das Zeitalter des Overkills: Die Aufhäufung eines Waffen-Arsenals, das eine vielfache Vernichtung der Menschheit ermöglicht. – Mit diesem Jahr müssen wir eine Neue Zeitrechnung beginnen:

Die Menschheit ist von nun an aus eigenem Vermögen und Wollen sterblich geworden. Bis dahin waren nur Individuen sterblich oder Familien, manchmal auch Sippen oder Stämme, selten ganze Völker. Niemals aber die ganze Menschheit. Das Revolutionäre dieses Wandels ist noch kaum voll ins Bewusstsein getreten. Von nun an gewinnen die Individuen eine gleichrangige Bedeutung mit der ganzen Menschheit.

Daher bekommt das im gleichen Jahr – 1950 – offiziell neu entdeckte *Wachstum der Persönlichkeit* eine geradezu erlösende Kraft:

In New York erscheint das Buch von Karen Horney, *Neurosis and Human Growth. The Struggle toward Selfrealization*.

Die Einsicht beginnt sich Bahn zu brechen, dass wir alle unser ganzes Leben lang zu Wachstum und Reife, zu innerer und äußerer Auseinandersetzung, zum lebenslangen Lernen berufen sind.

Die religiöse Bewegung des NEW AGE kann ebenfalls ihren Beginn in dieses Jahr legen (= der Beginn des Wassermann-Zeitalters).

1968 betritt die erste Generation des Neuen Zeitalters die Politische Bühne. Sie erscheint als *Hippie- und Studentenbewegung mit Flower Power, sexueller Freizügigkeit und Drogenerfahrung*.

Aber diese erste Bewegung verebbt. Sie scheitert an etwas, an dem bis dahin alle Erneuerungs-Bewegungen gescheitert sind: An der mangelnden Durcharbeitung des seelischen Schattens, an unserer unbewusst gebliebenen dunklen menschlichen Seite, an den in uns aufgespeicherten, noch nicht steuerbaren Kräften des Hasses.

1986:*Tschernobyl*.

Und hier wird noch einmal deutlich, wie naiv die Obrigkeit mit den Kräften der Schöpfung umgeht. Wie der Schatten der entfesselten Kräfte von Mensch und Natur von ihnen nicht miteinbezogen wird in die Berechnung der zu hohen Risikokosten.

Aber auch deutlich wird die verträumte Schläfrigkeit der Kinder: Ihr zeitweiliges erschrockenes Erwachen aus dem Traum vermeintlicher Sicherheit ist – so scheint es wenigstens weithin – neuer Schläfrigkeit gewichen.

Für unseren Psychopolitische Arbeitskreis in der Evangelischen Beratungsstelle Düsseldorf war die Katastrophe von Tschernobyl ein Signal zum Erwachen und bisher auch zum Wachbleiben. Und ganz gewiss sind wir nicht die Einzigen, die so reagiert haben. Für viele hat sich das Bewusstsein seither über die eigenen engen Grenzen global erweitert. Globales Verantwortungs-Bewusstsein ist jetzt gefragt, von vielen von uns – wenn nicht von uns allen.

Der Untergang der ‚Titanic' 1912 wurde von mir als ein quasi-mythologisches Ereignis bezeichnet. Als ein Sinnbild verantwortungsbewusstloser Sorglosigkeit der verantwortlichen Führung, als ein böser Traum, der dieses Jahrhundert begleitet.

Vielen von uns ist wohl aufgefallen, dass Gorbatschow in seiner kurzen Fernsehansprache 14 Tage nach der Katastrophe von Tschernobyl für den Super-Gau das Wort ‚Havarie' benutzt hat.

Dies wurde im allgemeinen als Verharmlosung angesehen.

Wahrscheinlich ist es anders. Mindestens ist es eine auffallende Wortwahl. Das Wort kommt aus dem Arabischen. Es wird mit ‚Beschädigung' übersetzt und gehört ins Schifffahrts-Recht.

Ein AKW ist aber kein Schiff. Schiff ist jedoch eine verbreitete Metapher für Kollektive. Wenn der Kapitän Gorbatschow von seinem ‚Schiff' spricht, kann er damit unterschiedliche Größenordnungen meinen, in erster Linie aber wohl sein Land: die UdSSR. Diese Deutung liegt nahe, weil das letzte Drittel seiner Rede aus einem Gegenangriff gegen die internationalen Angriffe auf die UdSSR besteht. In der kurzen Ansprache – der gedruckte Text umfasst nur 1 ½ Buchseiten – kommt das Wort Havarie fünfmal vor, ein Zeichen für die starke Bedeutung des Schiffsbildes für Gorbatschow. In seinem Buch ‚Perestroika' nimmt Gorbatschow das Schiffsbild wieder auf. Er bezieht es jetzt aber auf die ganze Erde. Er sagt dort:

„Wir sind alle Passagiere an Bord des Schiffes Erde, und wir dürfen nicht zulassen, dass es zerstört wird. Eine zweite Arche Noah wird es nicht geben" (Gorbatschow: *Perestroika*, München 1989, S. 8).

6. |

Aber: Nicht nur die atomaren Gefahren bedrohen unser Raumschiff Erde. Wir selbst sind unsere allergrößte Gefahr. Und nicht zuletzt unsere Angst vor der Angst, die uns hindert, uns selbst zu erkennen und uns unsere Gefahr genau anzusehen. Unser Bedürfnis zu verharmlosen und zu verdrängen ist unser größter Gegner. Dieses Bedürfnis wird genährt und gestärkt durch eine tiefe Resignation, die uns sagt:

„Wir sind ohnmächtig. Wir können doch nichts ändern. Es ist schon alles entschieden. Unser Schicksal ist in Gottes Hand."

Solches Gerede ist unmenschlich. Es schöpft den uns gegebenen Handlungs-Spielraum nicht aus. Dem wollen wir nicht nachgeben. Schauen wir uns also unsere selbsterzeugten globalen Gefahren an. Ich habe sie kurz wie folgt zusammengestellt:

1. *Vernichtungskrieg durch die ABC-Waffen.*
2. *Kontrollverlust über das Grundelement Feuer.*

Stichworte dazu:

a) AKW-Super-Gau und radioaktive Versuchung.

b) Ozonloch (Fluorchlorkohlenstoffe = FCKW)= Gefährdung durch UV- Strahlung.

c) Treibhauseffekt = Der durch Verbrennung fossiler Brennstoffe erhöhte Gehalt der Luft an CO_2 und anderen Spurengasen verhindert die Wärmerückstrahlung. Der Wärmestau führt zu Temperatur-Erhöhung. Die Polkappen beginnen zu schmelzen. (Bei vollständigem Abschmelzen würde der Meeresspiegel um 60 m steigen. Dann läge Bonn – 64 m üM – an der Meeresküste.) Schon in wenigen Jahrzehnten würde es bei gleichbleibenden Emissionen von CO_2 und anderen wärmeisolierenden Spurengasen zu einem Anstieg des Meeresspiegels um 5 m kommen können (= Heimatverlust für zwei Millionen Bundesbürger, Gefährdung der Großstädte Bremen, Hamburg und Kiel).

3. *Vergiftung der Grundelemente Wasser, Luft und Erde.*
Unser menschheitliches Schicksal würde ohne radikale Umkehr von unserem jetzigen Wege besiegelt durch: Verbrennen, Verdursten, Ersticken und Verhungern. Und bevor es dazu käme, würden unter uns unbarmherzige Kämpfe um die letzten unverseuchten Orte und Ressourcen einsetzen. Dies ist eine Vision der Hölle.

7. |

Wir stehen vor der Entscheidung: Gewalttätige Unterdrückung der Bewusstwerdung oder annehmende Wahrnehmung unserer Situation und Umkehr zu einem zärtlicheren Verhältnis zur Schöpfung.

Umkehr wäre: Ein Schritt zur Liebe, zu der wir Menschen berufen sind. Eine Entscheidung für das Leben.

Im apokryphen Buch Jesus Sirach findet sich folgendes Wort:

„Der Mensch hat vor sich Leben und Tod. Welches er will, das wird ihm gegeben werden." (Sirach 15,17)

Aber – so spricht der Widerstand:

„Wir können nicht umkehren: Wir sind die armen Opfer früherer und höherer Entscheidungen." – „Wir bleiben, was wir sind: ‚Gewohnheitstiere', und wir fügen uns dem ‚Gang der Dinge'."

„Nein !!" – sagt der Wille zum Leben: „Wir können in jedem Augenblick umkehren und neu entscheiden." Denn:

a) Wir sind soziale Wesen, die gemeinsame Phantasien entwickeln und verwirklichen können.

Jeder äußeren Realität gehen innere Phantasien voraus: den Kriegen Kriegs-Phantasien, den Friedenszeiten Friedens-Phantasien.

Unsere Phantasien gehören zur inneren Wirklichkeit. Diese innere Wirklichkeit ist das aktiv Bewirkende. Unsere äußere Realität, als deren Opfer wir uns so gern hinstellen – aus Erwägungen der Nützlichkeit oder Bequemlichkeit –, ist lediglich das Produkt der inneren Wirklichkeit. Die Wissenschaft von der inneren Wirklichkeit geht den Wissenschaften von der äußeren Realität voraus.

Daher hat zu Recht der US-amerikanische Psychoanalytiker Lloyd de Mause die von ihm in den 1970er Jahren ins Leben gerufene Psychohistorie als wirkliche Grundwissenschaft bezeichnet. Das Gleiche lässt sich sagen von der Psychopolitik, die der italienische Psychotherapeut Luigi de Marchi zu gleicher Zeit ins Spiel gebracht hat.

Also noch einmal:
Wir sind soziale Wesen, die gemeinsame Phantasien entwickeln und verwirklichen können. Unsere Gruppen-Phantasien haben eine eminent hohe Bedeutung. Im Positiven und im Negativen. Wir müssen lernen, sie bewusst zu machen und zu steuern.

b) Wir entscheiden uns in jedem Augenblick neu: Jetzt wollen wir diese Situation, in der wir uns Jetzt befinden, aufrecht erhalten, und Jetzt und Jetzt und Jetzt – nicht mehr. Und was geschieht dann? Dann haben wir Raum für Neues.

Machen wir ein Experiment:

Wir beenden unsere bisherige Situation.
Sie basiert auf unseren fortlaufend erneuerten Entscheidungen: Ich entscheide mich, zu Ihnen zu reden. Sie entscheiden sich, mir zuzuhören.

Damit hören wir jetzt auf. Ich rede nicht mehr zu Ihnen. Und Sie haben Platz für neue Entscheidungen. Achten Sie bitte darauf, welche neuen Entscheidungen Sie treffen. Bleiben Sie aber bitte im Saal. Ich bin mit meinem Vortrag noch nicht ganz fertig. Ich werde ihn in zehn Minuten fortsetzen – wenn ich nicht aus irgendwelchen Gründen eine andere Entscheidung treffe.

8.
Jesus und das Reich Gottes.

„Trachtet zuerst nach dem Reich Gottes, dann wird Euch alles andere zufallen."

Wir sehnen uns nach einem Reich der Liebe. Aber die Sehnsucht bleibt kraftlos und ohne Erfolg, wenn sie nicht an die Arbeit geht. Nicht in erster Linie an eine äußere Arbeit, sondern an eine innere.

„Das Reich Gottes ist in Euch" – „Vergebt einander": Was heißt das? Es heißt: arbeitet die Hassschicht Eurer Seele durch, damit Ihr an die Liebes-Schicht gelangt. Erobert euch selbst.

„Der Selbst-Eroberer ist mehr als der Städte-Eroberer." (Spr. 16.32)

Äußere Eroberungen ohne die inneren Eroberungen der Seelen taugen zu nichts als zu Gewaltherrschaften und traurigen Imitationen des Reiches Gottes – wie es das Dritte Reich des Adolf Hitler eines war oder die sozialistischen Diktaturen des Proletariats oder die kapitalistischen Wohlstands-Paradiese heute noch sind. Sie alle sind unwahrhaftig. Denn sie leben auf Kosten dessen, was sie verdrängen. Und auf Kosten derer, die sie ausgrenzen und abspalten und denen sie das Unheil dieser Welt als Schuld zudiktieren, die sie verachten, unterdrücken und töten. Oder auch nur auf Kosten derer, die sie gedankenlos nicht bedenken – wie wir Gegenwärtigen, die den Zukünftigen ungeheure Entsorgungs-Lasten hinterlassen.

Wir beten: Dein Reich komme. Aber wir werden lange vergeblich beten, wenn unser Gebet nicht aufrichtig ist. Das heißt, wenn wir nicht unseren Teil daran mittun, den wir tun können. Und wir können. Das sage ich als Psychologe, der sich nach dem Reich Gottes sehnt. Das sage ich auch aus meiner beruflichen Verantwortung. Wir sind zu Auseinandersetzungen berufen. Aber nicht nur nach außen, sondern auch nach innen. Gleichzeitig.

Wenn ich mich mit meiner Frau auseinandersetze, setze ich mich zugleich mit mir – das heißt mit dem in mir auseinander, was meiner Frau entspricht. Und wenn ich mit Bundes-Ministern wie Stoltenberg oder Zimmermann hadere, dann mit dem in mir, was diesen Personen in mir entspricht. Und wenn ich das getan habe, dann geht die äußere Auseinandersetzung besser und erfolgreicher vor sich.

Nur so kann ich persönlich wachsen: Mit Verstehen, mit Bewerten, mit Entscheiden zwischen Annehmen und Ablehnen, mit einer Liebe, die sich unausgesetzt auseinandersetzt – nach innen und nach außen.

Das ist das Ziel – glaube ich.

So kommen wir von vernichtender Feindschaft über achtungsvolle Gegnerschaft zu bewusster Wachstums-Partnerschaft.

Und zu neuen Menschen und einer neuen Erde, die dem Reich Gottes entgegenwächst.

XVII.
Seelische Ursachen des Rechtsextremismus

Impulsreferat zum Thema „Rechtsextremismus"
der gleichnamigen Tagung des Landesinstituts für
Schule und Weiterbildung in Soest, 16.-18.02.1990

Ich bin um ein Impulsreferat gebeten worden. Ich möchte uns Impulse geben in Form von drei Fragen.

Die erste Frage lautet:
Mit welchen Ängsten und Befürchtungen begegne ich dem Rechtsextreminsmus?

Ich wähle den Eingang über meine/unsere Angst, die sich zunächst in diffuser Weise auf den Rechtsextremismus richtet.

Es ist nicht leicht, sich der Angst zu stellen, weil sie uns aus unserer gewohnten Sicherheit herauszieht und uns unsicher macht.

Wir unterscheiden ja zwischen Angst, die sich auf noch unbestimmte Gefahren bezieht, und Furcht, die sich auf schon bestimmte Gefahren bezieht. Je länger wir uns mit Gefahren auseinandersetzen, desto genauer werden unsere Kenntnisse und desto mehr weicht die unbestimmte Angst einer sachkundigen Furcht, die uns schließlich befähigt, mit der Gefahrenquelle relativ furchtlos umzugehen.

Das ist also ein Lernprojekt, das unsere Gefühle miteinbezieht. Unseren Gefühlen kommt eine wichtige lebenserhaltende Orientierungsfunktion zu. Wir leben in einer Zeit und einer Gesellschaft, in der Gefühle zugunsten von Sachlichkeit zurückgedrängt, ja oft sogar diffamiert werden. Das betrifft vor allem den männlichen Teil unserer Gesellschaft, der häufig sowohl Täter als auch Opfer dieser Abwertung des Emotionalen ist. Sehr zum

Schaden seiner selbst. Er verliert damit eine wichtige Orientierungsfunktion und eine nicht weniger bedeutende Kraftquelle zum Leben.

Ich will in die Frage nach meinen Befürchtungen einsteigen mit einer Erfahrung, die ich im vorigen Jahr gemacht habe. Da besuchte ich in Augsburg eine politische Großveranstaltung der DVU. Am Eingang gab es eine doppelte Hürde: Erst einmal musste ich durch die Demonstranten durch, die aufgebracht brüllten: „Nazis raus". Und dann wurde am Eingang nicht jeder eingelassen. Es gab eine kleine Gesinnungsprüfung. Ich entpuppte mich für die Türsteher zwar nicht als Gesinnungsgenosse, aber doch als neutraler Interessent, der nicht die Absicht hatte, die Veranstaltung zu sprengen. Also wurde ich eingelassen. Drinnen fühlte ich mich nicht besonders wohl. Die Menschen dort hatten eine andere Wellenlänge als ich. Ich hatte ein deutliches Gefühl von Nicht-Zugehörigkeit. Darüber half mir aber die Marschmusik einer Bayerischen Trachtenkapelle hinweg. Nach langer Wartezeit marschierte der Redner mit seinem Gefolge in den vollen Saal ein. Fast alle Anwesenden erhoben sich und beklatschten ihren „Führer" und seinen Anhang.

Ich blieb sitzen. Das entsprach meiner inneren Distanz. Ich war dabei in Übereinstimmung mit mir. Aber ich spürte auch den mir unbehaglichen Konformitäts-Druck der Groß-Gruppe, der untergründig befahl, tu es den anderen gleich. Meine Angst sagte mir: „Wenn du es nicht tust, wirst du vielleicht rausgeschmissen oder verprügelt."

Nun, das geschah nicht. Aber solche Angst ist sicher nicht unbegründet. Gewaltbereitschaft und kollektiver Konformitätsdruck liegen in führerorientierten Großgruppen nahe, wenn dem Oberhaupt nicht die schuldige Reverenz erwiesen wird. Allerdings hatte die veranstaltende Großgruppe nur eine relative Macht, die über den Saal nicht hinausging.

Aber meine Phantasie führte mich weiter:

Was wäre, wenn sie wüchse und sich auswüchse zu einer absoluten Macht im Staate? Meine Ängste knüpften an die NS-Zeit an. Damals war es lebensgefährlich, dem Führer und seinen vielen Unterführern Gehorsam und Reverenz zu verweigern.

Ich habe einige persönliche Erfahrungen in dieser Hinsicht gemacht. Meine schlimmste Erfahrung betraf mich zwar nicht unmittelbar persönlich, ging mir jedoch sehr nahe. Ich hatte sie als Soldat gegen Ende des zweiten Weltkrieges gemacht, als schließlich jeder, der nicht vernagelt war, absehen konnte, dass der Krieg für uns verloren war. Da war einer meiner Kameraden so unvorsichtig, den Führer einen Idioten zu nennen, der den Krieg verloren hätte. Dies kostete ihn sein Leben. Er wurde erschossen. Manchmal taucht sein Bild in meiner Erinnerung wieder auf, wie er von unserer Kompanie ausgeschlossen, einsam und isoliert, seiner militärischen Ehrenzeichen beraubt und umhüllt von einer Wolke von Traurigkeit abgeführt wurde. Viele von uns wussten, dass er die Wahrheit gesprochen hatte und dachten das gleiche. Aber niemand wagte es, sich zu ihm zu bekennen.

Diese Erinnerungen kommen mir in den Sinn im Zusammenhang mit meiner Entscheidung in der DVU-Großveranstaltung, mich beim Einmarsch des Führers und der Unterführer nicht zu erheben und zu klatschen.

Ich kann daraus auch ablesen, was ich als Folgen des politischen Rechtsextremismus am meisten fürchte:
1. Führerkult
2. Diktatorische Gewalt
3. Kollektive Gewalt
4. Konformität als Folge kollektiver Gewalt nach innen
5. Raubzüge als Folge kollektiver Gewalt nach außen.

Ich möchte damit meinen ersten Impuls beenden.

Später werde ich zu einem zweiten Impuls mit der zweiten Frage und zu einem dritten Impuls mit der dritten Frage ansetzen.

Ich bitte Sie jetzt, sich selbst der ersten Frage zu stellen:
Mit welchen Ängsten und Befürchtungen begegne ich dem Rechtsextremismus? Was fürchte ich besonders?

Jetzt kommt der zweite Impuls mit der Frage:
Welche Hoffnungen könnte ich an den Rechtsextremismus knüpfen?

Dies ist eine schwierige Frage. Schwierig deswegen, weil sie (vermutlich) an einen Personenkreis gestellt wird, der eine dominant ablehnende, negative und kritische Einstellung zum Rechtsextremismus hat.

Wir müssen uns also in die Lage derjenigen versetzen, die aus einer hoffnungslosen Lage heraus Rechtsextremisten wählen oder aus einem radikal-kritischen Protest gegen die bestehenden Verhältnisse dazu kommen. Ohne Hoffnung kann kein Mensch menschenwürdig leben. Hoffnung verbindet sich für uns immer mit erwünschten Veränderungen und Verbesserungen individueller oder kollektiver Verhältnisse. Oder anders ausgedrückt: Ausgangspunkt unserer Hoffnungen sind Unzufriedenheiten (, die uns als solche bewusst werden, wenn eine Chance besteht, sie aufzuheben).

Nun gibt es in unserem Staat viele Probleme, die Unzufriedenheit erzeugen und nach Abhilfe rufen, die aber von der etablierten Politik bisher nicht oder nur unzulänglich gelöst worden sind.

Rechtsextremisten wecken und nähren die Hoffnung, dass sie solche Probleme mit starker Hand lösen können und lösen würden.

Hier stellt sich uns die Frage: Bei welchen Problemen würden wir ihnen das am ehesten zutrauen?

Es gibt darüber hinaus ungelöste Probleme, die als solche überhaupt noch nicht in das allgemeine Bewusstsein gedrungen sind, sondern durch die herrschende Ideologie unterdrückt werden. Hier arbeiten Rechtsextremisten an der Vermittlung eines neuen Bewusstseins.

Dabei stellt sich für uns die Frage: Welches neue Problembewusstsein könnten wir am ehesten aufnehmen und uns damit auseinandersetzen?

Ich habe meine zweite Impulsfrage: „Welche Hoffnungen könnte ich an den Rechtsextremismus knüpfen?" jetzt durch zwei Teilfragen differenziert:
1. Bei welchen schmorenden politischen Problemen würde ich dem Rechtsextremismus eine gründliche Lösung am ehesten zutrauen?

2. Welche politischen Bewusstmachungen des Rechtsextremismus halte ich für wichtig genug, mich damit auseinanderzusetzen?

Ich schlage vor, dass wir versuchen, die Beantwortung dieser Fragen zunächst unabhängig zu betreiben von den Befürchtungen, die wir mit dem Rechtsextremismus verbinden. Diese haben wir ja schon in der ersten Runde ausgetauscht. Unter dieser Voraussetzung wird es leichter sein, mit der zweiten Teilfrage zu beginnen: *Welche politischen Bewusstmachungen des Rechtsextremismus halte ich für wichtig genug, mich damit auseinanderzusetzen?*

Mich persönlich reizt am meisten die Frage des Nationalismus zur Auseinandersetzung. Sie spielt ja mittlerweile in den politischen Kämpfen Osteuropas eine ganz zentrale Rolle.

Im ‚Heidelberger Manifest' vom 17.06.1981 (Grundlagendokument ausländerfeindlicher Ideologie) heißt es dazu:

„Völker sind (biologisch und kybernetisch) lebende Systeme höherer Ordnung mit voneinander verschiedenen Systemeigenschaften, die genetisch und durch Tradition weitergegeben werden. Die Integration großer Massen nichtdeutscher Ausländer ist daher bei gleichzeitiger Erhaltung unseres Volkes nicht möglich und führt zu den bekannten Katastrophen multikultureller Gesellschaft."

Dieses Dokument haben elf Professoren des Heidelberger Kreises unterzeichnet.

Meine Stellungnahme dazu gründet sich nicht auf abstrakte wissenschaftliche Feststellungen, sondern auf mein persönliches Erleben:

Ich muss immer eine ganze Menge geistiger und seelischer Arbeit leisten, um andere Menschen zu verstehen, und ich wundere mich, dass andere Menschen damit anscheinend viel besser und schneller zurechtkommen.

Nach meiner Auffassung bleibt diese schnelle Kommunikation aber in den meisten Fällen an der Oberfläche hängen. Das gilt natürlich besonders, wenn die anderen Menschen eine andere Sprache sprechen, deren Feinheiten und Hintergründigkeiten sich mir erst durch einen langen Umgang erschließen können. Es gibt ja relativ wenige Menschen, die zweisprachig aufwachsen.

Meines Erachtens werden die sprachlichen Barrieren und die damit zusammenhängenden Sozialisationsunterschiede der verschiedenen Völker oft unterschätzt. Erst bei engerem Zusammenleben treten sie voll in Erscheinung. Das ist ähnlich wie in Ehen. Die dann auftretenden Schwierigkeiten der Kommunikation sind sicher nicht unüberwindbar. Aber sie machen Mühe, und die Erfahrung lehrt, dass wir im Durchschnitt im zwischenmenschlichen Bereich eher nach dem Bequemlichkeitsprinzip handeln und den Weg des geringsten Widerstandes gehen. Bei Belastungen und unter Stress sind Dauerkonflikte zwischen Einheimischen und zugewanderten Ausländern daher vorprogrammiert.

Wie bei Ehen Trennungen leider oft notwendige Bewältigungsstrategien für Dauerkonflikte sind, so ist es im Zusammenleben zwischen verschiedenen völkischen Gruppen leider oft auch nicht anders.

Die multikulturelle Gesellschaft wird zu einer bedrückenden Ideologie, wenn sie gegen den Willen der unmittelbar betroffenen einheimischen Bevölkerung durchgesetzt werden soll.

Nationalismus kann durchaus mit der vollen Anerkennung anderer Nationen und ihres einmaligen Wertes für das Zusammenspiel der Völker einhergehen. Nationalismus ist nicht identisch mit nationaler Überheblichkeit und nationalem Expansionsdrang. Unsere geschichtliche Vergangenheit – nicht nur die der Deutschen – legt allerdings eine Konfusion dieser Begriffe nahe.

Indem ich solche selbstverständlichen logischen Sätze zu Papier bringe (und ausspreche) komme ich mir schon wie ein „blöder Rechtsextremist" vor. Dies ist untrüglich das Anzeichen einer herrschenden Ideologie, die mir das klare Denken verbietet.

Diese Ideologie wäre ihrer Herkunft und ihrer Zielsetzung nach näher zu untersuchen.

Ich könnte wiederum die Liste der möglichen Hoffnungen, die auf den Rechtsextremismus gesetzt werden könnten, ergänzen. Dazu würde dann gehören:
- Ordnung statt Unordnung (Chaos)

- Moral statt Unmoral (Korruption, Skandale)
- Strafe statt Nachsicht
- Härte statt Nachgiebigkeit
- Sauberkeit statt Verschmutzung (Umwelt, Kunst, Medien)
- Transparenz statt Undurchsichtigkeit
- Einfachheit statt Kompliziertheit
- Monismus statt Pluralismus
- Klare Ziele und Wege statt Unklarheit und Unsicherheit
- Führung statt Laufenlassen
- Begeisterung statt Mühe und Verzweiflung
- Klare Feindschaften statt zweifelhafte Freundschaften.

Bei dieser Liste wird deutlich die Tendenz zu idealistischen Vereinfachungen unseres Lebens, wie sie sich ergibt durch enge Bindung
- des Ichs an das Überich (Ideal-Ich), oder
- des Kind-Ichs an das Eltern-Ich, oder
- des Kindes an elterliche Forderungen.

Immer also: Ungelöste Elternbindung.

Ich komme jetzt zur dritten und letzten Impulsfrage:
Was mache ich mit meinem Hass?

Der Rechtsextremist bringt seinen Hass unter in einer dualistischen Liebes-Hass-Beziehung: Er liebt (symbolisch gesprochen) seine gute Mutter und hasst alles, was ihrem Willen entgegensteht.

Aber wie lösen wir das Problem unserer polaren Spannung zwischen Lieben und Hassen?

Also nochmal zugespitzt auf jeden Einzelnen von uns:
Was mache ich mit meinem Hass?

Ich möchte – abschließend – dies mit Ihnen zusammen in unser Bewusstsein bringen, damit uns deutlich wird, welche anderen Möglichkeiten wir der dualistischen Spaltung in Gut und Böse effektiv entgegensetzen können.

Bild von Günter Hoppe

Sexualität

XVIII.
Sexualität und Aggressivität

Vortrag bei der Tagung der Ev. Akademie Mülheim/Ruhr
für homosexuell und heterosexuell lebende Menschen,
12. Mai 1984

Ich danke den Veranstaltern dieser Tagung, dass sie mich als Referenten eingeladen haben. Mit der Übernahme des Themas Sexualität und Aggression habe ich mich genötigt, mich mit einigen Problemen und Fragen noch klarer als bisher auseinanderzusetzen.

Das Thema ist so umfassend, dass wir darüber ein Jahr arbeiten und ein mindestens vierbändiges Werk schreiben könnten. Es ist auch schon viel darüber geschrieben worden. Einiges davon habe ich aufgenommen und verarbeitet. Im Übrigen musste ich die Probleme auswählen und meine persönlichen Erfahrungen als Ehe- und Lebensberater verwerten. – Bei der Auswahl der Probleme spielten eine Rolle:

1. Der *Kreis*, der hier zusammenkommt unter der Benennung homosexuell und heterosexuell Lebende.

2. Der *Ort*: Das Haus der Begegnung.
Ich habe das Thema in der Hauptsache auf Begegnung bezogen: Sexualität und Aggressivität in der Begegnung. Das ist der rote Faden.

3. Der *Träger dieses Ortes*: Eine evangelische Kirche.
Die Kirchen hatten bisher zur Sexualität und Aggressivität überwiegend negative Grundeinstellungen, die sich nur langsam und schwer verändern. Das ist bewusst zu machen und kritisch zu reflektieren.

4. Der *Anfragebrief* von Herrn Dr. Joppien an mich vom 26.01.1984.
In diesem sind Unterthemen und Fragen aufgeführt, die ich berücksichtigen und beantworten will.

Ich werde im Folgenden die genannten vier Bereiche nacheinander zu Sprache bringen.

1. |

Zum ersten Bereich: *Tagung für homosexuell und heterosexuell lebende Menschen*

Die Feststellung: Ich lebe homosexuell oder heterosexuell (oder bisexuell) oder überhaupt sexuell, hat in der Öffentlichkeit Bekenntnischarakter, d.h. sie ist immer noch riskant in einer Gesellschaft, die ein unklares oder ambivalentes Verhältnis zur Sexualität hat. Wir befinden uns besonders in der gegenwärtigen Zeit in einer solchen Phase der Unklarheit, Ambivalenz und Unsicherheit, d.h. in einer gesellschaftlichen Krise.

Bis 1969 wurden Homosexualität unter Erwachsenen und sexueller Ehebruch (außereheliche Sexualität) strafrechtlich bedroht. Jetzt sind sie straffrei. Die Befreiung der Sexualität vom strafrechtlichen Verfolgungsdruck allein genügt jedoch nicht, um wirkliche Freiheit im sexuellen Bereich zu erlangen. Dazu hat der Strafdruck zu lange und zu intensiv auf dem christlichen Abendland gelastet.

Homosexualität wurde z.B. gegen Ende des 18. Jh. in Österreich noch mit der Todesstrafe bedroht. In der Constitutio Theresiana von 1768, dem Strafgesetzbuch der Maria Theresia heißt es:

„Ein Knabenschänder oder da sonst ein Mensch sodomitisch Sünd getrieben hätte, der solle anfangs enthauptet und nachfolgend dessen Körper samt dem Kopf verbrannt werden". (Bleibtreu-Ehrenberg, *Homosexualität*, S. 308.)

Die Verbrennung der Leiche ist bereits eine Milderung gegenüber dem älteren Verbrennen bei lebendigem Leibe. So heißt es in der Bamberger Halsgerichtsordnung von 1507, die hier für andere ähnliche landesrechtliche Ordnungen steht:

„So eyn Mensch mit eynem vihe, man mit man, weib mit weib unkeusch treyben, die haben sich das Leben verwürckt und man soll sie der gemeynen Gewohnheit nach mit dem fuer vom Leben zum Tode richten." (Bleibtreu-Ehrenberg, a.a.O. S. 297.)

Die Wurzeln dieses strafrechtlichen Sadismus reichen zurück bis weit in die vorchristliche Zeit. Ihr Ursprung liegt in einer gesellschaftlichen Krise: Dem Übergang vom Matriarchat zum Patriarchat, der in unserem germanischen Bereich vor etwa vier Jahrtausenden erfolgte. Matriarchalische Kulturen leben mit der Sexualität, patriarchalische gegen sie. Das strenge christliche Patriarchat hat nicht nur die Homosexualität, sondern auch die außereheliche Heterosexualität und schließlich sogar die sexuelle Selbstbefriedigung strafrechtlich streng bedroht. Die strafrechtliche Praxis und die Volksmeinung allerdings beurteilen die Sexualität in der Regel toleranter. Zwischen den anti-sexuell eingestellten patriarchalischen Obrigkeiten und der pro-sexuell eingestellten latent matriarchalischen Basis gab es offenbar immer eine Gegnerschaft.

Die verlustreichen beiden europäischen Weltkriege unseres Jahrhunderts und die zunehmende Bewusstheit der Völker haben tiefe Zweifel an der Weisheit der Männer und der patriarchalischen Obrigkeit aufkommen lassen. Folgerichtig war daher die rechtliche Ablösung des Patriarchats durch die Partnerschaft von Mann und Frau im Grundgesetz der BRD von 1949 und in der Folge davon die Liberalisierung des Sexual-Strafrechts.

Wir können uns jedoch nicht darüber täuschen, dass die existentielle Ablösung des Patriarchats durch die Partnerschaft von Mann und Frau nur das Werk mehrerer Generationen sein kann und dass es dazu auch intensiver geistiger, wissenschaftlicher und politischer Arbeit bedarf. Das gilt auch für die tiefergehende Befreiung der Sexualität. In diesem Zusammenhang sehe ich auch unsere augenblickliche Tagung hier.

Erkenntnisse zur Sexualität sind wichtige geistige Arbeiten, Bekenntnisse zur Sexualität wichtige Handlungen. Beides gehört zusammen und braucht weder demonstrativ noch provokativ zu sein. Es genügen sichere Erkenntnisse und echte Überzeugungen, die auf persönlichen Erfahrungen beruhen und einfach, klar und mutig dort vorgebracht werden, wo sie möglich und notwendig sind.

Zu alledem gehört nun auch Aggressivität: Wie zur Unterdrückung von Sexualität Aggressivität gehört, so auch zur Befreiung. – Wir leben in einem Spannungsfeld, wo unterdrückende Mächte mit befreienden im Kampf stehen. Auf beiden Seiten gibt es erhebliche Aggressionen. Es geht dabei aber nicht nur um Unterdrückung und Befreiung von Sexualität, sondern in erster Linie um Unterdrückung und Befreiung von Menschlichkeit.

Aus diesen Überlegungen ergibt sich ein wichtiger Aspekt unseres Themas: Sexualität zwischen Unterdrückungs-Aggressivität und Befreiungs-Aggressivität.

Doch zurück zu der Bezeichnung homosexuell und heterosexuell Lebende. Oder zusammengefasst: Sexuell Lebende. Außer dem Bekenntnis-Charakter dieser Bezeichnung gibt sie etwas her für die persönliche Identität. Sie ist eine Teilantwort auf die immer wiederkehrende Frage ‚wer bin ich eigentlich'.

Die Antwort ‚sexuell lebend' beinhaltet zweierlei:

Ich bin jemand, der lebt, also nicht jemand, der tot ist, d.h. nicht jemand der körperlich, seelisch oder geistig am Ende ist, sondern der unterwegs ist, der unterwegs ist *mit* der Sexualität und nicht *gegen* sie.

Als kritischen Punkt möchte ich jedoch festhalten, dass man auch mit der Sexualität am Ende sein kann. Es geht mit ihr dann nicht weiter. Sie wird sinnlos. Z.B. in einer Ehe oder Partnerschaft, wo der eine vom anderen sexuell nichts mehr wissen will. Sexualität macht ihn in dieser kritischen Phase tot und ödet ihn an. Dieser kritische Punkt verdient unsere Aufmerksamkeit. Auch hier gibt es eine Beziehung zur Aggressivität. Wir können diesen Aspekt unseres Themas benennen: „Die Tötung" oder „Das Absterben der Sexualität" („Sie geht tot"; „Der Ofen ist aus").

2. |
Zum zweiten Bereich: *Begegnung*

Begegnung ist selten. Sie ist zu unterscheiden vom alltäglichen Zusammentreffen, das häufig ist. Umgangssprachlich machen wir oft keinen Unterschied. Wir sagen: Ich bin heute Herrn Müller begegnet. Oder: Ich habe heute Herrn Müller getroffen. Philosophisch und psychologisch müssen wir unterscheiden: Das alltägliche Zusammentreffen geschieht gewissermaßen mit einem Panzer, die Begegnung gewissermaßen nackt. Unser Kontakt-Panzer besteht aus angelerntem Rollenverhalten und vielen Absicherungen, zu denen auch Vorurteile gehören. Also, wenn Herr X daheim erzählt: „Ich habe heute Herrn Müller getroffen. Er lässt Dich grüßen", so war das sicher nur ein Treffen. Wenn er dagegen sagt: „Ich bin heute mit Müller zusammengestoßen. Der ist ja ganz anders als ich dachte!", dann war das wahrscheinlich eine Begegnung. Wir können annehmen, dass Müller ein Stück seines wahren Wesens gezeigt hat. Gewissermaßen Müller pur. Müller pur ist viel aufregender als Herr Müller im alltäglichen Rollen-Panzer. Der ist im Allgemeinen langweilig.

Der Alltag ist deswegen häufig so langweilig, weil er meist in Rollen-Panzern abgespielt und absolviert wird. Der Gestalttherapeut Fritz Perls sprach auch von der Rollenschicht im Gegensatz zur authentischen (echten) Schicht. Viele Menschen leben fast ausschließlich in dieser Rollenschicht, nicht nur in ihrem beruflichen Leben, sondern auch im privaten Bereich. Selbst der intimste Bereich kann zur Rolle werden. Im Bett spielt der Mann dann seine Rolle als Mann und die Frau ihre Rolle als Frau. Sie erfüllen ihre Rollenpflichten. Sie schnallen ihren Rollenpanzer auch hier nicht ab. Naturgemäß ist der Spaß dabei nicht überwältigend. Die in Rollen eingepferchte Routine-Sexualität hat ein hohes Todesrisiko. Sie stirbt bald. Typisch dafür ist, dass der Mann nach gehabter Ejakulation in einen todesähnlichen Schlummer versinkt, während daneben die weibliche Rollenpartnerin noch aufgeregt wacht, nicht weil sie vor lauter Glück nicht schlafen könnte, sondern weil ihr zu ihrem Glück noch Entscheidendes fehlt.

Begegnung macht lebendig, Routine tötet, auch und gerade im sexuellen Bereich.

Begegnung hat etwas zu tun mit Geheimnis, Faszination, Schaudern, Offenbarung von Unbekanntem. Wir Menschen sind geheimnisvolle Wesen, deren Hintergrund mit einer anderen jenseitigen Welt verwoben ist. Wir sind weitaus größer, als der abgestumpfte Blick der routinierten Alltäglichkeit ahnen lässt. Eine

Möglichkeit, in diese unendliche Tiefe des menschlichen Hintergrundes einzudringen, ist die sexuelle Begegnung. Im Stadium der Verliebtheit öffnet er sich ein Stück weit und lässt die Verliebten in einem Glanz der Ewigkeit erscheinen, der sie füreinander zu Göttern macht, die einander erheben und mit schauderndem Vergnügen voreinander niederfallen.

Außenstehende neigen dazu, das albern zu finden, und die Betroffenen selbst im Nachhinein auch, wenn der Glanz der Verliebtheit gewichen ist und die zwei wieder nüchtern werden und sich so wahrnehmen, wie sie anscheinend wirklich sind. Aber was ist wirklich wirklich? Der Mensch im Glanz der Verliebtheit oder der Mensch in der glanzlosen Ernüchterung der Alltäglichkeit?

Die alltägliche Wahrnehmung kann dem Menschen und der Schöpfung nicht gerecht werden. Sie will alles zählen und berechnen und damit verendlichen. Sie scheitert an dem unendlichen Hintergrund, aus dem Mensch und Schöpfung von Augenblick zu Augenblick ihr Leben empfangen.

Ich möchte Ihnen den Unterschied an einem konkreten Beispiel erläutern:

Als Junge hatte ich auf der Schule einen Biologielehrer. Er hieß Müller. Er erklärte uns das System der Pflanzen. Ich kann mich gut erinnern an die Stunde, in der er die Kreuzblütler oder Cruciferen „durchnahm". Er sprach: „Bei den Cruciferen spielt die Zahl 4 eine Rolle. Alle Blüten haben 4 Blumenblätter". Dann nahm er eine Blüte und zupfte ritsch-ratsch die 4 Blumenblätter ab und zählte dabei lautstark: „eins, zwei, drei, vier". Das war unvergesslich, aber völlig sinnlos.

Später lernte ich Fräulein Orgasmus kennen. So taufte ich sie. Sie war schön und wie aus einer anderen Welt. Wenn sie sich einer Blume und ihrem Duft näherte, erlebte sie Orgasmus. Sie hielt das für ganz natürlich und dachte, jedem erginge es so. Vermutlich wusste sie nichts von Cruciferen und der großen Bedeutung der Zahl 4 bei ihnen, wie der kluge Müller. Sie begegnete den Blumen und erkannte sie. Müller machte sie zum Objekt und bestimmte sie. Es ist unwahrscheinlich, dass er dabei einen Orgasmus hatte. Die übliche wissenschaftliche Erkenntnis ist asexuell und anorgasmisch, distanziert und nicht solidarisch mit der Schöpfung. Das, was Fräulein Orgasmus erlebt, fehlt ihm: nämlich die unmittelbare Teilhabe an der Schöpfung. Die übliche Wissenschaft ist daher nicht der wahre Ort der Erkenntnis, und ihr dürfen wir nicht zu weit trauen. Sie unterwirft die Schöpfung, statt ihr zu begegnen, und dabei zerstört sie sie möglicherweise. Die übliche Wissenschaft ist aus der Not geboren, nicht aus der Fülle. Bis heute war die Schöpfung stärker als wir Menschen. Wir mussten uns ihrer gewaltigen Macht erwehren. Und das ist gelungen: Mit wachsender Aggressivität. Mit männlicher Unterwerfungs-Aggressivität. Mit Abwehr-Aggressivität.

Die Schöpfung wird unterworfen und abgewehrt und mit ihr die Sexualität, die Kraft, die in der Schöpfung wohnt.

Ich möchte noch zwei Beispiele für Abwehr-Aggressivität aus meiner Beratungspraxis nennen:

Ich bitte Herrn A, einen Blütenzweig anzusehen. Er tut es. Plötzlich wendet er sich ab mit den Worten: „Ich ertrage das nicht".

Frau B. sieht mich plötzlich als Mann, als sexuelles Wesen. Das macht ihr Angst. Sie wehrt sich dagegen und verwandelt mich vor ihrem inneren Auge in eine leiblose Fotografie.

Wir sehen in diesen Beispielen: von einem winzigen Teil der Schöpfung kann eine so große Kraft ausgehen, „dass es einen umhaut". Um dieser Gefahr zu entgehen, muss man fliehen oder, wenn das nicht möglich ist, sich in irgendeiner Weise wehren. Wir sprechen in diesem Fall auch von Angst-Aggression.

Soweit zunächst zum Begriff Begegnung.

3. |
Ich komme jetzt zum dritten Bereich. *Einstellung der christlichen Kirchen zur Sexualität und Aggressivität*

Die christlichen Kirchen haben der Sexualität immer mit Verneinung oder Vorbehalt gegenübergestanden.
Bezeichnend dafür sind:

a. Das Ideal der Virginität
b. Der Zölibat der katholischen Priester
c. Die Beschränkung der Sexualität auf den Dienst an der Fortpflanzung und auf die Ehe
d. Die Unterdrückung der Frauen
e. Die Hexenverfolgung
f. Die Verfolgung der Homosexuellen.

In all diesen Fällen wurde und wird immer noch ein ungeheuer starker aggressiver Druck auf den natürlichen Menschen ausgeübt, der zum großen Teil unbewusst weiterwirkt. Wir sind uns dessen nicht oder nur gelegentlich bewusst. Die Bewusstwerdung und Bewusstmachung ist nur möglich, wenn die Kraft des Geistes wächst oder die geistige Aggressivität zunimmt. Psychotherapeuten sprechen in der Behandlung dann auch von der Erstarkung des Ichs. Ein schwaches Ich unterwirft sich lebensfeindlichen Auflagen und Belastungen so lange, bis es psychisch in die Krise kommt oder in einer seelischen Erkrankung zusammenbricht. Dann kann lebensberaterisch oder psychotherapeutisch Hilfe in Anspruch genommen werden. Die sogenannte gesunde Gesellschaft gewährt sie in diesen Fällen mittlerweile mehr oder minder bereitwillig. Diesen Punkt will ich hier jedoch nicht weiter vertiefen, sondern etwas genauer auf die sechs genannten Unterdrückungsbereiche eingehen.

a. *Das Ideal der Virginität*
Nicht erst die christlichen Priester, sondern schon die vorchristlichen, die Schamaninnen und Schamanen der Urzeit und die Priesterinnen und Priester der schöpfungsverbundenen Naturreligionen kannten die Möglichkeit und Notwendigkeit, sich in die Einsamkeit zu begeben und mit den Geistern und Göttern in Verbindung zu treten, die die Schöpfung begründeten und am Leben erhielten. Sie gingen eine besonders intensive Beziehung zu den göttlichen Geistern ein, Geister-Ehen, die ihre sonstigen sexuellen Beziehungen und Bindungen ausschlossen oder zweitrangig werden ließen.

Die christliche Religion ist eine schöpfungsüberwindende Erlösungsreligion. Sie überwindet den individuellen Tod und die

Trauer des individuellen Sterbens nicht nur und nicht in erster Linie durch die Gewissheit, dass das Weiterleben gesichert ist durch das Weiterleben der Familien, Sippen, Stämme und Völker, sondern durch die Gewissheit, dass es für jeden Einzelnen eine ewige geistige Welt gibt, in der die göttliche Liebe regiert und in der er eigentlich zu Hause ist und in der es kein Werden und Vergehen gibt. Den Geist, der diese Gewissheit vermittelt, nennen wir: Heiliger Geist oder Christus-Geist. Urchristen waren offenbar häufig von ihm erfüllt und begeistert, wie man aus der Apostelgeschichte und neutestamentlichen Briefen entnehmen kann. Diese Geistbegabten wurden auch Geistliche (Pneumatiker) genannt und von den natürlichen Menschen oder Psychikern abgegrenzt, die die ewigen Wahrheiten nur von außen aufnehmen und daher leicht wieder verlieren können, also nur schwer zur unverlierbaren Glaubensgewissheit gelangen (vgl. 1. Kor. 2. 13,14).

Die Pneumatiker sind die geborenen Priester, wenn sie sich dem Dienst des Herrn weihen. Wenn sie das tun, bleiben sie nach Meinung des Paulus besser unverheiratet, denn: „Der Unverheiratete ist besorgt um die Dinge des Herrn, wie er dem Herrn gefalle. Der da heiratet, ist besorgt um die Dinge der Welt, wie er gefalle dem Weibe und ist geteilt." (1. Kor 7. 32, 33)

(Merkwürdigerweise werden in dieser Feststellung die Dinge der Welt mit dem Weibe identifiziert und angesprochen werden offenbar nur die Männer. Sie können entweder ungeteilt dem Herrn dienen oder geteilt dem Herrn und dem Weibe. Diener sind sie allemal. Sie sind das dienende Geschlecht. Ich komme darauf zurück, wenn wir die Unterdrückung der Frauen behandeln).

Die intensive Begeisterung der Pneumatiker und ihre Freiheit gegenüber der Schöpfung verband sich mit dem Glauben an das baldige Ende dieser Weltzeit und die Wiederkunft des Herrn. Die ließ aber auf sich warten. So veränderte sich im Laufe der ersten Jahrhunderte der lebendige Glaube zu einer festen Religion, die lebendigen Gemeinschaften zu festen Gemeinden und die lockere Verbindung der Gemeinden zu einer hierarchisch geordneten Kirche. Und die Virginität wurde zu einem festen Ideal und Höchstwert der Christenheit, der die Autorität aller priesterlichen Diener des Herrn auf Erden erhöhte. Jesus war nun nicht mehr der vorehelich von Josef und Maria gezeugte Menschensohn. Sondern Maria wurde zur jungfräulichen Mutter des Gottessohns erhoben, die vom heiligen Geist selbst geschwängert worden war. 1854 fügte die katholische Kirche diesem Mythos noch das Dogma von der unbefleckten Empfängnis Mariens hinzu, das besagt, dass bereits Maria selbst anders als alle anderen Menschenkinder von ihrer Mutter unbefleckt empfangen wurde. Mit diesem Dogma, das ehelose und sexuell enthaltsame Oberpriester erdacht hatten, wurden die natürlichen sexuellen Beziehungen zwischen Männern und Frauen und die aus natürlichen Geburten erwachsenen Kinder weiter herabgestuft und die Oberpriester entsprechend höher gestuft.

Wir sind hier bei einer Form der Aggressivität, die im menschlichen Geschlecht besonders leidenschaftlich ausgebaut worden ist. Es ist die Rang-Aggressivität. Den obersten Rang in der abendländischen mittelalterlichen Welt errang sich im Laufe des ersten Christlichen Jahrtausends der Papst, und das geschah mit Hilfe des Ideals der Virginität.

b. *Der Zölibat der katholischen Priester*
Der Zölibat beinhaltet Ehelosigkeit und sexuelle Enthaltsamkeit. Ehelosigkeit lässt sich beweisen, Enthaltsamkeit nicht. Beides wiederum soll den Laien verdeutlichen, dass die Priester in einer jungfräulichen, bräutlichen oder ehelichen Beziehung zum Geist Gottes stehen. Das ergibt sich natürlich nicht schlüssig aus dem Zölibat. Man kann zölibatär leben, aber ohne wirkliche Beziehung zu Gott. Wer mit Gottes Geist intensiv zusammenlebt und darüber Ehe und irdische Sexualität vergisst, ist ein ganz anderer Mensch als der, dem Ehe und irdische Sexualität verboten werden, damit sich vielleicht eine Beziehung zum heiligen Geist einstellt. Wenn sie sich nicht einstellt, muss er sich entschädigen oder entschädigt werden. Die beste Entschädigung für eine versagte Gottesbeziehung ist irdische Macht, Geltung und Geld. Im Großen und Ganzen ist das der Weg der mittelalterlichen Papst-Kirche. Die Päpste und Kardinäle waren mit dem Geist der welt-

lichen Macht liiert, aber nicht mit dem Geist der göttlichen Liebe. Das brachte Luther dazu, im Papst den Antichrist zu sehen und den Zölibat zu brechen.

Der Zölibat wurde schon zu Beginn des 4. Jahrhunderts zur Pflicht für alle Priester erhoben. Das stieß aber auf Widerstand. Der höhere Klerus fügte sich dieser Forderung eher als der niedere. Der machtbewusste Papst Gregor VII (1073-1085) verlieh der Forderung des Zölibats noch einmal Nachdruck, stieß aber in Deutschland und Frankreich auf erheblichen Widerstand. Der Bischof von Bremen z.B. opponierte. Er und andere Bischöfe seines Schlages wurden 1075 von ihrem Amt suspendiert. Auch in der Priesterschaft Südfrankreichs ließ der Zölibat sich nur unter langen und schweren Kämpfen durchsetzen. Und schließlich fanden viele Priester für ihre nicht zu unterdrückende Sexualität in den folgenden Jahrhunderten einen Ausweg im Konkubinat.

Die Reformation wurde wesentlich mitgetragen vom Protest der Priester gegen den gewaltsam verordneten Zölibat, und viele von ihnen bekannten sich auch deswegen zum Protestantismus, weil sie heiraten wollten.

Heute ist die Ehe für die evangelischen Pfarrer eine Selbstverständlichkeit, wenn nicht sogar eine Pflicht. So erlebt ein unverheirateter evangelischer Pfarrer oft einen gewissen Druck, sich zu verheiraten. Er soll in geordneten Verhältnissen leben. Dazu gehört die Ehe. In ihrer Führung soll er Vorbild für die Gemeinde sein. Wenn sie geschieden wird, hat das disziplinarrechtliche Folgen.

Der katholische Priester muss seinen elitären Rang gegenüber den Laien durch den Zölibat beweisen, der evangelische Pfarrer durch seine vorbildliche Eheführung. Beide bleiben darin dem Ideal der Virginität verhaftet; dieses besagt für beide, dass die wahre Lust in der Gottesbeziehung zu suchen sei und nicht in irdischen sexuellen Beziehungen. Hier ist die Lust ausgeschlossen oder fragwürdig. Kennzeichnend dafür ist eine kleine Geschichte: Ein Pfarrer, Vater von neun Kindern, wurde von einem Amtsbruder darauf etwas leicht missbilligend angesprochen. Dieser entgegnete beteuernd: Aber alle ohne Lust gezeugt.

Ich hoffe, er hat es ironisch gemeint oder geheuchelt. Aber

nach meiner Erfahrung könnte er es auch durchaus ernst und wahrhaftig gesagt haben.

c. *Die christliche Ehe*
In den ersten nachchristlichen Jahrzehnten erwarteten die Gemeinden das Ende dieser Weltzeit und die Wiederkunft des göttlichen Herrn. Ehen hatten von daher kein großes Gewicht.
Paulus schrieb den Korinthern: „Es ist dem Menschen gut, dass er kein Weib berühre. Aber um der Hurerei willen habe ein jeglicher sein eigen Weib und eine jegliche habe ihren eigenen Mann." (1.Kor. 7.1,2)
Ehen sind ein Zugeständnis an die Schwachheit des Fleisches. Sie hatten aber auch einen Erlösungswert. Der ungläubige Partner wurde durch den gläubigen geheiligt, ebenso die Kinder. Das war jedenfalls die persönliche Meinung von Paulus. (1. Kor. 7.12-14). Das war die Grundlegung für die spätere Aufwertung der Ehe zum Sakrament. Auch die Unauflöslichkeit der Ehen wird im 7. Kapitel des 1. Korinther-Briefes begründet: „Den Ehelichen aber gebiete nicht ich, sondern der Herr, dass sich das Weib nicht scheide von dem Manne ... und dass der Mann das Weib nicht von sich lasse." (1.Kor. 7.10,11).
In den vorhergehenden Kapiteln 5 und 6 verurteilt Paulus die Hurerei (Porneia), so dass für die Christen nur die Möglichkeiten der konsequenten sexuellen Enthaltsamkeit oder die eheliche Sexualität erlaubt war. Die eheliche Sexualität wurde gegenüber der sexuellen Enthaltsamkeit als minderwertig eingestuft. In der Weiterentwicklung dieser Prinzipien war es konsequent, dass in den christlichen Kirchen und christlich regierten Ländern die außereheliche Sexualität insgesamt mit Bußen und Strafen belegt wurde. Wobei man natürliche und widernatürliche Unzucht unterschied. Natürliche Unzucht waren alle sexuellen Beziehungen zwischen Männern und Frauen außerhalb der Ehe sowie die Selbstbefriedigung, widernatürlich die gleichgeschlechtlichen und die sexuellen Beziehungen zu Tieren. Es war weiterhin konsequent, die eheliche Sexualität an die Fortpflanzungsaufgabe zu binden und sie so vom Verdacht irdischer Wollust zu befreien.
Das alles war ein fürchterlicher Kampf. Die stärkeren Natu-

ren setzten ihre natürlichen Bedürfnisse trotzdem durch und schützten sich, wenn nötig, durch Täuschungen, Heuchelei und Schuldzuweisungen an Schwächere. Die Schwachen dagegen blieben auf der Strecke. Zu ihnen gehörten die Frauen.

d. *Die Unterdrückung der Frauen*
Die Frauen wurden im christlichen Konzept des Paulus als ungeheuer gefährlich angesehen: Sie bringen die Männer in ihre Dienstbarkeit, sie werden mit der vergänglichen Welt gleichgesetzt, und es ist daher für die Männer gut, keine Weiber zu berühren. Um die von ihnen ausgehende Gefahr zu bannen, werden sie dazu verdonnert, sich den Männern unterzuordnen und sich von ihnen belehren zu lassen. In den Gemeinden haben sie zu schweigen. Dazu einige Zitate:
„Der Mann ist des Weibes Haupt." (1. Kor. 11.3)
„Der Mann ist nicht vom Weibe, sondern das Weib ist vom Mann und der Mann ist nicht geschaffen worden um des Weibes, sondern das Weib um des Mannes willen." (1. Kor. 11.8,9)
„Lasset eure Weiber schweigen in der Gemeinde. Wollen sie aber etwas lernen, so lasset sie daheim ihre Männer fragen." (1. Kor. 14.34) Und:
„Einem Weibe gestatte ich nicht, dass sie lehre und auch nicht, dass sie des Mannes Herr sei, sondern stille sei" (1. Tim. 2.12)
Wir sehen hier eine große Angst des Mannes vor dem Weibe und eine radikale Beschneidung der geistigen Selbstständigkeit der Frauen.
Wir können heute mit Sicherheit sagen, dass diese Angst begründet ist durch die seit allen Zeiten gegebene Macht der Mütter über ihre Söhne, durch die uralte Frauenherrschaft des Matriarchats und die weiblichen Gottheiten der alten Naturreligionen, die zugleich naturgebärend und naturverschlingend, zugleich Lebens- und Todesgöttinnen waren.
Die geistige Kraft der Söhne musste sich erst zu einer stabilen Bewusstheit und Willensfähigkeit entfalten, bevor sie den unbewussten geistigen Kräften des Weiblichen gewachsen war.
Das Matriarchat war schöpfungsverbunden und sexualitäts-

freundlich, das Patriarchat schöpfungsüberwindend und sexualitätsfeindlich. Die Männer mussten folglich nicht nur die Natur, sondern auch die Frauen unterwerfen.

Sie sollten dies nach dem Willen des Paulus mit ordnender Liebe und nicht mit angstbesessener Gewalt tun. Das ist jedoch nur zu einem geringen Teil gelungen. Das Misslingen wird besonders deutlich in der wahnhaften Hexenverfolgung des 16ten bis 18ten Jahrhunderts und dem passiven Widerstand der Frauen, sowie in der anscheinend unaufhaltsamen Zerstörung der Natur, wie wir sie gerade jetzt erschreckend erleben.

e. *Die Hexenverfolgungen*
Hexen waren Frauen, die eine unmittelbare Beziehung zu den Schöpfungskräften gepflegt und entfaltet haben. Sie lebten oft allein und unterhielten keine sexuellen Beziehungen zu Männern. Sie setzten somit die Tradition der Schamaninnen und Priesterinnen der matriachalen Kulturen im Untergrund des christlichen Patriarchats fort und erregten dadurch den Ärger der christlichen Priesterschaft. Sie wurden von daher als böswillige Schadenszauberinnen diffamiert. 1484 erließ Papst Innocenz VIII, angeregt durch die beiden für Deutschland zuständigen Inquisitoren Heinrich Institoris und Jakob Sprenger die Hexenbulle. 1487 erschien der von beiden genannten Inquisitoren verfasste Hexenhammer, das berüchtigte Buch, das der Verfolgung der Hexen zugrunde liegt. Die Hexen wurden des Schadenszaubers bezichtigt. Wo auch immer Schäden durch Krankheiten, Seuchen, Stürme und Feuersbrunst auftraten, konnten dafür Frauen verantwortlich gemacht werden, die bestimmte äußere Merkmale erfüllten oder auf bloße Denunziation hin in Verdacht gerieten. Wer in die Mühle der Hexeninquisition geriet, war so gut wie verloren. Grausame Folterungen und Verbrennen bei lebendigem Leibe waren dann mit Sicherheit zu erwarten. Die Hexenverfolgungswelle erhob sich im 16. und 17. Jahrhundert zur vollen Höhe und ebbte während des 18. Jahrhunderts ab. Die Zahl der Opfer dieser Verfolgung geht mit Sicherheit über eine Million hinaus. Von anderer Seite wird sie auch weit höher geschätzt (sechs bis neun Millionen).

Die Hexen wurden der sexuellen Buhlschaft mit dem Teufel und seinen Dämonen bezichtigt. Dabei entwickelten ihre Verfolger wahnhafte primitive sexuelle Phantasien, die ihrer eigenen unterdrückten Sexualität entsprangen.

Für das Heilige Römische Reich deutscher Nation, das von 962-1806 datiert und theokratische Züge trug, also ein Reich Gottes auf Erden sein wollte, hatten die Hexen eine überaus wichtige Funktion:

Sie waren Sündenböcke, deren angebliches Unwesen dem dummen Volk erklären musste, warum in diesem Gottesreich soviel Böses geschah.

Eine gleiche Funktion wurde den Homosexuellen zugewiesen.

f. *Die Verfolgung der Homosexuellen*

Das Heilige Römische Reich deutscher Nation, dieses Reich Gottes auf Erden, hatte sich schon unter Karl dem Großen angebahnt, der sein Reich nicht nur weltlich, sondern auch geistlich regieren wollte. Karl empfing im Jahre 800 von Papst Leo III die Kaiserwürde. Damit begann ein geschichtlicher Konkurrenzkampf zwischen Päpsten und Kaisern um die Oberhoheit. Die Autorität der Päpste wurde durch eine zweifelhafte Dokumentensammlung gestärkt, die als ‚Pseudoisidorische Dekretalen' in die Geschichte eingegangen ist. Es handelt sich vermutlich um Fälschungen, die um 850 entstanden. In diesen ist u.a. über die Homosexualität folgendes zu lesen:

„Es gibt allerdings Verüber verschiedener Übeltaten, die das göttliche Gesetz verwirft und verdammt, wegen derer unterschiedlichen Verbrechen und Schandtaten sogar die Allgemeinheit von Hungersnot und Pestilenz heimgesucht, der Bestand der Kirche geschwächt und das Reich gefährdet wird. Wir stellen uns dieser Schlechtigkeit entgegen, die in heiligen Schriften schon genugsam verwünscht worden ist, denn wir halten es für eine notwendige Voraussicht, aufs neue zu ermahnen und darauf hinzuweisen, dass es sich ziemt, sich in dieser Hinsicht überhaupt vorzusehen. Gibt es doch beispielsweise die Verüber verschiedener Befleckungen, die mit Männern oder mit Vieh auf mannigfache, verschiedenste Art und Weise zusammenkommen und so die unvergleichliche Milde des gütigsten Gottes zu Bitterkeit aufreizen, und zwar umso schlimmer, als sie sich dabei gegen die Natur versündigen: infolge dieses Verbrechens sind nämlich ganze Städte von himmlischem Feuer verbrannt und vom Schlund der Hölle verschlungen worden. Und 40.000 oder noch mehr aus dem Stamme Benjamin wurden deshalb durch das Schwert ihrer Brüder getötet. Aus diesen weiteren Beweisen augenscheinlicher göttlicher Rache erhellt, wie verabscheuungswürdig und verflucht bei der göttlichen Majestät dies Laster ist" (Bleibtreu-Ehrenberg, a.a.O. S. 221).

Die Sündenbockfunktion der Homosexuellen wird in diesem Abschnitt deutlich. Wie die Hexen, so wurden auch die Homosexuellen von ihren „christlichen" Verfolgern verkannt. Die Homosexuellen werden nämlich einseitig als weibisch angesehen. Diese Fixierung der Phantasie entsprang der eigenen unterdrückten Weiblichkeit und konnte historisch anknüpfen an der Unterdrückung der männlichen Homosexualität in der vorchristlichen jungen männlichen patriarchalen Gewaltherrschaft. Gisela Bleibtreu-Ehrenberg hat das in ihrem Buch über Homosexualität (*Die Geschichte eines Vorurteils*) für den germanischen Bereich überzeugend nachgewiesen. Die männliche Gewaltherrschaft wurde hier etwa um 2.000 v. Chr. durch den Einbruch von Reitervölkern aus dem Inneren Asiens errichtet. Frauenidentifizierte Männer, die in der matriarchal bestimmten megalithischen Vorkultur einen anerkannten Platz hatten, wurden nun von dominanten Männern sexuell unterworfen oder missbraucht und „arg" gemacht, d.h. sie wurden als weibische Memmen (Muttersöhnchen) verachtet und ausgestoßen (friedlos gemacht), was einem Todesurteil gleich kam.

Tacitus, der berühmte römische Geschichtsschreiber (ca. 55-116 n.Chr.), schildert in seinem Buch über Germanien (*De orgine et situ Germanorum*) diesen Typus des verfolgten Mannes als ignavus, imbellis et corpore infamis. Ignavus heißt untüchtig, feige; imbellis: unkriegerisch, friedlich; corpore infamis: ohne guten Ruf (in Bezug auf den Körper und die ganze Person), verfehmt.

Diese Verfehmten wurden nach Angaben des Tacitus in

Sümpfen versenkt. Sie entsprachen nicht dem kriegerischen antisexuellen Männlichkeitsideal des jungen Patriarchalismus. Diese weiblichen Schatten-Brüder der neuen harten Männer sollten ein für allemal in der Versenkung verschwinden.

Ich beende zunächst meine Ausführungen über die Stellung der Kirchen zur Sexualität und Aggressivität. Das Fazit ist, dass sich die Kirchen in den Dienst des erstarkenden Patriarchats gestellt haben und dadurch an dessen Feindseligkeiten gegen die Sexualität, gegen die Frauen, gegen die Homosexuellen und gegen die Natur teilgehabt haben. Das entspricht aber nicht dem Wesen der göttlichen Liebe, zu deren Bewahrung und Entfaltung die Kirche berufen ist. Heute stehen wir am Anfang einer neuen Epoche, in der wir anders und besser handeln könnten. Ich werde darauf am Ende meines Vortrages noch einmal zurückkommen.

4. |
Jetzt kommt der vierte Bereich: *Die Fragen und Unterthemen aus dem Brief von Dr. Joppien an mich*

Ich lese daraus zwei Abschnitte vor, zunächst den einen und nach dessen Beantwortung später den anderen:

„In einer ausführlichen Gesprächsrunde des Vorbereitungskreises wurden folgende Inhalte festgelegt, die in irgendeiner Form bei der Tagung Berücksichtigung finden sollten:

in Bezug zur Aggressivität: verschiedene Formen (verborgene und direkte Aggressionen), Verweigerung als Macht, Abgrenzung von Durchsetzungsvermögen und Selbstbehauptung, Wege zur Aggressionsfreiheit, wieviel Aggression verträgt eine Beziehung?, wieviel Aggressivität brauchen wir in einer Beziehung?, welche Absprachen sind notwendig zur Harmonisierung in einer Beziehung?, Entstehung und Aufbau der Aggressivität, erlaubte und verbotene aggressive Äußerungen."

4.1 | Die Fragen sind zahlreich. Ich kann hier nur auf einiges eingehen. – Es geht zunächst um eine grundsätzliche Klärung des aggressiven Bereichs. Beim Studium gängiger Fachlexika zum Begriff Aggressivität ist mir aufgefallen, dass Aggressivität überwiegend negativ beurteilt wird, und zwar als schädigendes Verhalten. Dies ist m.E. falsch und das Ergebnis einer lebensfeindlichen Ideologie, die friedliches, vernünftiges und diszipliniertes Verhalten zur obersten Norm erhebt und die Notwendigkeit des Kämpfens der Individuen und Gruppen um ihre Plätze im Leben leugnet oder als Egoismus diffamiert.

Ich grenze die natürliche Aggressivität und den natürlichen Egoismus gegen die brutale Destruktivität und die rücksichtslose Egozentrik ab, die wir unter uns Menschen in der Tat viel häufiger finden als im Tierreich. Beobachtungen im Tierreich lassen uns dagegen den Sinn natürlicher Aggressivität offener und klarer erkennen als die verdeckten Formen in menschlichen Beziehungen.

Alle Lebewesen sichern ihren Körper vor Beschädigungen und ihr Lebensrevier vor Eindringlingen, Konkurrenten und Feinden. Sie kämpfen im Falle der Gefahr oder sie fliehen, alles auf artspezifische Art und Weise, wobei sie auch täuschen, z.B. durch Totstellen oder aufgeblasenes Imponiergehabe. All das gehört in den Bereich der Revier-Aggressivität.

Vor vielen Jahren kam zu uns eine Mutter in Beratung, die mit ihrer noch nicht 2 Jahre alten Tochter nicht mehr fertig wurde. Die Mutter hatte das Kind über das Knie gelegt, um es zu verhauen. Da hatte es sich vorwurfsvoll umgedreht und gesagt: „Lass das! Das ist mein Popo!" Dieser Satz entmachtete die Mutter. Das Kind hatte für sein Alter ein erstaunlich hohes Revier- und Abgrenzungsbewusstsein, das die Mutter nicht besaß. Sie musste in diesem wichtigen Bereich von ihrer Tochter lernen.

Der Kampf um das persönliche Revier wird bei uns Menschen nicht nur mit körperlichen, sondern auch mit geistigen und sprachlichen Mitteln geführt. Wenn zwei Menschen in einer Wohnung zusammen leben, treffen sie bewusst und unbewusst viele Vereinbarungen über die Nutzung des gemeinsamen Reviers und die Abgrenzung der persönlichen Subreviere. Es geht dabei nicht nur um Räume, sondern auch um Zeiten: Wann, wo, wie oft und wie lange kommen die Partner zusammen und was geschieht dabei und wie. Wann, wo, wie oft und wie lange sind die Partner getrennt für sich und was geschieht dabei und wie. Wenn hier unterschiedliche Vorstellungen bei den beiden vorliegen, muss verhandelt und gekämpft werden. Wenn das ohne befriedigendes Ergebnis bleibt, setzt einer möglicherweise seine Vorstellung offiziell durch und der andere arbeitet im Untergrund dagegen. Der Kampf geht verdeckt weiter, wenn nicht das gemeinsame Revier überhaupt aufgegeben wird.

Gesellschaftlich vorgegebene Rollen und Riten können, wenn sie von beiden akzeptiert werden, das Aushandeln der Grenzen innerhalb eines gemeinsamen Reviers erleichtern. Da aber in den alten Rollen von Mann und Frau eine Menge patriarchalischer Unterdrückungs-Aggressivität versteckt ist, kommt es in einer partnerschaftlich orientierten Beziehung früher oder später auch darüber zu Auseinandersetzungen.

Männer sind zwar in der Regel körperlich stärker, Frauen aber häufig mit Worten und unbewussten Arrangements geschickter, so dass der Kampf der Geschlechter in einer Wohngemeinschaft oft mit unterschiedlichen Waffen und auf unterschiedlichen Ebenen, aber keineswegs ungleichgewichtig ausgefochten wird.

Eine Beziehung ohne Auseinandersetzungen kann sehr wohltuend sein, wenn die Partner in anderen Bereichen genügend Auseinandersetzungen haben. Andernfalls könnte sie für Menschen, die Aufregungen und Wachstumsreize brauchen, leicht langweilig werden. In der Regel braucht eine Beziehung Auseinandersetzungen, um zu leben, zu gedeihen und zu wachsen.

Neben der Revier-Aggressivität spielt die schon kurz erwähnte Rang-Aggressivität in Beziehungen eine wichtige Rolle. Im Tierreich wurde sie zuerst im Hühnerhof systematisch beobachtet. Das war in den zwanziger Jahren: Durch Rangkämpfe stabilisiert sich eine feste Hierarchie: Das Huhn A darf das Huhn B weghacken, aber nicht umgekehrt. Dagegen darf Huhn B Huhn C hacken, das seinerseits nicht zurückhacken darf, sondern sich an Huhn D schadlos halten darf, usw. Nur das letzte Huhn, der „Omega-Typ", hat niemanden, den es behacken kann. Dafür kann es mit dem rangobersten Huhn, dem „Alpha-Typ", befreundet sein, da es dieses wegen des großen Rangunterschiedes in keiner Weise gefährdet.

In menschlichen Gruppen gibt es Ähnliches, wie etwa freundschaftliche Beziehungen zwischen Chef (= Alpha-Typ) und Hausmeister (= Omega-Typ). Allerdings ist in fortschrittlich demokratisierten Gruppen die Hierarchie mehr oder weniger aufgelockert, und es kann von unten nach oben auch zurückgehackt werden.

In der Zweierbeziehung geht es oft schlicht um Dominanz: Wer ist der Stärkere und setzt seine Bedürfnisse und Vorstellungen zuerst durch, und wessen Bedürfnisse und Vorstellungen sind zweitrangig? Das partnerschaftliche Gerechtigkeitsbedürfnis verlangt, dass die Bedürfnisse des Schwächeren auch erfüllt und seine Vorstellungen auch verwirklicht werden. Das kann in vielen Fällen nacheinander geschehen. Wenn der Stärkere souverän ist, kann er sogar dem Schwächeren den Vortritt lassen.

Der Sinn der Dominanz in einer Gruppe, auch in einer Zweierbeziehung, ist nicht der Vorrang der persönlichen Bedürfnisbefriedigung des Stärkeren, sondern die Führung der Gruppe. Der Stärkere ist dadurch der Stärkere, dass er die Gefahren, die der Gruppe und ihren Mitgliedern von außen und von innen drohen, am ehesten wahrnehmen und ihnen am sichersten begegnen kann. In der alten patriarchalen Beziehungsordnung war das die Aufgabe des Mannes in der Beziehung zur Frau und die Aufgabe der Älteren in der Beziehung zu den Jüngeren. In der neuen partnerschaftlichen Beziehungsordnung ist das anders: Jeder trägt nach seinen Fähigkeiten zur Führung und Sicherung der Gruppe bei, und wo Entscheidungen gefällt werden müssen, die für das Paar oder die Gruppe relevant sind, werden sie gemeinsam gefunden. Im Übergang von der patriarchalen zur partnerschaftlichen Beziehung ergeben sich zahlreiche Schwierigkeiten und Probleme.

Nun zum Problem Verweigerung als Macht.

Beziehungspartner können sich gegenseitig Bedürfnisse und Wünsche erfüllen oder die Erfüllung verweigern. Beides steht in ihrer Macht. Wer viele Wünsche erfüllen kann, ohne sich selbst zu verlieren, ist ebenso mächtig wie der, der viele Wünsche verweigern kann, ohne dass der Partner ihm davonläuft. Man wundert sich gelegentlich, wieviel Versagungen ihres Partners manche Menschen aushalten, ohne die Beziehung abzubrechen. Sie wünschen sich immer mehr Intimität, Zärtlichkeit, Nähe, Sexualität, Austausch von Gedanken und Gefühlen, aber sie bekommen vom Partner nicht, was sie sich wünschen, oder zu wenig davon. Sie sind verärgert über die Frustrationen oder sie machen Vorwürfe, aber sie beenden die Beziehung nicht und wenden sich auch keinem anderen Partner zu. Wir können dann annehmen, dass diese Wünsche nicht so eindeutig und stark sind, wie das geäußerte Verlangen. Der verlangende Partner hat einen Intimitätskonflikt – er will Intimität und fürchtet sich gleichzeitig vor ihr. Er ist froh, dass der andere nein sagt. Mit Hilfe der Vorwürfe, die den Partner treffen und die gewöhnlich zu einem Streit führen, entsteht dann als Gewinn doch eine sekundäre Intimität: *Der Streit-Orgasmus – die Steigerung der wütenden Erregung zu einem anfallartigen Höhepunkt – ersetzt den sexuellen.*

Das ist ein Spiel zur Vermeidung von Intimität. Solche Spiele können sich zu großer Heftigkeit steigern und werden dann deutlich destruktiv. Sie enden, wie Eric Berne in seinem bekannten Buch „Spiele der Erwachsenen" feststellt, im Gerichtssaal, im Krankenhaus oder in der Leichenhalle. Die Partner könnten das destruktive Spiel beenden, wenn sie sich offen eingestehen würden, dass sie beide Angst vor der intimen Nähe haben und dass sie beide sich danach sehnen. Durch diese ehrliche und mutige Begegnung mit ihrem Konflikt könnten sie eine Solidarität der Angst und der Sehnsucht gewinnen, die ein fruchtbarer Anfang für geduldiges gemeinsames Lernen auf dem Gebiet der Intimität ist. Leider kommt es selten dazu, weil die Partner es vorziehen, sich und dem anderen Angstfreiheit oder Überlegenheit vorzutäuschen. Intimität ohne Ehrlichkeit ist nicht möglich. Ehrlichkeit ist eine besonders wichtige Art von Aggressivität: sie ist entwaffnend, sie führt dazu, dass wir unseren Rollen-Panzer ablegen.

In einer intimen Beziehung sind solche Ehrlichkeits-Aggressionen unerlässlich und das Salz in der Suppe. Dagegen: Destruktive Aggressionen dienen bestenfalls der Aufrechterhaltung einer Pseudo-Intimität, oft zerstören sie die Beziehung.

Das Gesagte ist auch ein Beitrag zur Frage, welche aggressiven Äußerungen man sich erlauben und welche man sich verbieten sollte.

Aggressionen sind oft mit Affekten verbunden, wie Ärger, Wut, Zorn, Hass, Neid und Eifersucht. Es hat keinen Zweck, sich solche Regungen zu verbieten. Sie sind natürliche Ereignisse, die eine zeitlich begrenzte psychische und physische Verlaufsgestalt haben: Sie haben einen Anfang und eine Ende (vorausgesetzt, dass man sie nicht hindert, ans Ende zu kommen). Wenn man sie sich selbst und seinen Partnern zugesteht, fährt man gewöhnlich am besten. Nicht selten sind sie auch eine Kraftquelle für weiterführende sinnvolle Entscheidungen und Handlungen.

4.2 | Soweit zum ersten Abschnitt dieses Kapitels. Nun zum zweiten, der das Zusammenwirken der Aspekte Sexualität und Aggressivität betrifft. Ich lese zunächst die Fragen aus dem Brief von Dr. Joppien vor:

„Gibt es unterschiedliche Äußerungen bei Männern und Frauen in diesem Zusammenhang? Abgrenzungsfragen von Aggression, Gewalt, Macht und Ähnlichem im Hinblick auf Sexualität. Behindert oder fördert Aggressivität Sexualität als wesentlichen Teil meiner (Körper-)Sprache (,Sprechstörungen')?"

Auch dazu muss ich mich beschränken.

Zunächst einige Bemerkungen zum Wesen der Sexualität: Sexualität ist Schöpfungskraft. Sie ist die Kraft, die die Schöpfung ständig erneuert: Von Augenblick zu Augenblick zu Augenblick ... Sie ist ein unendlicher, pulsierender Kraftstrom, der durch die ganze Schöpfung geht. In ihm wohnt die Schöpfungswonne, die göttliche Lust des Schöpferischen.

Zur persönlich erfahrbaren Sexualität ist zu sagen:

Wir Menschen nehmen unbewusst und bewusst geistigen, seelischen und körperlichen Anteil an der sexuellen Schöpfungskraft. Wir sind selbst schöpferisch und erfüllt von Schöpfungswonne. Jeder von uns ist das in unterschiedlichem Maß und in unterschiedlicher Weise, und jeder von uns sehnt sich von Natur aus, an dieser göttlichen Kraft so intensiv und vielseitig teilzunehmen wie möglich. Deswegen suchen wir Begegnungen geistiger, seelischer und körperlicher Art mit anderen Menschen, durch die die Teilhabe an der Lebenskraft der Schöpfung vergrößert oder vertieft werden kann.

Doch echte Begegnungen sind – wie ich schon sagte – selten. Und so gibt es bei dieser Suche viele Enttäuschungen, die zur chronischen Enttäuschtheit (Resignation) führen kann. Wer die Suche nach dem Wasser des Lebens aufgegeben hat, fühlt sich tot und leer. Alles ist mehr oder weniger sinnlos und langweilig. Um uns überhaupt ein Lebensgefühl zu erhalten, greifen wir dann zum Ersatz: An die Stelle der Schöpfungswonne tritt z.B. der Alkoholrausch oder die Arbeitswut, an die Stelle der Freude mit den Kindern perfekte Erziehungs- und Bildungsprogramme, an die Stelle der sprudelnden Lust mit dem Partner sexuelle Techniken, an die Stelle der überindividuellen göttlichen Macht, die uns „umhaut" und wieder erhebt, sadomasochistische Praktiken, die zu immer größerer Grausamkeit und Rohheit eskalieren. Da Resignation und Ersatzbefriedigungen nicht auf einzelne Personen oder Gruppen beschränkt sind, sondern große Teile unserer Gesellschaft betreffen, liegt der Schluss nahe, dass unser herrschendes Kulturschema, mit dem wir der sexuellen Natur begegnen, dieser nicht gerecht wird.

Das herrschende Kulturschema ist immer noch das patriarchalische, das die sexuelle Aggressivität dem Mann zuweist. Er ergreift die sexuelle Initiative, er entwickelt die sexuelle Aktivität. Sein versteiftes Glied ist ein mehr oder weniger aggressives Instrument, das in die weibliche Scheide eindringt und sich dort nach mehr oder weniger zahlreichen Stößen orgasmisch entlädt.

Frauen können das notfalls völlig passiv über sich ergehen lassen. Von einer jungen Mathematikerin z.B. hörte ich, dass sie beim Geschlechtsverkehr mit Vorliebe in der Logarithmentafel las. Aber auch der Mann kann seinen Teil völlig manisch und ohne innere Beteiligung absolvieren. Ein solcher entseelter Geschlechtsverkehr bringt außer einer rein körperlichen Entspannung für den Mann und dem versteckten Triumpf der Frau („du kannst mich nicht aufregen und anmachen") nichts. Man kann das auch lassen.

In der anderen Richtung der zunehmenden Beseelung der geschlechtlichen Begegnung geht es nicht ohne Aktivität und Aggressivität der Frauen. Das patriarchale Schema muss durchbrochen werden. Das geschieht unter dem Ideal der Partnerschaft häufiger und leichter als früher. Dabei werden wichtige Entdeckungen gemacht, z.B. ein hohes sexuell-aggressives Potential bei Frauen, das sich kreativ entfalten kann, wenn es nicht von männlicher Angst und Abwehr-Aggressivität blockiert wird.

Männer mit tiefer gegründetem Selbstvertrauen können sich leichter auf diese Abweichungen von dem konventionell harmlosen Weibchen-Bild einlassen als selbstunsichere Männer, die starre Unterwerfungsriten in Missionarsstellungen bevorzugen und ihre tieferliegenden Abwehrängste überdecken.

Zu letzteren verdeckten Angstmännern gehört jener Ehemann, von dem erzählt wird, dass er den nächtlichen Geschlechtsverkehr unterbricht, Licht macht und sein Frauchen besorgt fragt: „Fehlt Dir etwas?" – „Nein", sagt sie, „wieso?" Er: „Ach, ich hatte den Eindruck, Du hättest Dich bewegt".

Die Rollen sind in solchen Fällen so starr festgelegt, dass die Beziehung zum Gefängnis und das Glück der beseelten Intimität nicht oder nur schwach erfahren wird.

Wieviel intime Seligkeit lässt sich erwarten, wenn der Ehemann morgens das Haus verlässt mit den Worten: *„Heute Abend bist Du fällig!"*? In einer sensitiven Frau stellen sich alle psychischen Stacheln auf, und sie müsste mit Frigidität reagieren, wenn sie sich nicht mit Worten dagegen stellen würde. Mit Frigidität, d.h. mit unbewusst gesteuerter Abwehr-Aggression. Besser ist es mit einem klaren bewussten „Nein" zu antworten, also bewusste Ich-Aggressivität einzusetzen. Das kann die schwächere Partnerin aber oft nicht. Sie fühlt sich dem Mann nicht gewachsen, und sie zweifelt an ihrem Recht auf Selbstbestimmung. Ihr fehlt die gesunde Revier-Aggressivität, die das vorhin erwähnte kleine Mädchen zeigte, als die Mutter es verhauen wollte und es dazu sagte: „Lass das, das ist mein Popo". Wenn diese kleine Heldin überhaupt je in ihrem späteren Leben an ein solches Ekel geraten sollte, was unwahrscheinlich ist, würde sie ihm ihre Meinung geigen: „Du spinnst wohl, das ist mein Bauch".

Aggressivität in der Sexualität ist notwendig, um sich als Person vom Partner abzugrenzen („denn nur wer sich vom Partner abgrenzen kann, kann mit ihm auch zusammenkommen). Aggressivität ist notwendig, um sich aus starren Rollen zu befreien. Aggressivität ist notwendig, um unbewusste Angst und Abwehr bewusst zu machen. Aggressivität ist notwendig, um den Aggressionen des Partners zu antworten. Aggressivität ist notwendig, um in die seelischen Tiefen vorzudringen. Aggressivität gehört zur Sexualität. Um in den vollen Genuss von Sexualität zu kommen, d.h. zur Liebeserfüllung, brauchen wir viel Aggressivität an unterschiedlichen Einsatzorten.

Machen wir uns das noch einmal auf andere Weise klar, nämlich am Wortsinn von Aggressivität. Das Wort kommt aus dem Lateinischen, *aggredi* heißt: an etwas herangehen,

ad heißt: an heran, *gradi* heißt: gehen oder schreiten.

Wir erkennen das wieder im Wort ‚Grad', z.B. in dem Satz: „Heute haben wir 15 Grad Wärme". Ein Grad ist ein Schritt auf einer Skala. Vom Gefrierpunkt des Wassers bis zum Siedepunkt sind es 100 Schritte oder 100 Grad (nach Celsius). Um auf 100 Grad zu kommen braucht das Wasser die Zufuhr von Energie, von Feuer z.B. Damit wir in der Sexualität von 0 auf 100 kommen, brauchen wir auch Energie. Diese Energie nennen wir sexuelle Aggressivität.

Was bewirkt die sexuelle Energie?

Sie bewirkt die sexuelle Begegnung in verschiedenen Dimensionen und vielen Beziehungen, z.B. in der Begegnung eines Mannes mit sich selbst: Sie bewirkt da die Versteifung des männlichen Gliedes und sie bewirkt sein Sehnen nach einem Ort, in den es eindringen oder von dem es aufgenommen werden kann. Der Mann kann mit seinen eigenen Händen diesen Ort bilden und sein Glied umhüllen. Auch das geschieht mit sexueller Energie. Sie setzt also an zwei verschiedenen Polen an: einem unteren unbewussten, dem Glied, und einem oberen bewussten, den Händen. Zwischen diesen beiden Polen bildet sich ein Spannungsfeld. In diesem findet eine sexuelle Selbstbegegnung des Mannes statt. Diese kann sehr intensiv werden, d.h. nicht nur körperliche, sondern auch seelische und geistige Kräfte aktivieren. Dann werden nicht nur körperliche Lustempfindungen, sondern auch seelische Lebensfreuden und geistige Erleuchtung ausgelöst. Solch eine sexuelle Selbstbegegnung ist hochqualifiziert. Die göttlichen Schöpfungskräfte leuchten durch sie hindurch, und sie ist deswegen ein ganzheitliches (körperliches, seelisches und geistiges) Freudengebet (Gebet, weil es einen dialogischen Bezug zu göttlichen Kräften hat). Die hochqualifizierte sexuelle Selbstbegegnung einer Frau lässt sich entsprechend erfahren und beschreiben. Das gleiche kann geschehen in jeder sexuellen Begegnung zwischen zwei Menschen: zwischen einem Mann und einer Frau oder zwischen zwei Frauen oder zwischen zwei Männern. Auch hier ist jeweils eine hochqualifizierte sexuelle Begegnung mit göttlichen Kräften möglich, ein Jubeltanz der Schöpfungsfreude.

In allen drei Dimensionen (sexuelle Selbstbegegnung, heterosexuelle Partnerbegegnung, homosexuelle Partnerbegegnung) gibt es erhebende und erleuchtende Spitzenerlebnisse, aber natürlich auch seelenlose und geistlose Erfahrungen, die in Ekel und Verdruss münden.

Diese Beobachtung nötigt uns, uns von Vorurteilen zu lösen, die sowohl auf der sexuellen Selbstbehauptung (gewöhnlich Selbstbefriedigung genannt) lasten wie auf der homosexuellen Partnerbegegnung: Sexuelle Selbstbegegnung darf als solche nicht geringer bewertet werden als sexuelle Partnerbegegnung, homosexuelle Partnerbegegnung als solche nicht geringer eingeschätzt werden als heterosexuelle Partnerbegegnung, nichteheliche Partnerbegegnung als solche nicht geringer veranschlagt werden als eheliche.

Eine solche Neubesinnung und Neubewertung ist nicht von heute auf morgen zu erwarten, zumal wissenschaftliche und religiöse Autoritäten diese Vorurteile gedankenlos weiterschleppen. (Dazu gehört auch der in diesen Fragen sonst sehr kundige und offene Guru Bhagwan.) Wenn in der heutigen Zeit gesellschaftliche Bewertungen erfolgen müssen, dann solche, die die groben und rohen, die die geist- und seelenlosen sexuellen Verhaltensweisen und Erfahrungen auf einen unteren Rangplatz verweisen und die hochdifferenzierten sexuellen Liebeserfahrungen nach oben stufen. Für den Einzelnen sind solche Bewertungen allerdings nur hilfreich, wenn sie keine Illusionen nähren. Es ist eine tragische Illusion, wenn wir meinen, wir könnten eine Fixierung auf einen relativ niedrigen Stand sexuell-aggressiven Verhaltens im Alleingang von heute auf morgen ändern. Änderungen sind nötig, sie sind auch möglich, aber sie sind voraussetzungsvoll. Gewiss gehören dazu auch einsame Entscheidungen, aber diese sind nicht willkürlich jederzeit möglich und realisierbar. Oft gehören dazu Anregungen und Hilfen von außen und immer das Wachsen einer Bereitschaft von innen. Es ist wichtig, dabei keine Gewalt gegen sich zu üben, weil Gewalt nur neue Gewalt hervorbringt.

Das Wichtigste ist, auf seine eigene innere Stimme hören zu lernen. Es wäre auch eine Illusion, wenn wir übersehen würden, dass wir Einzelnen, die wir guten Willens sind, uns in einer desolaten gesellschaftlichen Gesamtsituation befinden, die durch zunehmend destruktive Gewalt gekennzeichnet ist. Dazu gehören die Unterdrückung der Weiblichkeit, die Vernichtung der Natur, die Eskalation der Superrüstung mit ABC-Waffen, Kriege, die immer erbitterter im öffentlichen und privaten Bereich geführt werden, die Diffamierung der Schöpfung und der ihr einwohnenden sexuellen und aggressiven Energien. Und diese Liste könnte noch fortgesetzt werden.

Aggressivität und Sexualität, herausgelöst aus dem Kontext von Schöpfung, Liebe, Beziehungen und Sinn, wuchern in dieser Isolation zu schrecklicher Gewalt und unvorstellbar primitiver Brutalität, und wir und zahlreiche andere gutwillige Einzelne stecken mitten in dieser mörderischen Situation. Eine Befreiung daraus lässt sich ganz gewiss nicht mit isolierten positiven und negativen Bewertungen sexuellen Verhaltens erreichen.

Die seit einigen Jahren aufbrandende Video-Welle hält uns mit ihren vielen unheimlich brutalen Produktionen einen Spiegel vor die Augen, in dem wir das, was weltweit an Mord und Folter und erniedrigter Sexualität vor sich geht, gerafft sehen können. Diese Produktionen finden ein auffallendes Interesse bei den männlichen Jugendlichen. Für sie ist das eine Prüfung ihrer Männlichkeit, wenn sie sexuelle Vergewaltigungen, Kannibalismus und Folterungen ohne seelische Betroffenheit überstehen. Denn sie müssen sich ja mit der tatsächlich herrschenden Gewalttätigkeit und sexuellen Zerstörung in der Welt einrichten. Es hat daher auch keinen Sinn, diese Heranwachsenden isoliert zu verurteilen oder diese Filme oder ihre Produzenten, wenn nicht zugleich das Problem der tatsächlichen Erniedrigung und Ermordung der Schöpfung und ihrer Kräfte radikal und umfassend von uns in Angriff genommen wird.

5. |
Ich komme zum Ende und fasse zusammen:

Mit der rechtlich begründeten Partnerschaft von Mann und Frau in unserer Gesellschaft ist das Ende des Patriarchats rechtlich beschlossene Sache.

Was durch das Patriarchat negativ bewertet wurde, wird wieder positiv eingeschätzt, was unterdrückt wurde, gewinnt neues Leben. Dazu gehört die Bejahung der natürlichen Schöpfung als Ganzes mit den ihr einwohnenden Kräften Sexualität und Aggressivität. Dazu gehört die Anerkennung der Eigenständigkeit der Frauen. Dazu gehört die Bejahung unserer Leiblichkeit. Dazu gehört die Anerkennung der Vielfalt sexueller Erscheinungs- und Beziehungsformen.

Die Verwirklichung der Gleichberechtigung von Männern und Frauen ist eine riesige Arbeit und ein gewaltiger Kampf. Wir alle sind aufgerufen, uns daran nach Kräften zu beteiligen, weil das der mutige Weg zum Frieden untereinander und mit der natürlichen Schöpfung ist und daran das Weiterleben der Menschheit hängt.

Die christlichen Kirchen sind dazu in besonderer Weise berufen, weil ihr wesentlicher Auftrag ist, die Liebe Gottes zu dieser Schöpfung und zu allen Menschen in unser Bewusstsein zu rufen und in ihr wach zu erhalten.

Sie sind des weiteren dazu berufen, weil sie sich bisher zu sehr mit dem Patriarchat und seinen Unterdrückungen identifiziert haben. Sie haben etwas wieder gut zumachen.

Gerade von ihnen ist daher zu erwarten, dass sie den Stimmen der bisher Unterdrückten volles Gehör schenken lernen und darüber hinaus durch geistige Beiträge dem Verständnis Gottes und seiner Schöpfung mehr Gehör in unserer Welt verschaffen.

Wir brauchen diese Beiträge.

Wir brauchen die Erkenntnisse und Bekenntnisse derer, die sexuell leben, hetero- und homosexuell. Denn die Erkenntnisse und Bekenntnisse derer, die jungfräulich leben, sind ja nur ein Teil, ein Teil, der sich nicht zum Ganzen machen kann.

Das christliche Patriarchat war der Versuch der Herrschaft des jungfräulichen und männlichen Teils, den sexuellen und weiblichen Teil des Lebens zu beherrschen. Das ist gescheitert.

Mit der Partnerschaft von Mann und Frau haben wir einen neuen Anfang gemacht. Damit dieser Versuch gelingt, brauchen wir viele ehrliche und mutige Beiträge von Frauen und Männern, von Sexuellen und Jungfräulichen, von Homosexuellen und Heterosexuellen.

- Kein Beitrag kann den anderen ersetzen.
- Alle bilden ein Ganzes.
- Kein Teil kann sich zum Ganzen erheben.
- Jeder Teil braucht alle anderen Teile.
- Und es wird eine große Arbeit sein, alle diese Teile in ihrer Verbundenheit zu erkennen.

Ich für meinen Teil beende jetzt meinen Beitrag – jedenfalls in der Form dieses Vortrages. Ich beende ihn in der Hoffnung, dass er viele andere Beiträge hervorruft.

Ich danke Ihnen für Ihre Aufmerksamkeit.

XIX.
Zum Umgang mit der Sexualität und der Gewalt aus psychologischer Sicht

Vortrag in der Evangelischen Akademie Mülheim/Ruhr,
6. Mai 1994

Vorbemerkungen

Ausgangsort aller Überlegungen zum Thema für alle Anwesenden kann nur der eigene Umgang mit der eigenen Sexualität und der eigenen Gewalt sein.

Das ist der aktive individuelle Ausgangspunkt. Die auf jede einzelne Person zugespitzte Anfrage heißt sodann:

„Wie gehe *ich* mit *meiner* Sexualität und *meiner* Gewalt um?"

Diese Anfrage ist zu ergänzen, weil wir keinesfalls frei über Sexualität und Gewalt verfügen, sondern diese Kräfte von außen und von innen auch über uns freiheitsberaubend oder freiheitsbeschränkend verfügen.

Das ist der passive individuelle Ausgangspunkt. Hier heißt die auf jede einzelne Person zugespitzte Anfrage:

„Wie gehen Sexualität und Gewalt *mit mir* um?"

Wer das Folgende hört oder liest, sollte diese beiden Anfragen an sich selbst immer im Sinn behalten.

Es gibt keine allgemein verbindliche psychologische Sicht. Jeder Mensch geht naturgemäß von seinen eigenen seelischen Erfahrungen aus. Auch Psychologen und Psychotherapeuten tun das. Die Veröffentlichung der Gedanken von Fachleuten wird aber dadurch gerechtfertigt, dass sie ihre Erfahrung immer wieder reflektieren und mit den Erfahrungen anderer in Theorie und Praxis konfrontieren.

Es gibt aber für mich nicht *die* Sexualität und *die* Gewalt: Es gibt die verschiedensten Formen von Sexualität und Gewalt. Manche kenne ich gut, andere sind mir nur von ferne, und einige gar nicht bekannt.

Der Titel meines Vortrages – bescheidener formuliert – würde lauten:

„Zum Umgang mit Sexualität und Gewalt aus der Sicht eines Psychologen."

Mein persönliches und professionelles Ziel im Umgang mit Sexualität und Gewalt ist – auf einen Begriff gebracht – ihre *Humanisierung*.

Sexualität ist eine Urgewalt

Die Urgewalt der Sexualität zwingt die Schöpfung in den Fluss der Zeit, in die endlose Kette der Generationen, zwingt sie in die Evolution – in die Weiter-Entwicklung – zwingt sie in das kollektive Überleben und in das individuelle Sterben. Sexualität ist der Starkstrom des Lebens, eine göttliche Urkraft.

Sie repräsentiert sich uns in vielen Bildern von Gottheiten und heiligen Symbolen. Im griechischen Dionysos versammeln sich die Kräfte von Rausch und Ekstase, im riesigen Mannesglied des Gottes Priapos verdichtet sich die Mannes-Macht. In den vielen Gestalten der Großen Mutter, ausgestattet mit zahlreichen oder riesigen Brüsten werden ernährende Güte und Fruchtbarkeit dargestellt und in ihren dunklen Aspekten Grausamkeit und Tod.

Sexualität in ihrer reinen Urform ist doppeldeutig göttlich gewalthaft, himmlisch und höllisch. Beseligend-anziehend auf der einen Seite, und unheimlich-abschreckend auf der anderen, macht sie uns Angst.

Angst müssen wir bewältigen – als Kulturgemeinschaft kollektiv, als Einzelwesen individuell. Wir unterwerfen unsere Sexualität gesellschaftlichen Riten und Normen und persönlichen Regeln. Aber wir sind auch wahnsinnig neugierige Wesen, die auf Riten pfeifen, Normen durchbrechen und Regeln in den

Wind schreiben. Wir experimentieren und spielen gern mit dem Feuer der Sexualität und versuchen so der zeitüberwindenden Gottheit nahe zu kommen. Jedenfalls ein Teil von uns. Ein anderer Teil von uns geht lieber auf Nummer Sicher und bleibt im sexuell vertrauten Bereich oder hält sich asketisch ganz fern. Es gibt ja auch sonst noch Abenteuer und Wege zur Gottheit. Heilige erlösen sich und lassen sich erlösen vom Rad der Wiedergeburten, und manche Priester der christlichen Ewigkeit überwinden die Vergänglichkeits-Welt durch ihren Glauben an die körperfreie Liebe. Doch die Mehrheit ist durch die Sexualität an die Zeit- und Körper-Welt gebunden.

Wir brauchen Ich-Stärke, um unsern Anteil an der Sexualität zu meistern, und wir gewinnen diese in der wachsenden geistigen Auseinandersetzung mit dem Kraftstrom der Sexualität. Kindern fehlt meist noch die dazu notwendige Ich-Kraft, und sie wehren sich in gesunder Weise gegen überfordernde sexuelle Begegnungen. Falls „Erwachsene" dies erzwingen, ist dies ein gewalttätiger Missbrauch. Dieser gewalttätige sexuelle Missbrauch von Kindern durch „Erwachsene" nimmt seit längerer Zeit zu und beschäftigt die Öffentlichkeit. Ein kritisches Bewusstsein entwickelt sich gegenüber einer oberflächlich verstandenen „sexuellen Befreiung", die schamlos Kinder ausbeutet durch Prostitution und Pornographie.

Kinder sind verführbar. Sie sind erregbar und neugierig – mitunter über das ihnen zuträgliche Maß hinaus. Es kommt zu einem Spiel mit dem Feuer.

Ein Märchen aus der Sammlung der Brüder Grimm – *„Frau Trude"* – bringt uns das nahe. Der Text ist kurz (KHM: Kinder- und Hausmärchen 43). Ich lese ihn vor:

Es war einmal ein kleines Mädchen, das war eigensinnig und vorwitzig, und wenn ihm seine Eltern etwas sagten, so gehorchte es nicht; wie konnte es dem gut gehen? Eines Tages sagte es zu seinen Eltern: „Ich habe so viel von der Frau Trude gehört, ich will einmal zu ihr hingehen: die Leute sagen, es sehe so wunderlich bei ihr aus, und erzählen, es seien so seltsame Dinge in ihrem Hause, da bin ich ganz neugierig geworden." Die Eltern verboten es ihr streng und sagten: „Die Frau Trude ist eine böse Frau, die gottlose Dinge treibt, und wenn du zu ihr hingehst, so bist du unser Kind nicht mehr." Aber das Mädchen kehrte sich nicht an das Verbot seiner Eltern und ging doch zu der Frau Trude. Und als es zu ihr kam, fragte die Frau Trude: „Warum bist du so bleich?"

„Ach", antwortete es und zitterte am Leibe, „ich habe mich so erschrocken über das, was ich gesehen habe." – „Was hast du gesehen?" – „Ich sah auf Eurer Stiege einen schwarzen Mann." – „Das war ein Köhler." – „Dann sah ich einen grünen Mann." – „Das war ein Jäger." – „Danach sah ich einen blutroten Mann." – „Das war ein Metzger." – „Ach, Frau Trude, mir grauste, ich sah durchs Fenster und sah Euch nicht, wohl aber den Teufel mit feurigem Kopf."

„Oho", sagte sie, „so hast du die Hexe in ihrem rechten Schmuck gesehen, ich habe schon lange auf dich gewartet und nach dir verlangt, du sollst mir leuchten." Da verwandelte sie das Mädchen in einen Holzblock und warf ihn ins Feuer. Und als er in voller Glut war, setzte sie sich daneben, wärmte sich daran und sprach: „Das leuchtet einmal hell!"

Hier wird die dunkle Seite der Sexualität in der Gestalt der Zauberhexe Trude und ihres roten Teufels-Genossen der kindlichen Seele abschreckend und eindringlich vor Augen geführt. Das kleine Mädchen wird in seiner naiven Neugier und Angstlosigkeit zu Tode erschreckt und verheizt. Es ist den sexuellen Kräften noch nicht gewachsen. Sie sind ihm fremd und bleiben ihm fremd. Es kann sie in seine Seele nicht aufnehmen. Die Sexualität bleibt draußen. Sie wird abgespalten und entfremdet. Es wird ihr schwer werden, diese Spaltung und Entfremdung zu überwinden und ein glücklich erfülltes Leben zu führen. Auf der Ebene des Märchens ist sie bereits tot, zu einem leblosen Ding geworden, mit dem die grausame Welt der „Erwachsenen" sich eine flüchtige Wärme spendiert.

Anders ergeht es einem jungen Mann im *„Märchen von einem, der auszog das Fürchten zu lernen"* (KHM 4). Auch er hat keine Angst – vor nichts in der Welt. Aber er leidet fürchterlich darunter und will um alles in der Welt das Gruseln lernen. Doch es gelingt ihm nicht. Er besteht angstfrei die unglaublichsten Abenteuer und gewinnt sogar dadurch eine Königstochter zur Frau. Er liebt seine Frau und ist auch vergnügt, aber er langweilt sich, weil es ihn immer noch nicht gruselt. Das schließlich macht die Königstocher verdrossen und sie wendet sich an ihr Kammermädchen. Und dann heißt es weiter im Text:

„Das Kammermädchen sprach: ‚Ich will Hilfe schaffen. Das Gruseln soll er schon noch lernen.' Und ging hinaus und ließ sich einen ganzen Eimer voll Gründlinge holen. Und nachts, als der König schlief, musste seine Gemahlin ihm die Decke wegziehen und den Eimer voll kalt Wasser mit den Gründlingen über ihn herschütten, dass die kleinen Fische um ihm herum zappelten. Da wachte er auf und rief: ‚Ach, was gruselt mir, was gruselt mir! Liebe Frau! Ja, nun weiß ich, was Gruseln ist'."

Das scheint eine bodenlose Gemeinheit zu sein: Einen Mann, der arglos und vertrauensvoll, warm und trocken neben seinem angetrauten Weibe totengleich schläft, so arg und vertrauensbrechend mit Kälte und Nässe und zappelndem Leben zu wecken. Aber es hilft. C. G. Jung hat einmal von der „konventionellen Harmlosigkeit der Frau" gesprochen. Neben dieser edlen Harmlosigkeit kann ein Mann getrost das Leben verschlafen. Aber: Über die bodenständige Magd gewinnt die konventionell verfeinerte Frau ihre sexuelle Urkraft wieder, die dem seelisch toten Mann das Zittern des Lebens schenkt.

Viele sexuelle Beziehungen sterben, weil ihnen diese Aufgeregtheit des Lebens und ihr schnellerer Herzschlag fehlen, oder weil sie ihnen verloren gegangen sind.

In den beiden Märchen werden uns zwei unterschiedliche Formen sexueller Entfremdung vor Augen geführt. Die eine, die weibliche, entsteht durch unbeherrschbare Übererregung. Das führt zur Abspaltung der Sexualität. Die andere, die männliche, entsteht aus Unfähigkeit zur Erregung. Der Mann regt sich über nichts auf. Auch das ist mit einer Abspaltung der Sexualität verbunden. Der junge Mann ist bis zu seiner „Bekehrung" ein gefühlloser Macho. Er funktioniert gut. Die überforderte junge Frau dagegen brennt aus und wird emotional kalt und sexuell frigide. Beide sind Produkte von Gewalttätigkeit und passen zusammen wie Schloss und Schlüssel.

Die soziale Rollenverteilung ist uns gut bekannt:
Überängstliche Frauen auf der einen, angstfreie Männer auf der anderen Seite. Kleine schutzbedürftige Frauen und große männliche Beschützer: Das ist der Stoff, aus dem das große Gesellschaftsspiel Patriarchat gewebt wird. Ehrlich ist das Spiel nicht. Es beruht auf Verdrängung und Delegation. Männer delegieren ihre verdrängte Angst an Frauen. Frauen übernehmen die Delegation.

Allerdings: Die hohe Zeit des Patriarchats ist vorüber. In der neuen Partnerschaft von Frau und Mann lernen Frauen zu ihrer Stärke und Männer zu ihrer Schwäche zu stehen. Und beide machen sich daran, ihre Ängste ehrlicher zu teilen. Eine wachstumsorientierte intime Partnerschaft braucht das.

Das Patriarchat ist gewalttätig. Eine seiner Gewalttaten ist die Unterdrückung der Männer-Angst. „Ein Junge hat keine Angst, ein Junge weint nicht." Mit solchen Sprüchen fängt es an, und so wird die Ideologie männlicher Scheinstärke weitergegeben. So werden noch heute auf der ganzen Welt Männer zu seelenlosen Helden und gefühllosen Totschlägern dressiert. Gewalt und Porno im Fernsehen und auf Videos stricken dabei finanztüchtig mit.

Die Welt der Männer hat begonnen sich zu teilen in die alten Gefühls-Verdränger oder Machos und in die neuen Gefühls-Wahrnehmer oder Humanos. Ihre Unterschiede gehen bis in die körperlichen Funktionen hinein. Winnifred Cutler, eine amerikanische Biologin, berichtet in ihrem Buch *„Rhythmus der Liebe"* (1994/1991) dazu über eine einschlägige Untersuchung:

„1986 demonstrierte ein italienischer Forscher, dass das Denken Einfluss auf die Hormone des Mannes hat. Zu Beginn der Studie testete man die Probanden, um herauszufinden, ob sie zu den „Verdrängern" oder zu den „Nicht-Verdrängern" ge-

hörten. Verdränger sind Männer, die ihre Gefühle und emotionellen Reaktionen verdrängen und nicht wahrhaben wollen – die „Machos" also. Nicht-Verdränger sind Männer, die sich erlauben, ihre Gefühle auszudrücken, wenn ihnen jemand weh tut.
Bei den „Verdrängern" stiegen zwei Sexualhormone in Minutenschnelle signifikant an, nachdem man ihnen sexuell erregende Stimuli (eine Reihe von Dias) gezeigt hatte. Bei den „Nicht-Verdrängern" blieben diese Hormon-Veränderungen aus. Mit anderen Worten, die „Machos" reagierten auf das Anschauen von Sexphotos mit einer Flutwelle ihrer Geschlechtshormone, die anderen hingegen nicht."(S. 255)

Zwischen diesen beiden Männergruppen ist eine geistige Auseinandersetzung im Gange. Sie findet offen oder verdeckt auch in der Öffentlichkeit und auf der politischen Bühne statt. Die Zugehörigkeit zur einen oder anderen Gruppe lässt sich leicht erkennen, z.B. an ihrem Umgang mit Frauen. Der Macho-Typ verachtet und erniedrigt offen oder verdeckt die Frauen. Der Humano-Typ achtet sie in natürlicher Weise als ebenbürtig.

Das Patriarchat hat den sadistischen Macho-Typ begünstigt und dem entsprechend den unterwürfigen Typ Masoch-Frau. Die Partnerschaft von Mann und Frau begünstigt die Gleichrangigkeit. Beide Systeme sind heute mit annähernd gleicher Stärke in der Öffentlichkeit vertreten. Im Zuge der Auseinandersetzung kehren sich zeitweise die alten Rollen um: Aus dem Schatten früherer Unterdrückung treten sadistische Frauen hervor in Leder und Domina-Habitus, und dem entsprechend zeigen starke Männer ihren unterwürfigen sexuell-masochistischen Sklaven-Schatten. Doch dies geschieht meist ritualisiert in abgeschirmten Räumen – in persönlich abgesicherter Intimität oder gegen Bezahlung.

Größer wird der Schatten des im Patriarchat unterdrückten weiblichen Geschlechts, wenn zornige Frauen kollektiv die Wiederkehr des Matriarchats und ihrer verschlingenden Göttinnen proklamieren. Dann geht möglicherweise ein altes Erschrecken durch starke Männerseelen, das sich vermischt mit frühen Erfahrungen unterdrückender Erziehung durch sadistisch ge- und verbietende Mütter. Durch solche Regression mit aufbegehrendem Trotz gestärkt, ziehen dann auch neue Männer, Humanos, in den alten Krieg der Geschlechter und solidarisieren sich wieder mit ihren Widersachern, den alten Machos.

Ohne Zweifel: Die nach dem zweiten Weltkrieg in den westlichen Industriestaaten etablierte Partnerschaft von Mann und Frau ist Teil einer umfassenden Kulturkrise: Die alten Herrschaftsverhältnisse sind ins Wanken geraten. Überordnung und Unterordnung funktionieren nicht mehr reibungslos. Auch und gerade nicht mehr zwischen den Geschlechtern. Im sozialen Zusammenspiel sind eindeutige Rollen fragwürdiger geworden. Das schafft Unsicherheit.

Daraus folgen Auseinandersetzungen. Die können kreativ Beziehungs-Probleme lösen. Sie können aber auch unfruchtbar immer wieder in den gleichen Sackgassen enden. Das ist nervenaufreibend. Man erlebt sich unter solchen Umständen als gewalttätig. Man beginnt sich irgendwann zu meiden, legt eine größere Angst-Distanz zwischen sich und geht auseinander. Wir sind dabei, eine Gesellschaft von Singles zu werden, die einander nicht mehr ertragen können und die einander nicht mehr ertragen wollen.

Befinden wir uns nach einer langen Zeit *Ich*-schwacher und *Wir*-bereiter symbiotischer Gefügigkeit jetzt in einer Phase *Wir*-schwacher und *Ich*-verliebter Unleidlichkeit? Auf der Flucht vor den Auswirkungen unserer egoistischen Expansionen in die Isolation der Single-Apartments?

Und wenn das so sein sollte, was kommt dann?

Die Zukunft ist unsicher. Vorausschauendes Wahrnehmen hängt ab von der Grundeinstellung der Wahrnehmenden. Davon gibt es mindestens zwei: Eine optimistische und eine pessimistische. Ich bevorzuge die optimistische. Das heißt: Ich setze auf den Fortschritt der menschlichen Entwicklung und Reife. Allen rückschrittlichen Gegenkräften zum Trotz, die ich nicht übersehen will.

Unser Leben ist von Zielen und von Polaritäten bestimmt: Wo ein Ziel ist, ist auch ein Gegenziel.

Wenn das eine Ziel ICH heißt, heißt das Gegenziel DU.
Wenn der eine Pol LIEBE ist, ist der Gegenpol HASS.
Wenn das eine Ziel erreicht ist, wendet sich unsere Kraft dem Gegenziel zu.
Wenn das ICH-Bedürfnis gesättigt ist, ist die Wahrnehmung des DU an der Reihe.
Wenn die LIEBE erschöpft ist, kommt der HASS zum Zuge.
Wenn der HASS satt ist, lebt die LIEBE auf.
Wir bewegen uns in lebendiger Dialektik zwischen diesen Zielen und Polen.
Optimisten glauben zweierlei:
ICH- und DU-Bewusstsein wachsen und bilden ein wachsendes WIR.
LIEBE und FREIHEIT sind stärker als HASS und GEWALT. LIEBE überwindet HASS. Pessimisten glauben beides nicht.
Sexualität ohne Liebe endet im Tod. Du merkst es früher oder später.

Nur die Liebe ist das Leben

Gehen wir aus von der Verliebtheit. In ihr erfahren wir ein Maximum an Leben. Im Stadium der Verliebtheit sind wir der Gottheit der Liebe nahe. Wir begegnen dem göttlichen Ur-Sprung der Dinge. Das raubt uns den Atem und macht uns zittern: Du siehst in Deinem Partner den Gott, in Deiner Partnerin die Göttin. Und in Dir selbst spürst Du die Gottheit. Du bist ganz Hingabe an diesen Sturmwind der Liebe. Du preist die Gewalt der Liebe und wirst zu ihrem Priester oder ihrer Priesterin. Die Gewalt der göttlichen Liebe ist wunderbar. Sie ist die einzige Gewalt, die frei macht.

Aber dann kommt die Ent-Täuschung. Die Gottheit geht vorüber, der Alltag hat Dich wieder. Die Macht der göttlichen Liebe schwindet und mit ihr allmählich auch die Kraft der sexuellen Vereinigung. Dieser Schwund ist ganz und gar dem entgegengesetzt, was wir uns wünschen. Wir wünschen uns Steigerung und Wachstum von Liebe, Erotik und Sexualität.

Was machen wir mit diesen Wünschen?

Es gibt mehrere Möglichkeiten:

a) Wir vergessen sie und führen ein graues Leben. Gelegentlich mit bunten Einsprengseln:

„Mach Dir ein paar schöne Stunden." – „Die schönsten Wochen des Jahres." – „Man gönnt sich ja sonst nichts."

Für mich ist das keine Lösung.

b) Wir ersetzen die göttliche Liebes-Macht durch Menschen-Gewalt. Das ist üblich und kann begeistern. Wenigstens vorübergehend. Aber Menschen-Gewalt ist tyrannisch, macht unfrei und zerstört. Irgendwann merken wir das. Manchmal spät. Vielleicht erst mitten in der Zerstörung. Das ist für mich auch keine Lösung.

c) Wir machen uns an die Seelen-Arbeit und erwerben uns einen Teil der verlorenen göttlichen Liebes-Nähe und Liebes-Gewalt wieder zurück. Das ist meine Lösung.

Leicht ist das nicht immer. Stellenweise wird die Arbeit hart. Vielleicht machen einige Hinweise manchen Schritt leichter. Für die, die auf ähnlichen Wegen ihr Heil suchen, stelle ich hier, bevor ich zum Schluss komme, noch zehn alte und neue Weisheiten in den Raum:

1. Lerne Dich kennen. – Du bist ein unendlicher Kosmos und lernst über Dich nicht aus.
2. Bekenne Dich zu Dir selbst. Deine persönlichen Erfahrungen sind Dein unveräußerliches Eigentum. Sag Ja zu ihnen. Versuche es auch dann, wenn es Dir schwer fällt.
3. Bei aller augenblicklichen Bejahung Deiner selbst behalte im Auge, dass Du Dein wahres Liebes-Wesen entwickelst. Nimm Deine Entscheidungs-Möglichkeiten wahr, Dich dahin zu verändern.
4. Lausche auf Dein Inneres. Was Du auf der Oberfläche Deiner Seele wahrnimmst, ist nicht immer Deine eigentliche Wirklichkeit. Diese musst Du oft erst suchen.
5. Sei dankbar für Menschen, die Dich so nehmen, wie Du bist. Glücklich darfst Du Dich schätzen, wenn sie dazu noch Dein unvergängliches Wesen wahrnehmen.

6. Lerne auf alles zu achten, was Dir von außen und von innen begegnet.
7. Finde heraus, was Dich wirklich angeht. Manches, was Dich zunächst schmerzt oder was Dir klein erscheint, kann für Dein inneres Wachstum besonders wichtig werden, während anderes, was Dir zuerst großartig vorkommt, sich später für Dich als wenig bedeutend erweisen könnte.
8. Achte Deine Feinde. Du könntest an ihnen wachsen.
9. Tu alles in Liebe: Mehre und vertiefe Deine Bewusstheit. Arbeite Deine Seele durch. Übe Deinen Körper.
10. Du kannst diese Sätze vergessen, wenn der Geist der Liebe fest in Deinem Herzen wohnt. Er wird Dich geschmeidiger lenken, als diese Worte es können.

Ich komme zum Schluss:
„Sexualität und Gewalt"

Die Gewalt, die der Sexualität dem Wesen nach anhaftet, entspringt der göttlichen Liebe, ist Liebes-Gewalt. Daher ist sie für uns ebenso faszinierend wie die Sexualität, die ein Kind der Unsterblichkeit ist.

Dem Himmel entsprungen, wohnen Liebesgewalt und Sexualität auf der entfremdeten Erde – gestaltungsmächtig, aber im Kampf mit den Mächten der Vergänglichkeit. Mit Hass und Tod. In diesem Kampf werden sie geschwächt, gespalten und vergröbert. So verrät menschliche Unterdrückungs-Gewalt keine göttliche Abkunft mehr von der Macht der Liebe. Und wer vermag bei den Massen-Vergewaltigungen unterworfener Frauen durch eine wilde Soldateska noch an die Herkunft der Sexualität aus der Unsterblichkeit zu denken? Und zeigt nicht ein Blick auf die brutalen Zerstörungs- und Vermehrungskräfte der Natur, dass auch in der Schöpfung nicht gerade die göttliche Liebe regiert?

Unsere Zweifel lassen sich erst beheben, wenn unser Blick tiefer dringt, in unser innerstes Herz. Dort, in der Intimität, wohnt die Sehnsucht nach machtvoller Liebe und Unsterblichkeit weiter. Sie ist zart und doch kraftvoll. Um sich nach außen zu entfalten, braucht sie ein Klima des Vertrauens und Verstehens. Das lässt sich nicht herstellen mit Falschheit und verletzender Gewalt. Es lässt sich aber erwirken mit Ehrlichkeit und Einfühlung.

Beide Wege stehen uns offen.

Die Erde ist uns Menschen anvertraut. Wir allein entscheiden, ob sie wohnlich wird oder zerstört. Es heißt: „Gott hat dem Menschen die Wahl gegeben. Der Mensch hat vor sich Leben und Tod; welches er will, das wird ihm gegeben werden." (Jesus Sirach 15, 14.17).

Und täuschen wir uns nicht: Das Wesen der göttlichen Liebe lässt sich nicht ableiten aus der Gewalt, die der ungezähmten Natur innewohnt. Das hat schon der vielgeplagte Prophet Elia erfahren, als er der Gottheit begegnete. In der biblischen Überlieferung wird davon mit folgenden Worten berichtet – mit denen ich auch schließen will:

> Der Herr ging vorüber
> und ein großer, starker Wind,
> der die Berge zerriss und die Felsen zerbrach,
> vor dem Herrn her.
> Der Herr aber war nicht im Winde.
> Nach dem Wind aber kam ein Erdbeben.
> Aber der Herr war nicht im Erdbeben.
> Und nach dem Erdbeben kam ein Feuer.
> Aber der Herr war nicht im Feuer.
> Und nach dem Feuer kam ein stilles, sanftes Sausen.
> Da das Elia hörte, verhüllte er sein Antlitz.
> (1. Könige 19,11-13)

XX.
Unsere Seelen wollen sich in gerechten Beziehungen entfalten

– Schwerpunkt Erotik und Sexualität –
Teilweise veröffentlicht in
„Themenzentrierte Interaktion" 2/2006

Zu zentralen Begriffen des Themas

Ich verstehe im Folgenden unter:
Seele: Die Ganzheit unserer persönlichen Erfahrungsmöglichkeiten.
Entfaltung: Die Realisierungen unserer Erfahrungsmöglichkeiten.
Beziehungen: Unsere Beziehungen mit uns selbst und anderen Wesen.
Gerecht: Mir und meinen Beziehungspartnern möglichst angemessen.
Erotik: Beziehungen, gesteuert von einfühlend-zärtlicher Gestimmtheit.
Sexualität: Vom Bedürfnis nach geschlechtlicher Vereinigung gesteuert.
Gruppe: Äußerlich überschaubares Wir, verbunden durch Gemeinsamkeiten.
Ehen und Familien: Wichtigste Tiefenmodelle für alle Gruppen.

Zum Wesen der Seele

Unsere Seelen nehmen mehr wahr als die Oberfläche der Außenwelt. Sie können sich auf das Innere und die Innenwelt konzentrieren. Dort entfalten sich unsere Sehnsüchte und Hoffnungen auf eine bessere zukünftige Welt und ihre Frustrationen. Von dort deuten wir unsere Erfahrungen der gegenwärtigen äußeren Welt und verleihen ihnen einen Sinn, der mehr ist als die Erkenntnis kausaler Zusammenhänge. Mit unseren Seelen überwinden wir die Gegenwart und gestalten zukünftige Welten. Mit ihnen können wir zudem alle endlichen Welten übersteigen und in die Unendlichkeiten vordringen. Manche Seelen erkennen in der Unendlichkeit ihre wahre Heimat, und einige von ihnen haben Schwierigkeiten, sich in endlichen Todeswelten überhaupt zu beheimaten. Anderen hingegen ist die Unendlichkeit schwer zugänglich oder gänzlich verschlossen. Von ihnen wiederum fühlen sich viele in der Endlichkeit ganz behaglich am richtigen Platz. Wohl denen, die beide Dimensionen des Lebens in ihren Seelen zusammenbringen können.

Vom Wesen der Sexualität

Unsere Sexualität gewährleistet das Überleben der Menschheit auf unserer Erde. Alles, was auf der Erde lebt, ist auch Teil unseres menschlichen Lebens und unterliegt wie wir dem Gesetz von Tod und Vermehrung. Alles Leben ist vernetzt. Das Wissen um diese Vernetzung ist meist noch tief und schlafend im Unterbewussten unserer Seelen verborgen. Am ehesten tritt es ansatzweise ins Bewusstsein. Die Rauschhaftigkeit solcher Erfahrungen treibt eine begeisterte Liebeslyrik an: „Seid umschlungen, Millionen! Diesen Kuss der ganzen Welt!"

Sexualität ist eine göttliche Kraft. Mit ihr holen wir Kinder auf die Erde. Mit ihr holen wir den Rausch des Lebens vom Himmel. Mit ihr bangen und kämpfen Frauen und Männer um das Gedeihen des ihnen anvertrauten Lebens. Mit ihr werben die Geschlechter um ihre gegenseitige Zuneigung und frönen ihren Abneigungen. Mit ihr konkurrieren Männer miteinander um den exklusiven Zugang zu den von ihnen begehrten Frauen. Mit ihr ziehen Frauen die Aufmerksamkeit der von ihnen begehrten Männer auf sich und genießen die ihnen möglichen Erwählungen. Mit ihr vermehren sich Paare zu Familien, und Familien zu

Sippen und Stämmen und Völkern. Mit ihr feiern wir friedlich unsere Zusammengehörigkeit, und kriegerisch führen wir zu gegebenen Zeiten unsere Andersartigkeit und Fremdheit gegeneinander ins Feld. Mit der Kraft der Sexualität vermehren sich manche Völker zu ansehnlicher Größe und jagen ihre kleineren Nachbarn in Angst und Schrecken. Im Dienst der eigenen Vermehrung wurden einst fremde Frauen geraubt, fremde Männer und Kinder getötet oder als Sklaven ihres eigenen Willens beraubt. Was einst geschah, geschieht auch heute noch, wenn auch oft in verschleierter Form. Die göttliche Kraft der Sexualität in menschlicher Verfügungsmacht ist keineswegs friedfertig. Sie macht Angst. Daher wurde sie von allen Kulturen durch Ordnungen beschränkt. Aber reicht das? Offenkundig nicht! Ordnungen engen oft zu sehr ein und provozieren gegenläufige Eskalationen. Wir brauchen weltweit einen neuen Geist der Weisheit und Liebe, der unsere Sexualität steuern kann.

Sexualität in höherer Ordnung?

„Wie ging das damals?

Wir waren jung. Wir waren nackt. Du warst wunderschön. Wir schauten uns an. Noch nie sah ich so viel berauschende Herrlichkeit des weiblichen Leibes. Wir waren trunken vor Glück, trunken nach Glück, trunken im Glück. Wir lagen am Rande der Zeit. Die kam in lebendigen Wellen über uns. Mit der Macht des einander Begehrens. Mit der Kraft selig machenden Eindringens und wachsenden Drängens zu jauchzender Erlösung. So geschah es wieder und wieder. Wir waren jung. Wir waren nackt. Es war Karneval. 24 Stunden waren wir zusammen. Wir haben uns nie mehr wiedergesehen. Aber vergessen ließen sich diese Stunden nicht. Merkwürdig war: Diese Erfahrung lechzte nicht nach Wiederholung, wie rein irdische Erfahrungen es tun. Eher ein einmaliges Geschenk des Himmels war sie, der menschlichen Ordnung der Dinge schon sanft entzogen, einer höheren göttlichen Ordnung gehorchend."

Und wie ist das heute?

Wir sind alt und nicht mehr jung und schön. Oder doch? Innerlich vielleicht? Es kann sein, wenn denn unsere Seelen sich in ihren Beziehungen wohltuend entfalten können. Anders leuchtend dann und erkennbar vor allem den liebenden Augen. Erotische Warmherzigkeit zählt am Ende unseres Lebens deutlich mehr als sexuelle Attraktivität. (s. Allensbacher Jahrbuch der Demoskopie 1976, S. 161.)

Die patriarchalische Ordnung der Sexualität

In der patriarchalischen Beziehungsordnung des christlichen Abendlandes wurde für eine lange Zeit die geschlechtliche Verbindung als Privileg und Verpflichtung des Ehestandes angesehen. Die sexuelle Vereinigung sollte nur in öffentlich geschlossenen Ehen zwischen den Eheleuten praktiziert werden. 1562/63 hatte das katholische Konzil in Trient die Ehe zum Sakrament erhoben. Noch in der Regierungszeit Maria Theresias konnte Ehebruch mit dem Tode bestraft werden. Wohingegen in der Folge von Reformation und Aufklärung sich das vorherrschend strenge Eherechtsverständnis allmählich lockerte. Doch das Patriarchat blieb in der deutschen Eherechtsordnung bis zur Mitte des 20sten Jahrhunderts bestehen. Solange waren die Männer die privilegierten Leiter und Besitzer ihrer Ehen und Familien. Sie hatten in allen ehelichen Angelegenheiten das Entscheidungsrecht. Also auch in sexueller Hinsicht. Sie konnten die geschlechtliche Vereinigung mit Gewalt erzwingen oder auch mit dem moralischen Anspruch auf Erfüllung der „ehelichen Pflichten". In solchen asymmetrischen Beziehungen konnte die erste Liebe leicht unter die Räder kommen. Liebe braucht Freiheit zu ihrer Entfaltung.

Der Mangel an Freiheit machte die patriarchalischen Ehen mit der Zeit immer fragwürdiger und forderte zunehmend die Frauen zu Protest und Gegenwehr heraus. Schwer erträgliche Abhängigkeiten und Erniedrigungen förderten ihre Kampfeslust. Sie kämpften offen oder verdeckt für ihre Liebe und Gleichberechtigung. Mit zunehmender kritischer Bewusstheit wollten sich

Ehefrauen immer weniger zum Objekt der Überlegenheitsbedürfnisse ihrer Männer machen lassen und entwickelten Gegenstrategien. Die einseitige Männerherrschaft sollte ein Ende haben.

Zum Ende des Patriarchats

Das Ende der Männerherrschaft in den deutschen Ehen begann mit einem Fehlstart: Nach dem ersten Weltkrieg wurde in der Weimarer Verfassung von 1919 die Gleichberechtigung der Geschlechter festgeschrieben und leider bald wieder vergessen. In Artikel 119 heißt es: „Die Ehe steht als Grundlage des Familienlebens und der Erhaltung und Vermehrung der Nation unter dem besonderen Schutz der Verfassung. Sie beruht auf der Gleichberechtigung der Geschlechter." Diese wichtige revolutionäre Entscheidung war aus der Antikriegsstimmung der unmittelbaren Nachkriegszeit entstanden. Man rief damals: „Nie wieder Krieg!" Das männliche Kriegsheldentum war sinnlos gewesen. Daher mehr Mitspracherecht für die Frauen! Doch die Beschränkung der Gleichberechtigung auf den Bereich der Ehen und Familien konnte schon damals als eine Halbherzigkeit angesehen werden. Der öffentliche Lebensbereich blieb (mit Ausnahme der Zulassung zum Wahlrecht in Art. 22) unberücksichtigt. Der privilegierte Status der Männer war durch den verlorenen Krieg nur vorübergehend geschwächt worden. Denn bald waren von nationalen Rechten internationale Linke als Verräter an der Heimatfront ausgemacht und zunehmend erfolgreich diffamiert worden. So blieb denn damals die Gleichberechtigung der Geschlechter in Ehe und Familie nur eine kraftlose Absichtserklärung in der staatlichen Verfassung. Sie wurde nicht in das konkrete Ehe- und Familienrecht umgesetzt. Die Männer durften von Rechts wegen weiter allein führen – ihren Staat und ihre Kirchen, ihre Ehen und ihre Familien.

Nach dem zweiten Weltkrieg war die militärisch herbei beschworene Niederlage in Deutschland weitaus folgenreicher. Der Krieg hatte das ganze Land überzogen und weite Teile waren zerstört worden. Die obersten Männer wurden als Kriegsverbrecher hingerichtet und ihr überlebender Anhang, soweit es eben ging, aus dem neuen demokratischen Staatsaufbau aussortiert. Mit einem friedlichen Deutschland wurde nun Ernst gemacht. Und das ging nicht ohne Mitverantwortung der Frauen. Sie sollten daher die gemeinsame Zukunft gleichberechtigt mitbestimmen. So wurde 1949 in der Bundesrepublik Deutschland der Grundstein gelegt zum Ende des Patriarchats. Dieser liegt in Artikel 3 unseres Grundgesetzes (GG): „Männer und Frauen sind gleichberechtigt".

In der neuen Verfassung von 1949 sollte die Verwirklichung der Gleichberechtigung nicht wieder vergessen werden wie in der alten von 1919. Deswegen folgte im Artikel 3 des Grundgesetzes noch der Satz: „Der Staat fördert die tatsächliche Durchsetzung der Gleichberechtigung …". Tatsächlich blieb die Ungleichberechtigung der Geschlechter im Eherecht jedoch noch 8 Jahre bis 1957 bestehen. Bis dahin gab es folgende rechtlichen Privilegien des Ehemannes:

§ 1354 BGB: Er entscheidet allein in Angelegenheiten seiner Ehe.
§ 1355 BGB: Sein Name ist Familienname.
§ 1356 BGB: Sein Haushalt wird von seiner Frau geführt.
§ 1360 BGB: Er bezahlt („unterhält") seine Frau
§ 1363 BGB: und nutzt dazu auch ihr Vermögen.

Diese rechtlichen Voraussetzungen bestanden noch, als wir, meine Frau und ich, im Mai 1957 heirateten. Im Juni 1957 wurden dann diese veralteten Regelungen durch das Gleichberechtigungsgesetz endlich ersetzt und damit anscheinend dem Grundgesetz der Bonner Republik von 1949 Genüge getan. Doch der Anschein trog. Übersehene Unstimmigkeiten zwischen der Forderung des Grundgesetzes und den eherechtlichen Festlegungen mussten nachgebessert werden. Zum Beispiel in der einseitigen Festlegung der Ehefrauen auf die Führung des Haushaltes („Hausfrauenehe") oder im „Stichentscheid des Vaters": „Wenn sich die Eltern in Erziehungsfragen nicht einigen können, entscheidet der Vater." (Diese Regelung im § 1628 BGB wurde vom Bundesverfassungsgericht 1959 als grundgesetzwidrig erkannt und für nichtig erklärt). Der blind machende zählebige Widerstand des alten Patriarchats gegen die Gleichberechtigung war an solchen Fehlern der juristisch geschulten Gesetzgeber offenkundig ablesbar. Mit dem Recht beider Partner, ihren eigenen Geburtsnamen zu behalten, waren am Ende des zwanzigsten Jahrhunderts (1993/1998) alle Widersprüche zwischen dem Grundgesetz Art. 3 und dem Gleichberechtigungsrecht in Ehe und Familie endlich behoben. Doch in der alltäglichen Lebenspraxis war diese Gleichberechtigung weithin noch zu bekämpfen. Davon habe ich einiges in meiner Arbeit als Eheberater erfahren.

Aus meinen frühen Erfahrungen als Eheberater

1958 wurde ich in Düsseldorf als Eheberater im Team der Evangelischen Beratungsstelle für Erziehungs-, Ehe- und Lebensfragen angestellt. Diese Institution war 1951 gegründet worden. Sie konnte dem großen Informationshunger der damaligen jungen und älteren Generation zu Fragen der Sexualität und Lebensführung, über Ehen und Familien mit einem fachkundigen Team unter ärztlich-psychotherapeutischer Leitung des vielseitig begabten Dr. Guido Groeger so erfolgreich begegnen, dass die Stelle in den ersten sieben Anfangsjahren einen großen Aufschwung genommen hatte. 1958 war eine personelle und räumliche Erweiterung fällig geworden. Das war die Zeit meines Einstiegs. Gleichzeitig rollten die Folgen des Gleichberechtigungsgesetzes an: Die Frauen wollten ihre Befreiung von der Männerherrschaft erproben, und ihre Männer waren damit nicht oder nur sehr zögernd einverstanden. Wir Beraterinnen und Berater mussten in dieser Situation vor allem unsere eigenen Positionen überprüfen. Wir waren ja selbst von dem großen Umstellungskonflikt betroffen. Wir Männer konnten uns nicht so mir nichts dir nichts von unseren alten Vorrechten und Vorurteilen trennen, und unsere Frauen konnten in Entsprechung dazu nicht ihre neuen Gleichberechtigungsrechte so einfach in Anspruch nehmen. Da gab es auf beiden Seiten innere Hindernisse, weit mehr als wir zunächst angenommen hatten. Der regelmäßige Austausch im Team und zahlreiche Fortbildungsveranstaltungen waren zwar hilfreich, gingen aber nicht tief genug. Unsere patriarchalen Erfahrungen aus der Kindheit waren tief in unserer Seele gespeichert. Zu Beginn der 1960er Jahre hatte sich auch die tiefenpsychologische Ausbildung wieder auf deutschem Boden etabliert, und ich konnte sie und die dazu gehörige Lehranalyse in Anspruch nehmen. Ich war erstaunt, wie viele Unterdrückungen in meiner Kindheit in der Tiefe meiner Seele mit Wut und Zorn gespeichert worden waren und mich nun erst zu harten Auseinandersetzungen nötigten.

Zu der Zeit brach draußen auch der aggressivere Teil der Jugend zu neuen Möglichkeiten sexueller Erfahrung auf. Zumal männliche Jugendliche drängten mehr und mehr heraus aus der Einengung ihrer sexuellen Kräfte durch Verbote des vorehelichen Geschlechtsverkehrs. Viele Eltern und Erzieher leisteten gegen solche Befreiungsbestrebungen Widerstand. Aber meist nicht lange. Mit der 68er Bewegung brachen dann immer häufiger die Dämme, die die jungen sexuellen und aggressiven Kräfte kanalisieren und bannen sollten. Voreheliche Disziplin, in den früheren Jahren noch gerühmt als sinnvolle Stärkung der geistigen gegen die triebhaften Kräfte, fand nicht mehr die gleiche Zustimmung wie in den 1950er Jahren. Und dass diese strenge Disziplinierung Gottes Wille sei, mochten viele nicht mehr so richtig glauben. In der Beratungsstelle hatten wir schon früh Seminare für Brautleute, Ehepaare und Eltern abgehalten, in denen die gesellschaftlichen Probleme der Gegenwart aufgegriffen und mit Ratsuchenden zusammen erörtert und geklärt wurden. Jetzt kamen psychotherapeutische Beratungsgruppen für Jugendliche und Eltern hinzu, die die Veränderungen im Verhältnis der Generationen in den Blick nahmen. Außerdem gab es Ehepaargruppen auf der Suche nach dem Gleichgewicht zwischen Männern und Frauen, das den Forderungen der gleichberechtigten Partnerschaft in ehelichen Beziehungen gegen innere und äußere Widerstände gewachsen war. Die Ehefrauen wollten nicht mehr nur Hausfrauen und Mütter sein, sondern auch am beruflichen Erwerbsleben teilnehmen. Dazu brauchten sie die

Unterstützung ihrer Männer im Haushalt und in der Sorge für die Kinder. Das funktionierte in der Theorie leichter als in der Praxis. In der Praxis musste oft hart verhandelt werden. Die Gleichberechtigung brachte Rivalitäten zwischen den Partnern an den Tag, die früher verdeckt ausgetragen worden waren. Wenn keine Problemlösungen gefunden wurden, entwickelten sich ausgesprochen aggressive „Kampfehen". Es ging dabei oft nicht mehr um die Lösung konkreter organisatorischer Probleme, sondern um Beziehungsfragen, um die Erprobung von Durchsetzungskraft (Ichstärke) und Wachstum des Selbstvertrauens (Selbstbewusstsein). Bei den Frauen kamen die in der Kindheit angelernten Ich-Schwächen hervor und bei den Männern die angelernten patriarchalischen Ich-Überheblichkeiten. Beide Ausgangspositionen waren schlechte Voraussetzungen für wirklich fruchtbare Auseinandersetzungen zwischen den Partnern. Faires Streiten hatten einige von uns Beratenden in Trainings-Kursen gelernt und konnten ihre Kenntnisse den Ratsuchenden weiter vermitteln. Das hat jedoch nicht immer geholfen. Die über viele Generationen gewachsenen Schäden der Selbstachtung in der Beziehung der Geschlechter brauchten eine tiefer greifende Genesung. Durch die große sexuelle Aufklärungswelle in der Mitte der 1960er Jahre hatten viele Frauen auch erkannt, dass sie sexuell zu kurz gekommen waren. In der Eheberatung gab es mehrere Jahre einen Schwerpunkt zum Thema Orgasmus. Der konnte nicht erlebt werden, wenn Frauen keine innere Bereitschaft zur geschlechtlichen Vereinigung mit ihren Partnern gewonnen hatten und diese ihrerseits durch rücksichtsloses Verhalten und moralisches Pochen auf Erfüllung der „ehelichen Pflichten" dauernd vereitelten. Ein Modellfall für diese alte patriarchalische Sackgasse ist ein treuer Mann, der jeden Morgen pünktlich ins Büro trabt, um den Unterhalt für Ehe und Familie zu erwerben, und dabei zwei Mal in der Woche dem morgendlichen Abschied von seiner Gattin die Worte hinzufügt „Heute Abend bist du fällig". Am Abend im Bett beantwortet die treue Ehefrau den männlichen Überfall mit einem Totstellreflex, der als Gegenstück zum Orgasmus verstanden werden kann, was den Mann nicht rührt, da er nach erfolgter Ejakulation befriedigt einschläft, während sie vergrämt wach liegt und diversen depressiven Träumereien nachhängt. In solchen „Leeren Ehen" fehlten emotionale und sensitive Beziehungsfäden. Es gab daher keine befreiende Gesprächskultur. Wir konnten Gruppen mit dem Schwerpunkt Kommunikation anbieten. Die fanden aber die Grenzen ihrer Wirksamkeit, wenn die inneren seelischen Voraussetzungen für intime Kommunikation weitgehend fehlten. Dies war bei Männern häufig der Fall. Wir mussten also weiter nach wirksameren Wegen suchen. Für eine gründliche tiefgehende psychoanalytische Arbeit hatten wir nur in besonderen Fällen einige Einzelplätze. Für die Beratungen mittlerer Dauer wurde eine Gruppenarbeit gesucht, die das Verständnis für seelische Beziehungen vertiefen konnte.

Wirtschaftswunder und Wohlstandsgesellschaft der 1960er Jahre ermöglichten zudem viele Kompensationen für innere Mängel durch äußere Anschaffungen. Es waren durchaus fette Jahre – auch was Eheschließungen und Geburten von Kindern betraf: Die Trauungen erreichten 1962 in der Bundesrepublik einen Höhepunkt mit 531.000 und die Geburten 1965 einen Höhepunkt mit 1,065 Mio. Diese Zahlen wurden bis heute nicht mehr erreicht. Im Gegenteil, nach 1969 gingen sie rapide nach unten. Man spricht von einem „Pillenknick", ein Begriff, der sich auf die vermehrte Anwendung der „Antibabypille" bezog.

Mit den 1970er Jahren begann eine Egophase unserer Gesellschaft. Die Gleichberechtigung von Mann und Frau führte jetzt zunehmend zur Vereinzelung der Menschen. 1976 was das letzte Jahr, in dem Ehen nach altem Recht geschieden wurden. Ab 1977 wurde das Schuldprinzip durch das Zerrüttungsprinzip ersetzt. Bis dahin konnten Eheleute im Normalfall ihre Ehe nur scheiden lassen, wenn sie oder er oder beide für schuldig befunden worden waren. Jetzt genügte die Feststellung, dass die Ehe gescheitert war, was bewiesen wurde, wenn die Eheleute ein oder drei Jahre getrennt gelebt hatten. Das war jedenfalls ein Fortschritt (ermöglicht durch die sozial-liberale Koalition 1969-82). Frauen, die nach altem Recht als Alleinschuldige von ihren Männern keinen oder nur einen geminderten Unterhalt hätten erwarten können, brauchtes jetzt keine Minderung ihres Unterhaltsanspruches mehr zu befürchten. Sie waren freier in ihrer Entscheidung, eine für sie untragbare Ehe zu beenden. Liebhabern der patriarchalen Ehe gefiel das natürlich weniger. Bis dahin hatte die Ehe den unrealistischen Status eines Paradieses gehabt, das man nur durch Schuld verlieren konnte. Jetzt wurden Ehen nüchterner gesehen. Der Staat zog sich aus der Kontrolle sexuellen Fehlverhaltens im Sinne von Ehebrüchen und ehewidrigen Verhaltens zurück und überließ den Eheleuten, wegen welcher Beziehungsmängel sie sich trennen wollten. Man musste auch nicht mehr unbedingt heiraten, um die sexuelle Liebe zu genießen. Frauen taten allerdings gut daran, sich eine eigene berufliche Position aufzubauen und sich mit ihren Partnern zu einigen, was sie sonst noch miteinander anfangen wollten und was nicht. Die Eheschließungen gingen zurück, die Ehescheidungen nahmen zu und die Nichtehelichen Lebensgemeinschaften auch. 1976 wurden nur noch 365.000 Ehen geschlossen, aber 108.000 wurden geschieden. Das Verhältnis von Ehescheidungen zu Eheschließungen war also 1976: 1 : 3,4; 1969 war diese Verhältniszahl noch 1 : 7,6 gewesen. Der Trend hat sich bis heute fortgesetzt. 2002 lag das Verhältnis bereits bei 1 : 1,9. Nichteheliche Gemeinschaften wurden seit 1982 auch im Statistischen Jahrbuch erfasst. Bis 2003 waren sie kontinuierlich von 0,52 bis auf 2,36 Mio. gestiegen.

Arbeit mit der TZI

1970 war für unsere Beratungsarbeit ein wichtiges Jahr aus zwei Gründen.

1. Wir konnten unsere Wirksamkeit durch Anmietung eines Nachbarhauses erweitern. Die Abteilung Erziehungsberatung richtete sich dort auf die Arbeit mit Eltern, Kindern und Jugendlichen ein; die Abteilung Erwachsenenberatung für Eheleute, Paare und Ledige verblieb im ersten Haus. Wir hatten Platz für mehr Beratende und Ratsuchende, aber auch für mehr Gruppenarbeit.

2. Ich lernte die TZI auf einem Fachkongress in Ulm kennen

und war begeistert, weil sie genau die seit längerem von mir gesuchte Beratungs-Methode war, die wir für die Stärkung von Ich und Selbstvertrauen unserer Ratsuchenden einsetzen konnten. Seit 1967 war ich in Düsseldorf mit der Leitung der örtlichen evangelischen Beratungsstelle betraut worden und konnte nach meiner Rückkehr aus Ulm mit meiner ansteckenden Begeisterung fast alle meine MitarbeiterInnen und die Geschäftsführung von der Notwendigkeit einer gemeinsamen Zusatzausbildung in der TZI überzeugen.

Diese wurde dann auch in den folgenden Jahren von 1971-1973 unter Leitung von Elisabeth von Godin durchgeführt. Unsere Beratungen nahmen sofort einen qualitativen Aufschwung und brachten wegen ihrer schnell deutlich werdenden Erfolge für alle – Ratsuchende und Beratende – mehr Befriedigung. Unsere Ehepaarkurse versprachen mehr Erfolg und wurden begehrter. Wir gingen oft auch wochenweise in Klausur. Und dort konnte es hoch hergehen.

Die intime Kommunikation wurde neu geweckt und gestärkt. Wir machten unser vernachlässigtes Innenleben zum Thema. Wir konzentrierten uns auf die zahlreichen Aspekte unserer seelischen Innenwelt im Vorfeld von körperlicher Nähe und Vereinigung. Auf Sehnsüchte und Ängste. Wir entdeckten die fremden Befehle in unseren Seelen, die uns nötigten, unsere eigenen Sehnsüchte nach Intimität zu verneinen und unsere eigenen Ängste zu vermehren. Wir ließen uns darauf ein, den noch namenlosen Kräften unserer vorbewussten Innenwelt eigene Namen zu geben. Wir nahmen unsere Träume auf. Und wir fanden den Mut, zu uns selbst zu stehen und über uns miteinander zu reden. Wir gewannen dadurch füreinander mehr Profil und menschliche Attraktivität. Die Beteiligten wurden anwesender und farbiger. Ein Zuwachs an erotischer Wahrnehmung war erkennbar. Das Beziehungsklima der Gruppe wandelte sich deutlich in der Richtung zärtlich-sensitiv-warm. Das konnte – musste aber nicht – in eine erhöhte Bereitschaft zu sexueller Vereinigung übergehen. Der erotische Genuss ist eine durchaus eigenständige sinnvolle Lebensqualität. Der Übergang zur geschlechtlichen Vereinigung geschieht oft zu schnell. Sie ist nicht das letzte Lebensziel der Menschheit. Eine zärtlich-sensitive und humorvolle Gesellschaft könnte es sehr wohl sein.

Männlich – androgyn – weiblich

Die weibliche Seelenseite jedes Menschen kann dieses rein erotische Beziehungsfeld viel ausgiebiger und unbekümmerter genießen als es ihre männliche Seite kann, die stürmischer einer sexuellen Vereinigung zustrebt. Ich gehe davon aus, dass in jedem Menschen beide Seelen-Seiten als Möglichkeit vorhanden sind und in unterschiedlicher Mischung zum Zuge kommen können, je nach Situation und Gegenüber.

Wir können bei beiden Geschlechtern auf Grund ihres äußeren Verhaltens relativ gut erkennen, ob sie einen höheren oder geringeren seelischen Steuerungs-Anteil des Gegengeschlechts in sich tragen. Zwischen der geistigen Hirntätigkeit und den sexuellen Funktionen bestehen bei allen Menschen enge persönlichkeitsspezifische Zusammenhänge, was die hirnphysiologische Forschung bestätigt. Auf einer kontinuierlichen Bandbreite des geschlechtlichen Rollen-Verhaltens finden sich in den Extremen auf der einen Seite sehr männliche Männer und auf der anderen Seite sehr weibliche Frauen. Beide mit relativ geringen gegengeschlechtlichen Anteilen. Diese Extreme ziehen sich sehr an, besonders dann, wenn die Frauen ihre empfängnisbereiten Tage haben. (Dazu viele Hinweise in Bas Kast: Die Liebe und wie sich Leidenschaft erklärt, Frankfurt/Main 2004.)

Im Mittelfeld zwischen den Extremen befindet sich eine Gruppe von Frauen mit höherem männlichen und von Männern mit höherem weiblichem Anteil, die sich ebenfalls häufiger als Beziehungspartner wählen. Wir können sie die androgyne Gruppe nennen. Ihr Anteil wird auf 30 % geschätzt. (S. Spense & Helmreich, 1978 und Resch/Schulte Markwort: Kursbuch für integrative Kinder- und Jugendpsychiatrie. Schwerpunkt Sexualität, Weinheim 2005.)

Zwischen den Extremen und der Mitte findet sich dann jeweils noch eine gemäßigte Zone von Männlichkeit und von

Weiblichkeit. Das australische Ehepaar Pease, das das Phänomen in seinen weltweit durchgeführten Kommunikationsseminaren erforscht hat, hat einen Fragebogen vorgelegt, durch den sich jede/jeder in ein Kontinuum zwischen sehr männlich und sehr weiblich einordnen kann. (Pease, Allan & Barbara: Warum Männer nicht zuhören und Frauen schlecht einparken, München 2001.)

Es geht um Achtung und Toleranz

Unsere Seelen können sich entfalten, wenn sie in ihrer Eigenart anerkannt werden. Das gilt auch für die individuell unterschiedlich angelegten und ausgeprägten Formen der Geschlechtlichkeit. In den Jahren meiner Tätigkeit in der institutionalisierten Lebensberatung seit 1958 haben sich in diesem Bereich erstaunliche Veränderungen ereignet. Vor allem in der wachsenden staatlichen Toleranz gegenüber der Homosexualität. Bis 1969 waren homosexuelle Handlungen zwischen Männern als „Unzucht" gemäß § 175 StGB unter Gefängnisstrafe gestellt. Nach 1969 wurden einvernehmliche homosexuelle Handlungen unter volljährigen Männern nicht mehr strafrechtlich bedroht. Während der Zeit ihrer Kriminalisierung standen viele von ihnen, die unsere Beratung aufsuchten, unter erheblichem Angstdruck. Die Kriminalisierung engte auch unsere Beratungen ein. Heute wird Homosexualität als eine normale Variante sexueller Veranlagung wissenschaftlich anerkannt und rechtlich akzeptiert. Dazu gehört auch die eheähnliche Rechtsgestalt der Eingetragenen Lebenspartnerschaft für zwei volljährige Personen gleichen Geschlechts, die in Deutschland gesetzlich seit dem 1.8.2002 in Kraft ist. Über Generationen hinweg weltanschaulich und religiös gewachsene Vorbehalte bestehen allerdings noch weiterhin in der Bevölkerung. Die notwendige Toleranz muss sowohl durch wissenschaftlich fundierte Aufklärung als auch durch „Verständnis-Partnerschaften", d.h. durch lebendig machenden Austausch der beteiligten Parteien gefördert werden. Solange wir allerdings mit uns selbst nicht ganz im Reinen sind, neigen wir dazu, unsere eigenen „Mängel" bei Nachbarn und Minderheiten abzuladen. Dies ist eine anscheinend bequeme Lösung. Sie ist jedoch keine wirkliche Selbstklärung: Sie schenkt unseren Seelen keinen dauerhaften echten Frieden. Auch Wissenschaftler unterliegen den Täuschungen der politischen Systeme, in deren Bannkreis sie arbeiten. Systemimmanenz macht blind. Wer diese Blindheit überwunden hat, darf sich dazu getrost bekennen. Das ist wohltuend. (S. Resch / Schulte Markwort: Kursbuch 2005, Einleitung XI f.)

Wissenschaftlicher Fortschritt lebt davon, lieb gewordene Vorurteile zu überwinden. Wo immer Menschen wegen ihrer geschlechtlichen Besonderheiten verurteilt und zu vergeblichen Anstrengungen aufgefordert werden, ist zu fragen: „Wem nützt das eigentlich?" Mit dieser Frage stoßen wir in den politischen Bereich vor. Wir treffen auf Großgruppen, die den Begriff der Normalität für sich in Anspruch nehmen. Sie grenzen andere als anomal aus und erheben sich dadurch über sie. Im extremsten Fall bringen die anscheinend „Normalen" die anscheinend „Anomalen" um. Oder drohen dies an. Pseudoreligiöse Diktaturen sind da überhaupt nicht zimperlich. Sie fühlen sich durch pseudogöttliche Anordnungen oder Ideologien gedeckt. Das Dritte Deutsche Reich hat uns hautnah gelehrt, wie das geht. Wie im Großen, so im Kleinen. Andere Menschen zu diffamieren, um sich selbst zu erhöhen, ist ein beliebtes anscheinend nur kleines politisches Gesellschaftsspiel. Aber es ist giftig genug, um Schritt für Schritt das Beziehungsklima einer Gruppe, eines Volkes und schließlich der Völkergemeinschaft zu verderben. Jeder einzelne Mensch – ob Mann oder Frau – hat es in der eigenen Hand, den Anfängen der allgemeinen Selbstvernichtung zu widerstehen. Wir können gegen uns selbst und unseren Nächsten Achtung oder Missachtung üben. Wir können aber nicht uns selbst hoch achten und unseren Nächsten missachten. Wir können auch nicht unseren Nächsten hoch achten und uns selbst missachten. Warum denn nicht? Weil wir und unsere Nächsten in den Augenblicken unserer seelischen Berührung eine wie auch immer geartete Einheit bilden. Achtung und Missachtung fallen dabei auf uns zurück.

Ich komme abschließend noch einmal auf die heute erkennbare androgyne 30%-Gruppe zurück, in der sich weibliche Personen mit einem höheren männlichen Anteil und Männer mit einem höheren weiblichen Anteil zusammenfinden. Sie verdankt ihre Wahrnehmung und Anerkennung der gleichberechtigten Partnerschaft von Mann und Frau. Wenn Männlichkeit und Weiblichkeit gleichwertig sind, bestehen eigentlich keine Gründe mehr zu einer hochmütigen Abwertung einer der beiden Seiten, wenn sie zusammen in einer Person vorkommen. Im Gegenteil: Wir können dankbar sein für einen Zuwachs an einfühlsamen Männern und durchsetzungsfähigen Frauen. Leider funktioniert das aber nicht so einfach. Die junge Partnerschaft von Mann und Frau bleibt einstweilen gefährdet, weil wir alle in unserem Unbewussten Jahrhunderte und Jahrtausende patriarchalischer Erfahrungen und Abhängigkeiten mit uns forttragen, die in Krisen- und Angstzeiten leicht wieder die Oberhand gewinnen können. Wir dürfen die neue Freiheit im partnerschaftlichen Zusammenspiel der Geschlechter, die in einer langen Befreiungsgeschichte teuer erkauft worden ist, nicht wieder verspielen. Im Gegenteil: Wir tun gut daran, sie zu stärken. Das gilt nicht nur für die äußere gesellschaftliche Dimension, sondern auch für den innerseelischen Bereich. Es geht – innen und außen – um eine kraftvolle Integration von Männlichkeit und Weiblichkeit.

Die gerechte Integration der zweigeteilten menschlichen Geschlechtlichkeit muss von einer übergeordneten unteilbaren Ebene der Menschlichkeit erfolgen. Diese ist fundamental zwar vorgegeben und in den Axiomen der TZI formuliert, wird aber erst wirksam in den praktischen Wachstums-Prozessen von Weisheit und Liebe. Über das Mitschwingen dieses Themas in der Latenz von TZI-Lerngruppen habe ich schon vor 4 Jahren in dieser Zeitschrift einen Artikel geschrieben. Das dort Gesagte bleibt gültig und braucht hier nicht wiederholt zu werden. Die Summe der heutigen Ausführungen ist: Ohne wachsende Liebe gibt es auf Dauer keine menschenwürdige Geschlechtlichkeit. Die Überwindung des Tyrannischen Patriarchats durch die Partnerschaft von Mann und Frau ist ein wichtiger Befreiungsschritt, aber keinesfalls der letzte.

Günter Hoppe mit Ruth Cohn beim Geburtstags- und Abschiedsfest am 20.12.1990 in der Beratungsstelle

Liebe,
das Thema unseres Lebens,
das immer mitspielt

XXI.
Bekehrung des Menschen zum Menschen

Vortrag, gehalten auf dem Rathausnachmittag
in Düsseldorf am 23.11.1977

1. Glaube – eine menschliche Grundsorge

Das Wort Bekehrung gehört zum Wortschatz des Glaubens. Glaube ist eine persönliche Beziehung zu Gott. Wissenschaftlich ist Glaube ein Erkenntnisfeld der Theologie, beruflich das Arbeitsfeld der Priester und Pfarrer.

Ich selbst bin Psychologe. Mein Erkenntnis- und Arbeitsfeld ist die Seele.

Jemand von Ihnen – meine verehrten Zuhörer – könnte sagen: „Was mischt er sich in Dinge, die ihn nichts angehen?"

Ich habe darüber nachgedacht, warum der Glaube mich nicht nur privat, sondern auch öffentlich etwas angeht. Dies will ich vorausschicken.

Ich stehe mit meiner Arbeit, der Lebensberatung, im Dienst der Kirche. Das ist kein Zufall. Ich habe mich – vor bald zwei Jahrzehnten – dafür entschieden. Eine Voraussetzung dafür war der Glaube.

Glaube ist für mich lebenswichtig. Nicht anders als Gesundheit, Gerechtigkeit, Weisheit und Liebe. Und all diese wichtigen Güter möchte ich nicht in erster Linie den Experten überlassen. Sie betreffen mich zu sehr. Sie sind zu allererst meine eigenen Angelegenheiten als Mensch und Bürger. Und – so denke ich – dies trifft für alle Menschen und Bürger zu.

Die Sorge für unsere Gesundheit können wir nicht auf Ärzte und Apotheker delegieren, die Sorge für unsere Gerechtigkeit nicht auf die Juristen, die Sorge um unsere Liebe nicht auf Ehe-

und Lebensberater und die Sorge um unseren Glauben nicht auf Pfarrer und Priester.

Alle diese zentralen Sorgen sind uns allen als Menschen und Bürgern gemeinsam. Darum spreche ich mit Ihnen hier nicht in erster Linie als Experte der Lebensberatung, sondern als Mitmensch und Mitbürger, der mit Ihnen die Sorge um Grundziele unseres Menschseins teilen möchte. Es geht um unser Menschsein oder unser Menschwerden, um unser Leben als Mensch. Das, was die Philosophen Dasein oder Existenz nennen.

Dieses ist in ständiger Gefahr. In der Gefahr der Entfremdung. Genauer gesagt: In der Gefahr *zunehmender* Entfremdung. Denn die Entfremdung ist immer schon da. Auch wenn sie als solche nicht ausdrücklich bemerkt wird, sondern wie ein alltäglicher Normalzustand von uns allen akzeptiert wird.

Schauen wir uns diese normale Entfremdung einmal genauer an, an Hand einer Skizze.

2. *Skizze*
einer durchschnittlichen Liebesgeschichte
mit negativen Ausgang:

Wir sind einander zunächst Fremde, wenn wir uns zum ersten Mal begegnen. Um Fremdheit aufzuheben und miteinander vertraut zu werden, brauchen wir Zeit. Genauer gesagt: *erfüllte* Zeit. Oder noch genauer: Zeit, die durch persönlichen Austausch zu erfüllter Zeit wird.

Um wirkliche Vertrautheit miteinander zu gewinnen, muss dieser persönliche Austausch ehrlich sein.

Ehrlichkeit aber ist schwer. Ehrlichkeit ist riskant. Ehrlichkeit kann verletzend sein – kann Rache nach sich ziehen: Ich werde dann verletzt. Und das zieht neue Rachegefühle nach sich. Wir kommen in einen Teufelskreis.

Ehrlichkeit kann entschärft werden, wenn sie sich mit Taktgefühl (Sensitivität) verbindet. Aber auch so bleibt Ehrlichkeit riskant. Wenn sie auf überempfindliche Seelen trifft, die eine lange Geschichte von Verletztheit hinter sich haben oder eine lange

Geschichte von Verwöhnung. Oder die einfach von Natur aus empfindlich sind. Solche Empfindlichkeit der Seele ist möglicherweise ein natürlicher Urzustand, der uns unter den „normalen" Bedingungen des Zusammenlebens – in der Entfremdung – abhandengekommen ist. In der Liebe kommt die Empfindlichkeit zum Vorschein: Sie wird umso deutlicher, je näher Menschen sich kennen und je tiefer sie miteinander verbunden sind. Sie steigert sich ins Vielfache.

Positiv heißt das: Die Fähigkeit, den Vertrauenspartner zu verstehen, erfährt eine erstaunliche Steigerung.

Negativ: Die Möglichkeit ihn zu verletzen wird erschreckend hoch.

Diese Verletzungen durch den Vertrauenspartner treffen den innersten Bereich der Seele und sind eben deswegen so besonders schmerzhaft und fordern unsere Abwehr heraus. Im Sinne der Flucht – oder des Angriffs. Der innere Bereich der Seele – die Intimität – verschließt sich. Die Partner entziehen sich das Vertrauen. Sie reden nicht mehr über die Dinge, die sie wirklich bewegen, sondern bleiben an der Oberfläche. Ihr Gespräch wird banal oder versiegt ganz. Die intimen Beziehungen verlieren ihre schöpferische Freude, sie werden routiniert oder hören einfach auf.

Soweit die Skizze der durchschnittlichen Liebesgeschichte mit negativem Ausgang: Am Anfang steht die Hoffnung der ersten Liebe, die natürliche Fremdheit werde aufgehoben.

Am Ende steht das Scheitern: Die Fremdheit ist wieder da. Wir sind um eine Hoffnung ärmer und um eine schmerzhafte Erfahrung reicher.

Viele Ehen gehen diesen Weg. Am Ende der gescheiterten Ehe stehen Trennung und Scheidung. Dies ist die äußere Markierung der Endstation. Die inneren Merkmale sind:

– chronische Reizbarkeit oder Gleichgültigkeit,
– dauernder Kriegszustand
– oder verarmtes Nebeneinanderherleben.

3. Die Häufigkeit dieser Erscheinungen wächst.

In den letzten fünfzehn Jahren hat sich die Zahl der Scheidungen in der BRD verdoppelt.
- 1960 waren es ca. 49.000 Scheidungen.
- 1974 waren es ca. 99.000 Scheidungen.
- 1975 wurden ca. 387.000 Ehen geschlossen und ca. 107.000 Ehen geschieden.

Auf 100 Ehen, die geschlossen wurden, kamen ca. 28 Ehen, die geschieden wurden.

In den letzten zwei Jahren verzeichnen wir auch einen sprunghaften Anstieg der Anmeldungen zur Eheberatung in unserem Hause. Wir haben auch hier jetzt Wartezeiten über drei Monate. (Im Bereich der Erziehungsberatung hat es schon immer längere Wartezeiten gegeben.)

Die Liebesprobleme, die in der Eheberatung auftauchen, sind zentrale Lebensprobleme, die die ganze Familie betreffen und auch die Schwierigkeiten der Kinder hervorrufen oder doch verstärken, mit denen wir es dann in der Erziehungsberatung zu tun haben.

Das Versagen der Liebe in Ehe und Familie bleibt nicht auf diesen Bereich beschränkt, sondern greift hinaus in den öffentlichen Bereich. Unversöhnlichkeiten werden hinausgetragen zum Kampf der Geschlechter und der Generationen. Die politischen Vatermorde der Terroristen und ihre Selbstmorde werden ohne diesen Hintergrund nicht voll verständlich.

Diese gigantische Vergrößerung der intimen Probleme auf der politischen Bühne provoziert unsere geistigen Kräfte zu gemeinsamer Konzentration und Besinnung. Dazu möchte ich heute hier aufrufen und einen Beitrag geben.

*4. Für diese Selbstbesinnung habe ich
das Wort Bekehrung gewählt.*

Dieses löst vielleicht Befremden aus, weil es ein ungewöhnliches Wort ist oder weil es verbunden wird mit ungewöhnlichen

Evangelisationserfahrungen. Oder weil es in erster Linie auf den unsichtbaren Gott und nicht auf die sichtbaren Menschen bezogen wird. Oder weil es bezogen wird auf ein unpersönliches Gesetz Gottes und nicht auf lebendige Personen. Oder weil damit die Ausübung geistigen Druckes und missionarischen Eifers verbunden wird.

So gesehen kann das Wort Bekehrung unsere Seelen in Widerstand und Verhärtung versetzen, die eine Verständigung eher erschweren als erleichtern. Ich nehme das in Kauf, weil all diese hinderlichen Vorverständnisse menschliche Realitäten sind und ich dies lieber deutlich vor mir sehe als verschleiert.

Ich hätte ja auch statt Bekehrung ein anderes, lieblicheres Wort wählen können, z.B.: „liebende Zuwendung." Dann hätte das Thema geheißen: „Die liebende Zuwendung des Menschen zum Menschen". Und kaum einer hätte etwas dagegen sagen können. Denn wer wäre nicht für liebende Zuwendung? Der Widerstand gegen die liebende Zuwendung liegt bei uns hier, die wir alle Menschen guten Willens sind, nicht in greifbarer Nähe unseres Bewusstseins, sondern im tiefen Schatten unseres Unbewussten.

Das Wort „liebende Zuwendung" lässt daher nicht von ferne ahnen, dass es irgendwo hassvolle oder gleichgültige Abwendung des Menschen vom Menschen geben könnte.

Das Wort „Bekehrung" aber geht von dieser harten Realität aus, die jeder von uns kennt, der ehrlich mit sich selber umgeht.

Wir alle haben einen Schatten der Seele, in dem unsere dunklen Regungen wohnen: Mörderischer Hass, abweisende Kälte oder blinde Angst.

Die theologischen Experten wissen das, wenn sie die Sünde als Grundbefindlichkeit des Menschseins voraussetzen. Und Jesus sagt von sich selbst schlicht zu einem, der ihn mit „guter Meister" anredet: „Was nennst du mich gut? Niemand ist gut." (Mt. 19,16.17)

Die tiefenpsychologischen Experten wissen das auch, denn sie haben in ihrer therapeutischen und beraterischen Praxis täglich damit zu tun.

Das Wort Bekehrung setzt die schmerzliche Realität dieses

Schattens voraus. Es ist in dieser Hinsicht realitätsgerecht. Es rechnet aber auch mit der Realität der heilenden, freundlichen und zarten Kräfte, für die wir so viele Namen haben und die alle im Wort Liebe vereint sind.

Diese Liebe wohnt im Zentrum des Wortes Bekehrung als Beweggrund und als Ziel: Ursache und Ende der Bekehrung ist die Liebe.

Das Wort Bekehrung umfasst die Realität des Hassens und des Liebens, des Lichtes und des Schattens. Es ist hinreichend pessimistisch und hinreichend optimistisch, um unserer seelischen Welt gerecht zu werden, die auf polaren Gegensätzen aufgebaut ist.

Bekehrung ist ein guter und präziser Arbeitsbegriff.

Wir alle brauchen Bekehrung, wenn wir uns im Schattenreich unserer Seele verlaufen oder verrannt haben. Und das geschieht immer wieder.

5. *Das Schuldgefühl und sein Fehlen*

Im sozusagen normalen Fall läuft die Bekehrung über das Schuldgefühl. Wie sieht das aus?

Ich habe meinen Partner verletzt durch ein Wort, durch ein Tun oder Unterlassen. Ich erspüre das und sehe das an seinem Gesicht, an seinen Augen, die traurig ihr Licht verlieren – oder zornig aufblitzen – oder angstvoll erstarren.

Oder ich höre es an der Veränderung seiner Stimme.

Es gibt viele Zeichen, an denen ich die Verletztheit des anderen erkennen kann. – Vorausgesetzt: Ich bin auf diese Wahrnehmung des anderen eingestellt. Es kann sein: Ich bin es nicht. Dann sehe ich und höre ich den anderen nicht. Ich bin seelisch blind und taub.

Das kann eine vorübergehende seelische Abstumpfung sein, weil ich gerade selbst verärgert bin. Diese seelische Blindheit und Taubheit kann aber auch chronisch sein. Vielleicht von einem bestimmten Zeitpunkt an, wo etwas zwischen uns getreten ist. Vielleicht aber auch aus viel früheren Zeiten, wo ich meinen Partner noch gar nicht kannte.

Diese Abstumpfung kann eine sehr lange Geschichte haben und bis in die Tiefe und Mitte der Seele hineinreichen. In der Bibel wird dieser Zustand Verhärtung des Herzens genannt. Griechisch: Sklerokardia.

Die Sklerokardia behindert die Wahrnehmung der seelischen Verletzung des anderen. Sie behindert die Entfaltung des Schuldgefühls und des versöhnlichen Tuns. Kurz: Sklerokardia verhindert Bekehrung.

Die Sklerokardia ist meist unbewusst. Das Fatale ist, dass man sie gar nicht merkt. Der andere, der betroffene Partner, merkt sie dagegen umso mehr, je weniger der Verletzer sie wahrnimmt. Wenn der Verletzte schreit: „Ich bin verletzt worden – und zwar durch dich. Hilf mir und tröste mich", und der Verletzer antwortet: „Ich weiß von nichts. Ich sehe nichts. Ich höre nichts. Ich tu dir doch nichts. Du bist überempfindlich", dann fühlt der Verletzte sich nicht nur verletzt, sondern auch noch verlassen und schrecklich allein. Besser wäre es, dann wirklich allein und einsam zu sein als in dieser verletzten Einsamkeit zu zweit, wo der andere da ist und doch nicht da ist.

Wie kann es in dieser verfahrenen Situation überhaupt noch weitergehen?

*6. Ich sehe im Augenblick
drei verschiedene Wege*:

Einer ist der Weg der Rache: Wie du mir, so ich dir. Hast du mich verletzt, so verletze ich dich auch. Dabei gibt es zwei Formen: Die bewusste Rache und die unbewusste.

Wohlerzogene Menschen verabscheuen die Rache. D.h. aber nicht, dass sie diesem natürlichen Ausgleichs-Trieb, Selbstwiederherstellungs-Trieb – wie ein berühmter Psychologe das benannte –, dass sie dem so mir nichts dir nichts entrinnen könnten. In vielen Fällen vollzieht sich die Rache dann in Form einer unbeabsichtigten aber unbewusst gesteuerten Gegenverletzung.

Und dann kann der sich so rächende, seinen nun verletzten Partner auch nicht verstehen und fragt ihn seinerseits:

„Was, ich soll dich verletzt haben? Ich weiß von nichts. Ich sehe nichts. Ich höre nichts. Du bist überempfindlich."

Und so geht das weiter. Die dunkle Rache nimmt ihren Lauf und treibt die Partner immer weiter in die Isolation und Unversöhnlichkeit. Das ist ein Teufelskreis mit der Neigung zur Eskalation. Im äußersten Fall steht am Ende der Mord.

Ein zweiter möglicher Weg ist der Weg der Selbstzerstörung. In diesem Fall wehrt sich der verletzte Mensch nicht, sondern er nimmt die Kränkung in sich hinein. Er schluckt sie runter. Er lässt sie gegen sich wirken. Er sagt zu sich:

„Ich habe es nicht besser verdient. Ich bin nichts wert. Ich bin nicht o.k."

Auch das führt in einen Teufelskreis: Je öfter ich mich selbst entwerte, desto tiefer geht die Entwertung und umso mehr gewinnt sie den Anschein des Rechts. Auch hier gibt es eine Neigung zur Eskalation. Im äußersten Fall steht am Ende der Selbstmord.

Und es gibt im Einzelnen viele Wege und Formen des Selbstmordes, z.B. gehören alle Süchte dazu und die Endzustände der seelischen Verhärtung, der Sklerokardia.

Sie schränken die Erlebnisfähigkeit auf ein Minimum ein. Wer davon betroffen ist, erlebt sich als ausgeschlossen vom Leben. Als isoliert von sich selbst und den Mitmenschen. In einer seelischen Isolationshaft. In einem Gefängnis, aus dem er immer wieder verzweifelte, aber meist vergebliche Ausbruchsversuche macht.

Beide Wege: Rache und Selbstzerstörung sind Wege der Vernichtung.

Hier werden Personen als Personen vernichtet. Sie verlieren ihre Freiheit in der Begegnung mit sich selbst und ihren Mitmenschen, mit Gott und der Welt. Sie werden zu Funktionären von Vernichtungskräften. Das ist erschreckend: Die Realität als solche und ihre wachsende Verbreitung.

Umso dringlicher bietet sich der dritte Weg als Ausweg an. Der Weg der Versöhnung. Oder die Bekehrung.

Was macht diesen Weg so schwer auffindbar, so schwer begehbar? (Der Zugang ist eng, der Weg ist schmal.)

Das christliche Evangelium wirbt für diesen Weg. Aber es weist auch realistisch auf Schwierigkeiten hin, die mit ihm verbunden sind.

Ich möchte hier mit Ihnen diese Schwierigkeiten im Folgenden etwas genauer ansehen.

7. Wiederaufbau einer sensitiven Beziehungsbrücke

Es geht dabei in der Hauptsache um den Wiederaufbau einer sensitiven Beziehungsbrücke zwischen den verletzten Partnern, die in ihrer Verletztheit voneinander isoliert sind. Negativ isoliert sind. In der Beziehungslosigkeit, die sie im Grunde nicht wollen. Die Entdeckung des Willens zur Wiederaufnahme der Beziehung zum Du ist ein wichtiger erster Schritt.

Bekehrung zum Partner oder zum Nächsten. Das ist das Ende der Abkehr von ihm und der Beginn der freundlichen Zuwendung zu ihm. Das ist die Erkenntnis: Er braucht mich als Person, die ihm freundliche Zuwendung schenkt.

Und das ist die ergänzende Erkenntnis: Ich brauche ihn und seine freundliche Zuwendung.

‚Wir sind aufeinander angewiesen': Das ist die Grunderkenntnis. Wir brauchen unsere freundliche Zuwendung. Wir sind sie uns schuldig. Wenn wir uns dem entziehen, schaden wir nicht nur dem Partner, sondern bald (sehr schnell, gleich) auch uns selbst.

Im Neuen Testanent steht: ‚Wer sein Weib liebt, liebt sich selbst' (Eph. 5.28). Das gilt natürlich auch umgekehrt: ‚Wer seinen Mann liebt, liebt sich selbst.' Und es gilt auch allgemein: ‚Wer seinen Nächsten liebt, liebt sich selbst.'

Diese Einsicht ist umso stärker, je höher der Grad von Verbundenheit zwischen Menschen ist, und sie versinkt mit zunehmender Isolation voneinander.

Der Ausfall von Schuldgefühlen hängt mit der Isolation der Menschen von einander zusammen: Je weniger ich mich mit anderen Menschen verbunden fühle (solidarisch, identifiziert), desto weniger können in der Beziehung zu ihm Schuldgefühle entstehen.

Schuldgefühle – wie ich sie hier meine – sind positiv. Sie ermöglichen mir, Beziehungsstörungen zu erkennen und zu beseitigen. Sie dürfen nicht verwechselt werden mit negativen Schuldgefühlen, die aus einem lebensfeindlichen Gewissen entspringen. Diese meine ich hier nicht. Denn diese negativen Schuldgefühle verstärken gerade nicht die Verbundenheit der Menschen miteinander, sondern im Gegenteil, sie verstärken die Isolation voneinander.

Es ist sehr verwirrend, dass wir den gleichen Begriff haben für zwei ganz und gar entgegengesetzte Phänomene. Und diese Verwirrung kann schwerwiegende Folgen haben: Die Entstehung positiver Schuldgefühle kann dadurch behindert werden, dass die Unterscheidung der Schuldgefühle nicht getroffen wird und alle Schuldgefühle als negativ, d.h. als lebensfeindlich eingestuft und deswegen abgelehnt werden.

Hier liegt auch ein schwerwiegender Irrtum unserer Zeit, der seine eigene Geschichte hat. Darauf möchte ich im nächsten Abschnitt eingehen.

8. Die Epoche des Gemeinnutzes und des Eigennutzes

Es gab eine Epoche unter der Devise: Gemeinnutz geht vor Eigennutz. Ich bin in dieser Zeit geboren worden und aufgewachsen. Die besagte Devise stand auf den damals gültigen Geldstücken. In ihr wurden Menschen erzogen, die ihre eigenen Bedürfnisse zurückstellen sollten zugunsten übergeordneter Ziele und Ideale. Diese Epoche fand ein unrühmliches Ende im nationalsozialistischen „Dritten Reich".

Es hatte sich gezeigt, dass Menschen, die sich von ihren persönlichen Lebensbedürfnissen durch eine autoritäre Erziehung von sich selbst entfremden ließen, für politische Illusion und Inhumanität übermäßig anfällig waren. Mit der tiefsitzenden Liebesfeindlichkeit der nationalsozialistischen Diktatur wurde auch die autoritäre Gewissensbildung mit ihren harten und hochgestochenen idealistischen Ansprüchen als unmenschlich und lebensfeindlich entlarvt. Und mit ihr Schuldgefühle allgemein als negativ eingestuft.

Es folgte eine antiautoritäre Epoche. Die Generation der Älteren war verunsichert. Ihre Autorität und Ideale hatten sich als töricht erwiesen. Fortan waren alle Autoritäten und Ideale fragwürdig.

Der materielle Wiederaufbau wurde vordringlich, und handfeste materielle Werte wurden bei Alt und Jung zu Leitwerten des Lebens. Zu dieser Zeit gehört der Glaube: Hast du was, so bist du was. Und die Devise: Je mehr Eigennutz, desto mehr Gemeinnutz.

Dies führte zu materialistischer Verflachung des Selbstverständnisses und egoistischer Isolation der Bürger. Im seelischen Untergrund wuchs die Verzweiflung. Was für einen tieferen Sinn sollte ein solches Leben eigentlich haben, das im Wesentlichen in dem Versuch aufging, seine äußeren Bedingungen zu verbessern? Es gleicht einer Ware, die immer kümmerlicher wird, während ihre Verpackung fort und fort auf Vergrößerung und Verschönerung aus ist.

Unter der Devise ‚Gemeinnutz geht vor Eigennutz' hatten kollektive Werte und Maßstäbe den Vorrang vor individuellen. Das endete in einer autoritären Uniformierung des Daseins.

In der nachfolgenden antiautoritären Gegenbewegung traten kollektive Werte in den Hintergrund zugunsten der individuellen Selbstverwirklichung und Emanzipation. Und diese könnte – wie wir heute deutlich sehen – im Extrem enden bei Staatsverdrossenheit und Anarchie. Der Umschlag in eine neue autoritäre kollektive Gegenbewegung wäre möglich und zu fürchten. Wenn es nicht zu einer neuen Phase der Synthese kommt, wo persönliche Ich-Werte und kollektive Wir-Werte ein befriedigendes Gleichgewicht finden können. Dies ist jedoch ohne eine breite geistige Arbeit und Erneuerung nicht zu erreichen.

Was wäre zu tun? – Ich meine zur Beantwortung dieser Frage aus den Erfahrungen unserer Lebensberatungsstellen einen Beitrag geben zu können. Das möchte ich jetzt tun.

9. Vier typische Fallbeispiele

Dabei gehe ich von vier konkreten Fällen aus, die keine Einzelfälle sind, sondern typische. Sie könnten in dieser oder jener Abwandlung jeden von uns betreffen. Sie sind nicht mit bestimmten Menschen zu identifizieren.

(1) Zuerst ein Ehepaar:
Mann sagt: Meine Frau ist unzufrieden mit mir. Ich glaube, ich habe keine wirkliche Beziehung zu ihr.
Frau sagt: Oft sehe ich, dass meinen Mann etwas belastet. Ich gehe dann auf ihn zu. Ich frage ihn: „Was ist mit Dir?"
Er antwortet: „Nichts".
Er verschließt sich. Er zieht sich zurück. Er macht alles mit sich selbst ab. Er braucht mich nicht. Ich bin enttäuscht. Ich ziehe mich zurück. Jeder bleibt für sich.
In dem Beratungsgespräch gewinnt der Mann Vertrauen. Er öffnet sich. Dabei erfährt die Frau zum ersten Mal, dass der Mann sie braucht. Bei allem, was er in seinem Inneren erlebt, ist die Frau für ihn innerlich dabei. Aber sie erfährt davon nichts. Er nimmt sie als Partnerin, die eine wirkliche äußere Existenz hat, nicht wahr. Vor dieser leibhaftigen Frau hat er Angst. Er sagt ihr das in unserem Gespräch zum ersten Mal. Sie ist dankbar, dass er das so klar äußert.
Am Ende der Sitzung kann jeder dem Partner einen Wunsch mitteilen:
Frau wünscht: Ich möchte öfter hören, dass du mich brauchst.
Mann wünscht: Ich möchte, dass du sensibler mit mir umgehst und mich auch ohne Worte verstehen lernst.
Der wichtigste Ertrag dieses Gespräches war die wiedergewonnene Erkenntnis: Wir lieben uns.
Durch dieses Gespräch war der Bann der Isolation zwischen den Ehepartnern gebrochen und der intime Dialog zwischen ihnen konnte fortgesetzt werden.
In solchen und ähnlichen Fällen ist der Berater Kommunikationshelfer. Er bringt das vertrauliche Gespräch zwischen den Partnern wieder in Gang. Er vermittelt Verständnis für die Ei-

genart der Beteiligten und für ihre Wünsche und Ängste, für ihre versteckten Kontaktangebote und ihre Widerstände. Und er hilft ihnen, ihre verschüttete Zuneigung wieder zu entdecken.

Selten geht das so schnell wie bei dem vorgestellten Paar. In der Regel ist die ursprüngliche Zuneigung viel tiefer unter der Ablehnung verschüttet als hier und die Wahrnehmungsfähigkeit der Partner für sich selbst und den anderen mehr gestört.

Die Arbeit des Beraters ist dabei im Prinzip die gleiche. Nur ist sie mühevoller und langwieriger.

(2) Bei dem zweiten Fall handelt es sich um eine Familie.

Der 11-jährige Sohn ist aufsässig gegen die Mutter. In dem Gespräch fällt dem Berater auf, dass die Eltern miteinander sehr höflich umgehen und jede Auseinandersetzung vermeiden. Im weiteren Verlauf sieht er, dass der Mann aggressive Äußerungen nicht zulässt, weil seine Frau darauf sauer reagiert. Im Unbewussten aber rebelliert der Mann dagegen. Er möchte seine Frau zwar nicht selbst angreifen, aber sie doch angegriffen sehen. Das Unbewusste seines Sohnes übernimmt diesen Wunsch und verwirklicht ihn.

Der Berater leitet die Eltern an, sich miteinander offen auseinanderzusetzen. Das gelingt. Daraufhin verschwindet die Aufsässigkeit des Sohnes.

Solche und ähnliche Fälle verdeckter Kommunikation sind häufig.

Der Gewinn für die Eltern ist, dass sie Frieden miteinander haben und für den Krieg, der unvermittelt vom Kind her ausbricht, keine direkte Verantwortung tragen. Aber der Friede ist ein Scheinfriede, und der Anschein der Nicht-Verantwortlichkeit ist am Ende teuer erkauft.

Die Verdrängung von Kommunikations-Bedürfnissen in das Unbewusste und ihre Verwirklichung auf nicht erkennbaren Umwegen ist deswegen so häufig, weil die Lasten der bewussten Entscheidung anscheinend entfallen, nämlich:

a) die Last der Risiko-Abwägung: ‚Was wird mein Partner mir entgegenstellen?'

b) die Last der Entscheidung: ‚Soll ich das tun oder unterlassen?'
c) die Last der Verantwortung: ‚Welche Schuld übernehme ich in dem einen oder anderen Fall der Entscheidung?'

Der Prozess der Beratung führt zur Bewusstwerdung unbewusster Zusammenhänge und zur Übernahme der Verantwortung. Das ist ein Zuwachs an geistiger Souveränität. Wenn das nicht geschähe, könnten die Eltern in aller Selbstgerechtigkeit sagen: ‚Wir sind in Ordnung. Aber wir haben einen ungeratenen Sohn. Er ist aufsässig. Wir wissen wirklich nicht, woher er das hat, denn wir sind der Friede in Person.' Natürlich wäre das im Grunde Heuchelei – wie alle Selbstgerechtigkeit.

(3) Ein dritter Fall:
Eltern mit einem zehnjährigen Sohn. Der hat im Warenhaus gestohlen. Die Eltern berichten es mit empörter Stimme, aber sie lächeln dabei verständnisinnig.

Der Berater bringt diesen Widerspruch zur Sprache. Die Fachleute nennen das eine doppelte Botschaft. Aus den Eltern teilen sich zwei entgegengesetzte Impulse mit: Einer, der das Verhalten des Kindes verurteilt. Der zweite Impuls identifiziert sich mit dem Verhalten des Kindes. Diese Identifikation ist unbewusst. Sie kommt aus dem eigenen Kind-Ich der Eltern, das abenteuerlustig und rebellisch ist.

Im Laufe der Beratung erinnern sich die Eltern an ihre eigenen Klauereien der Kindheit. Ihre Identifizierung mit dem Sohn wird ihnen bewusst. Sie verzichten auf ihre Empörung und sprechen mit ihm wie mit einem Erwachsenen über die unangenehmen Folgen solcher Taten und über andere Möglichkeiten, Abenteuer zu erleben und Besitz zu erwerben.

Eine Wiederholung der Diebstähle ist nicht bekannt geworden.

In diesem Fall hatten sich die Eltern mit ihrer Empörung von ihrem Sohn bewusst abgesetzt. Eine ähnliche Isolation fand im Inneren der Eltern statt. Sie konnten sich nicht mehr erinnern an ihre eigenen Kinder-Abenteuer. Erst nachdem sie sich mit ihrer eigenen Vergangenheit eingelassen und sich mit ihr versöhnt hatten, war es ihnen möglich, in versöhnlicher und erfolgreicher Weise mit ihrem Kind zu sprechen.

Ich möchte auch in diesem Fall betonen: Er liegt günstig.

Oft stehen der inneren Versöhnung große Widerstände entgegen. Ihre Überwindung braucht dann viel Zeit, Geduld und Geschick. Und immer wieder erleben wir es auch, dass solche Widerstände nicht überwunden werden können.

(4) Ein letzter Fall betrifft eine Gruppe von Jugendlichen, die sich auf Mofa-Diebstähle spezialisiert hatten. (Diese Geschichte spielt in einer anderen Stadt und einer anderen Beratungsstelle. Sie könnte aber auch bei uns passiert sein.)

Hans, 14 Jahre alt, ein Mitglied der Bande, kam in die Beratung. Er konnte das Unrecht seiner Diebstähle nicht einsehen. Das Beraterteam machte daher einen Plan. Ausgelöst wurde er durch die Tatsache, dass Hans zur Beratung regelmäßig mit seinem neuen Rennrad kam, das er liebevoll mit Extras ausgestattet hatte. Nach einer Beratungsstunde war das Rad verschwunden. Es blieb es auch für genau 24 Stunden. In dieser Zeit lernte Hans sehr viel über seelische Schmerzen, die durch die egoistische Wegnahme eines geliebten Besitzes entstehen. Er konnte sich jetzt in die anderen einfühlen, die er zuvor bestohlen hatte. Das war Grund genug für ihn, damit aufzuhören.

Er war glücklich, als er sein Rad zurückbekam. Dem Team hat er die befristete Entwendung verziehen.

Die egoistische Isolation des Jugendlichen zeigt sich hier in der mangelnden Fähigkeit, sich in die Situation des anderen hineinversetzen zu können.

Dies ist überhaupt das A und O der Bekehrung des Menschen zum Menschen: sich in die Lage des anderen seelisch hineinversetzen zu können.

Das setzt voraus, dass wir uns selbst in vielen Situationen der Freude und des Leides erfahren haben. Und dass wir zu unseren Mitmenschen eine grundsätzlich bejahende Einstellung finden. Das ist für junge Menschen in der Krise der Pubertät besonders schwer. Sie kämpfen – oft verzweifelt – um ihre eigene Position unter anderen Menschen. Und diese erscheinen ihnen dann schneller und intensiver als Feinde. Als Feinde, die geschädigt werden müssen.

10. *Jugend*

Ich sehe es als ein schwerwiegendes Problem an, dass zwischen dem Ende der Kindheit und dem Beginn einer selbständigen bürgerlichen Existenz für immer mehr junge Menschen eine lange Schulbildungszeit liegt, die mit viel innerer und äußerer Unsicherheit verbunden ist. Das macht es ihnen schwer, mit erwachsenen Menschen in „gesicherten" Positionen Frieden zu schließen.

In diesem Zeitraum der pubertären Ungeborgenheit entstehen die Untergrund-Szenen. So die Drogen-Szene. So die Terroristen-Szene. Sie spalten sich von unserer offiziellen Lebensbühne ab. Sie haben an ihr keinen oder nur wenig Anteil. Das liegt auch daran, dass die studierende Jugend nur wenig an der unmittelbaren Arbeit beteiligt ist. So können Hochschulen zu einer Sonderbühne mit höherer Untergrund-Anfälligkeit werden.

Ich habe da eine Frage an uns:

Ist die Einteilung unserer Lebenszeit in eine Zeit des Studiums und in eine Zeit der unmittelbaren Produktionsarbeit unserer gesellschaftlichen Wirklichkeit noch angemessen?

Sind wir auf Grund der ungeheuren Wissens-Progression auf allen Gebieten nicht alle zu lebenslangem Lernen und Weiterstudium genötigt?

Und sollten wir nicht alle darum zweierlei Rechte und Pflichten haben? Das Recht auf Arbeit und das Recht auf Studium? Und dies parallellaufend und lebenslang? Und könnte dies nicht den immer größer werdenden Graben zwischen den Generationen verkleinern?

Die Erwachsenenbildungsgesetze der Länder haben hier neue Möglichkeiten geschaffen. Das ist dankenswert.

Ich möchte an dieser Stelle auf zwei Notwendigkeiten hinweisen, die aus der Erfahrung der Lebensberatung besonders dringlich erscheinen.

(1) Die Ausbildung von Männern und Frauen zur Leitung von Familien.

Nach unserer heutigen Erkenntnis sind Familien hochkomplexe Gruppen mit hoher Sensitivität und einer verwickelten Dynamik, deren erfolgreiche Führung kaum weniger Kenntnisse und Könntnisse voraussetzt als vergleichsweise die Führung eines Jumbo-Jets. Nur wenige Menschen sind heute dieser Aufgabe noch auf Grund ihrer natürlichen Gaben gewachsen. (Auch die Lektüre von Gordons ‚Familienkonferenz' oder anderer sehr guter Bücher reichen dazu allein nicht aus).

Eine systematische Ausbildung ist notwendig.

Mein Vorgänger in der Leitung der Ev. Beratungsstelle Düsseldorf, Dr. Groeger, war einer der ersten, die den Gedanken der Ehe- und Elternschule auf der Ebene von Vorträgen und Seminaren verwirklicht haben. Ich möchte diesen Gedanken wieder aufgreifen und neu verwirklicht sehen auf der Ebene von systematischer Gruppenarbeit, die über eine längere Zeit (ca. drei Jahre) familienbegleitend läuft.

Im Ausbildungsplan wird die Selbsterfahrung einen wichtigen Platz einnehmen. Sie soll die Teilnehmer befähigen, sich selbst und ihre Angehörigen besser anzunehmen und wahrzunehmen und Vorgänge in Gruppen zu erfahren, zu erkennen und zu steuern.

(2) Die Ausbildung von sozialen Multiplikatoren zur sensitiven Leitung von Lerngruppen.

Soziale Multiplikatoren sind Lehrer, Pfarrer, Berater und Organisatoren, die beruflich mit Lern- und Arbeitsgruppen zu tun haben. Sie sind für diese Aufgabe jedoch in der Regel nicht, oder nur unzureichend oder einseitig vorbereitet. Schullehrer sind in erster Linie auf den Lernstoff und seine Vermittlung konzentriert, weniger auf die Schüler als Personen und auf ihre persönlichen Beziehungen untereinander in der Gruppe und zum Lehrer. Das Wohlbefinden und die positive Lernmotivation hängen aber gerade in besonderer Weise von der Fähigkeit des Lehrers ab, mit den Persönlichkeiten als Persönlichkeiten umzugehen und sie als sensible Mitspieler einer Gruppe wahrzunehmen.

Auch in diesem Bereich ist eine Ausbildung in sensitiver Gruppenleitung und partnerschaftlicher Begegnungsfähigkeit dringend notwendig. Das gilt auch für Psychologen und alle anderen akademischen Berufe, die mit Menschen – einzeln oder in Gruppen – umgehen sollen.

Das mag verwunderlich klingen. Aber es ist so. Der junge Hochschulabsolvent, der z.B. seinen Dienst in einer Lebensberatungsstelle beginnt, ist auf die Fülle des hier andrängenden Lebens durch seine wissenschaftliche Ausbildung nur unzureichend eingestellt. Er braucht in der Regel eine Zusatz-Ausbildung, die ihn begegnungsfähiger werden lässt und zwar nach innen – der eigenen Person gegenüber – und nach außen – im Verhältnis zu anderen Menschen.

Dass es so ist, ist nicht so verwunderlich, wenn wir einen nachdenklichen Blick auf unsere Hochschulen richten:

Die wissenschaftliche Erforschung des Menschen wird von verschiedenen Einzelwissenschaften besorgt, wie: Anthropologie, Psychologie, Soziologie, Medizin, Pädagogik, Geschichte, Politologie, Jurisprudenz und auch Theologie.

Sie alle gehen von unterschiedlichen Ansätzen aus und nehmen unterschiedliche Aspekte wahr. Aber sie alle erschließen Menschen in der Regel nicht in lebendiger Begegnung von Mensch zu Mensch, sondern durch distanziertes Beobachten. Dadurch wird z.B. Begegnungsangst und Begegnungsrisiko ausgeschlossen oder vermindert, die zum wirklichen Leben dazugehören. Die Beobachteten werden – mehr oder minder – zu Objekten, die von ihrer lebendigen Wirklichkeit als Person entfremdet sind. Auf diese Weise sind sie weniger farbig, weniger interessant und aufregend, weniger verletzlich, hasserfüllt und liebesversessen als in Wirklichkeit. Es gelingt den Wissenschaften auf diese Weise, ein recht langweiliges Bild einer – im Grunde – sehr aufregenden Wirklichkeit zu zeichnen.

Auch die Wissenschaften werden von Menschen gemacht, die Angst haben und sich auf ihre Weise gegen diese Angst wehren. Und Angst haben wir alle – am meisten voreinander und vor uns selbst. Auch wenn wir das nicht merken oder merken lassen. Wir sind da sehr geschickt im Versteck-Spielen.

Sich mit Menschen wirklich einlassen – mit der eigenen Person und mit anderen – das ist – so gesehen – ein außerordentliches Geschäft. Das fordert eine besondere Leidenschaft und eine besondere Ausbildung.

Von den Mitarbeitern unserer Beratungsstelle ist eine wichtige Initiative zur Gründung eines Werkstatt-Instituts für Lebendiges Lernen – W.I.L.L. im Rheinland – ausgegangen, das eine solche Zusatzausbildung besorgt:

Für Berater, Lehrer, Theologen und Organisatoren. Für Multiplikatoren also, die vielen Menschen beruflich begegnen und die dies als Menschen menschlicher (mit der dazu notwendigen Leidenschaft) tun wollen. Und nicht nur als Vermittler von Informationen – was auch und viel besser Computer besorgen könnten.

Auch dies ist – denke ich – eine Form von Bekehrung des Menschen zum Menschen.

11. *Entdeckung der Freundschaft hinter Entfremdung*

Ich möchte zum Abschluss noch einmal zurückkommen auf den Begriff der Bekehrung, von dem ich ausgegangen bin.

Die bekannteste Bekehrungserzählung im Neuen Testament ist die Geschichte vom verlorenen Sohn. Das ist eine hintergründige Ur-Geschichte – eine archetypische Geschichte, die vom Leben immer wieder neu erzählt wird. Der Höhepunkt der Geschichte ist eine große Freude: Die Freude der Versöhnung, der wiedergewonnenen Liebe nach der Entfremdung. Der Vater sagt vom Sohn: Er war tot. Jetzt ist er wieder lebendig geworden.

Bekehrung des Menschen zum Menschen, das ist die Entdeckung der Freundschaft hinter Entfremdung, Isolation, Gleichgültigkeit und Feindschaft. Sie ist eine Dahinter-Erkenntnis: Metá-Noia oder Metá-Gnosis. Hinter dem Hass ist die Liebe. Sie ist zu entdecken. Hinter dem Tod das Leben. Es ist zu entdecken.

Diese Entdeckung kann zweierlei sein: Eine einmalige große Erkenntnis der göttlichen Wahrheit, die einen Menschen ergreift und nicht mehr loslässt, oder eine immer wiederkehrende Wiederholung verlorener Liebe unter Schmerzen im Prozess der Vergebung.

„Wie oft soll ich denn meinem Bruder vergeben?" fragt Petrus (Mt. 18.21). „Ist's genug sieben Mal?" Und Jesus antwortet: „Nicht sieben Mal, sondern siebzig x sieben Mal".

Das Geheimnis dabei ist: Wer sich mit Menschen wirklich versöhnt, versöhnt sich mit Gott. Denn Gott ist die Liebe. Und als solcher ist er das verborgene Geheimnis der Welt. Und er bleibt es für eine Welt, die mit sich selbst noch unversöhnt ist.

XXII.
„Heiraten ist gut – nicht heiraten ist besser"

Vortrag bei einer Veranstaltung des Thomas-Forums
in Düsseldorf am 1. Juni 1981

Diese Feststellung: ‚Heiraten ist gut, nicht heiraten ist besser' geht auf Paulus zurück.

Aber nicht erst seit ihm ist Heiraten als Problem wahrgenommen worden. So findet man in den Sprüchen des weisen Salomo den Satz: „Besser im Winkel auf dem Dache wohnen als im Haus mit einem zänkischen Weibe beisammen." (Sprüche 21.9)

Und auf den weisen Sokrates wird der Satz zurückgeführt: „Heirate, du wirst es bereuen, heirate nicht, du wirst es auch bereuen". Im Gegensatz zu Paulus und Salomo entscheidet Sokrates den Heiratskonflikt nicht, sondern lässt ihn unentschieden: Weder heiraten noch nicht-heiraten macht den Menschen frei und glücklich. Dazu gehört offenbar etwas ganz anderes, ein dritter Weg.

Die Ehefrau des Sokrates hieß Xanthippe. Sie ist durch ihre Problemehe mit Sokrates mindestens ebenso berühmt geworden wie ihr Mann. Ja, sie ist zu einem Urbild der unverträglichen Ehefrau aufgestiegen. Daher wird noch heute von manchen zänkischen Ehefrauen gesagt: „Das ist eine typische Xanthippe". Damit wird die Schuldlast der Sokratesehe auf sein Weib und die Schuldlast aller späteren ähnlichen Problemehen auf den Typus des zänkischen Weibes abgewälzt. Natürlich ist das einseitig und ungerecht. Gerechterweise müssten wir auch Sokrates zum Urbild des schwierigen Ehemanns aufsteigen lassen: Er geht seiner philosophisch-geistigen Selbstverwirklichung nach und lässt Frau und Kinder leiblich und seelisch darben. Wir können also von den entsprechenden Männern heute sagen: „Ein typischer Sokrates".

Dabei ist die Lage jetzt noch komplizierter. Durch die Gleichberechtigung verschwinden die traditionellen Rollen. Die Männer sind nicht mehr einseitig für die Verwirklichung des Geistes zuständig und die Frauen für den familiären Alltag. Manchmal ist es umgekehrt. Dann wird eine Xanthippe zu einem Sokrates und ein Sokrates zu einer Xanthippe.

Frauen eilen dem Geschäft der Emanzipation und Selbstverwirklichung nach, während Männer in beruflichen Apparaten, familiären Pflichten und Freizeitprogramm gefesselt werden. Auch Xanthippe – lebte sie heute – hätte vielleicht den Spieß umgekehrt: Sie hätte einige Selbsterfahrungskurse gemacht, wäre in Poona und anderen spirituellen Zentren des New Age gewesen, hätte die Trennung vollzogen und ihrem Sokrates Haushaltsführung und Kindererziehung überlassen.

Ehen werden immer problematisch, wenn der eine Partner mit seiner seelisch-geistigen Selbstverwirklichung ernst macht und der andere in den Geschäften dieser Welt zurückbleibt.

Das heißt nicht, dass dies der einzige Typus von Problemehe ist. Aber von diesem Typ geht im Grunde auch Paulus aus. Paulus war ledig und wünschte sich, die Leute wären so wie er, damit sie aus ganzem Herzen ihrem Gott folgen könnten, so wie er es tat.

Wer verheiratet ist, so meinte er, müsste sein Herz teilen. Er würde vor allem so leben, dass er seinem Ehepartner und nicht, dass er Gott gefällt. Damit wäre er in die Geschäfte dieser Welt verwickelt, und Gott käme erst in zweiter Linie, d.h. notfalls überhaupt nicht zum Zuge. Daher wäre es für verheiratete Christus-Menschen das Beste, sich so zu verhalten, als wären sie nicht verheiratet. So schrieb es Paulus an die Korinther im 7. Kapitel seines 1. Briefes.

Auch Jesus kannte dieses Dilemma. Für ihn war das vornehmste Lebensziel, seinen Gott zu lieben – und zwar: aus ganzem Herzen, ganzer Seele, ganzem Gemüt und mit allen seinen Kräften (Matthäus 22, Markus 12, Lukas 10). Für seine Gottesliebe wurde der Einsatz seiner ganzen Person und seines ganzen

Lebens unumgänglich. Halbheiten waren ihm verhasst. Er war radikal bis zum Tod. Wer seinem Gott nachfolgen wollte, musste – wenn nötig – alles im Stich lassen: Eltern, Geschwister, Ehepartner, Kinder und sein eigenes irdisches Leben – sein irdisches Selbst.

Jüdische Forscher meinen, Jesus sei als Rabbi – wie jeder Rabbi – verheiratet gewesen. Es ist also möglich, dass er wegen seines Gottes nicht nur von seinen eigenen Eltern und Geschwistern innerlich getrennt war, wie wir das in Matthäus 12 (Markus 3 / Lukas 8) lesen können, sondern auch von seiner Frau und seinen Kindern. Matthäus 19 spricht Jesus vom Verzicht auf die Ehe um des Reiches Gottes willen. Dieser Verzicht kann ebenso gut vor einer Eheschließung wie nach ihr geschehen und Jesus selbst als Verheirateten getroffen haben.

Das Bild vom verheirateten Jesus widerspricht allerdings dem herrschenden Bild, das ihn eher überirdisch-heroisch darstellt. Bei einem solchen Jesus geht alles außerordentlich zu, und er muss sich von Anfang an seines besonderen Weges bewusst sein. Dazu passt die Ehe nicht. Sie wäre ein Irrweg.

Man kann Jesus aber auch menschlicher sehen und ein allmähliches Bewusstwerden seiner höheren Berufung annehmen. Dann wäre auch Platz für eine – im irdischen Sinne gescheiterte – Ehe gewesen.

Aber kommen wir jetzt wieder zu den Ehen unserer Tage.

Wir befinden uns mitten in einer starken geistigen Bewegung gegen die Ehe: Viele Ehen scheitern, offiziell, wenn sie geschieden werden, halboffiziell, wenn die Partner getrennt leben, inoffiziell, wenn sie innerlich getrennt sind.

Beim inneren Getrenntleben gibt es zwei Grundformen: eine laute, die sich durch leeres Streiten auszeichnet, und eine leise, die durch leeres Nebeneinanderherleben gekennzeichnet ist, im Sprachgebrauch unserer Eheberatung: Kampfehen und leere Ehen.

Etwa 25 % unserer Ehen werden heute geschieden, schätzungsweise weitere 25 % enden mit irgendeiner Form von Trennung, ohne geschieden zu werden. Zu diesen Zahlen heute kommen etwa 20 % der jungen Leute zwischen 20 und 30, die heute unverheiratet zusammenleben, die also gar nicht erst in die Ehe einsteigen – wenigstens zunächst nicht.

Für die traditionelle Frömmigkeit der christlichen Kirchen ist die „Anti-Ehe-Bewegung" ein schwerer Schlag. Denn für die katholische Kirche ist die Ehe ein Sakrament und unauflöslich, und für die evangelischen Kirchen eine Stiftung Gottes mit dem unverzichtbaren Merkmal der Lebenslänglichkeit.

Hinzu kommt das alte Misstrauen der Kirchen gegen Sexualität außerhalb der Ehe, das durch das freie Zusammenleben junger Leute erneut angefacht wird. Im evanglischen Bereich wird das spätestens dann offenbar, wenn ein junger Pfarrer mit seiner Freundin zusammenlebt, ohne dass die beiden heiraten wollen. Wenigstens die Pfarrer sollen verpflichtet werden, sich zu den überlieferten Ehevorstellungen der christlichen Kirchen zu bekennen.

Dabei könnte am Ende manches anders bewertet werden: In vielen Fällen könnten sich traditionelle Ehevorstellungen als verlogen erweisen und Zusammenleben ohne Eheschließung als wahrhaftig und Gott angenehm.

Wie leicht werden wir zu Opfern von Ideologien, die uns einreden wollen, dass irgendetwas unter allen Umständen gut und richtig ist, z.B. die Ehe oder die einmal eingegangene Ehe. Solche Ideologien sind bequem und kommen unserer geistigen Trägheit entgegen. Sie vereinfachen die Welt und das Leben, sie machen alles überschaubar, regierbar und sicher. Nur, sie haben einen Fehler: mit ihrem Absolutheits-Anspruch stimmen sie nicht. Und das kommt irgendwann an den Tag.

Zur positiven Seite der Anti-Ehe-Bewegung gehört die Möglichkeit größerer Aufrichtigkeit und Differenzierung in den intimen Beziehungen der Geschlechter, der Verzicht auf vorschnelle und falsche Sicherheit, die die traditionelle Eheform leicht gewährt, und die größere Bewegungsfreiheit auf der Suche nach der wahren Liebe.

Zur negativen Seite gehört die leichtere Vermeidung von vertieften Beziehungen und erweiterter Verantwortung. (Dagegen kann man sich allerdings auch in einer Ehe wehren.)

Soweit die moderne Anti-Ehe-Bewegung getragen wird von

der Suche nach der ewigen Weisheit und der wahren Liebe, rückt sie in die Nähe der vorchristlichen Weisheitssuche und der christlichen Reich-Gottes-Bewegung. Wir sollten diesen möglichen geistigen Hintergrund nicht aus den Augen verlieren, wenn wir die Veränderungen der Geschlechter-Szene beobachten und bewerten. Die Phantasie, dass diese Veränderungen nur motiviert sind durch Vermeidungen von Tiefe und Verantwortung könnte sich selbst als oberflächlich erweisen.

An dieser Stelle möchte ich meine Einführung beenden und sie alle bitten, mit mir weiter an dieser Frage zu arbeiten. Das soll in folgender Weise geschehen:

Tun Sie sich bitte jeweils zu fünf Personen zusammen und bilden Sie eine Gruppe. Jede Gruppe stellt jetzt ein Gremium dar, das über die Bewerbung eines Pfarrers zu beraten und zu entscheiden hat. Sie werden dazu 30 Minuten Zeit haben.

Ich will Sie jetzt mit der zu beratenden Situation bekanntmachen:

Für eine freie Pfarrstelle in der als fortschrittlich geltenden Gemeinde X hat sich ein junger Pfarrer beworben, der fachlich und menschlich bei Ihnen einen hervorragenden Eindruck erweckt hat. Sie würden von daher zu seiner Bewerbung gern ja sagen. Die Sache hat nur einen Haken: Der Pfarrer will mit seiner Freundin zusammenleben. Die beiden wollen aber nicht heiraten. Die Freundin ist Psychologin. Auch sie hat bei Ihnen Sympathie hervorgerufen. Beide sind gefragt worden, warum sie denn nicht heiraten wollen. Die Freundin berichtet darauf hin freimütig und überzeugend, wie ihre Eltern sich in der Ehe gegenseitig gequält und fertiggemacht hätten. Sie sieht für sich selbst in der Ehe und ihren strukturellen Vorgaben einen zu großen Sog, ähnlich wie ihre Eltern zu reagieren. Das wäre aber für sie die Hölle, davor habe sie Angst, und das wolle sie vermeiden. Sie liebe ihren Freund, aber heiraten könne sie ihn nicht.

Der Pfarrer hat in seiner Kindheit Ähnliches erfahren und bringt seiner Freundin daher volles Vertrauen entgegen. Er kann und will sie und sich nicht unter Druck setzen. Auch er liebt sie. Die gegenseitige Liebe war spürbar und ebenso die Entschiedenheit, zusammenzuleben, aber nicht zu heiraten.

Versuchen Sie jetzt bitte in den nächsten dreißig Minuten, zu einer gemeinsamen Entscheidung für oder gegen diese Bewerbung zu kommen und sie zu begründen.

(Bei der Veranstaltung des Thomas-Forums am 1.6.1981 waren 30 Teilnehmer anwesend, 25 Frauen und 5 Männer. – In den Gesprächen kamen viele – auch entgegengesetzte – Gesichtspunkte zur Sprache. Im Endergebnis gab es 19 Zustimmungen zur Bewerbung, 6 Ablehnungen und 5 Enthaltungen.)

Zum Abschluss möchte ich vier Feststellungen machen, die im Bereich der Evangelischen Lebensberatung für die Beurteilung der Situation heutiger Ehe- und Liebes-Paare wichtig sind und von öffentlich abgegebenen amtskirchlichen Urteilen abweichen:

1. *Liebe ist mehr als Ehe.*
Liebe und Ehe sind zwei verschiedene „Dinge". Die Liebe ist eine Kraft, die Ehe eine Einrichtung. Alle Menschen sind zur Liebe berufen, aber nicht alle zur Ehe.

Das Evangelium provoziert zur Liebe – nicht zur Ehe. Es gibt Ehen ohne Liebe, und es gibt Liebe ohne Ehe. Amtskirchliche Urteile achten mehr auf die Ehe als auf die Liebe.

2. *Menschen sind mehr als ihre Ehen.*
Ehen sind für Menschen gemacht und nicht Menschen für Ehen. Ehen sind Einrichtungen oder Formen, die wir benutzen, auf die wir aber auch verzichten können. Verzicht auf Ehe bedeutet nicht Verzicht auf geschlechtliche Liebe, denn die geschlechtliche Liebe gehört enger zum Menschen als die Ehe. Sie ist immer und überall da, auch vor der Ehe und außerhalb der Ehe. Amtskirchliche Urteile neigen dazu, die geschlechtliche Liebe in Ehen festzumachen.

3. *Heutige Ehen sind mit früheren nur begrenzt vergleichbar.*
Mit dem Grundgesetz der BRD von 1949 und der Gleichberechtigung von Mann und Frau hat auch rechtlich bei uns das „personale Zeitalter" begonnen. Die Persönlichkeit des Einzelnen in

Ehe und Familie ist wichtiger, die Bedeutung der institutionalisierten Rollen von Mann und Frau dagegen geringer geworden.

Zunehmende Industrialisierung, Verstädterung, wirtschaftliche Spezialisierung, Verstaatlichung von Erziehungs- und Fürsorgefunktionen sowie steigender Wohlstand beschneiden Ehe und Familie als relativ selbstständige Überlebensgemeinschaft und machen sie zu einer personabhängigen Glücksgemeinschaft, für die Akzeptieren der persönlichen Eigenart, emotionaler Austausch und Zärtlichkeit wichtiger werden als Lebenstüchtigkeit.

Die berufliche Spezialisierung und Ausdifferenzierung der Gesellschaft und ein riesiges Angebot von Informationen und Bildung geben vielen die Möglichkeit der äußeren und inneren Weiterbildung, bergen aber auch das Risiko des Sich-Verlierens und Voneinander-Entfernens für die Angehörigen von Ehen und Familien.

Der soziale Raum hat sich um ein Vielfaches vergrößert und die soziale Beweglichkeit erheblich zugenommen. Daher lassen sich frühere Ehevorstellungen, z.B. die des 19. Jahrhunderts, nicht mehr auf das Ende des 20. Jahrhunderts übertragen. Amtskirchliche Urteile verwenden oft noch ältere Ehe-Vorstellungen. Sie berufen sich dabei gern auf überzeitliche Wesensgesetze. Das bedarf der kritischen Überprüfung.

4. *Unter der äußerlich gleichen Form der Ehe verbergen sich die unterschiedlichsten Inhalte.*
Die heutigen Geschlechtsbeziehungen sind weniger rollenabhängig und mehr personenabhängig. Daher spiegelt sich in ihnen mehr die persönliche Vielfalt der Charaktere und Schicksale und weniger das Exemplarische kollektiver Rollenvorschriften. Es fragt sich, ob all diese unterschiedlichen Menschen und Beziehungen noch unter dem Namen Ehe eingefangen werden können. Der Begriff „Ehe ohne Trauschein" ist für freie Lebensgemeinschaften oft irreführend. Es handelt sich eben nicht um eine Ehe im überkommenen Sinne. Oft handelt es sich geradezu um eine „Gegen-Ehe", d.h. um einen Versuch, destruktive Ehespiele der Eltern-Generation zu beenden und der ehelichen Fortsetzung einer selbstverneinenden schwarzen Pädagogik zu entkommen,

wo der eine die böse Mutter oder den bösen Vater und der andere das böse Kind spielt.

Andererseits sind formal gültige Ehen oft Scheinehen, weil sie das schmerzhafte Herzstück der intimen Begegnung vermeiden und auch zu diesem Zweck zwischen zwei Personen geschlossen werden, die als Intimpartner nicht zueinander passen. Wir nennen sie auch Vermeidungsehen oder Abwehrehen.

Amtskirchliche Urteile neigen dazu,
- a) bei formal gültigen Ehen keine Unterschiede zu machen und
- b) andere geschlechtliche Beziehungsformen mit Ehen zu vergleichen.

Das Feld sollte differenzierter wahrgenommen werden.

Ich komme zum Ende:
Heiraten ist gut – nicht heiraten ist besser.

Diesen Satz kann ich so – d.h. mit seinem allgemein gültigen Anspruch – nicht bestätigen. Was für einen Menschen gut ist und wozu und wie lange es gut ist, das ist eine höchst persönliche und höchst sensitive Frage, die von außen kein Mensch verantwortlich für einen anderen entscheiden kann. Oft genug macht diese Entscheidung für die Betroffenen von innen her viel seelisch-geistige Mühe.

Manchmal ist heiraten gut, manchmal nicht.
Manchmal ist scheiden gut, manchmal nicht.
Jeder muss es selbst entscheiden.

Niemand aber sollte Menschen wegen der einen oder anderen Entscheidung verurteilen. Das ist das Einzige, was in dieser Sache wirklich feststeht. Und das ist gut evangelisch.

XXIII.
Wenn ihr nicht umkehrt und wie die Kinder werdet ...

Vortrag anlässlich des 25jährigen Ordinationsjubiläums
von Friedgard Haarbeck in Oberhausen, 21.02.1991

„Zu derselben Stunde traten die Jünger zu Jesus und sprachen: Wer ist doch der Größte im Himmelreich? Jesus rief ein Kind zu sich und stellte es mitten unter sie und sprach: Wahrlich ich sage euch: Es sei denn, dass ihr umkehrt und werdet wie die Kinder, so werdet ihr nicht ins Himmelreich kommen. Wer nun sich selbst erniedrigt wie dies Kind, der ist der Größte im Himmelreich." (Matthäus 18, 1-4)

1. Von der Sehnsucht nach Größe

In allen Lebewesen wohnt das Gesetz des Wachstums: Als wir noch kleine Kinder waren, wollten wir groß werden. Wenn möglich, was ganz Großes. Präsident zum Beispiel. Am liebsten Bundespräsident oder Präsident von Amerika. So etwas phantasieren werdende Männer gerne. In der Märchen-Welt wollen wir Könige werden oder Kaiser oder Papst. Frauen sind da nicht anders. Im Märchen ‚Vom Fischer und seiner Frau' ist es ja gerade die Frau, die diesen unerbittlichen Drang nach Größe hat, während ihr Aufstiegs-ängstlicher schlichter Fischer-Mann sie vergeblich zu bremsen sucht. Am Ende ist sie wirklich Päpstin geworden. Dann aber will sie noch Gott werden. Und das klappt leider nicht. Sie muss zurück und wird wieder ganz klein und wohnt ‚im Pißput'. Das alles geschieht im Märchenland unserer Phantasie, in einer Welt, in der das Wünschen noch hilft. Aber auch da gibt es eine Grenze: Alles kannst Du werden. Nur nicht der ‚liebe Gott'. Die Stelle ist absolut einmalig und fest besetzt.

Und doch geht unser Wünschen letztendlich gerade auf diese Position los. Uns reicht es schließlich nicht mehr, etwas ganz Großes zu werden, sondern es muss der oder die Größte sein. So fragen ja die Jünger auch: „Wer ist doch der Größte im Himmelreich?". An die weibliche Seite haben sie dabei natürlich keinen Augenblick gedacht. Nicht im Traum fiel es ihnen ein zu fragen: „Wer wird die Größte sein im Himmelreich?". Es ging ja um sie selbst. Richtiger oder aufrichtiger würde die Frage lauten: „Wer von uns, von Deinen Jüngern, wird der Größte im Himmel sein?"

Aber dann sind da die Frauen, die Mütter der Jünger. Die mischen mit, wenn es um den besten Platz im Himmel geht. Jedenfalls ist es uns berichtet von der „Mutter der Kinder des Zebedäus", Jakobus und Johannes. Die sei, so wird erzählt, vor Jesus niedergefallen und habe gebeten, dass im Himmelreich der eine zur Rechten, der andere zur Linken Jesu seinen Platz haben sollte. (Matthäus 20. 20)

Es geht also um den höchsten Rang in einer höchsten Rangordnung, um den Platz neben dem Allerhöchsten.

Das ist ganz irdisch realistisch gedacht. Hier wird immerzu um Rang gearbeitet und trainiert, gekämpft und gestritten. Nietzsche formulierte treffend: „Aller Streit ist Streit um Rang". Und ich sehe und höre noch deutlich, wie „unser" Tennis-As Steffi nach ihrem ersten großen Sieg stolz verkündete: „Jetzt bin ich die Nummer eins". Schade. Sie hatte sich selbst zu einer Nummer gemacht. Das göttliche Kind in ihr hätte stolz sagen können: „Ich bin die Steffi". Aber diese Stimme musste schweigen.

In einer himmlischen Liebes-Welt gibt es keine Rangelei. Da gibt es den Hans und die Grete, die Karin und den Walter, die Friedgard und den Theo, die Marianne und den Rolf und tausende und abertausende wunderbarer Wesen, in denen der Geist der lebendigen Gottheit in überraschend unterschiedlicher Weise wirksam ist. Die Frage nach dem oder der Größten ist da überflüssig.

Ich will dazu noch eine Begebenheit erzählen, die ich bei Ram

Das gelesen habe. Ram Das ist alternativer Psychologe in den USA. Er hat einen Bruder. Der ist Jurist und hatte einen schizophrenen Schub. Er dachte, er sei Christus. Das brachte ihn in die geschlossene Abteilung einer psychiatrischen Klinik. Dort hat ihn Ram Das besucht. Der Bruder sagte: „Ich bin Christus". Ram Das sagte: „Ich auch". Der Bruder: „Nein, das kann nicht sein. Christus bin ich. Es gibt nur einen Christus." Und nach einer Weile fügte er hinzu: „Du glaubst das gleiche wie ich und läufst frei rum und dabei siehst du aus wie ein Penner. Und ich bin anständig gekleidet, wie es sich für einen Anwalt gehört, und ich bin eingesperrt. Wie kommt das denn?" Ram Das antwortete: „Du bist eingesperrt, weil Du glaubst, Du seist der einzige Christus, ich laufe frei rum, weil ich in jedem den Christus sehe."

Es ist immer ein bisschen verrückt, sich selbst für den größten, besten, schönsten aller Menschen zu halten. Dagegen ist es sehr richtig und normal, sich und alle anderen für einzigartig und einmalig und unendlich wertvoll zu halten. In jedem von uns wohnt – meist irgendwo in unserer seelischen Tiefe schamhaft versteckt – der Geist Gottes. Ihr könnt das ja in der Bibel nachlesen: Da heißt es in dem ersten Schöpfungsbericht, dass „Gott den Menschen ihm zum Bilde, zum Bilde Gottes schuf" – Genesis 1.27 und im zweiten Schöpfungsbericht, dass „er ihm den lebendigen Odem in seine Nase blies" – Genesis 2.7.

Deswegen streben wir auch nach göttlicher Größe. Und die Menschheit als ganze und jeder Einzelne von uns, wir werden nicht eher ruhen, als bis wir dieses Ziel erreicht haben werden.

Also: Nicht sollst Du größer werden als die anderen. Sondern: Du sollst die größte Bestimmung erreichen, die in Dir selbst ist. Mit anderen Worten: Du sollst Deine eigene Gottheit erreichen.

Aber das ist ja wohl ein ganz verrückter Plan, könntest Du sagen. Wie will denn der sterbliche Mensch seine Unsterblichkeit erlangen? Da will ich Dir gar nicht widersprechen. Unsere Welt ist voller Verrücktheiten. Und all diese Verrücktheiten sind Wachstumsstörungen auf dem unglaublichen Weg zu unserer Gottheit. Dieser Weg und diese Gottheit machen uns nämlich ganz schön Angst.

Das Bequemste ist, wir behaupten einfach: „Wir sind erwachsen". Natürlich ist das eine Täuschung. Der ganze Begriff des ‚Erwachsenen' ist eine Täuschung. Wir sind vielleicht im Alter von 25 Jahren biologisch ausgewachsen, aber geistig erwachsen sind wir nie und nimmermehr. Ich jedenfalls kenne keinen einzigen Erwachsenen. Ich bin auch nicht erwachsen. Ich bin ein Wachsender. Also ein Kind. Und auch ihr seid Kinder, auch wenn der eine oder die andere von sich denken sollte: „Ich bin erwachsen".

Also: Auf die etwas blöde Anfrage der Jünger: „Wer ist der Größte im Himmelreich?" stellt Jesus ein Kind in die Mitte. In der Mitte steht das leibhaftige Thema: Das wachsende Kind. Das ist ein Spiegel für uns alle, der uns sagt: Wir sind Kinder. Wir sollen und wir werden wachsen. Aber wie? Da gibt es nun zwei entgegengesetzte Wege. Der eine Weg ist der der unterdrückenden Gewalt und der andere der Weg der entfaltenden Liebe.

2. Von der unterdrückenden Gewalt

Unterdrückende Gewalt beherrscht die Welt unserer sozialen Beziehungen. Die Großen unterdrücken die Kleinen. Und wenn die Kleinen sich nicht willig fügen, brauchen die Großen unterdrückende Gewalt. Die Gewalt hat viele Formen.

Auf der ersten Stufe wird die Wahrheit unterdrückt. Du bekommst nur zensierte Nachrichten. Im Augenblick erleben wir das alle besonders deutlich bei den Nachrichten vom Golfkrieg. Du kannst dauernd Nachrichten darüber hören und sehen, aber Du kannst Dir trotzdem kein zutreffendes Bild machen, weil überall Zensoren sitzen, die nur das durchgehen lassen, was ihnen in den Kram passt. Die Wahrheit wird durch die Interessen der Machthaber gefiltert. Das ist immer und überall so. Im Kleinen wie im Großen. Wenn Du in dieser Welt was werden willst, musst Du vor allem lernen, Dich und andere zu täuschen.

Und dann musst du lernen, deine kritischen Fähigkeiten zu unterdrücken. Denn die könnten ja Deine Täuschungen gefährden und Dir den Schlaf rauben. Also halten wir es am besten für wahr, dass der Golfkrieg eine Polizei-Aktion der UNO ist, durchgeführt von den heldenhaftesten und edelmütigsten Nationen, die das Unrecht der gewalttätigen Annexion Kuweits durch den Irak nicht mit ihrem Gerechtigkeitsgefühl vereinbaren können. Und am besten leiden wir Deutschen in aller Welt-Öffentlichkeit darunter, dass wir an dieser gerechten und nahezu heiligen Aktion nicht so richtig mitmachen können, weil wir nach zwei verlorenen Weltkriegen von Rechts wegen nicht mehr so ganz und gar heldenhaft und edelmütig sein können, sondern unseren weltgeschichtlichen Anteil für diesmal auf DM-Basis abwickeln müssen. Aber beileibe darfst Du als angepasster „Erwachsener" nicht sagen, was die unangepasste 12jährige Alexandra in Hamburg in aller unverstellten Einfalt sagen konnte: „Saddam und Bush, die sollen in die Irrenanstalt gehen. Die haben alle einen Sprung in der Schüssel, diese Politiker". (So zu lesen in der ZEIT vom 25.01.1991 in dem Artikel ‚Die Kinder des Friedens'.) – (Ich will hier nur so nebenbei anmerken, dass ich meine Position vertrete, indem ich die kleine Alexandra mit dem gleichen Rang zitiere wie Friedrich Nietzsche.)

Also, wenn Du ein Kind dieser Welt der gewaltigen Unterdrückung bist und in ihr wachsen und was werden willst, dann musst du nicht nur lernen, die Wahrheit zu unterdrücken, sondern auch die warmen Regungen Deines Herzens. Mitgefühl und Barmherzigkeit sind sehr hinderlich, wenn Du in dieser Welt ganz nach oben kommen willst. Sogar das Mitgefühl und die Barmherzigkeit mit Dir selbst könnten da abträglich sein. Am besten funktionierst Du wie ein kalter computergesteuerter Roboter, der sein Programm bedenkenlos und ohne Rücksicht auf Verluste durchzieht. Natürlich: Du bist dann geistig unfrei und seelisch tot. Und das ist schlimm. Jedenfalls, sobald Du das merkst. Das kann Dir irgendwann passieren. Wenn es nicht mehr weitergeht mit Deiner Karriere, Deinen beruflichen Erfolgen oder Deiner Partnerschaft.

An diesem schmerzlichen Nullpunkt der Verzweiflung denkst Du vielleicht an Umkehr. Das heißt: An eine andere Kindschaft. An ein Wachstum in einem Reich, in dem Wahrheit und Freiheit, Liebe und Barmherzigkeit herrschen.

3. Über die Umkehr

Was Jesus zu seinen Jüngern sagt, ist ja: Wenn Ihr nicht umkehrt und wie die Kinder werdet, so werdet ihr nicht ins Himmelreich kommen. Also: Es dreht sich nicht nur um uns als wachsende Kinder, sondern um uns als Kinder, die in ihrem Wachstum umkehren.

Wie kommt es zur Umkehr? Wenn Du auf Deinem Weg in eine Sackgasse geraten bist, ist es gut umzukehren. Allerdings ist das nicht leicht, wenn Du Dir in den Kopf gesetzt hast, gerade hier müsste Dein Weg weitergehen. Und da das häufig so ist, ist Umkehr meist schwierig.

Gehen wir wieder zum Golfkrieg. Dort haben sich beide Parteien in den Kopf gesetzt, ihren Weg mit herzloser Gewalt weiter zu führen. Das ist aber aus drei Gründen eine Sackgasse:

a) Beide Seiten verfügen über so viele Mittel der Gewalt, dass sie sich und unserer Welt einen nicht wieder gut zu machenden materiellen Schaden zufügen können, und
b) selbst wenn eine Seite die andere besiegen sollte, entsteht ein gewaltiger Berg seelisch gespeicherter Feindseligkeit, von dem niemand weiß, wie er abgetragen werden kann, und
c) werden durch den Gewalt-Krieg und einen möglichen Gewalt-Sieg die politischen Probleme nicht gelöst.

An dem für viele von uns schon erkennbaren Nullpunkt möglicher Umkehr kommt es – wie wir alle hier sehen können – keineswegs schnell zu einer Haltung der Bereitwilligkeit zur Umkehr, sondern zu einer Phase der Verzögerung, in der ein aussichtsloses Programm möglicherweise bis zu einem Tiefpunkt der Selbst-Vernichtung fortgesetzt wird.

Wie im Großen so auch im Kleinen. Die Menschheit als ganze ist ebenso zur Umkehr gerufen, wie Du und ich als einzelne.

Wohl keine Geschichte macht den Weg der Umkehr so deutlich wie die „Geschichte vom verlorenen Sohn". Deshalb möchte ich sie jetzt gerne hier einfügen. Vielleicht erschließt sie sich der einen oder dem anderen von uns an dieser oder jener Stelle neu.

„Ein Mensch hatte zwei Söhne. Und der jüngere unter ihnen sprach zu dem Vater: Gib mir Vater, das Teil der Güter, das mir gehört. Und er teilte ihnen das Gut. Und nicht lange danach sammelte der jüngere Sohn alles zusammen und zog ferne über Land; und daselbst brachte er sein Gut um mit Prassen. Als er nun das Seine verzehrt hatte, ward eine Teuerung durch dasselbe ganze Land, und er fing an zu darben und ging hin und hängte sich an einen Bürger desselben Landes; der schickte ihn auf seinen Acker, die Säue zu hüten. Und er begehrte, seinen Bauch zu füllen mit Trebern, die die Säue aßen; und niemand gab sie ihm.

Da schlug er in sich und sprach: Wieviel Tagelöhner hat mein Vater, die Brot in Fülle haben, und ich verderbe im Hunger! Ich will mich aufmachen und zu meinem Vater gehen und zu ihm sagen: Vater ich habe gesündigt gegen den Himmel und vor dir. Ich bin hinfort nicht mehr wert, dass ich dein Sohn heiße; mache mich zu einem deiner Tagelöhner!

Und er machte sich auf und kam zu seinem Vater. Da er aber noch ferne von dannen war, sah ihn sein Vater und es jammerte ihn, lief und fiel ihm um seinen Hals und küsste ihn.

Der Sohn aber sprach zu ihm: ‚Vater, ich habe gesündigt gegen den Himmel und vor dir; ich bin hinfort nicht mehr wert, dass ich dein Sohn heiße.'

Aber der Vater sprach zu seinen Knechten: ‚Bringt schnell das beste Kleid hervor und tut es ihm an und gebet ihm einen Fingerreif an seine Hand und Schuhe an seine Füße und bringt das Kalb, das wir gemästet haben, und schlachtet's; lasset uns essen und fröhlich sein! Denn, dieser mein Sohn war tot und ist wieder lebendig geworden; er war verloren und ist gefunden worden.'

Und sie fingen an, fröhlich zu sein." (Lukas 15.11-24)

Ich habe diese Geschichte in der tradierten patriarchalischen Form vorgetragen. Aber ich füge hinzu, dass sie Söhne und Töchter betrifft. Und dass unsere Gottheit der Liebe nicht dadurch zu beleidigen ist, dass wir nicht nur ihren väterlichen, sondern auch ihren mütterlichen Aspekt wahrnehmen und ansprechen. Dass sie nicht nur dich und mich als einzelne betrifft, sondern auch Gruppen und Völker und schließlich die ganze Menschheit, habe ich zwar schon einmal gesagt, ist mir aber wichtig genug, es zweimal zu sagen.

Wenn ein Kind in unsere Welt hineingeboren wird, stellt sich die Frage der Umkehr noch nicht. Das Neugeborene ist noch angetan mit dem göttlichen Kleid der Wahrheit. Auch fehlt ihm ja die Sprache – das wichtigste Mittel der Täuschung, der Lüge und der Heuchelei. Bei den meisten Kindern verliert sich diese göttliche Wahrhaftigkeit irgendwann. Doch behalten manche sie länger als andere. Und es gibt auch welche, die verlieren sie ihr Leben lang nicht. Sie haben die Umkehr offenbar schon vollzogen, bevor sie in dieses Erdenleben eingetreten sind und wachsen mit größerer Selbstverständlichkeit als Kinder der göttlichen Liebe auf. Dennoch: Auch sie sind angefochten von den Bedrohungen und Verführungen der unterdrückenden Gewalt-Welt. Die Hüter dieser Welt lieben die Kinder der Umkehr überhaupt nicht, sondern sie verfolgen sie. Denn sie stören das System – sie stören die Diktatur der Gewalt. Darum maskieren sich die Kinder der Umkehr gerne als Narren, Dummköpfe und Tölpel. Auch davon erzählen unsere Märchen.

Kinder wollen wachsen. Die Kinder der Umkehr wachsen in der Wahrhaftigkeit, in der Freiheit und in der Liebe. Das geschieht nicht so ganz von selbst, sondern auch durch geistige Arbeit und geistigen Kampf. Und das ist ein langer Weg und ein weites Feld. Zu dem will ich jetzt nicht mehr sagen, denn für diesmal habe ich genug gesagt.

Aber wenn Ihr das wollt, dann will ich Euch später noch ein Märchen lesen. – Jetzt sollten wir uns erst die Zeit zu einem Austausch über das Gehörte nehmen.

Zu den Märchen

1. Von der Sehnsucht nach dem Himmelreich.
2. Unterdrückende und befreiende Sozialisation.

3. Märchen erzählen von einfältigen Kindern, die nie ihre himmlische Wachstums-Verbindung verloren haben und sich nicht in das Wachstums-Schema dieser Welt schicken. Sie sind Dummlinge und Aschenputtel. Im Russischen ist es Iwan der Ofenhocker, der sich mit dem Getriebe dieser Welt nicht einlassen will, sondern auf die Führungskräfte des Himmels vertraut. Am Ende erweisen diese Einfältigen sich als Prinzessinnen und Prinzen, die berufen sind, Könige und Königinnen im Himmelreich zu werden.

4. Aber berufen zu diesem himmlischen Wachstum sind wir alle. Die einfältigen Gestalten in Märchen und Dichtung führen uns diese Berufung verdichtet vor Augen. Deshalb geht ein heimlicher Reiz von ihnen aus. Dazu gehören in der neueren Literatur: ‚Der kleine Prinz' von Saint-Exypéry und Michael Endes ‚Momo'.

5. Am Ende werden die Kinder der mitfühlenden Wahrheit das Erdreich besitzen. Aber der Weg dahin ist lang und schmerzhaft. Noch herrschen die Kinder der täuschenden Gewalt. Doch wir erfahren auch, dass die Kinder des Himmels mitten unter uns sind. In den friedvollen Demonstrationen des Friedens zum Beispiel. Dort mit Argusaugen bewacht und schnell verlacht und diffamiert von den Kindern der Gewalt.

Der Geist des Friedens ist unter der heutigen Jugend weitaus mächtiger als in meiner Kindheit. Ich finde das sehr tröstlich. Ich möchte, dass dieser Geist sich auch heute abend in uns festigt und ausbreitet.

XXIV.
Die Entfaltung unserer Seelen und das Evangelium

Vortrag zu 40 Jahren Telefonseelsorge in Düsseldorf,
10. Januar 1999

Meine Damen und Herren, ich wünsche uns einen guten Abend. Ich werde etwa zwanzig Minuten reden. Dies tue ich auf Wunsch der Telefonseelsorge Düsseldorf zu ihrem vierzigsten Geburtstag. Was ich Ihnen sagen will, habe ich unter die Überschrift gestellt:

„Die Entfaltung unserer Seelen und das Evangelium"

Wir haben den Psalm 130 gehört. Hier streckt sich eine tief verwundete Seele betend zu Gott.

Wir haben auch die Geschichte vom verlorenen Sohn gehört. Da erinnert sich im Augenblick der tiefsten Verzweiflung plötzlich eine Seele ihrer göttlichen Herkunft.

In tiefer Not entfalten sich unsere Seelen zu Gott. Und wenn es gut geht, kommt ein Kontakt zustande zwischen unserer Seele und unserer Gottheit. Wenn es nicht so geht, gibt es Wartezeiten.

Der Psalm macht das deutlich. Da heißt es: „Ich harre des Herrn; meine Seele harret, und ich hoffe auf sein Wort. Meine Seele wartet auf den Herrn von einer Morgenwache zu anderen." Auch dem verlorenen Sohn kam nicht so schnell die Erinnerung an seine himmlische Heimat. Die Phase der orientierungslosen Verzweiflung kann lange dauern. Lange jedenfalls nach menschlichem Bemessen.

Nun haben wir seit 40 Jahren in Düsseldorf eine Telefonseelsorge. Eine menschliche Stelle für Klagen und Fragen, von denen viele auch an den Himmel gerichtet werden könnten, wenn nicht die Verbindung dahin so schwierig wäre. Hier arbeiten also priesterlich und seelsorgerlich gestimmte Seelen rund um die

Uhr. Das ist eine dankenswerte Aufgabe. Die Mitarbeiter dieser Stelle verdienen nicht nur den Dank der Anrufenden, sondern auch all derer, die im Umfeld entlastet werden. Und das sind viele. Manche wissen das gar nicht und können daher auch nicht gezielt danken. Ich übernehme dies daher heute von dieser Stelle aus und danke der Telefonseelsorge für Ihr hörendes Wirken in unserer Stadt. – Ich habe angefragt, was denn für die Telefonseelsorge derzeit wichtig wäre. Die Antwort war: „Immer noch das Hören". Darauf konzentriere ich mich. Ich selbst bin als Ehe- und Lebensberater ein Schüler des Hörens. Und ich habe in den 40 Jahren meiner Arbeit nicht aufgehört, das Hören weiter zu lernen. Das Hören der Seelen ist ein unendliches Feld.

Ich habe in einem Lexikon gelesen: Seele ist ein unscharfer Begriff. Dem stimme ich zu. Seelen lassen sich nicht durch Abgrenzungen begreifen. Seele lässt sich in diesem Sinne nicht definieren. Seelen haben eine unendliche Ausdehnung. Darin gleichen sie dem menschlichen Geist. Unser Geist will das All denkend durchdringen. Unsere Seelen wollen es erleben.

Im Erkennen und Erleben des Alls sind wir alle durch unsere Persönlichkeit und unsere Geschichte beschränkt. Wenn zwei Menschen sich begegnen, begegnen sich zwei verschiedene Welten. Und jede dieser Teil-Welten ist auf die eine oder andere originelle Weise beschränkt. Da kann die Verständigung schon schwer werden. Noch schwerer aber das Verstehen.

Ein Mensch, der Seelsorge in Anspruch nimmt, möchte verstanden werden, in seiner kritischen Lebenssituation und in seinem Schmerz. Er möchte verstanden werden in der Eigenart seiner Person: Wie er sein Leiden erträgt und was ihm unerträglich wird. Hier ist das Ohr der Seelsorgenden gefragt. Mit dem Ohr wird der Redende empfangen. Das Ohr ist ein Empfangsorgan. Am Telefon ist das Ohr das einzige Empfangsorgan. Es will daher besonders geschult werden.

Vor mehr als 30 Jahren habe ich mich mit meiner Seele einer Lehranalyse unterzogen. Die fand über vier Jahre hinweg zweimal in der Woche statt. Mein Analytiker hat in dieser langen Zeit kaum ein Wort gesprochen. Meist hat er nur hm-hm gesagt – allerdings in verschiedenen Varianten. Das eine Mal schwang mehr Bestätigung mit, das andere Mal mehr Infragestellung. Und ich habe mir auf diese Weise alles von der Seele geredet, was ich an anderen Orten nie hätte sagen können. Das war ein befreiendes Ohr, in dem meine Seele sich entfalten konnte. Eine unschätzbar wertvolle Seelenreise.

Als Berater habe ich wiederholt erlebt, dass Ratsuchende eine Stunde lang einfach nur geredet haben. Dann sind sie aufgestanden und haben sich bedankt für das, was sie bisher noch nie erlebt hatten: eine Stunde lang das von sich geben zu können, was sie belastet. Und dies ohne unterbrochen zu werden. Eine Wohltat. Danach fließt der Erlebnisstrom wieder. Und die Ratsuchenden wissen von innen her, wie es weitergeht.

Solche Erfahrungen gehören auch zum seelsorgerlichen Dienst am Telefon. Manchmal reicht sogar schon das Wissen, dass es irgendwo in der Stadt ein erreichbares menschliches Ohr gibt, das bereit und fähig ist, ohne Vorurteile zu hören. Denn schon das ist ein Trost in einer Welt voller Voreingenommenheiten, in der zwar viel geredet, aber wenig zugehört wird.

In unserem Alltag gibt es viel ungehörtes Reden. Wir können da immer wieder feststellen: Je mehr geredet wird, desto weniger wird gehört. Und: Je weniger gehört wird, desto mehr wird geredet. Ein Teufelskreis!

Häufig wird geglaubt, dass sich unsere Seelen in einem privaten oder beruflichen Gespräch am besten entfalten können, wenn wir viel reden. Aber das stimmt nicht. Es stimmt höchstens dann, wenn wir uns
1. gemeinsam auf einen Zielpunkt konzentrieren,
2. echt aus eigener Erfahrung und Entscheidung sprechen und
3. die anderen nicht unter den Tisch reden, sondern auch sie hören.

Reden und Hören wollen ins Gleichgewicht gebracht werden. Dann läuft für alle Beteiligten eines Gesprächs ein lebendiger und fruchtbarer Lernprozess. Wenn nicht, bleibt jeder allein in seiner Welt und stabilisiert sie am Ende zu einem Gefängnis seiner Seele. Im Fernsehen finden wir unschwer unter den Talk-Shows Musterbeispiele für solche Kunst des Aneinander-vorbei-Redens und Nicht-Lernens. – Das ist höchst unerquicklich.

Wir können davon ausgehen, dass übermäßiges Reden im Alltag der Selbstbehauptung und der Selbsterweiterung dient. Man möchte sich schützen vor den unwillkommenen Kräften und Vorstellungen seiner Nächsten und darüber hinaus selbst in die Vorstellungswelt der anderen verändernd eingreifen. Das verbraucht unnötig Zeit und Energie. Zwei einfache Sätze könnten diesen gewaltigen Aufwand überflüssig machen.

Satz 1: „Das sehe ich anders."

Satz 2: „Willst Du dazu auch meine Ansicht hören?"

Seelsorgerliches Hören fordert vom Hörenden das Zurückstellen jedes unzeitigen Ein-Redens aus der Welt eigener Erfahrungen, Vorstellungen und Überzeugungen. Dieses Sich-Zurücknehmen ist Teil des gemeinsamen seelsorgerlichen Lernprozesses und gut evangelisch, wenn wir es im Jakobusbrief lesen wollen. Da steht nämlich: „Ein jeglicher Mensch sei schnell zu hören, langsam aber zu reden". (1.19). In der Philosophie, der Liebe zur Weisheit, heißt dieses Zurückstellen epochè und soll den Weg ebnen zum Verstehen des Wesens. Keineswegs ist das Hören ein unkritisches Aufnehmen des Gehörten, sondern ein kritisches Vorgehen zum Wesentlichen. Hören in diesem Sinne heißt das Wesentliche entdecken. Jedes seelsorgerliche Gespräch ist ein Lernprozess in Richtung auf das Wesentliche. Das Wesentliche ist für den Leidenden, der sich der Lebensberatung und der Seelsorge anvertraut, in der Regel eine Verwundung und ihre Heilung. Die Verwundung will wahrgenommen werden. Das geht leichter mit einem verständnisbereiten Gegenüber als im Alleingang. Heilungskräfte wollen entbunden werden. Auch dies wird durch hörende Anwesenheit erleichtert.

Hören in diesem Sinn wirkt heilsam. Es ist als ob die Schwingungen einer feinen Musik das Feld der gelingenden seelsorgerlichen Beziehung durchdringen und eine neue heilende Ordnung schaffen. Muss ich nun betonen, dass nicht alles beraterische und seelsorgerliche Tun so wunderbar gelingt? Ja, ich denke, das muss ich. Denn wir alle tappen so gern in die Fallen des zur Zeit wieder wachsenden Perfektionismus, der unsere Unvollkommenheit verdecken soll. Dabei ist fast die wichtigste Voraussetzung unseres seelsorgerlichen Wirkens, unsere eigene Fehlerhaftigkeit anzunehmen. – Um auch dafür etwas zu tun, lassen Sie uns noch einmal ins Evangelium hineinhören.

Auch im Umgang mit dem Evangelium ist das Hören das Wichtigste. Was nützt ein Predigen, wenn es nicht gehört wird? Zwar hatte Luther Römer 10.17 noch übersetzt: „Der Glaube kommt aus der Predigt". Im griechischen Text steht da aber „ex akoès", und das heißt „aus dem Hören" oder „aus dem Gehörten". Das Ohr ist das Empfangsorgan des Glaubens. Also hören wir zunächst hinein in die Geschichte vom verlorenen Sohn: Dieser Sohn ist nicht perfekt. Im Gegenteil: Trotz seines Himmelskapitals geht es mit ihm bergab, und er endet in seelischer Einsamkeit und geistiger Ausweglosigkeit. Er ist zutiefst verzweifelt. An diesem Nullpunkt, einem seelisch-geistigen Tod, öffnet sich ihm überraschend eine Tür des neuen Lebens: Er erinnert sich an seine göttliche Herkunft und seinen himmlischen Vater, und er beschließt, dahin zurückzukehren. Dieser Rückweg ist schnell erzählt, aber in der seelischen Wirklichkeit und in der sozialen Realität mag er sehr, sehr lang und sehr schwierig sein. Unsere Märchen erzählen von den Suchwanderungen und Seelenreisen mit ihren vielen Hindernissen und Gefahren, aber auch von den hilfreichen Kräften, die weiterhelfen. Die Geschichte vom verlorenen Sohn beschränkt sich auf eine Hilfe, die des Vater-Gottes, und ein schwieriges Hindernis: auf des Sohnes Minderwertigkeitsgefühl: Kann er, der Sünder, seinem himmlischen Vater überhaupt unter die Augen treten? Muss er sich nicht in die äußerste Ecke der Knechtschaft verkriechen? Wir sollten nicht meinen, dass der Sohn zurückkehrt von seiner langen Reise durch die Welt, wie er losgegangen ist. Er hat viele Erfahrungen gemacht und ist daran sicher sehr gewachsen. Aber dieses nagende Gefühl der Unzulänglichkeit im Verhältnis zur Vollkommenheit des Vaters verlässt ihn nicht, vielleicht nicht einmal nach dem schönen Fest der Wiedervereinigung. Denn auch in der himmlischen Heimat warten auf ihn weitere Probleme, die zu lösen sind, und Lernschritte, die zu machen sind. Es geht um die Klärung der Beziehung zu seinem Bruder, der die himmlische Heimat nicht verließ.

Jesus erzählt die Geschichte den Frommen und den Sündern

als Antwort auf die Frage, warum er, der Fromme, die Gemeinschaft mit den Sündern und Sünderinnen nicht scheue und den Unterschied nicht gelten lasse.

Die Antwort ist einfach: Wir alle sind Kinder Gottes. Da werden am Ende die Scheidungen verschwinden. Auch die Seelen der Sünder finden zurück zu Gott. Der Geist der Liebe wird ihnen helfen, nicht das Gesetz. Nicht die Trennung wird uns erlösen, sondern die Verbindung.

Der verlorene Sohn leidet unter seinem Wertverlust und seinen Minderwertigkeitsgefühlen und identifiziert sich nicht nur als Sohn, sondern auch als Sünder. Der Daheimgebliebene tut das nicht. Und darin gleicht er den Frommen, die sich dem Gesetz unterwerfen. Sie halten sich für gut und gerecht. Das ist eine Täuschung. Unter dem Gesetz brodelt die Sünde. Die Verborgenheit der Sünde behindert nicht nur das Sündenbewusstsein, sondern auch den Glauben an die eigene Göttlichkeit.

Solche Frommen wollten Jesus steinigen, weil er sich zu seiner Gottheit bekannte. Er wies diese Richter auf ihre eigene Göttlichkeit hin mit Psalm 82, dem Sinne nach so: „Wie lange wollt ihr unrecht richten?" (auch:) „Ihr seid Götter, aber ihr werdet sterben und wie ein Tyrann zugrunde gehen". Doch die frommen Richter konnten dies nicht annehmen. So können wir es lesen bei Johannes 10. Das ist eine alte Geschichte. Aber sie ist nicht veraltet. Urgeschichten veralten nicht, sie wiederholen sich tausendfach in unserer Gegenwart. Im Großen wie im Kleinen. In den großen politischen Schauprozessen und den kleinen alltäglichen Rechthabereien. Wir müssen unsere unterschiedlichen Wahrnehmungen nicht in Richtsprüche und Rechthabereien verwandeln. Wir können auch die Wege des Verstehens gehen. Das ist aber leichter gesagt als getan. Da gibt es eine kleine Geschichte, die ich hier noch einflechten möchte:

Ein Rabbi berät ein zerstrittenes Ehepaar. Erst hört er den Mann an. Und am Ende sagt er: „Da haben Sie recht." Und dann hört er die Frau an. Und wieder sagt er zum Schluss: „Da haben Sie recht." Hinterher kommt der Schüler, der alles angehört hat, und sagt: „Es können doch nicht beide recht haben." Und was antwortet der Rabbi? „Da haben Sie auch recht."

Ein Rätsel für den Schüler. Ein Rätsel für die Eheleute. Die Lösung ist schwer, sie zu leben noch mehr.

Als Kinder Gottes sind wir alle lernende Götter. Wir haben zu lernen, mit der Liebe den Hass zu überwinden, nicht ihn zu vernichten, nicht ihn zu unterdrücken, – denn das bringt ihn nicht aus der Welt -, sondern ihn zu verwandeln.

Die zerstörerischen Kräfte von Wut und Zorn, von Neid und Eifersucht, von Missgunst und Rivalität in aufbauende Kräfte verwandeln! Feindschaft in Gegnerschaft verwandeln, und Gegnerschaft in Wachstums-Partnerschaft! Unsere Nächsten sind uns nicht dazu gegeben, dass wir sie vernichten, sondern dass wir an ihnen und mit ihnen lernend wachsen. Niemand wird sagen können, dass dies ein leichter Weg sei. Es ist der beschwerliche Weg des Brudermörders Kain und der kainitischen Menschheit. Gott hat Kain nicht verworfen, sondern ihm den Auftrag gegeben, die Sünde beherrschen zu lernen. Das ist ein langer Weg, und Gott hat Geduld. Ich weniger. Ich möchte, dass wir uns um diesen inneren Weg mehr kümmern und weniger um die Eroberung der Außenwelt. Wer dazu eine alt-autorisierte Ermutigung braucht, der kann sie in den Sprüchen finden (16.32). Da steht dem Sinne nach: *Selbsteroberung hat Vorrang vor der Welteroberung.* Das leuchtet doch ein: All das unsägliche Elend der äußeren Welteroberung wurzelt im Elend, das noch im Dunkel unserer ungeklärten Seelen und der fehlenden Steuerung ihrer Kräfte liegt.

Doch ich bin bereit, meine Ungeduld zu zähmen, weil ich sehe: Jede unserer Seelen ist an irgendeiner Stelle auf dem Weg des verlorenen Sohnes. Und da hat jede ihre eigene kleine Lektion zu lernen. Wir Seelsorgenden lernen das Hören. Mit dem einen Ohr lernen wir das Hören des Leidens, mit dem anderen Ohr lernen wir das Hören von Befreiung und Erlösung. Mit beiden Ohren zu hören macht unsere Arbeit nicht nur erträglicher, sondern auch erfreulicher. Wenn dann noch hinzukommt, dass unser Hören nach beiden Seiten sich von Mal zu Mal verbessert, sollte sich unser Herz da nicht freuen? – Diese Freude wünsche ich uns allen, die wir die Entfaltung unserer bedrückten Seelen im Sinn haben. Und wer hätte das nicht?

XXV.
Unser Kampf mit dem Beziehungstod und die Zukunft der Liebe

Abschied von der Beratungsstelle
Vortrag in der Ev. Stadtakademie Düsseldorf,
14.12.1990

Ich will mich mit dem folgenden Vortrag von meiner Tätigkeit in der Evangelischen Beratungsstelle für Erziehungs-, Ehe- und Lebensfragen offiziell verabschieden.

Der Titel der Evangelischen Beratungsstelle ist ziemlich lang. „Evangelische Lebensberatungsstelle" würde reichen.

Evangelium und Leben. Das ist ein gutes Paar. Ich liebe beide.

Eines Tages wird der Titel der Beratungsstelle noch einfacher sein und sich auf das Wesentliche an Leben und Evangelium konzentrieren können. Dann wird sie einfach „Liebesberatungsstelle" heißen. Inoffiziell nenne ich sie manchmal heute schon so. Offiziell erscheint uns das noch nicht möglich zu sein. Ist das nicht bezeichnend für unser öffentliches Leben – und bedenklich?

Unsere offizielle Einstellung zur Liebe ist labil. Wir leben in einem Spannungsfeld zwischen unterdrückender Gewalt und freilassender Liebe und können uns nicht eindeutig für die Herrschaft der Liebe entscheiden. Aber die Liebe hat Zukunft.

In allen unseren Lebensberatungsstellen wird um die Liebe gekämpft. Konzentriert und methodisch. Unser Gegner in diesem Kampf ist der Beziehungstod, der unsere Herzen versteinert und unsere Liebe ausdörrt. Der Kampf ist schwer.

Doch dieser Kampf findet ja jederzeit und überall – in uns und um uns – statt, wenn auch selten so konzentriert und methodisch, so fundiert und präzise wie in unserer Beratung.

Es wird mir aber immer mehr zu einer Frage, ob wir solche Präzision nicht auch brauchen, um unsere gegenseitige gesellschaftliche Groß-Krise zu meistern. Unser globales Überleben hängt letztendlich an nichts anderem als an der Wandlung unserer Herzen. Wenn wir dafür nur annähernd so viel Energie und Geld einsetzen würden, wie für die Erforschung und Nutzung der Materie zu Vernichtungszwecken, könnten wir heute vielleicht mit mehr begründetem Optimismus in unsere Zukunft sehen.

Zugegeben: Die Verwandlung von Hass und Gleichgültigkeit in Liebe und Mitgefühl in uns ist schwieriger als die Verwandlung von Materie in Energie außerhalb von uns. Außerdem ist diese Arbeit in ganz anderer Weise ein Kampf mit uns selbst als jede andere Arbeit. Deswegen bleibt sie als öffentlicher Großauftrag wohl so lange liegen, und es wird noch eine Weile dauern, bis wir ein Liebes-Ministerium haben werden.

Zum Abschluss meines beruflichen Auftrages als Leiter der Evangelischen Beratungsstelle Düsseldorf habe ich mir unter diesem Aspekt noch einmal Gedanken gemacht zu meinen persönlichen und zu den gesellschaftlichen und geistigen Voraussetzungen unserer ‚Liebes-Lebens-Beratung'.

Das Thema meines Vortrages heißt:
Unser Kampf mit dem Beziehungstod und die Zukunft der Liebe.
Es gipfelt in vier Begriffen:
– *Kampf,*
– *Beziehungstod,*
– *Zukunft* und
– *Liebe.*

Liebe

Fangen wir mit der *Liebe* an. Sie ist nach meiner Überzeugung das Erste und das Letzte.

Folgerichtig ist der Satz:
„Im Anfang ist die Liebe." Sie war, sie ist und sie wird sein.

Dieser Satz ist – in einer liebesunsicheren Welt – ein Vertrauens-Satz, der zur Entscheidung steht. Er besagt: Ich habe mich entschieden, auf die Liebe zu vertrauen – trotz aller Gegenkräfte wie Gewalt, Hass und Gleichgültigkeit, auf die ich immer wieder in mir und um mich herum stoße.

Gegen diese Kräfte brauche ich Verbündete, Freunde und Gegner, mit denen ich um die Liebe kämpfen kann.

Viele von ihnen sind heute hier. Darüber freue ich mich.

Ich brauche aber auch die Hilfe des Evangeliums.

Der Satz „Im Anfang ist die Liebe" führt mich zum Anfangswort des Johannes-Evangeliums:

„Im Anfang war das Wort" – „en archè èn ho logos" -- „Im Urgrund war der Logos"

Logos wird traditionell mit ‚Wort' übersetzt und nicht mit Liebe. Das ist schade.

Denn man kann ‚logos' durchaus auch mit ‚Liebe' übersetzten. Dann ginge der Prolog des Johannes-Evangeliums womöglich in unser Herz so hinein:

„Im Anfang war die Liebe, und die Liebe war bei Gott und Gott war die Liebe.
Sie war im Anfang bei Gott.
Alle Dinge sind durch die Liebe gemacht. Ohne sie ist nichts gemacht, was gemacht ist.
In der Liebe war das Leben, und das Leben in der Liebe war das Licht der Menschen.
Und das Licht scheint in der Finsternis, und die Finsternis hat's nicht begriffen."

Der logos des Anfangs ist uns ein schwer begreifliches Rätselwort, von dem es heißt:

„Die Finsternis hat's nicht begriffen."

Auch Goethe lässt seinen Faust über den logos des Anfangs rätseln. Das geschieht in der Nacht nach dem Osterspaziergang, bei dem ihm der Teufel in Form eines Pudels zugelaufen ist. Da meditiert Faust den Originaltext ins Deutsche und redet zu sich selbst so:

> „Geschrieben steht: ‚Im Anfang war das WORT!'
> Hier stock ich schon! Wer hilft mir weiter fort?
> Ich kann das WORT so hoch unmöglich schätzen,
> Wenn ich vom Geiste recht erleuchtet bin.
> Geschrieben steht: Im Anfang war der SINN.
> Bedenke wohl die erste Zeile,
> Dass deine Feder sich nicht übereile!
> Ist es der SINN, der alles wirkt und schafft?
> Es sollte stehn: Im Anfang war die KRAFT!
> Doch auch indem ich dieses niederschreibe,
> Schon warnt mich was, dass ich dabei nicht bleibe.
> Mir hilft der Geist! Auf einmal seh ich Rat
> Und schreibe getrost: Im Anfang war die TAT!

Nun: Ich denke, Faust hat das Rätsel des Anfangs hier nicht gelöst. Er konnte es auch nicht lösen, da der Geist der Finsternis noch unerkannt in Gestalt des schwarzen Pudels just zu dieser Stunde mit ihm in sein Studierzimmer eingezogen war. Seine Theologie, die er in diesem Augenblick entwickelt, ist eine betriebsame Abwehr-Theologie. Sie ist als Abwehr zugleich gerichtet gegen die eigentliche göttliche Urkraft – gegen die Liebe – und gegen den noch unbestimmt gespürten Geist des Bösen.

Ich habe mir wiederholt die Frage vorgelegt, welche Funktion unsere heute herrschenden Theologien haben. Meine Einsicht ist: Auch sie haben einen hohen dogmatischen und gesetzlichen Abwehr- und Vermeidungs-Gehalt gegenüber der Liebe. Ihr Anteil an empirischer Liebes- und Hass-Forschung macht sich kaum bemerkbar.

Wenn unsere Gottheit lebendig und die lebendige Liebe ist, müsste Theologie doch zu allererst empirische Liebeswissenschaft sein. Warum ist sie es nicht? Vielleicht wird sie es noch. Ich wünsche es mir. Als solche hätte sie uns allen viel zu geben. Wir brauchen das. Auch für die Liebes-Werke unserer Diakonie müssen die Kraftquellen der Liebe ja immer wieder neu erschlossen werden. Denken wir an das burn-out – das Ausgebrannt-Sein –, das uns soziale Helfer alle betrifft.

Die Identität von Gott und Logos bleibt ein dunkles Rätselwort, solange unsere Seele verdunkelt ist. Solange wir in den Fängen weltlicher Gewalt sind, denken wir beim Gotteswort leicht und schnell an gewaltige und gewalttätige Machtworte. Und auch in unserem kollektiven unbewussten Gedächtnis kirchlicher Geschichte ist eine Unmenge Gewalttätigkeit gespeichert. Erst wenn uns durch diese Dunkelschicht hindurch die Liebe berührt, können wir beim Gotteswort auch an geflüsterte Liebe denken.

Unter ihrem Eindruck lässt sich der Satz vom Anfang noch einmal so hören:

„Im Urgrund unseres Lebens – in der Archè – wohnt die ewige Liebe."

Von dort – vom Urgrund – steigt sie immer wieder in uns auf als Motiv – als Sehnsucht und als Handlungsimpuls. Aber leider ist sie in unseren Herzen sehr störbar.

Auf diese Störung werde ich zurückkommen.

Jetzt wende ich mich erst einmal dem
BEZIEHUNGSTOD zu:

Wer liebt, lebt. Wer nicht liebt, stirbt.

Seht ein verliebtes Paar!

Es ist mit Lebensenergie geladen: ER strahlt SIE an, SIE strahlt IHN an. Gegenseitig nehmen sie die Strahlen ihrer Seelen auf und geben sie wieder zurück. Ein beschleunigter Austausch belebender Energien. Du kannst es knistern hören. Ihre Augen funkeln, blitzen und strahlen, ihre Haut blüht, ihre Herzen und Sinne sind offen füreinander, aber nicht für andere. Ein geschlossener Kreislauf. Sehr konzentriert.

Aber wenn du daneben stehst, dann steckt dich der Energiestrom trotzdem an: Du entkrampfst dich, dir wird warm ums Herz, deine Gedanken werden heller, deine Stimmung zuversichtlicher. Die Last des Lebens wird leichter und dein Gang beschwingter.

Aber: Der Zustand der Verliebtheit hat keine Dauer. Der Kampf mit der harten zeitlichen Realität verzehrt viel Energie.

Wenn es gut geht, verwandelt sich die Feuerkugel der verliebten Zweisamkeit in eine zuverlässige Beziehung von bleibender und womöglich wachsender Vertrautheit und Zuneigung. Wenn es nicht gut geht, zerfällt die Feuerkugel plötzlich ins Nichts, oder es kommt eine gestörte Beziehung hervor, die sich allmählich – oft unter heftigen Kämpfen – zur gleichgültigen Beziehungslosigkeit entleert und stirbt.

Spätestens von da ab treibt der ungestillte Liebeshunger die Entliebten auf die Suche nach einer neuen Erfüllung. Und manche von uns kommen so auf den Weg zu einer radikalen Selbst-Erneuerung.

Beziehungstod gibt es nicht nur im privaten Bereich. Es gibt ihn auch im öffentlichen. Er ist hier sogar sehr verbreitet. Wir kennen ihn alle als ‚Politische Apathie'. Und wir kennen ihn als ‚Kirchliche Gleichgültigkeit'. Auch der öffentliche Beziehungstod ist das Ende einer Geschichte von Enttäuschungen und Vertrauensverlusten. Viele von uns haben ihre Vaterlandsliebe verloren. Sie haben dabei sogar das Wort verloren. Sie kennen es nicht mehr. Mir ist das auch so gegangen. Ich habe diesen Beziehungstod sogar sehr intensiv und nachhaltig erlebt. Das will ich kurz berichten.

Es war im Mai 1945. Ich war damals 19 Jahre alt und befand mich in England in Kriegsgefangenschaft. Das ‚Hitler-Reich' war äußerlich zusammengebrochen und damit ein Stück kollektiver Geborgenheit verloren gegangen.

Das war eine schlimme Erfahrung für mich, schlimmer als ich zuvor gedacht hatte. Denn ich hatte nach meinem 16ten Lebensjahr eine gewisse Skepsis gegenüber dem Nazi-System entwickelt. Also überraschte mich dieses Verlust-Gefühl. Mir wurde da zum ersten Mal ahnungsweise bewusst, wie stark unser Bedürfnis nach kollektiver Geborgenheit ist.

Dann aber gab es einen zweiten – inneren – Zusammenbruch. Der war schlimmer.

Ausgelöst wurde er durch einen KZ-Dokumentarfilm, den ich im Juni 1945 im Gefangenen-Lager sah. Er führte mir unabweislich vor Augen die Einbettung meines Lebens in eine Diktatur fehlenden Mitgefühls. An diesem Punkt habe ich zum ersten

Mal nach vielen Jahren wieder geweint. Es waren nur drei Tränen, aber die wogen schwer. Mit einem Schlage war für mich alles Vertrauen in menschliche Führung verloren. Außerdem zweifelte ich an aller – bis dahin naiv vorausgesetzten – Normalität unseres Lebens und stürzte in eine tiefe Verzweiflung. Das war für mich ein Schock. Von da ab lebte ich etwa drei Monate in einer absoluten äußeren Beziehungslosigkeit – nur mit den Gespenstern meines Inneren. Auch mit ihnen kam ich damals noch nicht in eine voll bewusste Auseinandersetzung, aber ich lernte sie auszuhalten.

Als ich aus diesem Zustand wieder auftauchte, spürte ich einen mir bis dahin wenig bekannten neuen Antrieb, den Schwachen und Erstarrten um mich herum verständnisvoll zu begegnen und, wenn möglich, zu helfen.

Das war für mich damals (1945) der Anfang eines neuen Lebens.

Bis auf den heutigen Tag ist mein Leben eine Schule des Mitgefühls geblieben. Immer wieder bin ich im Laufe der Jahre bei mir auf neue seelische Verhärtungen gestoßen, die mich zunächst hinderten, mich selbst und meine Nächsten richtig, das heißt realistisch und zugleich verständnisvoll wahrzunehmen.

Alle Auflösungen von Verhärtungen, die dem folgten, waren Arbeit und Kampf, Freude und Schmerz in Begegnungen.

Dieser Weg sich auflösender Verhärtungen scheint kein Ende nehmen zu wollen. Trotz aller zeitweiligen Rückschritte, die auch zu diesem Prozess gehören, weist er in die Unendlichkeit und auf den möglichen Wiedergewinn einer ursprünglichen sensitiven Verbundenheit alles Seienden, die unserem alltäglichen Bewusstsein verloren gegangen ist. An diesen Verlust haben wir uns gewöhnt und halten ihn für normal. Leider.

Wenn ich mich von diesem Ausblick her ans Definieren mache, ist Beziehungstod in seiner Wurzel der Verlust der sensitiven göttlichen Einheit, in seinen Folgen der Verlust der Liebe zu unserem wahren Selbst und des Mitgefühls zu unseren Nächsten, und in seiner Zielsetzung der Antrieb zur bewussten Wiederherstellung der verlorenen sensitiven göttlichen Einheit.

In diesem Zustand der Selbst-Verlorenheit und Entfremdung

sind wir wie Hypnotisierte, die ihr wahres Bewusstsein und Wollen verloren haben. Nur in jenen Phasen, die wir Krisen nennen, weil wir wieder ein Stück Vertrauensbeziehung verloren haben, wird uns dieser Zustand schmerzhaft bewusst. Und möglicherweise fangen wir dann an, mit dem Beziehungstod zu kämpfen.

Zu diesem KAMPF komme ich jetzt.

Wir haben als ‚Liebes-Berater' mit vielen Ratsuchenden in Beziehungs-Krisen zu tun. Und wir selbst leben von der Erfahrung und Durcharbeitung eigener Liebes-Krisen. Wir wissen, dass Krisen notwendige Phasen des großen Lernprozesses sind, von dem wir sagen: „Das ist mein Leben." Doch unbestritten ist: Krisen sind lästig. Oft sind sie eine so große Last, dass wir sie allein nicht tragen können. Wir verlieren unsere alten Sicherheiten und neue sind noch nicht da. Ja, mitten in der Krise wissen wir gar nicht, ob wir solche neuen Sicherheiten überhaupt noch gewinnen werden. Diese tiefe Verunsicherung macht uns viel Angst.

In dieser Angst ist es schwer, gezielt zu kämpfen. Und dabei brauchen wir gerade in der Krise und im Kampf mit dem Beziehungstod alle unsere Kräfte: Einen klaren Kopf, ein mutiges Herz und eine unermüdliche Leidenschaft. Dies zu finden, zu erhalten und zu stärken ist eine Aufgabe unserer Krisen-Beratung.

In dieser Situation wappne ich mich als Betroffener und als Berater mit einigen Prinzipien, die deswegen erfolgreich sind, weil sie sich den Prinzipien entgegensetzen, die den Beziehungstod herbeiführen.

Ich will hier ein paar nennen:

Prinzip 1: *Ehrlichkeit*.

Wir stehen ehrlich zu unseren Krisen, weil sie eine Wirklichkeit sind. Menschen, die sich mit ihrer Wirklichkeit verbünden, sind stärker als die, die sich gegen sie stellen. In unserem gesellschaftlichen Leben wird zwar viel mit Täuschungen gearbeitet. Aber die tragen uns auf Dauer nicht.

Prinzip 2: *Entwicklung*.

Wir bejahen unsere Entwicklung. Krisen sind ein Anzeichen für seelisch-geistige Entwicklung. Weiterentwicklung ist eine Notwendigkeit für alle Menschen. Niemand von uns ist in seiner Fähigkeit zu erkennen und zu lieben am Ende, niemand darin wirklich erwachsen.

Über dem Leben vieler Menschen schwebt ein offenes oder geheimes Gebot, das sagt: „Du bist erwachsen und sollst ein krisenfreies Leben führen". Dieses Gebot entspringt einer entwicklungsfeindlichen und daher unmenschlichen Ideologie, die das dauernde Werden des Menschen leugnet und sein endgültiges Fertigsein als ‚Erwachsener' oder ‚Ausgebildeter' vortäuscht. Dazu verführen uns auch heute noch – im Zeitalter lebenslangen Lernens – viele soziale Führungs-Rollen, zu denen im familiären Bereich die Eltern und im öffentlichen Bereich unter anderen auch Politiker, Pfarrer, Lehrer und Lebensberater gehören. Wer sich mit solchen ideologischen Fehlerwartungen ernstlich identifiziert, wird früher oder später zu einer dialogunfähigen Maske, die sich durch Selbstgerechtigkeit isoliert.

Prinzip 3: *Zielsicherheit*.

Wir kämpfen erfolgreich, wenn wir unser Ziel im Auge behalten. Das letzte Ziel im Kampf mit dem Beziehungstod ist der bleibende Anschluss unseres Bewusstseins an den Urgrund der Liebe. Im Bilde gesprochen, die Errichtung einer gangbaren Himmelsleiter. Wir können dieses Ziel ganz leicht aus den Augen verlieren, wenn wir uns mit den Widersacherkräften der Liebe so auseinandersetzen, dass wir uns ihnen angleichen. Wenn wir mit dem Hass so kämpfen, dass wir selbst nur noch voller Hass sind, haben wir das eigentliche Ziel aus den Augen verloren. Wir verirren uns und bleiben auf der Strecke.

Prinzip 4: *Kampf nach außen und innen*.

Wir stellen uns dem äußeren und dem inneren Kampf. Gegen

das Kämpfen gibt es viel Resignation – aus Mangel an Erfolgen und aus Ekel vor feindseligen und mörderischen Vernichtungskämpfen. Wir wissen, dass ein Kampf, der nur nach außen geführt wird, aus unseren Gegnern leicht vernichtungswürdige Feinde macht.

Wer dagegen den äußeren Gegner auch in sich selbst entdeckt und den Kampf nach innen und außen führt, kann sich vor solchen feindseligen Exzessen leichter bewahren und einen achtungsvollen Kampf mit Gewinn für beide Seiten führen.

In einem fairen und sinnvollen Kampf kann es uns niemals darum gehen, einen Gegner zu vernichten, sondern immer nur darum, uns mit ihm zu verwandeln.

Prinzip 5: *Hass als Helfer.*

Wir machen unseren Hass zum Gehilfen im Kampf um die Liebe. – Wie geht das?

Wir stellen den ursprünglichen Sinn des Hasses wieder her. In seiner Ursprünglichkeit ist der Hass ein zeitlich begrenzter Affekt im Dienst unseres Lebens und Liebens. Er ist ein Organ unserer Seele, das Schädliches von uns und unseren Beziehungen abweist und dadurch vernichtet. Dieser begrenzte Hass ist konkret. Er wird zu einer bestimmten Zeit, an einem bestimmten Ort mit einer bestimmten Stärke ausgelöst. Und wenn er nicht verdrängt wird, ist er ein funktionstüchtiger Entstörer von gestörten Beziehungen. Wir können dann kraftvoll Nein sagen zu dem, was uns stört, und uns damit erfolgreich auseinandersetzen. Viele Menschen können nicht nachdrücklich genug Nein sagen, weil ihnen dieser hilfreiche Hass sehr früh ausgetrieben worden ist. Denn leider wird durch eine unterdrückende Sozialisation gerade der Hass leicht verdrängt. Er wird von seinem konkreten Ort, wo er sinnvoll ist, abgeschnitten und verschoben. Er wird abstrakt, irrt in unserer Seele umher und vereint sich mit anderen abgeschnittenen Hass-Fragmenten zu einer wachsenden Leidenschaft, zu einem tödlichen Hass, der sich sein Opfer sucht. Und eines Tages fällt er mit all seiner Gewalt über dieses Opfer her, das oft schwach und wenig schuldig ist. Die Liebe geht dabei vor die Hunde.

Die Zurückführung unseres wilden unbewussten Hasses an seine aus dem Bewusstsein verlorenen Ursprungsorte ist eine langwierige Arbeit, der sich auch heute noch nur relativ wenige Menschen unterziehen können. Was wir aber leichter lernen können ist, unseren jeweils konkret ausgelösten Hass als Diener des Lebens und Liebens anzunehmen und zu nutzen.

Ganz so einfach wie es gesagt ist, ist dies allerdings auch nicht. Unsere unterdrückende erste Sozialisation macht eine zweite befreiende Sozialisation erforderlich. Und die hat wieder ihre eigenen Schwierigkeiten.

Prinzip 6: *Negative Affekte positiv nutzen.*
Wir machen auch unsere anderen konkret oft unterdrückten und daher abstrakt verwilderten Affekte zu Gehilfen auf unserem Weg zum Urgrund der Liebe. Zorn und Wut, Neid und Eifersucht enthüllen ihren eigentlichen Sinn erst im kindlichen Urstand der Schöpfung als sinnvolle Organe zum Schutz von Leben und Lieben.

Unser Zorn in seiner Ursprünglichkeit fordert Gerechtigkeit und hilft uns, dass wir lernen, einander gerecht zu werden.

Unsere Wut schreit nach Lebendigkeit und erfülltem Leben, wenn uns dies versagt wird.

Unser Neid fordert seinen notwendigen Anteil an Leben und Lieben.

Und unsere Eifersucht wacht über die Einmaligkeit unserer Person und unserer Beziehungen.

Besehen wir uns diese vorgenannten Prinzipien noch einmal auf einen Blick:
- Ehrliche Wahrnehmung unserer unabgeschlossenen Entwicklung.
- Unbeirrbare Zielsicherheit im Kampf um die Liebe.
- Solidarisierende Kampfführung mit den Gegnern außerhalb und den Gegnern innerhalb unserer Seele.
- Sinn-Erneuerung unserer verirrten Affekte.

Ich denke: Wir haben mit diesen Prinzipien grundlegende Voraussetzungen gefunden für die *zweite, befreiende Sozialisation*, die der ersten, unterdrückenden Sozialisation folgen muss, damit wir als Kinder der göttlichen Liebe wachsen können.

Ich erinnere mich dabei an die zweite Kindschaft unseres christlichen Glaubens und das Wort Jesu: „Wenn ihr nicht umkehrt und werdet wie die Kinder, dann werdet ihr nicht in das Himmelreich kommen." (Matthäus 18.3)

Es steht uns aber auch frei, den Prozess der zweiten, befreienden Sozialisation ganz weltlich zu sehen und ihn einzig und allein auf unsere unstillbare Sehnsucht nach wahrer Liebe zu gründen. Oder auf die ausdauernde Arbeit unseres Geistes, unsere Seele mit Bewusstheit zu durchdringen.

Die Aufgabe, die Herrschaft der Liebe zu erringen, ist schwierig genug, um sie von verschiedenen Seiten anzupacken. Und wir sind ja auch beileibe nicht die ersten, die an dieses Werk gehen. So hat die Sehnsucht nach der Herrschaft unserer Vernunft oder unseres Geistes über unsere Seele und ihre Affekte und Leidenschaften eine lange Geschichte. Nur: Zusammenfassend können wir sagen, dass sie bisher nicht ans Ziel gekommen ist.

Das gilt aber auch von allen anderen Ansätzen.

Woher nehmen wir nun den Mut, die Aufgabe trotzdem weiter zu verfolgen? Ich denke: Heute ist es der Mut der Verzweiflung, der uns diese Kraft gibt. Wir können einfach nicht mehr so weitermachen wie bisher, wenn wir uns nicht alle zugrunde richten wollen. Das war noch nie so deutlich wie in unseren Tagen: Die mörderische Zerstörung unserer Außen-Welt, mit der wir leben und sterben, macht schnelle Fortschritte.

Dies hat seinen Grund einzig und allein in der dem vorausgehenden tiefen Verstörung unserer seelischen Innenwelt. Denn alles, was außen ist, ist nur ein Spiegel dessen, was in uns ist. Wollen wir das Äußere ändern, so müssen wir zuvor das Innere verändern.

Jesus hat dies schon vor bald 2000 Jahren gesagt. Also muss es denen, die ihm glauben, doch wohl möglich sein, es auch zu tun.

Der Unglaube glaubt es nicht. Der Aberglaube glaubt, er könne die Welt zum Guten verändern, ohne Herz und Seele durch Kampf und Arbeit zu erneuern.

Ich will im zweiten Teil meiner Gedanken zu diesem Thema noch erzählen, was mich selbst zur Zeit weiter hoffen lässt, dass wir die zweite, befreiende Sozialisation schaffen und die uns anvertraute Schöpfung vor dem Untergang bewahren können.

Es sind vor allem die vielen Menschen, die sich aufgemacht haben auf den Weg zu ihrer seelischen und geistigen Erneuerung. Menschen, die ich persönlich kenne, und Menschen, von denen ich höre, dass sie unterwegs seien.

Dann aber gibt es noch eine uralte Geschichte, die mir nicht aus dem Sinn geht. Es ist die Geschichte des Bruder-Mörders Kain, der unser aller Schatten ist. Seine Gottheit hat zu ihm etwas gesagt, dem ich nachsinne. Das Wort lautet:

„Bist du gut, so bist du angenehm. Bist du aber nicht gut, so lagert die Sünde vor der Tür und giert nach dir; du aber herrsche über sie."

Dieses Wort verstehe ich als eine Zusage: Die Sünde kann beherrscht werden. Und: Sie lagert vor der Tür. Es gibt also in unserer Seele auch einen Bereich hinter der Tür, in den Tod und Sünde nicht hineingelangen können. Einen heiligen und göttlichen Bereich, den wir heute das ‚Wahre Selbst' nennen. Und ich vermute, dass Jesus diesen inneren Ort unserer Seele meinte, wenn er vom Reich Gottes in uns sprach.

Es gibt ja über den Grundcharakter von uns Menschen zwei anscheinend völlig gegensätzliche Auffassungen. Da meinen die einen, wir seien von Grund auf böse. Daraus folgt notwendigerweise ein anthropologischer Pessimismus. Die anderen halten optimistisch dagegen, der Mensch sei im Grunde gut.

Ich persönlich gehöre zu den skeptischen Optimisten: Ich glaube zu wissen, dass der Mensch im Grunde gut ist, dass aber der Weg zu unserem guten Grunde weit und schwer ist. Er führt zurück durch all die Verhärtungen unserer Seele hindurch bis schließlich zur besagten Tür des Kain. Und der Durchgang durch diese Tür ist noch einmal eine besondere Schwierigkeit.

Diese hat ihren Ausdruck gefunden in unserer Dichtung, so etwa in der berühmten Geschichte des Mannes vom Lande ‚Vor dem Gesetz', die uns Franz Kafka geschenkt hat, – und in unseren Volksmärchen.

Es gibt noch ein weiteres Wort aus dem Alten Testament, das mich seit langem bewegt, ein Wort aus den Sprüchen Salomos (16.32). Dieses Wort lautet:

> „Wer sich selbst erobert, ist besser
> als einer, der Städte erobert."

Auch dieses Wort bestätigt den Vorrang der inneren Welt und ihrer Aneignung vor der Aneignung der äußeren Welt. Es spricht darüber hinaus einen Grundaspekt unserer menschlichen Berufung an, nämlich das Erobern, Beherrschen und Regieren (TZI: Chairperson werden).

Wenn wir diese Berufung nur auf unsere äußere Welt beziehen, werden wir zu tyrannischen Räubern und Mördern an unseren Mitmenschen und der Schöpfung und schädigen letztendlich uns selbst. Das wahre Königtum dagegen, das allen Menschen Freiheit und Gerechtigkeit schenkt, wird durch die Eroberung der eigenen inneren Welt, der Seele, gewonnen.

Und die verlangt ein anderes Heldentum als die äußere Eroberung. Bescheidener und ehrlicher ist dieses Heldentum.

Der eigentliche Regierungssitz unserer Seele liegt in ihrem innersten Bereich, in der schwer zugänglichen ‚regio intima', dem inneren Jenseits. Wir alle sind Prinzessinnen und Prinzen, die berufen sind, Königinnen und Könige unserer selbst zu werden. Daher unsere tiefe Sehnsucht nach wahrer Intimität und unsere ebenso tiefe Verzweiflung, wenn wir in unseren intimen Beziehungen an den Mauern innerer Verhärtungen bei uns und bei den von uns gewählten Partnern scheitern. Dann wird die innere Jenseitsreise zur regio intima abgebrochen oder unter neuen – oft schwer erreichbaren – Voraussetzungen fortgesetzt. Davon erzählen unsere Königsmärchen.

Schließlich sind mir meine praktischen Erfahrungen aus Lebensberatung und TZI-Gruppenarbeit eine Quelle der Hoffnung.

Es gibt in diesen Arbeits-Beziehungen eine Grundlinie, die bestimmt wird durch wachsendes Vertrauen. Sie macht es möglich, uns so zu geben, wie wir im Augenblick wirklich sind. Die Furcht, für die Äußerungen unseres So-Seins verurteilt zu werden, hält sich in erträglichen Grenzen. Die Nötigung, sich und anderen etwas vorzumachen, was nicht wirklich da ist, ist entsprechend gering.

Eine zweite Grundlinie in diesen Beziehungen kommt hinzu: Eine zunehmende Sensibilisierung für das Echte, das aktuell im ‚Hier und Jetzt' der Beziehungs-Situation wirklich da ist.

Nur das Echte ist wahrhaft wirksam: Es weckt die volle Wachsamkeit unseres Geistes und belebt uns. Im Gegensatz dazu stehen Mitteilungen, bei denen dieser aktuelle Echtheits-Gehalt fehlt oder gering ist. Solche unechten Beziehungs-Situationen ermüden uns und schläfern unser Bewusstsein ein. Sie werden zunehmend als Störungen erlebt, die hinderlich sind. Unter wachsamer Leitung entwickelt sich ein Interaktions-Stil, der solche Störungen gar nicht erst aufkommen lässt, oder, wenn sie entstehen, möglichst schnell zur Sprache bringt und bearbeitet.

Ich schildere hier einen Beziehungs-Prozess, den Ruth Cohn auf die genial einfache Formel gebracht hat: „Störungen haben Vorrang".

Diese einfach anmutende Formel ist hintergründig. Sie ist zunächst reine Feststellung einer Tatsache. Die Menschheitsgeschichte lehrt uns, dass unbeachtete und nicht angemessen bearbeitete Störungen sich zu Super-Störungen auswachsen, die schließlich in gewaltigen Kriegen und Vernichtungsaktionen enden, die uns als vorrangige historische Ereignisse ins Auge fallen (, die im Grunde aber nur schlecht berbeitete Störungen sind).

Wie im Großen, so auch im Kleinen:

Auch in den Geschichten von Individuen, von Partnerschaften, Ehen und Familien, von Gruppen, Betrieben und Institutionen kumulieren verdrängte Störungen zu großen Krisen, zu Katastrophen und zu Zerfall. Dann werden aus Wachstums-Partnern, die kooperieren, Gegner, die sich isolieren und bekämpfen, und schließlich Feinde, die sich vernichten.

Wieder drängt sich auch hier als Feststellung wahrnehmbarer Tatsachen die Formel auf: „Störungen haben Vorrang". Aber alle Erkenntnisse dieser Art – post festum diaboli – sind bitter. Sie kommen zu spät. Das Kind ist schon in den Brunnen gefallen.

In der Partnerschafts-Beratung heißt es dann nicht selten: „Wir hätten früher kommen müssen."

Die rechtzeitige Bearbeitung von Störungen ist notwendig.

Die Formel „Störungen haben Vorrang" wird von daher zu einer beziehungshygienischen Forderung. In unseren TZI-Gruppen wird sie zur Regel. Bei konsequenter Einhaltung verbessert sich die Qualität der Beziehungen und die Fähigkeit zur aufgabenbezogenen (oder themenzentrierten) Kooperation.

Die Erfolge auf diesem Weg lassen mich hoffen: Es gibt eine fundierte methodische Präzision bei der Führung unserer Seelen durch die zweite, die befreiende Sozialisation.

Seit etwa 15 Jahren arbeite ich zusammen mit den Teilnehmern meines Freitags-Seminars speziell an der Wiederentdeckung unseres Königsweges zur heiligen regio intima. Dabei helfen uns auch die Auseinandersetzungen mit Träumen und mit Märchen. Dazu lassen Sie mich noch einiges sagen.

Träume und Märchen führen uns in die Bild-Schichten unserer Seelen. Mit diesen Bildern sind wir dem archaischen Urgrund oft näher als mit unseren Worten. Speziell unsere Volksmärchen – wie früh oder spät sie auch entstanden sein mögen – nähren sich aus archetypischen Quell-Gebieten unseres Geistes und führen uns dorthin zurück. Und manche unserer Träume zeigen uns Motive, die den Märchen verwandt sind.

Ich sprach schon von den Königs-Märchen. Sie beschreiben den schwierigen und schmerzlichen Weg der Königs-Kinder zum regierungsfähigen Königtum über ihr inneres Reich. Dabei entpuppen sich nicht selten Burschen und Mädchen niederer Herkunft, die in der göttlichen Einfalt ihres mitfühlenden Herzens das Nächstliegende anpacken, als die wahren Königskinder, die ans Ziel gelangen.

So ist es im Märchen von ‚Frau Holle' (Nr. 24 bei den Kinder- und Hausmärchen – KHM – der Brüder Grimm) ein armes unterdrücktes Aschenputtel, das aus tiefer Angst vor der Unbarmherzigkeit ihrer irdischen Stiefmutter den Sprung ins jenseitige Seelenland wagt. Dort begegnet sie ihrer wahren himmlischen Mutter und dient ihr von ganzem Herzen. Göttlich geadelt und bereichert kehrt sie als Goldmarie heim in ihre diesseitige Welt, deren Unbarmherzigkeit sie nun nicht mehr zu Tode ängstigen kann. Ganz anders dagegen ergeht es ihrer Stiefschwester, die als verwöhntes privilegiertes Kind ihrer irdischen Mutter keine echte Motivation zur Jenseitsreise hat, sie aber trotzdem unternimmt aus Neid auf den endlichen Gewinn. Sie scheitert an ihrer sekundären Motivation und kehrt als unerlöste, beziehungslos bleibende Pechmarie ins Diesseits zurück.

Die suchenden Seelen erscheinen bei ‚Frau Holle' in Frauen-Gestalt. In Männer-Gestalt begibt sich die Seele im ‚Märchen von einem, der auszog das Fürchten zu lernen' (KHM 4) auf die Suchwanderung. Der Held, ein ‚Dummling', kann sich nicht fürchten, also kann er auch nicht lieben. Denn zur Liebe gehört die Furcht, die das Herz schneller schlagen und die Seele zittern lässt. Wer sich nicht schaudernd fürchtet, lebt noch nicht oder nicht mehr in einer lebendigen irdischen Beziehung. Diese Furcht in Liebesbeziehungen steht der Achtung und Ehrfurcht nahe, aber auch der alles Irdische beherrschenden Vernichtungs-Angst und der Furcht Gottes, die der Weisheit Anfang ist.

Nun, unser Held wird die ersehnte Liebes-Furcht am Ende im Bett seiner Prinzessin erlangen. Die Prinzessin hatte er zuvor gerade durch seine himmlische Furchtlosigkeit erlöst und erworben. Diese himmlische Furchtlosigkeit des ‚Dummlings' ist seine noch nicht verlorene himmlische Unschuld, sein langes Verweilen in der inneren Jenseits-Welt, jenseits der Tür des Kain. Sie darf nicht verwechselt werden mit der unterdrückenden Verdrängung der Angst und ihren tausend Manipulationen, unter der die Schlauberger unter uns Männern und vor allem ihre Partnerinnen so häufig leiden. Doch eines haben diese beiden Mannsbilder gemeinsam: Ihnen fehlt die irdische Liebes-Furcht, die sie in den Himmel der Liebe führt. Und es kostet viel Kampf und Arbeit, sie zu finden.

In unserem Märchen finden zwei Frauen die Lösung für den neugebackenen König, der zwar lieb und vergnügt ist, sich aber offenkundig langweilt, weil ihn nicht gruselt: Die junge Königin allein schafft es nicht, ihm die Liebesfurcht zu vermitteln. Sie braucht dazu die Beihilfe ihres vermutlich deftigen Kammermädchens. Da heißt es am Ende der Geschichte:

„Aber der junge König, so lieb er seine Gemahlin hatte und so vergnügt er war, sagte doch immer: ‚Wenn mir nur gruselte, wenn mir nur gruselte.' Das verdross sie endlich. Ihr Kammermädchen sprach: ‚Ich will Hilfe schaffen, das Gruseln soll er schon lernen.' Sie ging hinaus zum Bach, der durch den Garten floss, und ließ sich einen ganzen Eimer voll Gründlinge holen. Nachts, als der König schlief, musste seine Gemahlin ihm die Decke wegziehen und den Eimer voll kaltem Wasser mit den Gründlingen über ihn herschütten, dass die kleinen Fische um ihn herumzappelten. Da wachte er auf und rief: ‚Ach, was gruselt mir, was gruselt mir, liebe Frau! Ja, nun weiß ich, was Gruseln ist.'"

Mit dieser köstlichen Liebes-Furcht im Leibe, die die Seele zum Himmel wachsen lässt, tät kein Mensch auf Erden sich mehr langweilen, und alle aufgeblasenen Wichtigkeiten, die uns die Zeit zerstreuen, den Frieden rauben und das Leben stehlen, würden dann zu Nichtigkeiten. Aber leider, leider: Wie leicht vergessen wir unsere Berufung zur Liebe und verfangen uns im nur Vergänglichen.

Viele Schätze liegen in unseren Märchen verborgen und warten auf uns. Immer wieder stoßen wir in ihnen auf Suchwanderungen und andere Fragmente der Großen Jenseits-Reise, durch die Himmel und Erde verknüpft werden. Wir lernen Irrwege kennen und falsche Bräute, betrügerische Erlöser und kraftlose Helden. Aber auch: Verwunschene Helden und hilfreiche Tiere, uraltes Wissen von Himmel und Erde und die magischen Kräfte der jenseitigen Welt. Der ganze Zauber der Schöpfung tut sich auf und gipfelt in der Heiligen Hochzeit, an den Früchten des Lebensbaumes und am Brunnen des Lebenswassers, durch die der Tod überwunden wird.

(Das eine oder andere dieser Märchen wird am Nachmittag in einer unserer Gruppen ausführlicher besprochen werden.)

Ich komme nun abschließend zur
ZUKUNFT.

Wenn wir noch eine lebenswerte Zukunft haben, so kann diese nur eine Zukunft der Liebe sein.

Wir abendländischen Christen haben scheinbar viel erreicht in unserer äußeren Lebensgestaltung. Wir haben uns aber damit auch an den Abgrund der globalen Vernichtung herangewegt. Das wäre nicht so gekommen, wenn wir nicht in unseren Beziehungen zueinander vieles missachtet und vergessen hätten, was heute als Beziehungstod an vielen Stellen auf uns zurückschlägt.

Teuer haben wir viele äußere Fortschritte und schnelle Reichtümer in unserer äußeren Welt erkauft durch das schleichend wachsende Opfer unseres Mitgefühls und unserer Solidarität mit Schöpfung und Menschheit. Einseitig haben wir uns fortbewegt in unseren äußeren Fortschritten und setzen noch heute immer weiter einseitig auf weiteres Wirtschafts-Wachstum und weitere Expansionen unseres umweltverschlingenden Verkehrs. Das Wachstum unseres Beziehungsbewusstseins und unserer Liebe dagegen haben wir außer Acht gelassen und tun es weiterhin.

Wir haben viel zu ändern und nachzuholen. Die Zeichen stehen auf kollektive Umkehr. Eine Minderheit von gutwilligen Einzelnen allein kann die für uns alle notwendige Wandlung nicht schaffen. Wir brauchen einschneidende politische Entscheidungen, wenn wir menschenwürdig leben und überleben wollen. Dafür werbe ich, solange wir noch zu freien demokratischen Entscheidungen einigermaßen fähig sind.

(Heute Nachmittag können in einer psychopolitischen Gruppe die hier angeschnittenen Fragen weiter erörtert werden.)

Weiterhin – last not least – vertrete ich die Auffassung, dass wir auch in unseren Kirchen eine radikale Wandlung brauchen im Sinne der von mir heute skizzierten Hinwendung zur inneren Welt der Seele und der zweiten, befreienden Sozialisation. Ohne Wachstum von Liebe und Glaube, ohne Durcharbeitung von Hass und Gleichgültigkeit, fehlt in unseren Kirchen eine sinnvolle und erfüllende Aufgabe, an der alle Menschen guten Willens und aufrichtiger Gesinnung mitwirken können. Und wir werden es wollen, weil wir nichts dringender brauchen für unser irdisches und unser himmlisches Leben, für unser Glück und Heil, als die Liebe.

Zum Wachsen sind wir Menschen berufen. Wir können ja alles Mögliche wachsen lassen: Unseren Besitz, unser Wissen, unsere Geltung, unsere Macht. Doch: Das alles wird vergehen. Nur die Liebe bleibt bestehen. Die, die sich darauf konzentrieren, sind die wahren Wirklichkeits-Menschen. Ihnen gehört die Zukunft.

In seiner Bergpredigt hat Jesus vorausgesagt, dass die glückseligen Sanftmütigen das Erdreich besitzen werden. Das scheint in einer weithin von vielgestaltiger Gewalttätigkeit geprägten Welt zunächst unglaublich zu sein. Aber wer von uns könnte sich denn ein glückseliges Leben in einem Reich der Gewalttätigkeit und Kriminalität vorstellen?

Ist da jemand?

Wenn wir unsere Sehnsucht nach Liebe ernst nehmen und ihr konsequent nachfolgen, dann werden wir genau dort im glückseligen Reich der Sanftmütigen ankommen.

In schlichtester Weise hat Jesus gesagt:

„Alles, was ihr wollt, dass euch die Leute tun sollen, das tut ihnen auch. Das ist das Gesetz und die Propheten."

Damit spricht Jesus unsere eigentliche Wirklichkeit an, die wir durch unser Mitgefühl und unser Wollen durchaus verwirklichen könnten, wenn wir es ernst damit meinten. Und das sollten wir, damit wir nicht alle vor die Hunde gehen.

(Was über den Wandel in unseren Kirchen hier und heute psychologisch und theologisch – oder auch psychotheologisch – weiter vertieft und ausgetauscht werden kann, sollte am Nachmittag in einer dritten Gruppe geschehen.)

Lassen Sie mich zum Schluss kommen:

In einer Welt, die von Gewalttätigkeit durchsetzt ist, kann es nicht ausbleiben, dass auch unser Gottesbild von unserer Teilhabe an dieser zerstörenden Gewalt eingefärbt ist. Dieses entstellte Gottesbild lehnen wir zu Recht ab. Dieser Gott ist tot. Das hat schon der alte Prophet Elia in seiner Gottesbegegnung auf seine

Weise erfahren. Sie wird im Alten Testament mit wenigen Worten eindrucksvoll geschildert.

Ich will diese Worte zitieren und mich damit an dieser Stelle verabschieden.

Es heißt:

„Und siehe, der Herr ging vorüber und ein großer, starker Wind, der die Berge zerriss und die Felsen zerbrach, vor dem Herrn her; der Herr aber war nicht in dem Winde.
Nach dem Wind aber kam ein Erdbeben; aber der Herr war nicht in dem Erdbeben.
Und nach dem Erdbeben kam ein Feuer; aber der Herr war nicht in dem Feuer.
Und nach dem Feuer kam ein stilles sanftes Sausen.
Da das Elia hörte, verhüllte er sein Antlitz."

Beim Geburtstags- und Abschiedsfest für Günter Hoppe
am 20.12.1990 in der Beratungsstelle.

Dank
der Herausgeberin

Dieses Buch mit Texten von Günter Hoppe wäre nicht zustande gekommen, wenn ich nicht ganz viel Hilfe bekommen hätte.

Den Anfang machte Ruth Jentsch, die mir anbot, die Beiträge abzuschreiben – ich besaß sie ja nur in Papierform.

Ein paar Fotos zu bekommen, war nicht leicht, ist dann aber mithilfe von ehemaligen Mitarbeitern der Beratungsstelle, Ulrich Heidenreich und Detlef Hein, gelungen. Einen Text, von dem ich wusste, der mir aber nicht vorlag, hat Elisabeth Gieseler mir geschickt aus dem Archiv des rci (Ruth Cohn Institut für TZI).

Bei auftauchenden Fragen – etwa zur Auswahl der Texte und ihrer Zusammenstellung in den Kapiteln – war Annelen Kranefuss jederzeit bereit, mir zu helfen.

Als es dann so weit war, dass die Manuskriptvorlage für die Drucklegung entstehen musste, hat mir Inga Lücke viel Zeit und Können geschenkt.

Carolin Diekmeyer hat die Bilder für den Druck vorbereitet.

Und schließlich hat Peter Bürger aus all diesen Vorarbeiten ein Buch gemacht.

Ihnen allen danke ich von Herzen!

Rita Horstmann